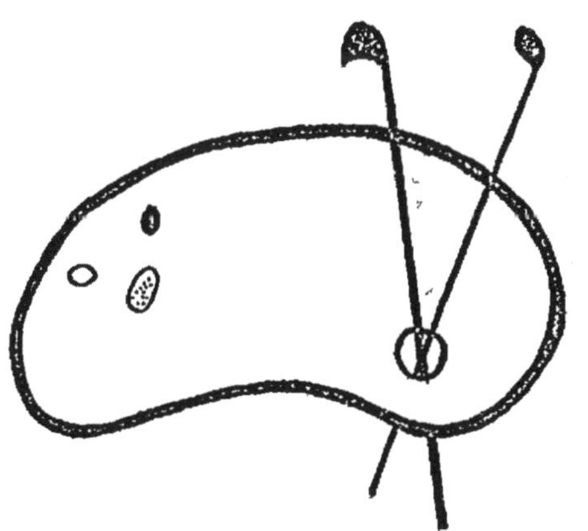

LA LANGUE CHINOISE PARLÉE

GRAMMAIRE DU KWAN-HWA SEPTENTRIONAL

PAR

MAURICE COURANT
CONSUL DE FRANCE
PROFESSEUR PRÈS LA CHAMBRE DE COMMERCE DE LYON
PROFESSEUR A LA FACULTÉ DES LETTRES DE LYON

Ouvrage honoré d'une souscription de la Chambre de Commerce de Lyon

LYON
ALEXANDRE RÉY, ÉDITEUR
4, RUE GENTIL, 4

1913

OUVRAGES DU MÊME AUTEUR

A. REY, ÉDITEUR
4, rue Gentil, Lyon

L'Asie centrale aux XVIIe *et* XVIIIe *siècles. Empire kalmouk ou Empire mantchou ?* 1912, 1 vol. in-8.

ERNEST LEROUX, ÉDITEUR
28, rue Bonaparte, Paris

Bibliographie coréenne. Tableau littéraire de la Corée contenant la nomenclature des ouvrages publiés jusqu'en 1890, ainsi que la description et l'analyse détaillées des principaux d'entre ces ouvrages. 1894-1896, 3 vol. grand in-8.

Supplément à la Bibliographie coréenne (jusqu'en 1899). 1901. 1 vol. grand in-8.

Grammaire de la langue japonaise parlée. 1899. 1 vol. in-12.

Bibliothèque Nationale. Département des Manuscrits. Catalogue des livres chinois, coréens, japonais, etc. 1900-1912. 8 fasc. in-8 parus.

FÉLIX ALCAN, ÉDITEUR
108, boulevard Saint-Germain, Paris

En Chine. Mœurs et institutions. Hommes et faits. 1901. 1 vol. in-12.

Ministres et hommes d'État. Ôkoubo. 1904. 1 vol. in-12.

LIBRAIRIE GÉNÉRALE DE DROIT ET DE JURISPRUDENCE
20, rue Soufflot, Paris

Études sur l'éducation et la colonisation. 1904. 1 vol. in-12.

CH. DELAGRAVE
15, rue Soufflot, Paris

Chine et Corée. Essai historique sur la musique classique des Chinois, avec un appendice relatif à la musique coréenne (Encyclopédie de la Musique et Dictionnaire du Conservatoire, fasc. 3 à 8). 1913. In-4.

ANGERS. — IMPRIMERIE ORIENTALE A. BURDIN ET Cie, 4, RUE GARNIER.

LA LANGUE CHINOISE PARLÉE

GRAMMAIRE DU KWAN-HWA SEPTENTRIONAL

OUVRAGES DU MÊME AUTEUR

A REY, ÉDITEUR

4, RUE GENTIL, LYON

L'Asie centrale aux XVII*e* *et* XVIII*e* *siecles. Empire kalmouk ou Empire mantchou ?* 1912, 1 vol, in-8.

ERNEST LEROUX, ÉDITEUR

28, RUE BONAPARTE, PARIS

Bibliographie coréenne. Tableau littéraire de la Corée contenant la nomenclature des ouvrages publiés jusqu'en 1890, ainsi que la description et l'analyse détaillées des principaux d'entre ces ouvrages. 1894-1896, 3 vol, grand in-8.

Supplément à la Bibliographie coréenne (jusqu'en 1899). 1901. 1 vol, grand in-8.

Grammaire de la langue japonaise parlée. 1899. 1 vol. in-12.

Bibliothèque Nationale. Département des Manuscrits Catalogue des livres chinois, coréens, japonais, etc. 1900-1912. 8 fasc. in-8 parus.

FÉLIX ALCAN, ÉDITEUR

108, BOULEVARD SAINT-GERMAIN, PARIS

En Chine. Mœurs et institutions. Hommes et faits. 1901. 1 vol, in-12.

Ministres et hommes d'Etat. Ôkoubo. 1904. 1 vol. in-12.

LIBRAIRIE GÉNÉRALE DE DROIT ET DE JURISPRUDENCE

20, RUE SOUFFLOT, PARIS

Études sur l'éducation et la colonisation. 1904. 1 vol. in-12.

CH. DELAGRAVE

15, RUE SOUFFLOT, PARIS

Chine et Corée. Essai historique sur la musique classique des Chinois, avec un appendice relatif à la musique coréenne (Encyclopédie de la Musique et Dictionnaire du Conservatoire, fasc. 3 à 8). 1913. In-4.

LA LANGUE CHINOISE PARLÉE

GRAMMAIRE DU KWAN-HWA SEPTENTRIONAL

PAR

MAURICE COURANT

CONSUL DE FRANCE
PROFESSEUR PRÈS LA CHAMBRE DE COMMERCE DE LYON
PROFESSEUR A LA FACULTÉ DES LETTRES DE LYON

Ouvrage honoré d'une souscription de la Chambre de Commerce de Lyon

LYON
ALEXANDRE REY, ÉDITEUR
4, RUE GENTIL, 4

1913

TABLE ANALYTIQUE DES MATIÈRES

PRÉFACE

Ce m'est un agréable devoir d'inscrire en tête de ce livre le nom de la Chambre de Commerce de Lyon, dont l'appui en a permis la publication; depuis que cette éminente Compagnie a fondé les cours de chinois, elle ne m'a jamais ménagé ses encouragements ni son appui. Je suis heureux de lui exprimer ici ma reconnaissance.

Dans cette description de la langue chinoise du nord, je me suis efforcé de classer les faits grammaticaux de manière aussi logique que possible; j'ai tâché de dégager partout la liaison d'idées qui est implicitement dans la pensée du Chinois, et non pas de présenter cette pensée sous un vêtement occidental, étant persuadé que celui qui aura pénétré dans cette dialectique étrangère, placé au cœur même de la langue, sera en mesure d'aborder toutes les difficultés, au lieu d'avoir recours à des solutions sans lien. Les formules de langage que j'ai réunies et classées d'après leur ressemblance (1), permettent de saisir les grandes lignes de la langue et de reconnaître que les principes n'en sont pas totalement étrangers à nos modes d'expression.

(1) Les séries que je propose, me semblent dans plus d'un cas ramener à l'unité des faits qui sont, autrement, tenus pour séparés : j'indiquerai comme exemples les démonstratifs *cī*, *cẹ̀* et *ti* (§§ 366 à 390), le prédicat *cǫ́* pris soit comme auxiliaire antécédent, soit comme auxiliaire adverbe (§§ 576, 577, 598, 601).

Toutefois les divergences sont assez marquées pour que quelques explications et comparaisons préliminaires ne semblent pas superflues.

On a dit souvent : en chinois, les mots sont invariables, il n'y a donc pas de grammaire. Quelques sinologues ont ajouté : si cette assertion est vraie pour la langue écrite, monosyllabique, elle ne s'applique pas exactement à la langue parlée devenue pratiquement polysyllabique par divers procédés, ainsi en associant des synonymes deux à deux, en complétant les mots principaux par des mots auxiliaires dégradés au rôle de suffixes ou de désinences. La distinction ne me semble pas si tranchée entre ces deux formes du langage, la forme écrite ou littéraire, et la forme orale, qui s'écrit aussi et que l'on pourrait donc appeler langue commune ou vulgaire. Si cette dernière emploie des suffixes verbaux tels que *lyào*, *cǒ* ou *tệ* (1), la langue ancienne donne une valeur de nature analogue aux mots *yì*, *kí*, *cyāñ* (2) ; au pronom *ti* contemporain répondent *cẹ̀* et *cī* (3) plus anciens, au collectif *mện* (4) des collectifs semblables ; il n'est pas jusqu'au vocabulaire le plus antique qui ne présente en face des mots polysyllabiques modernes des noms, des épithètes, des prédicats disyllabiques, complexes soit indivisibles soit habituels. Le chinois littéraire et le parler d'aujourd'hui ne sont donc séparés par aucune différence essentielle, moins distants l'un de l'autre peut-être que du français moderne celui du XIIe siècle avec son cas sujet et son cas régime ; les procédés sont les mêmes dans le langage antique et dans le langage contemporain, seule la proportion du mélange a un peu varié (5).

(1) 了。着。得。 (3) 的。者。之。
(2) 已。旣。將。 (4) 們。

(5) La langue littéraire a plusieurs particules et auxiliaires disyllabiques répondant comme emploi à des monosyllabes également usités : *khò yì* 可以 v. *khò*, « pouvoir », « convenir » ; *šú kī* 庶幾 v. *šú*, v. *kī*, indiquant probabilité, approxima-

A aucune des formes du chinois, pas plus à l'idiome littéraire qu'au parler, ne convient l'étrange affirmation qu'il n'y a pas de grammaire chinoise. Les brèves indications données plus haut suffisent à montrer quelques habitudes régnantes, quelques modes usuels pour l'expression de la pensée ; ces modes et ces habitudes sont la première base d'une grammaire. Et si l'on y songe un instant, on ne saurait concevoir que des hommes échangent des idées, si simples soient-elles, sans que les jugements exprimés soient formulés de manière analogue ; une formule trop divergente n'est pas perceptible pour l'interlocuteur qui ne peut la

tion ; *ċị żû* 至如 v. *ċị*, v. *żû*, dans le sens de « arrivant à ce point », « quant à » ; *śáṅ yi* 尙亦 v. *śáṅ*, v. *yì*, « aussi », « de plus », etc. Les mots *yì* 已, *kí* 旣, marquant le passé, *cyăṅ* 將, pour l'avenir, et beaucoup d'autres précédent le prédicat verbal comme des préfixes et suppléent aux temps de nos conjugaisons. *Żạn* 然 « être ainsi » est habituellement usité comme suffixe dans des complexes répondant à des conjonctions, *ki żạn* 旣然 « puisque », ou à des adverbes, *syụ̂n syụ̂n żạn* 循循然 « pas à pas », « méthodiquement ». *Léi* 類, *tèṅ* 等, *cháo* 曹, placés après des substantifs, *ċū* 諸, *khyụ̂n* 羣, mis devant, forment des collectifs ou des pluriels. Les pronoms *ċẹ* 者 et *ċị* 之, l'un toujours, l'autre souvent, sont traités comme des enclitiques et donnent à l'expression qu'ils terminent une valeur spéciale. Ces mots comparables à des affixes sont liés aux mots principaux qu'ils complètent ou dont ils soulignent le rôle grammatical ; ils forment avec les mots principaux des polysyllabes.

Bon nombre de termes, des noms, des prédicats, adjectifs ou verbes, sont des complexes, dès la langue classique ancienne. Dans *yīn ċū* 因諸, nom d'une prison, *phyēn ċū* 偏諸 « bordure d'habit », *kyén ċū* 鑑諸 « miroir », etc., la finale *ċū* n'a pas plus de valeur que la finale *cọ* 子 si fréquente dans repenser et la faire sienne. Une convention tacite, naissant de l'esprit d'imitation, pose des types d'expression, qui deviennent des modèles ou des règles de grammaire, indispensables à l'intelligence mutuelle. Si les Chinois, des millions d'hommes, s'entendent entre eux sur un si vaste territoire et depuis tant de siècles, il faut que leur langue ait une structure fixe, c'est-à-dire une grammaire.

Comment est-on parvenu à l'idée contraire ? La gram-

le parler moderne. Le sens de « une femme noble » pour *fū žên* 夫人, de « un sage » pour *kyųn cọ̀* 君子 ne dérive pas, au moins par une liaison visible, des éléments composants ; *cū hẹû* 諸侯 de « les feudataires » a passé au sens de « un feudataire ». La fusion des deux mots est si intime dans *fū žên* « une femme noble », *fù mù* 父母 « père et mère », « les parents », *cò yẹù* 左右 « gauche et droite », que ces disyllabes prennent la valeur de verbes, « élever au rang de femme noble », « traiter comme ses parents », « seconder » ou « secourir ». Les expressions inséparables, rebelles à l'analyse sont très nombreuses ; ex. : *yų̀ tháo* 鬱陶 « angoisse », *yáo yáo* 陶陶 « joyeux », *cān cān* 牂牂 « luxuriant », *yào thyào* 窈窕 « solitaire », « paisible ». Enfin la tendance des mots simples à s'agréger en complexes le plus souvent disyllabiques apparaît partout, ainsi au début du Chou king : *thyēn hyà* 天下 « l'empire », *sọ́ hài* 四海 « l'univers », *pŏ sín* 百姓 « le peuple », *sọ́ yŏ* 四岳 v. *yŏ* « le chef des princes », *hẹù cĭ* 后稷 « le préposé aux grains », *sọ̄ khōn* 司空 « le préposé aux travaux », *cāo mîn* 昭明 « éclairer », *hyĕ hwô* 協和 « établir la concorde », *fū cẹù* 敷奏 « présenter un rapport ».

Sitôt donc que nous saisissons la langue chinoise, nous y trouvons, avec les monosyllabes qui dominent, des expressions polysyllabiques diverses de nature, fort analogues à celles du parler contemporain.

maire classique, latine et grecque, se présente avec un appareil imposant de paradigmes, déclinaisons des noms, pronoms, adjectifs, degrés des adjectifs, conjugaisons et voix des verbes; cette armature s'est naturellement appliquée aux langues congénères, dites indo-européennes. Je ne saurais juger dans quelle mesure elle sied aux langues sémitiques, mais je puis assurer qu'elle fausse grièvement l'esprit du japonais et du coréen: rien de commun entre notre adjectif et l'adjectif japonais ou coréen qui est un verbe. Quel écart aussi entre le verbe latin ou grec et celui de ces langues d'Extrême-Orient, restant par tant de côtés un nom verbal! Mais si nos paradigmes et nos parties du discours s'accordent mal avec le génie de nombreux idiomes, ils n'offrent plus aucun sens pour le chinois, où le mot est une racine invariable servant en toute fonction; si l'on impose ces cadres, comme on l'a tenté, ils rompent la liaison des mots et l'articulation des phrases qu'ils découpent et étirent suivant un calibre artificiel. Aussi le plus souvent les auteurs, prenant le contrepied, ont déclaré qu'il n'y a pas de grammaire chinoise.

De fait, les Chinois, historiens patients et philologues érudits, ont étudié le développement de leur langage, l'écriture, la phonétique, la rhétorique, la prosodie; ils ont fixé la qualité exacte et l'emploi des *hyụ cọ́* (mots vides, immatériels), ces caractères auxiliaires, ces particules dont on néglige le sens propre pour s'attacher à leur valeur formelle comme signes de liaison et de modalité. Mais, après avoir distingué les *hyụ cọ́* non sans hésiter et contester, ils n'ont pas poursuivi l'analyse, n'ont pas recherché le rôle des termes de la proposition, le lien des propositions successives. Aussi bien, les mots en fonction de *hyụ cọ́*, vidés de leur signification concrète, réduits à rappeler les opérations logiques, revenant sans cesse dans ce rôle limité, forment une matière abstraite, déjà presque homogène et toute prête à entrer dans le concept grammatical. Le reste du langage, tous les mots pleins ou *ṡṭ cọ́* gardent un élément sensible important, dont l'éclat offusque l'élément formel très réduit et subtil de sa nature; celui-là a donc attiré l'attention aux dépens de celui-ci et la lexicographie a fait avorter la grammaire (1).

Le Chinois n'étudie pas la langue parlée, son idiome maternel, il le sait par la pratique; personne n'a l'idée de l'enseigner. Le lettré, peut-on dire, n'étudie pas davantage la langue savante, du moins ne s'y applique-t-il jamais avec méthode; il en fait un apprentissage persévérant, confiant à sa mémoire des textes très nombreux où il puise des expressions et des phrases; il assemble ces fragments en une marqueterie qui est un développement littéraire. Cette double voie étant à peu près fermée aux étrangers, ceux-ci ont composé des ouvrages d'enseignement dont la critique serait fort instructive; je n'ai pas la place même de l'esquisser ici. Les procédés dont ils usent, sont au nombre de trois ou quatre et ne sont presque jamais employés isolément à l'état pur; ainsi un manuel, une série de monographies s'appuient sur un système grammatical latent, ou un traité de grammaire fait place à des monographies de particules. La grammaire tout à l'européenne a été essayée, elle a insidieusement pénétré toutes les explications : j'ai dit à quel point j'y vois une trahison envers la langue chinoise. Les monographies de particules, comme les traités indigènes sur les *hyū cọ*, s'inspirent plus vraiment de l'idiome même, mais elles ne peuvent couvrir qu'une portion du champ de la langue. Les recueils de phrases, les textes rangés parfois selon la difficulté croissante sont très nombreux, œuvre de compilation plutôt que de travail scientifique; presque tous sont accompagnés de traduction et une bonne

(1) *Hyū cọ* 虛字 ; *ṡṭ* (*ṡḭ*) *cọ* 實字。— Edkins a trouvé un traité grammatical dû à Pi Hwa-tchen; M. von Rosthorn en a cité un autre au Congrès des Orientalistes de Genève. Ma Kien-tchong est mort avant d'achever son *Ma chi wen thong*, publié en 1898 (6 pẹn in-12, Chang-hai). Mais ces intéressants essais, qui pour une partie relèvent des idées étrangères, n'ont eu aucune influence en Chine.

partie, les plus élaborés, comprennent des notes destinées à élucider le rôle de certains mots, de certaines constructions. Quand ces notes sont copieuses, l'ensemble en forme un traité de grammaire, moins l'ordre logique. Le manque d'ordre est, en effet, un défaut fréquent de ces manuels ; le principe de la difficulté croissante, vague, essentiellement variable, justifie tout ce que l'on veut, même une disposition logique ; il engage surtout à revenir sur les mêmes points par petites touches, si bien que nulle part une question n'est traitée dans son ensemble. La recherche d'un fait grammatical, soupçonné, mais imparfaitement connu, est très difficile dans les ouvrages de ce genre. Combien mieux vaudrait un traité conçu dans un ordre raisonné, ne passant au second point qu'après avoir épuisé le premier, complété par un index et établissant, si l'on veut, par des renvois la concordance avec des textes gradués et des instructions pour l'étudiant (1) ! Je doute toutefois que celui qui étudie en France et sans être prémuni de connaissances linguistiques approfondies, réussisse avec le livre seul à entrer assez avant dans la dialectique de la langue chinoise ; la direction du maître me semble indispensable dans un domaine aussi imprévu pour l'esprit occidental, sa parole vivifiera l'exposé théorique de la grammaire en y ajoutant la phrase pratique et vécue. En tout cas, pour tout étudiant, linguiste ou autre, l'ordre logique est le plus clair et le meilleur.

La difficulté qui a empêché jusqu'ici de constituer la grammaire du chinois, est évidemment inhérente à la langue. Dans nos langues classiques, à une variation dans le rôle du mot répond une variation dans sa forme ; le changement phonique s'impose à l'ouïe, à la vue, il fait pressentir le changement plus subtil de la fonction ; la série *vir*, *virum*, *viri* (*viri ensis*) nous montre l'homme en trois attitudes, le guerrier qui agit, qui frappe, l'ennemi qui

(1) Le *Manuel pour étudier la langue sanscrite*, de Bergaigne (Paris 1884), me paraît un modèle à cet égard.

reçoit le coup, le soldat possesseur de l'épée ; les trois désinences imposent à l'esprit l'idée des trois personnages. En chinois les rôles subsistent, puisqu'il ne saurait y avoir de jugement, de perception notée, de simple souhait sans rapports attribués aux idées en présence ; mais ces rôles sont muets ; dans la forme sensible du mot rien ne les révèle (1), le mot est comme un atome, un cristal à figure immuable, capable cependant d'agir en plusieurs directions : grâce à ces forces virtuelles, il assume toute fonction, remplit toute place. Cette activité subtile, ce lien étroit de la fonction avec la position sont plus difficiles à concevoir et à formuler que les variations concomitantes de la forme et du rôle, caractéristiques du grec et du latin.

Pour exposer le système de la langue chinoise, on doit donc d'abord décrire le mot chinois, ensuite dégager le rapport entre sa fonction et les conditions (position, accent, etc.) où il se présente, enfin formuler ce rapport. Des termes techniques de nos grammaires, la plupart désignent, soit isolément soit à la fois, les catégories et les variations des mots, quelques noms sont donnés d'après un caractère tout extérieur ; datif indique d'abord une forme caractérisée par certaines désinences, et seulement par extension une relation de convenance ; le verbe est tout autant le mot susceptible de revêtir les formes verbales que le mot qui exprime l'action ou l'état ; le nom de préposition définit une place et non un rôle. Là où il n'existe ni déclinaison ni conjugaison, on ne saurait avoir ni cas ni verbes ; et si le mot qui marque une qualité, a même emploi et même forme que celui qui dénote une action, il est difficile de parler d'adjectifs. D'autre part les mots, dans une phrase chinoise donnée, expriment l'un un objet, l'autre une qualité, le troisième un acte ; des rapports d'attribution, de position, de tendance, d'action sont conçus. Ces valeurs et ces relations doivent être exprimées, ce qui ne laisse pas d'être

(1) Pour des exceptions, d'ailleurs rares, à ce principe, voir §§ 265-274.

embarrassant, puisque les termes techniques usuels rendent des idées différentes. Il m'a donc fallu recourir à des mots de la langue générale (*auxiliaire, agent, épithète*, etc.), au vocabulaire plus abstrait de la logique (*régime, prédicat, objet*, etc.); et en outre je n'ai su m'abstenir ni de créer des néologismes (j'ai appelé *prédicatifs* des mots susceptibles de devenir prédicats et de jouer plusieurs autres rôles, *spécificatifs* des mots qui joints aux noms en précisent ou spécifient le sens, etc.), ni d'employer des mots anciens avec un sens nouveau aussi transparent que possible (*auxiliaires adverbes, auxiliaires incidents*, etc.).

Si la logique pure est une et humaine, indépendante des temps et des peuples, elle n'est pas seule à régir le langage et les lois du jugement laissent place à l'indéterminé, au sensible, à l'individualité de celui qui parle. La forme logique de la phrase variant avec chaque langue, les valeurs et les relations des mots en français ne nous donnent qu'une image grossière et déformée des valeurs et relations en chinois ; pour serrer de plus près cette dialectique spéciale, il ne faut pas partir de l'extérieur, de la langue étrangère, mais analyser la phrase et la proposition chinoises, en écartant toute idée grammaticale préconçue. On ne débutera pas par le mot qui est toujours une abstraction, mais par la proposition, principale réalité concrète et vivante. On établira des séries, de sens analogue, de forme semblable : *yâṅ-šú kāo* « populus alta est » — *thâo-šú syào* « persicus parva est » — *sōṅ-šú chīṅ* « pinus viridis est » v. *kāo yâṅ-šú* « alta populus » — *syào thâo-šú* « parva persicus » — *chīṅ sōṅ-šú* « viridis pinus » (1) : de là on déduira le fait que *kāo, syào*, etc., antéposés sont épithètes, postposés sont prédicats ; *wò khàn kāo yâṅ-šú* « cædo altas populos » — *nì khàn chīṅ sōṅ-šú* « cædis virides pinos » (2), et l'on remarquera

(1) 楊樹高 v. 高楊樹。桃樹小 v. 小桃樹。松樹青 v. 青松樹。

(2) 我砍高楊樹。你砍青松樹。

que l'agent est antéposé, que le régime est postposé, que tous les mots sont invariables. De chaque collection de formules semblables se dégage un type du groupe, une règle, puisqu'une règle de grammaire est l'explication d'un exemple qui résume une série d'expériences pareilles. On comprend qu'ainsi, en réunissant les formules, d'abord les plus simples, pour passer ensuite d'une part aux plus complexes, d'autre part aux plus générales, on distinguera peu à peu les modes de groupement et l'on construira de matériaux purement chinois le plan ou le système de la langue chinoise.

La qualité des matériaux m'a semblé de première importance; aussi, traitant de la langue parlée du nord, je n'ai admis dans mes groupes et choisi comme types des groupes que des éléments idiomatiques, des mots, des caractères, des phrases sortant de la bouche ou du pinceau des Chinois, relevés directement par moi-même ou par des auteurs expérimentés et dignes de toute confiance; je ne me suis permis dans tout le corps de l'ouvrage de tirer aucun exemple de mon propre fonds : comme l'a dit le P. Wieger après Abel Rémusat, l'invention en pareil cas est le contraire d'un mérite. Les expressions et phrases citées proviennent en partie des sources suivantes (j'ai occasionnellement rappelé quelques autres ouvrages et je puis, involontairement, avoir oublié quelques références) :

C. ARENDT. *Einführung in die nordchinesische Umgangssprache* (2 vol. petit in-8, Berlin 1894).

GO KÉI-TAI. *Kwan hwa tchi nan* (édition en caractères mobiles, 1 vol. petit in-8, Chang-haï 1884). — Traduit par le P. H. Boucher, sous le titre *la Boussole du langage mandarin* (2 vol. grand in-8, Zi-ka-wei 1887).

A. TH. PIRY. *Manuel de langue mandarine, ou recueil idéologique en chinois, français et anglais* (1 vol. in-4, Chang-haï 1895).

LE P. L. WIEGER. *Rudiments de parler et de style chinois, dialecte du Ho kien fou* (volumes 1, 4, 5, 6, in-12, Ho kien fou 1894, 1895, 1896).

Cheng yu kwang hiun ou *Saint Edit* (édition avec paraphrase, 1 pẹn grand in-8, Chang-hai 1870) (1).

J'avais, suivant la méthode décrite plus haut, à constituer des groupes homogènes et à extraire de chacun la formule type, la loi ordonnatrice. Je ne sais dans quelle mesure j'ai réussi à réunir les cas particuliers sans les fausser ni les forcer hors de leur place naturelle ; j'ignore si les termes grammaticaux que j'ai dû créer ou modifier, paraîtront adéquats à l'idée et suffisamment nets. J'espère du moins avoir, un peu plus que mes devanciers et grâce à leurs travaux mêmes, dégagé l'exposé du système grammatical chinois de nos idées et de nos mots classiques qui l'obscurcissent. Au terme de cette étude, les lignes maîtresses de la grammaire chinoise, plus spécialement pour la langue parlée du nord, m'apparaissent telles que je vais les esquisser ici.

Le monosyllabe, revêtu d'un ton musical presque fixe et affecté d'un sens unique ou de sens apparentés, est l'atome primordial, le facteur premier de la langue. Les monosyllabes peuvent, eu égard à la similitude de leurs éléments,

(1) Je dois citer aussi quelques ouvrages que j'ai souvent consultés ou dont je me suis inspiré, soit pour certains chapitres, soit pour l'ensemble des idées :

J. Edkins, *a Grammar of the Chinese colloquial language commonly called the mandarin dialect* (1 vol. petit in-8, Chang-hai 1857).

G. von der Gabelentz, *Chinesische Grammatik mit Ausschluss des niederen Stiles und der heutigen Umgangssprache* (1 vol. grand in-8, Leipzig 1881).

Le P. L. Wieger, *Rudiments 12. Caractères. 2e édition* (1 vol. in-12, Ho kien fou 1905).

Je ne mentionne pas le Chwẹ wen, le Khang hi tseu tien, livres de chevet pour qui s'occupe de lexicographie. Je me reprocherais de ne pas rappeler les indications que j'ai reçues de M. J. Beauvais, Consul de France, et de M. C. Blanchet, Interprète du Ministère des Affaires Etrangères, pour la vérification de quelques points délicats de grammaire.

initiale, finale, ton, être ordonnés en séries régulières ; la parenté phonique des termes ainsi rapprochés apparaît par comparaison avec la prononciation ancienne et avec celle des dialectes différents. Pour un nombre considérable de monosyllabes, une variation du ton, la présence ou la chute de l'aspiration sont corrélatives d'une dérivation de sens. Dans le langage parlé, les monosyllabes s'agrègent souvent en complexes, parfois assez longs, véritables mots par l'unité du sens, par l'accent intense de quelques syllabes, par l'action occasionnelle du ton d'une syllabe sur le ton des syllabes voisines. Ces phénomènes phoniques se manifestent plus clairement dans le langage oral ; dans la phrase écrite, principalement destinée à être vue, la dérivation par changement du ton, le rapport du ton des mots voisins présentent encore une grande importance, soit en vers, soit même en prose.

La langue littéraire pénètre largement dans le parler usuel par les citations, les formules, les termes qu'il lui emprunte ; d'ailleurs, le fonds des deux idiomes, vocabulaire et procédés, est commun, et souvent les tournures et les mots littéraires, plus anciens, éclairent vivement le langage oral. L'étude de l'écriture forme donc partie intégrante même d'une grammaire du chinois parlé. Les caractères graphiques expriment directement la pensée, de la même façon et au même degré que les mots prononcés ; dans la plupart des langues au contraire, l'idée est traduite par des sons qui sont notés au moyen de lettres. Mais comme quelques idées mathématiques sont exprimées par des sons et par des signes graphiques, un et 1, racine et $\sqrt{\ }$, infini et ∞, ainsi la pensée chinoise dispose de deux systèmes de signes, visuels et auditifs, de deux langages, connexes mais indépendants. Dans l'état actuel de la langue, le caractère, consacré par une longue tradition, catalogué dans les dictionnaires, est immuable ; il est accepté d'ensemble par le lecteur, comme un bloc qu'on n'analyse pas, et il répond avec une exactitude presque parfaite au monosyllabe qu'est le mot simple. Mais il n'est pas besoin de creuser profondément pour trouver trace d'une époque où les figures significatives élémentaires se groupaient plus librement pour traduire l'idée ; le groupe n'avait pas la fixité qu'il a acquise en faisant une place de plus en plus large, semble-t-il, aux signes phonétiques, c'est-à-dire aux figures employées non pour noter un sens, mais pour rappeler un son (1).

Dans la langue parlée, que j'ai désormais uniquement en vue, la proposition est souvent formée de monosyllabes énonçant chacun une idée séparée : *kèi wò chyên hào kwó nyên* « donne — moi — de l'argent — pour — passer — la nouvelle année » (2). Mais le mélange de polysyllabes est habituel, tel mot étant toujours polysyllabique, tel autre présentant plusieurs formes (3), *šēn* v. *šēn-cọ*. « le corps », *táo-lú* v. *táo* v. *lú* « le chemin » (4). Même en comprenant toutes les

(1) Toutefois les homophones sans éléments significatifs distinctifs sont très fréquents dans la littérature antique. Dans son état ancien et avant la cristallisation des caractères, l'écriture chinoise se rapprochait sans doute beaucoup de l'écriture égyptienne. Celle-ci emploie les figures soit avec une valeur phonique (syllabique ou alphabétique), soit avec une valeur idéographique. Tantôt le signe figuratif est seul et représente un objet ou symbolise une action. Tantôt il accompagne un mot écrit phonétiquement pour obvier à la confusion des homophones qui sont nombreux; il répond alors aux éléments significatifs et aux clefs des caractères chinois (M. Loret cite une centaine de déterminatifs généraux, représentant ou indiquant l'homme en diverses positions, plusieurs animaux et végétaux, la montagne, la pluie, l'eau, le feu, le métal, le fil, etc.), alors que la partie phonétique (compléments phonétiques), plus développée et plus précise qu'en chinois, joue toutefois un rôle semblable et donne ou rappelle le son. Mais les graphies égyptiennes sont aussi nombreuses et variables que l'écriture chinoise depuis longtemps est fixe (V. Loret, *Manuel de la langue égyptienne*, 1 vol. in-4, Paris 1889; pp. 3 à 16).

(2) 給我錢好過年。

(3) 身子。道路。

(4) Voir plus haut, p. vi, texte et note 5.

anciennes syllabes à consonnes finales (k, t, p, ṅ, n, m), en partie disparues aujourd'hui, et même en tenant compte des tons, le nombre des syllabes du chinois a toujours été très restreint ; beaucoup de mots différents de sens se sont donc trouvés homophones. Dans cette condition primitive et persistante de la langue, dans le danger de confusion toujours accru, puisque le matériel phonique était loin de s'enrichir comme le matériel graphique, je verrais volontiers la raison qui a décidé à créer des complexes de plus en plus nombreux. On a simplement redoublé le mot pour le faire mieux percevoir : *kō-kō* « frère aîné », *sì-sì* « laver » ; on a apposé deux synonymes, *lyèn-myén* « visage », *hòṅ-phyén* « tromper », ou un mot général à un mot plus spécial *lì-yû̦* « carpe-poisson » pour « carpe », *wén-táo* « interroger-dire » pour « interroger », *šwē̦-táo* « expliquer-dire » pour « dire » ; deux termes d'une série sont coordonnés et désignent la série ou l'action complexe, *fú-mù* « père-mère » pour « les parents », *šān-šwèi* « montagnes-eaux » pour « le paysage », *kwàn-kyáo* « s'occuper de — enseigner » pour « éduquer » ; des composés nombreux marquent un rapport partitif, attributif, etc., en un mot de subordination : *fâṅ-tìṅ* « maison-sommet = le toit », *phî-thyâo* « cuir-lanière = une courroie », *hō-cwéi* « boire-s'enivrer = s'enivrer » (1).

(1) 哥哥。洗洗。臉面。哄騙。鯉魚。問道。說道。父母。山水。管教。房頂。皮條。喝醉。

Le français connaît des noms du genre de *kō-kō* (p. e. *papa*) ; — des composés *a*) où l'un des noms sert d'épithète, *chef-lieu*, *oiseau-mouche*, cf. *lì-yû̦* ; *b*) de subordination, *chef-d'œuvre*, *hôtel-Dieu*, *arc-en-ciel*. En sanscrit existent de très nombreux composés copulatifs à rapprocher de *fú-mù* (*janma-mṛtyu-jarā*, naissance, mort et vieillesse ; Bergaigne, *Manuel*, p. 282) ; comparer grec καλοκάγαθος. Mais je ne pense pas que des verbes composés de verbes se rencontrent dans la généralité des langues indo-européennes ; dans *sauvegarder*, *sauve* (sauf) est adjectif ; de même en allemand *todtschieszen*, en anglais *to set free* ont un composant adjectif. Au contraire les verbes composés en couples sont très usuels dans plusieurs langues de l'Asie

Dans la proposition la plus ordinaire qui est mixte, il faut donc délimiter les polysyllabes et les distinguer des monosyllabes, ce que les dictionnaires ne peuvent faire suffisamment. On reconnaîtra souvent que tel groupe dont le dictionnaire donne les éléments séparés, présente un sens unique, a le rôle syntaxique d'un seul mot et doit être tenu pour tel. Ce travail préparatoire de lexicographie se fait, comme il a été dit tout à l'heure, en rapprochant les phrases de sens et de forme analogues, en y discernant les expressions de construction identique ; mais l'on n'y réussit pas toujours sans difficulté. Un texte latin où les mots ne sont pas séparés, laisse parfois le lecteur hésitant entre deux lectures (1). Mais en chinois la question peut se poser dans chaque phrase, plusieurs fois dans une seule phrase, puisqu'il n'existe pas de désinences.

Le latin, les langues indo-européennes ont des formes pour les genres, les nombres, les cas ; à ces déclinaisons diverses langues, telles que le mantchou, le coréen, le japonais, le loutchouan, le tamoul, suppléent par des postpositions ou [illegible] suffixes ; des deux parts, le lien formel du génitif, de l'ablatif, de l'accusatif est traduit par un son transformé

orientale, par exemple en japonais : *sasi-ageru* « soulever », *sasi-ahu* « rencontrer par hasard », *sasi-katameru* « consolider », du verbe *sasu* avec un second verbe ; de même *age-motiviru* « promouvoir », *age-okosu* « dresser », e[illegible] . ; — en coréen : *meke-potâ* « goûter », *mure-potâ* « s'informer », des verbes *mektâ*, *muttâ* avec *potâ* « voir » ; *kâcye-kâtâ* « emporter », *kâcye-otâ* « apporter », des verbes *kâcitâ* « prendre » et *kâtâ*, *otâ*, etc.

(1) Tacite, *Ann.*, 4, 73 : *ad sua tutanda digressis rebellibus.* Une lecture divergente a donné naissance à la ville de Siatutanda. Dans le même auteur, le nom *Tampius* (*Flavianus*) a été lu *T. Ampius* et *Titus Amplius.* Je dois ces exemples à l'obligeance de M. Fabia, professeur à l'Université de Lyon. En français, on peut rappeler pour la coupure des mots les deux vers de parodie :

Gal, amant de la reine, à la tour Magne, à Nîmes,
Galamment de l'arène alla, tour magnanime.

ou ajouté. Le chinois use d'un procédé moins matériel, seule la position du mot marque sa fonction. Antéposé à un nom, le mot est un génitif, un qualificatif; antéposé à un prédicat, il est sujet, il désigne l'agent, l'origine, l'instrument, le lieu, l'époque (nominatif, ablatif, locatif); postposé à un prédicat, il exprime le but, la mesure (accusatif, datif), voire l'attribut. Deux positions seulement, celle d'antécédent (déterminatif) et celle de conséquent, sont possibles pour répondre aux six cas du latin, qui eux-mêmes traduisent plus de six relations différentes. Chacune des deux formules de construction, très simple, est tellement générale qu'il est difficile de trouver des termes pour en désigner la fonction : ainsi *hwā hyāṅ* (1), « le parfum des fleurs » ou « les fleurs sont parfúmées » ; *fōṅ có mí* (2), « les abeilles font le miel » ou « le miel fait par les abeilles ». Chaque type unique, une fois établi, doit ensuite être expliqué, développé en plusieurs cas correspondant aux relations plus précises qu'admet la pensée occidentale.

La même économie des moyens produisant la même généralité des types se remarque dans tout l'usage des prédicats, l'unique mot *kyáo* signifie « enseigner », à tous les temps et tous les modes, et aussi « l'enseignement » ; *cù* veut dire « le maître » et « régler en maître », *yû-żęú* « chair et poisson » vaut « traiter comme chair et poisson » (3). Le temps, le mode, la voix, le rôle verbal ou nominal, exactement comme le cas, le nombre, sont marqués par la position et par les alentours du mot. La proposition se développe de manière non moins simple. Les polysyllabes, on l'a vu, sont doués d'une valeur syntaxique exactement pareille à celle des monosyllabes ; de même des complexes quelconques, des propositions fragmentaires ou totales peuvent se substituer à un mot simple, tenir lieu d'un verbe (§ 282), d'un

(1) 花香。
(2) 蜂作蜜。
(3) 教。主。魚肉。

nom (§ 339) (1), remplacer devant un nom une épithète (et l'on a une proposition relative, §§ 367, etc.), avant un prédicat un complément (ce qui équivaut à une proposition subordonnée, § 385), après un prédicat un régime (on obtient alors une proposition complétive, § 682); pour la syntaxe chinoise, « il dit la vérité » et « il dit que l'empereur est mort » sont deux phrases de type identique. Qu'il s'agisse d'ordonner autour d'un prédicat les compléments et régimes, autour d'une proposition principale les propositions secondaires exprimant les conditions, le but ou objet de l'action, la règle constante place d'abord les précisions et spécifications de toutes natures, puis l'acte fondamental suivi de son objet qui, s'il est assez bref, fait corps avec lui. La loi formelle dégagée plus haut, l'ordre fixe sans modification des mots, régit donc l'architecture des phrases, alors que le lien est marqué, dans nos langues, par les modes subjonctif, optatif, etc., par les propositions infinitives, par les propositions absolues du latin et du grec ; dans les langues d'Extrême-Orient, mantchou, japonais, loutchouan, coréen, par l'emploi des bases ou gérondifs, qui sont comme une déclinaison du radical verbal (2) : des deux côtés, par

(1) Les mots composés de ce type sont nombreux en français : *a*) verbe et régime direct, *le porte-drapeau* ; *b*) verbe et divers compléments, *un réveille-matin*, *bienvenu*, *la bienvenue* ; *c*) préposition et régime, *sans-cœur*, *un contrepoison*, *l'enjeu* ; *d*) deux verbes, *du savoir-faire*, *un laisser-passer* ; *e*) une proposition, *sauve-qui-peut*, *un ne m'oubliez-pas*. Comparer : *a*) *čị-hyén* 知縣 « le sous-préfet », *čị-nán* 指南 « la boussole » (§§ 339, 340) ; *b*) *syēn-sēṅ* 先生 « le lettré », *syēn-kyén* 先見 « un pronostic » et « prévoir », *hwéi-mài* 賄買 « corrompre » (§§ 293, 521) ; *c*) *tāṅ-čōṅ* 當中 « le milieu » (§ 611), *wû-lâi-yẹû* 無來由 « un vagabond = sans origine » ; *d*) cette série est innombrable (§§ 491, etc.) ; *e*) *sọ́-pú-syáṅ* 四不像 « un cerf, cervus davidii » (§§ 341, 342).

(2) A rapprocher les gérondifs du tamoul (VINSON, *Manuel de la langue tamoule*, 1 vol. petit in-8, Paris 1903 ; pp. 128, 147).

des moyens relevant de la morphologie et de la phonétique.

En dernière analyse, la proposition et le mot, en chinois, sont des molécules immuables pour l'œil et pour l'oreille; mais ils compensent le manque de plasticité sensible par une activité interne qui les adapte à toute position, à tout rôle. Au procédé fondamental qui a été décrit, s'ajoutent des moyens auxiliaires, ainsi la ponctuation prononcée (§§ 661, etc.), ainsi les particules, sortes d'exposants des opérations grammaticales dont les mots pleins sont les facteurs; celle-là ressortit au rhythme ou à l'accentuation, les dernières n'échappent pas aux règles générales de la syntaxe, étant des mots ordinaires qui en certaines positions assument des fonctions spéciales (1).

La considération de la fonction domine donc la grammaire chinoise, comme les parties du discours forment le cadre des grammaires occidentales. A l'importance profonde de la fonction, nous pourrions en Europe être préparés par bien des faits qui brisent la rigidité de nos catégories grammaticales habituelles (2); si l'on y regarde de près, sur ce point comme sur les autres, ton, accent, formation des mots, pho-

(1) On remarquera le rôle syntaxique des auxiliaires antécédents (§ 586) qui deviennent prédicats de propositions secondaires (§ 699).

(2) Les formes latines *ductum, usum* sont à la fois des supins, des participes passés et des noms. L'anglais *chase* est un verbe et un nom; *set*, avec les mêmes valeurs grammaticales, a encore plus d'emplois. Des mots comme *naguère, peut-être, cependant, néanmoins* sont des fragments de proposition; *cependant* (*cela pendant*, construction absolue), *néanmoins* (*rien de moins*), *pourtant* (*pour autant*), *toutefois* (*toute fois*) sont synonymes et, sans qu'on tienne compte de leur origine, d'ailleurs très diverse, sont rangés les uns parmi les adverbes, les autres parmi les conjonctions; ces deux classes servent de refuge aux mots dont on ne sait que faire. Aussi y voit-on voisiner *ne, bien, tendrement*, avec *puis, alors, aujourd'hui*, avec *là*, avec *y* (qu'on appelle aussi un pronom), avec *où* (qu'on sépare des relatifs et des interrogatifs); *mais* avec *et, or, donc, cependant*. Nos catégories grammaticales, souvent variables, n'ont rien à voir avec l'origine des mots, elles répondent fort imparfaitement à leur fonction et à leur forme.

nétique, morphologie, syntaxe, la langue chinoise est moins isolée qu'on ne l'imagine : les procédés sont à peu près les mêmes qu'ailleurs, avec un dosage et un emploi fort différents.

L'impression de ce volume a été retardée par les difficultés typographiques, qui n'ont été qu'imparfaitement surmontées (on ne le verra que trop à la longueur de l'errata) ; commencée du temps de la Chine impériale, elle s'achève en face de la Chine républicaine, quelques titres officiels et quelques formules de politesse employées il y a dix ans ne sont, présentement du moins, plus en usage ; il est inutile de dire que la langue n'a pas changé par l'effet de l'édit d'abdication.

Si l'impression a pu être menée à bien, c'est grâce aux avis toujours si précis et si compétents de l'éditeur de l'ouvrage, M. Alexandre Rey, à qui j'adresse tous mes remerciements pour son aide efficace.

Ecully, le 31 juillet 1913.

ADDITIONS ET CORRECTIONS

P.	Col.	Ligne		Au lieu de		Lisez
P. 3		ligne 10,	au lieu de :	les plus	lisez :	le plus
11		28		accentuée		accentué
19		7		*ṡạ́ṅ*		*ṡáṅ*
24, col.	1	5		*kwọ̆*		*kwŏ*
24	4	5		*kywok*		*kywek*
27	4	3		且		怚
31	4	9 et 12		娼		娼
34	4	3,	avant	trou	ajoutez :	«
38	3	10,	au lieu de :	*ċwọ̄*	lisez :	*ċwō*
41	1	1,	avant	*ṡŏ*	ajoutez :	*
41	4	3,	au lieu de :	*sywèṇ*	lisez :	*sywèn*
48		27		;		.
49		29		*pà*		*pā*
50		9		**phō** *lā*-**LĀ**		**phō**-*lā*-**LĀ**
51		6		*lị*		*lí*
52		14		*li*		*lí*
58		7		*tị*		*ti*
72		16,	après	dynastie	ajoutez :	régnante
73		24		*hèn*	supprimez :	;
83		8,	au lieu de :	*chào ṡū*	lisez :	*chào-ṡū*
98		11		appat		appât
99		22		*tán*		*tàn*
100		2		*kı*		*kī*
105, col.	1	19,	après	« rangée »	supprimez :	;
115		20,	au lieu de :	*ċí*	lisez :	*ċị*

P. 120 ligne 6, au lieu de : *ċhī* lisez : *ċhị*
126 23, avant *yī* 台
128 dernière, au lieu de : 丷 (1re fois) 䒑
143 6 *phắo* *pyāo*
144 16 *yên* *yèn*
152 17 *ċeū* *ċẹū*
153 12, ajoutez : = 蒯 *khwăi* : main 刂 (寸) qui tresse 㔷 des herbes 艹 : nom de famille.
175 9, au lieu de : *ṡẹṅ* lisez : *ṡēṅ*
175 21 *sị* *ṡị*
175 22, avant cf. ajoutez : ;
179 8, au lieu de : *kû* lisez : *kù*
180 5 *mẹṅ* *mèṅ*
180 13 *ċhì* *ċhị*
183, col. 2 16 *yıṅ* *yíṅ*
186, col. 1 dernière *ċwà* *ċwā*
205 27, après maison ajoutez : »
205 28, avant orient «
208 1, au lieu de : *tdi cọ* lisez : *tdi-cọ*
208 1 , (
208 15 **thwēi** *chộ* **thwēi**-*chộ*
213 9 *chị* *chī*
217 21, après dessous) ajoutez : »
221 20, au lieu de : 氏 lisez : 氐
222 6 **ċōṅ** *thâṅ* **ċōṅ**-*thâṅ*
231 16 **żêṅ** **żên**
232 5 *zên* *żên*
233 16 **thyēṇ** **thyēn**
234 26 **ṅâi** **ṅâi**
251 21 ruits fruits
256, col. 2 9 *yị* *yí*
260 16 **thạ̄** **thā**
261, ligne 19, au lieu de : *pû*-**táo** *yí* **nyên**, lisez : *pû*-**táo**-*yí*-**nyên**

P.	ligne	au lieu de :	lisez :
265,	12;	**fōṅ** *kōṅ*	**fōṅ**-*kōṅ*
266	13	*ċẹ̇* **yáo**	*ċẹ̇*-**yáo**
267	20	*sā* **hwàṅ**	*sā*-**hwàṅ**
269	5	**lyụ́**	**lyụ̀**
269	19	**mọ̄**-*mō*	**mō**-*mō*
277	15	**ċẹ́** *kó*	**ċẹ́**-*kó*
278	1, 5 et 6	*ṅāi*	*ṅâi*
278	dernière	*cān*	*cân*
281	4	dédaignenx	dédaigneux
283	18	**chấi** *sīn*	**chấi**-*sīn*
285	8	咭	咭
293	12	**hyá**	**hyâ**
298	1	*pyẻ* **tà**	*pyễ*-**tà**
302	9	**kyén** *kwó*	**kyén**-*kwó*
302	10	*wéi* **chêṅ**	*wéi*-**chêṅ**
302	11	*pú*-**chêṅ** *yẹù*	*pú*-**chêṅ**-*yẹù*
303	10	**wéi** *ċháṅ*	**wéi**-*ċháṅ*
303	25.	*yạ́o*	*yáo*
306	12	*nyên* **ṡẹú**	*nyền*-**ṡẹú**
307	23	**hyèn**-*pú ċhū*	**hyèn**-*pú*-*ċhū*
309	16	**kí**-*żâṅ*	**kí**-*żận*
313	20	**mó** *lyào*	**mó**-*lyào*
313	26	**mó**-*mó* **lyào**-*ọļ*	**mó**-*mó*-**lyào**-*ọļ*
315	2	*pú* **kyén**	*pû*-**kyén**
316	20	*pà* **kyào**	*pà*-**kyào**
317	11	*yí* **hào**	*yí*-**hào**
318	12	*ċáo* **ċhû**-*cọ*	*ċáo*-**ċhû**-*cọ*
319	10	*na*	*ná*
325	6	*yū*	*yụ̄*
325	29	**phín**	**phíṅ**
326	22	*ṡí*	*ṡị́*
326	28	*ċhī*	*ċhị̄*
327	1	*mō* **yáo** *kìn*	*mō*-**yáo**-*kìn*
327	25	*syē ọļ*	*syē*-*ọļ*
332	15	*có* **pyê**-*ti*	*có*-**pyê**-*ti*
333	4	**fáṅ** *ċô*-**ộļ**	**fáṅ**-*ċô*-**ộļ**

P.	ligne	au lieu de :	lisez :
P. 334,	ligne 15,	au lieu de : quoiqu'il	lisez : quoi qu'il
334	20	*sl*	*sį*
337	13	**sō̦**	**sọ**
337	24	**wân chīń**	**wân-chīń**
337	25	**żó** *ċô*	**żó**-*ċô*
337	27	*wàń* **śáń**	*wàń*-**śáń**
338	18	**cọ́** *kì*	**cọ́**-*kì*
341	27	*só*-**kìń**	*sọ́*-**kìń**
342	22	*pû* **śį**	*pû*-**śį**
342	22	**thyēn míń**	**thyēń-míń**
342	25	**hyāń**-*lì ti*	**hyāń**-*lì-tì*
343	10	**hô**-*khù ti*	**hô**-*khù-ti*
350	8	**mû**-*yáń ọl*	**mû**-*yáń-ọl*
351	25	**kàn**-*śį* **lyẹû**	**kàn**-*śį*-**lyẹû**
353	26	*mẹ́* **yọù-ċàń**	*mẹ́*-**yẹù-ċàń**
353	27	**ċẹ́**-*kó* **cọ́**	**ċẹ́**-*kó*-**cọ́**
354	11	**tō**-*mō* **kāo**	**tō**-*mō*-**kāo**
355	23	**ċù** *kyā*	**ċù**-*kyā*
356	17	*lyàń* **cáo**	*lyàń*-**cáo**
357	18	**hyá**-*lyào* **yẹû**	**hyá**-*lyào*-**yẹû**
359	14	*wệi*	*wêi*
360	5	**śén** *ộl*	**śén**-*ộl*
360	8	*pú* **chộ**	*pú*-**chộ**
360	11	**ṅó** *sọ̀*	**ṅó**-*sọ̀*
361	12	**śį** *hẹú*	**śį**-*hẹú*
376, col. 2,	ligne 28	*ċhū khyụ́*	*ċhū-khyụ́*
378	1 — 17	*hyá lái*	*hyá-lái*
378	2 — 32	*kwó lái*	*kwó-lái*
379	2 — 23	*mó-pụ̂ sį*	*mó-pû-sį*
381	2 — 24	*pú ċhēń-wáń*	*pú-ċhēń-wáń*
381	2 — 26	*pú-ken*	*pú-kēn*
381	2 — 27	*pú-khì*	*pú-khì*
384	2 — 1	*yīn, yīn-chọ̀ yīn-ċô, yīn-wēi*	*yīn, yīn-chọ̀, yīn-ċô, yīn-wēi*

LA LANGUE CHINOISE PARLÉE

(KWAN-HWA SEPTENTRIONAL)

INTRODUCTION

1. — La langue chinoise n'est pas une : écrite au second millénaire avant l'ère chrétienne, elle était parlée depuis une époque indéterminée dans la région entre Si-ngan et Péking, le reste de la Chine propre étant alors occupé par des populations non chinoises. Depuis cette haute antiquité, les Chinois en se multipliant ont peu à peu absorbé, entouré ou expulsé les tribus allogènes dont quelques-unes subsistent au milieu des provinces chinoises. Pendant plus de trois mille ans, le chinois n'a cessé d'être parlé et écrit sur une aire grandissante et qui dépasse de beaucoup la Chine propre. Par raison de temps, d'étendue et d'influences subies, le chinois s'est diversifié : au lieu de dire la langue chinoise, il faut parler de la famille des langues chinoises comme de celle des langues romanes ou germaniques, sans préjuger la nature, non élucidée, des rapports des langues chinoises entre elles.

Langue écrite. — 2. — Les langues chinoises peuvent être provisoirement classées dans l'ordre suivant :

A) Dans les plus anciens monuments (parties du Chi king et du Chou king, quelques-unes antérieures à 1000 a. C.) la langue ne diffère pas du parler de l'époque; ensuite la nature raffinée de l'écriture a graduellement séparé les deux langues qui se sont développées indépendamment. La langue écrite est devenue un idiome destiné aux yeux et souvent incompréhensible à l'ouïe;

langue savante, elle est la même dans tout l'Empire et aussi, avec quelques restrictions, dans les pays de civilisation chinoise (Corée, Japon, Annam); langue toujours vivante, elle montre plus de variétés nouvelles dans la période moyenne de Confucius à la dynastie des Song (VIe siècle a. C.-XIIIe siècle p. C.) que dans l'antiquité et dans les temps modernes. L'esprit conservateur des Chinois leur a inspiré un culte pour quelques œuvres qui, souvent les plus anciennes d'un genre, en sont devenues les modèles pour le style comme pour la composition : les styles des âges successifs, dont les différences pour le vocabulaire et la syntaxe sont parfois profondes, marquent à la fois les époques de la langue et les principaux genres littéraires. On peut distinguer : style de la haute antiquité (p. e. Chou king); style de la première période classique (Quatre Livres p. e.); style de la deuxième période classique, employé sous les Han et dès lors en usage avec des variantes dans la plupart des œuvres historiques, philosophiques, critiques, etc.; style du bouddhisme, débutant vers 67 p. C., pénétré d'influences étrangères, imité parfois par les taoïstes postérieurs; style des affaires procédant du second style classique, mais avec des caractères distinctifs (Gazette de Péking, pièces officielles, correspondance d'affaires); style des romans historiques (à partir des XIIIe et XIVe siècles).

Ces distinctions n'épuisent pas les variétés de la langue écrite; elles ne sont pas non plus absolues : très sensibles entre deux termes éloignés de la série, elles sont atténuées entre des textes plus rapprochés.

Langues parlées : branche septentrionale (kwanhwa). — **3.** — B) Quelle qu'ait été jadis la distance entre la langue écrite et la langue parlée, on trouve dans les œuvres de Tchou Hi (1130-1200) de nombreux passages rédigés dans une langue voisine de ce qu'on appelle la langue mandarine; depuis lors des traités philosophiques, des romans, des pièces de théâtre ont été publiés dans une langue analogue, plus ou moins mélangée de tournures littéraires. Ainsi par une réaction contre la langue écrite inaccessible au grand nombre et raidie dans l'imitation des anciens, la langue parlée a été écrite à son tour, rarement sans mélange. Par la syntaxe elle diffère de la langue écrite; mais le fond du vocabulaire de l'une étant tiré de l'autre, un bon nombre d'expressions étant communes aux deux, les caractères graphiques qui servent pour la langue écrite, ont été appliqués sans effort à la langue parlée.

Telle est la condition de la langue mandarine, kwan-hwa, que l'on pourrait appeler le *hochchinesisch* et qui avec des variétés dialectales (du nord ou de Péking, du sud ou de Nanking, de l'ouest ou du Seu-tchhwan) est la langue usuelle dans tout le nord et l'ouest, dans les deux tiers de la Chine propre. Le kwan-hwa est donc le parler des régions les plus anciennement chinoises, où est née, où a grandi la civilisation du pays. De plus le kwan-hwa étant parlé par les fonctionnaires et leur entourage dans tout l'Empire, jouit de la considération accordée à un idiome poli, distingué, employé pour les affaires. La résidence plusieurs fois séculaire de la Cour à Péking ayant donné le pas au dialecte du nord, c'est à celui-ci que je m'attacherai.

Branches centrales et méridionales. — 4. — C) Les différences du kwan-hwa et des autres langues, aussi bien que de celles-ci entre elles, sont marquées dans la phonétique, dans le vocabulaire et dans la syntaxe; elles ne sont pas assez profondes pour que quelques mois de travail ne suffisent, sachant l'une de ces langues, à en apprendre une autre. Certains idiomes méridionaux ont une littérature écrite, peu considérable. Leurs origines sont plus obscures que celles du kwan-hwa; la limite entre celui-ci et les premiers n'a pas été relevée scientifiquement, elle traverse, ou longe au sud-est, les provinces de Kiang-sou, Nganhwei, Hou-pei, Hou-nan, Kwei-tcheou, Kwang-si, Yun-nan, laissant de part et d'autre quelques enclaves. On peut donner le tableau provisoire suivant des langues méridionales :

Langues de Chang-hai (Kiang-sou), Ning-po (Tchẹ-kiang), Wẹn-tcheou (Tchẹ-kiang).

Langues de Fou-tcheou (Kiang-si), Nan-khang (Kiang-si).

Langue de Fou-tcheou (Fou-kien).

Langues de E-moui (Fou-kien), Swa-tao (Kwang-tong).

Langue de Canton (Kwang-tong); Hakka (Kwang-tong, Kwang-si).

5. — Quand un texte de langue écrite est lu à haute voix, le lecteur emploie la prononciation usitée dans sa langue et dans son dialecte ; dans plusieurs langues, la prononciation des mots est là même quand on lit et quand on parle, dans d'autres les mots ont une prononciation pour chaque cas ; en kwan-hwa, quelques mots se lisent autrement qu'ils ne se disent en parlant. Le langage, même usuel est émaillé de citations, d'expressions empruntées à la langue écrite. Les sons, les mots, la syntaxe de la langue écrite paraissent donc souvent dans le langage parlé.

Principes des langues de la famille chinoise : mots monosyllabiques et isolés. — 6. — Dans toutes les langues chinoises on observe les faits généraux suivants :

Tous les mots sont des monosyllabes qui ne se modifient ni pour exprimer les rapports syntaxiques (IVe partie) ni sous l'influence phonique des mots voisins (Ire partie). Comme ils restent *isolés*, le chinois est une langue *isolante* en même temps que *monosyllabique* ; si haut que l'on remonte, le mot paraît toujours monosyllabique ; il paraît aussi invariable, sauf quelques dérogations peu systématiques (IIIe partie).

Tons. — 7. — Le monosyllabe consiste en : *a*) un *son* que l'on peut analyser et transcrire imparfaitement avec des consonnes et des voyelles ; *b*) un *ton*, élément musical. Le son et le ton constituent par leur union l'individualité du mot (Ire partie).

Caractères idéographiques. — 8. — Dans la langue littéraire, et dans toutes celles des langues parlées qui sont aussi écrites, chaque mot correspond à un signe graphique dont le tracé souvent en symbolise le sens et parfois en rappelle la valeur phonique. En principe, chaque signe est lié à un son qui en est le nom ; mais le nom d'un signe varie d'un dialecte à l'autre suivant des lois phonétiques simples. Chaque signe porte avec lui en tous dialectes son sens, et peut être compris sans être nommé, dès qu'il est vu : de là cette écriture est dite *idéographique*. Les signes graphiques sont en général appelés *caractères* (IIe partie).

Syntaxe. — 9. — La construction de la proposition est fixe, l'ordre des mots tient lieu des désinences casuelles ou verbales, comme des particules agglutinées usitées ailleurs (IVe partie). La construction est conforme aux principes suivants :

10. — A) Les mots sont traités comme des racines significatives aptes à toutes fonctions grammaticales ; le même mot, suivant l'emploi, joue le rôle de nom, de verbe, d'adjectif, de préposition, de conjonction.

11. — B) Deux mots jouant le même rôle sont coordonnés par juxtaposition.

12. — C) De deux mots juxtaposés qui sont liés dans la pensée sans être coordonnés, le premier spécifie, détermine le second.

13. — D) Dans nombre d'expressions composées, l'ordre des termes (en dehors de toute question de syntaxe) et l'emploi de mots donnés de préférence à tels synonymes, sont impérativement consacrés par l'usage.

14. — E) Le régime exprimant l'objet, le but de l'action, est placé après le prédicat.

15. — F) L'objet principal de la proposition, c'est-à-dire l'idée importante, le sujet psychologique, est mis en tête en position absolue, sans préjuger quel sera son rôle grammatical si on le fait rentrer dans la proposition.

16. — G) Une expression complexe, même très longue, joue souvent le rôle syntaxique d'un mot simple.

17. — H) La proposition contient souvent, en tête, ou avant le prédicat, ou à la fin, des mots qui l'influencent dans sa totalité (valeur affirmative, interrogative, etc.).

18. — I) La proposition est toujours construite dans le même ordre, qu'elle soit affirmative, négative, dubitative, interrogative, impérative.

19. — J) Les propositions d'une phrase sont en général rangées dans l'ordre de succession chronologique ou logique, les circonstances explicatives ou antérieures précédant le fait principal ou ultérieur.

20. — K) On sous-entend volontiers les mots déjà exprimés, ou faciles à substituer ; particulièrement les expressions indiquant le sujet, le nombre grammatical, le sexe, le temps ne sont explicites que si cela est indispensable. Le prédicat n'est jamais en totalité implicite.

PREMIÈRE PARTIE

PHONÉTIQUE

CHAPITRE PREMIER

LES SONS

Transcription. — 21. — Les lettres d'une langue rendent imparfaitement les sons d'une autre langue et ne donnent qu'une idée éloignée de la prononciation qu'il faut acquérir par imitation. Pour être illusoires partiellement, les transcriptions sont toutefois utiles, par suite légitimes, soit quand on emploie en français des noms propres, des mots techniques étrangers, soit pour servir de terme moyen dans l'étude des éléments phoniques d'un idiome étranger. Dans le premier cas, la combinaison qui représente la syllabe étrangère doit être simple et usuelle en français pour être prononcée sans trop de difficulté : le son donné à la combinaison sera approximatif, mais suffisant pour la plupart des usages (géographie, histoire, droit, littérature, etc.).

22. — Pour quelques sciences (philologie, linguistique, prosodie, grammaire) une exactitude supérieure est requise, de telles études ayant pour objet les mots étrangers mêmes. Il faut alors, fût-ce au prix de quelque complication apparente, suivre de près les éléments phoniques originaux. Pour cet objet il est commode de calquer méthodiquement avec des lettres françaises, naturelles ou modifiées, l'alphabet étranger de façon qu'une correspondance constante soit établie entre chaque signe de transcription et chaque lettre simple étrangère; puisqu'on peut toujours sous le mot transcrit rétablir la forme indigène, on est à même d'étudier de manière facile et précise la prononciation et les faits phonétiques.

23. — Pour le chinois, l'emploi de transcriptions est d'autant plus nécessaire que les caractères n'indiquent qu'exceptionnellement et approximativement le son; mais l'absence d'alphabet rend d'autant plus ardue la confection d'un système de transcription exact et méthodique. On peut arriver à une solution encore imparfaite, du moins bien liée et exacte en gros, en observant quelques principes : se borner à un seul dialecte de la langue, s'attacher à la prononciation contemporaine, et surtout s'inspirer de l'analyse phonique des syllabes faite depuis le VIe siècle par les philologues indigènes. D'après ces principes, sont établies les tables suivantes où chaque lettre simple correspond toujours à un seul et identique des éléments simples que l'analyse révèle dans les monosyllabes chinois.

Tableau méthodique des sons. — 24. — Consonnes initiales:

Gutturales	*k*	*kh*		*ñ*
Dentales	*t*	*th*		*n*
Labiales	*p*	*ph*	*f*	*m*
Palatales sifflantes	*c*	*ch*	*s*	
Palatales chuintantes . . .	*č*	*čh*	*ś*	*ź*
Spirante			*h*	
Linguale				*l*

Consonnes finales : *ñ n l.*
Semi-voyelles : *y w*
Voyelles : *a ạ e ẹ i ị o u ụ o.*
Diphthongues : *ai ao ei ẹu*

25. — Les lettres *t, n, p, f, m, s, l* ont la même valeur qu'en français au début du mot — *k* tantôt vaut « k » français, tantôt est mouillé — *ñ* = ng des mots « sang », « long »; *c* = ts, *č* = tch, *ś* = ch, *ź* = j, comme dans « tsar », « tchèque », « chat », « jour ». — *y* comme dans « yatagan ». — *w* comme dans l'anglais « wall » — *a, i, o*, presque comme en français. — *e* = é, *ẹ* = eu, *u* = ou, *ụ* = u.

Les autres lettres sont spéciales. Les diphthongues sont prononcées d'après leurs éléments, en une seule émission de voix. Le son des voyelles et des diphthongues varie sensiblement en kwan-hwa d'un dialecte ou d'un patois à l'autre (voir §§ 28 et suivants).

Tableau des syllabes du kwan-hwa. — 26. — Les lettres *l. e.*, *l. p.* indiquent les sons spéciaux soit à la langue écrite, soit à la langue parlée :

ka	*kwaṅ*	*khyaṅ*	*ṅẹu*	*than*
kaṅ	*kwan*	*khyai*	*ṅo*	*thai*
kan	*kwai*	*khyao*		*thao*
kai	*kwei*	*khye*	*ta*	*theṅ*
kao	*kwẹ*	*khyen*	*taṅ*	*thei*[3]
keṅ	*kwẹn*	*khyẹu*	*tan*	*thẹ*
ken	*kwo*	*khyụ*	*tai*	*thẹu*
kei	*kywe*	*khyụn*	*tao*	*thi*
kẹ	*kywen*	*khyo* (l. e.)	*teṅ*	*thiṅ*
kẹu	*kywẹ*	*khyoṅ*	*tei* (l. p.)	*thu*
ki		*khwa*	*tẹ*	*thun*
kiṅ	*kha*	*khwaṅ*	*tẹu*	*tho*
kin	*khaṅ*	*khwan*	*ti*	*thoṅ*
ku	*khan*	*khwai*	*tiṅ*	*thyao*
kun	*khai*	*khwei*	*tu*	*thye*
ko	*khao*	*khwẹn*	*tun*	*thyen*
koṅ	*kheṅ*	*khwo*	*to*	*thwan*
kya	*khen*	*khywe*	*toṅ*	*thwei*
kyaṅ	*khei*[1]	*khywen*	*tyao*	*thwẹn*
kyai	*khẹ*	*khywẹ*	*tye*	*thwo*
kyao	*khẹu*		*tyen*	
kye	*khi*	*ṅa*	*tyẹu*	*na*
kyen	*khiṅ*	*ṅaṅ*	*twan*	*naṅ*
kyẹu	*khin*	*ṅan*	*twei*	*nan*
kyụ	*khu*	*ṅai*	*twẹn*	*nai*
kyụn	*khun*	*ṅao*	*two*	*nao*
kyo (l. e.)	*kho*	*ṅeṅ*[2]		*neṅ*
kyoṅ (l. e.)	*khoṅ*	*ṅen*	*tha*	*nei*
kwa	*khya*	*ṅẹ*	*thaṅ*	*nẹn* (l. p.)

1. 克 *khei*, non pékinois. — 2. [illegible], *ṅeṅ*, non pékinois. — 3. 忒 *thei*, non pékinois.

nẹu (l. e.)
ni
niṅ
nin (l. p.)
nu
no
noṅ
nyaṅ
nyao
nye
nyen
nyẹu
nyụ
nyo
nwan
nwẹn
nwo (l. e.)

pa
paṅ
pan
pai
pao
peṅ
pei
pẹ (l. e.)
pẹn
pẹu[1] (l. e.)
pi
piṅ
pin
pu
po

pyao
pye
pyen
pyẹu
pwo

pha
phaṅ
phan
phai
phao
pheṅ
phei
phẹ (l. e.)
phẹn
phẹu
phi
phiṅ
phin
phu
pho
phyao
phye
phyen
phyẹu[2] (l. e.)
phwo

ma
maṅ
man
mai
mao
meṅ
mei
mẹ
mẹn
mẹu
mi
miṅ
min
mu
mo
moṅ
myao
mye
myen
myẹu
myo[3] (l. e.)
mwo

fa
faṅ
fan
fao[4]
fei
fẹn
fẹu
fu
fo
foṅ
fwo

ca
caṅ
can
cai
cao
ceṅ
ceṅ (l. p.)
cei (l. p.)
cẹ
cẹu
ci
ciṅ
cin
cọ
cu
cun
co
coṅ
cyaṅ
cyao
cye
cyen
cyẹu
cyụ
cyụn
cyo (l. e.)
cwan
cwei
cwẹn
cwo
cywe
cywen (l. e.)
cywẹ

cha
chaṅ
chan
chai
chao
cheṅ
chen[5] (l. e.)
chẹ
chẹu
chi
chiṅ
chin
chọ
chu
chun
cho
choṅ
chyaṅ
chyao
chye
chyen
chyẹu
chyụ
chyụn (l. e.)
chyo (l. e.)
chwan
chwei
chwẹn
chwo
chywe[6] (l. e.)
chywen
chywẹ

sa
saṅ
san

1. 掊. — 2. 淲. — 3. 翏. — 4. 否 *fao*, non pékinois. — 5. 参. — 6. 敠.

sai	*ċao*	*ċhoṅ*	*żaṅ*	*hyaṅ*
sao	*ċạn*	*ċhwa*[3] (l. e.)	*żao*	*hyai*
seṅ	*ċeṅ*	*ċhwaṅ*	*żạn*	*hyao*
sen[1] (l. p.)	*ċen*	*ċhwan*	*żeṅ*	*hye*
sẹ	*ċẹ*	*ċhwai*	*żen*	*hyen*
sẹu	*ċẹu*	*ċhwei*	*żẹ*	*hyẹu*
si	*ċị*	*ċhwẹ*	*żẹu*	*hyụ*
siṅ	*ċu*	*ċhwẹn*	*żị*	*hyụn*
sin	*ċun*	*ċhwo*	*żu*	*hyo* (l. e.)
sọ	*ċo* (l. e.)		*żun*	*hyoṅ*
su	*ċoṅ*	*ṡa*	*żo*	*hwa*
sun	*ċwa*	*ṡaṅ*	*żoṅ*	*hwaṅ*
so	*ċwaṅ*	*ṡan*	*żwan*	*hwan*
soṅ	*ċwan*	*ṡai*	*żwei*	*hwai*
syaṅ	*ċwai*[2]	*ṡao*	*żwẹn*	*hwei*
syao	*ċwei*	*ṡạn*		*hwẹ*
sye	*ċwẹ*	*ṡeṅ*	*ha*[5] (l. p.)	*hwẹn*
syen	*ċwẹn*	*ṡen*	*haṅ*	*hwo*
syẹu	*ċwo*	*ṡei* (l. p.)	*han*	*hywe*
syụ		*ṡẹ*	*hai*	*hywen*
syụn	*ċha*	*ṡẹu*	*hao*	*hywẹ*
syo (l. e.)	*ċhaṅ*	*ṡị*	*heṅ*	
swan	*ċhan*	*ṡu*	*hen*	*la*
swei	*ċhai*	*ṡun*	*hei* (l. p.)	*laṅ*
swẹn	*ċhao*	*ṡo* (l. e.)	*hẹ*	*lan*
swo	*ċhạn*	*ṡoṅ*[4]	*hẹu*	*lai*
sywe	*ċheṅ*	*ṡwa*	*hi*	*lao*
sywen	*ċhen*	*ṡwaṅ*	*hiṅ*	*leṅ*
sywẹ	*ċhẹ*	*ṡwan*	*hin*	*lei*
	ċhẹu	*ṡwai*	*hu*	*lẹ*
ċa	*ċhị*	*ṡwei*	*hun*	*lẹu*
ċaṅ	*ċhu*	*ṡwẹ*	*ho*	*li*
ċan	*ċhun*	*ṡwẹn*	*hoṅ*	*liṅ*
ċai	*ċho* (l. e.).	*ṡwo*	*hya*	*lin*

1. 森. — 2. 搜. — 3. 磋. — 4. 春 *ṡoṅ*, non pékinois. — 5. 哈.

lu	*lyụ*	*ya*	*yụ*	*wẹn*
lun	*lyụn*[2]	*yañ*	*yụn*	*wu*
lo	*lyo* (l. e.)	*yai*	*yo* (l. e.)	*wo*
loñ	*lwan*	*yao*	*yoñ*	*woñ*
lya[1] (l. p.)	*lwẹn*	*ye*	*wa*	*ywe*
lyañ	*lwo*	*yen*	*wañ*	*ywen*
lyao	*lywe*	*yẹu*	*wan*	*ywẹ*
lye	*lywen*	*yi*	*wai*	
lyen	*lywẹ*	*yiñ*	*wen*	*ọḷ*
lyẹu		*yin*	*wei*	

27. — Cette table montre que la syllabe chinoise comprend une initiale (soit consonne simple ou aspirée, soit initiale muette dans l'avant-dernière série) et une finale. Cette finale elle-même est :

A) simple (voyelle ou diphthongue : *a*, *ẹ*, *i*, *ị*, *ọ*, *u*, *o* ; *ai*, *ao*, *ei*, *ẹu*).

B) composée d'une semi-voyelle et d'une voyelle, d'une semi-voyelle et d'une diphthongue (*ya*, *ye*, *yi*, *yụ*, *yo* ; *yai*, *yao*, *yẹu*; *wa*, *wẹ*, *wu*, *wo* ; *wai*, *wei*).

C) composée d'une voyelle et d'une consonne (*añ*, *eñ*, *iñ*, *oñ* ; *an*, *ạn*, *en*, *ẹn*, *in*, *un*; *ọḷ*).

D) composée d'une semi-voyelle, d'une voyelle et d'une consonne (*yañ*, *yiñ*, *yoñ*; *wañ*, *woñ*; *yen*, *yin*, *yụn* ; *wan*, *wen*, *wẹn*).

E) composée de deux semi-voyelles et d'une voyelle (*ywe*, *ywẹ*).

F) composée de deux semi-voyelles, d'une voyelle et d'une consonne (*ywen*).

Les syllabes chinoises ont ainsi plus de corps que les syllabes françaises ; les diphthongues sont très employées et les voyelles simples sont souvent prolongées (*pa*ᵃ, *to*ᵒ, *tẹ*ᵉ). Ce caractère de la langue est encore accentuée par le ton (§§ 75 et suivants). En raison de la longueur de la syllabe, la voix, d'une seule émission, module des sons qui paraissent complexes : *kywen* (kiuen), *chywen* (tshiuen). L'élément vocalique, voyelle ou diphthongue, est toujours unique.

Remarques sur la prononciation. — **28.** — Les remarques qui suivent s'appliquent avant tout à la prononciation pékinoise lettrée.

1. 倆. — 2. 倫 *lyụn*, non pékinois.

k a normalement le même son qu'en français; *kh* vaut *k* + *h*, c'est-à-dire presque *k* + « ch » allemand. La spirante *h* reçoit une valeur différente, selon qu'elle est suivie soit de *i* ou *y*, soit d'une autre voyelle ou semi-voyelle. Avec *i* et *y*, le souffle fort de *h* devient sifflant et palatal, se rapprochant à la fois de « s » et de « ch » doux allemand (ich). Avec *w* et avec les voyelles autres que *i*, *h* est un souffle guttural qui ressemble au « ch » dur (bach). Suivant *k* ou toute autre consonne, *h* garde de la valeur décrite surtout le caractère spirant.

Les gutturales (*k*, *kh*) suivies soit de *i* soit de la semi-voyelle correspondante *y* prennent une valeur palatale. A Péking, on les prononce comme *c*, *ch*; parfois à Péking même et surtout hors de Péking, dans le Tchi-li, on distingue *k*, *kh* de *c*, *ch* : le son voulu peut être obtenu lorsqu'en prononçant le *k*, on applique la langue à la racine des dents inférieures. Dans les dialectes plus méridionaux du kwan-hwa, le son du *k* reste guttural, mais il subsiste souvent quelque confusion entre *k*, *kh* et *c*, *ch*.

29. — Le son de *a* dans *ka*, *kai*, etc., est intermédiaire entre « a » dans « papa » et dans « pas ». — Dans *ao*, *ęu*, les deux voyelles sont presque également accentuées, la moins sourde des deux (*a*, *u*) porte l'accent principal; dans *ai*, *ei*, la première voyelle est accentuée, l'*i* équivaut à une semi-voyelle, presque comme dans « ail ». Toutefois le ton a une grande influence sur la prononciation des finales (§§ 88 et suivants).

30. — Plusieurs dialectes fondent toujours les éléments de la diphthongue *ai* et la prononcent comme « ai » dans « paix »; à Péking cette contraction n'a lieu que pour les syllabes en *yai* : *kyai* confondu avec *kye*, etc., par les uns, prononcés *kye* + *i*, etc., par les autres.

31. — La finale *an* équivaut presque à « ane » ou « anne » (cane, canne); toutefois cette résonnance finale est privée de voyelle, tandis qu'en français on entend « e » — La finale *añ* ressemble à « ans » (dans), « ant » (pendant), « ang » (sang); toutefois, on entend souvent une résonnance nasale et gutturale; comparer le mot allemand « lang » où le son « g » est trop perceptible. Les finales *ñ* et *n* sont confondues partiellement dans plusieurs dialectes.

32. — La diphthongue *ei*, accentuée sur *e*, est comparable à « eille » dans « abeille »; parfois comme « ei » dans « neige ». Pour *kei*, voir § 87; *kèi* « donner » fréquent à Péking. — *en* ressemble à « ène » (gêne) ou à « enne » (tienne) ; voir § 31 sur *n* finale. — *eṅ* doit être entendu ; *seṅ* est entre « sang » et « sein », avec la même résonnance finale que dans *aṅ*.

33. — La finale *ẹ*, intermédiaire entre « e » (je, me) et « o » (potage) est souvent confondue avec *o* ; ainsi *kẹ* et *ko* sont habituellement mélangés. Toutefois *ẹ* tend à se développer en *e*, *ei*, ce qui n'arrive jamais à *o* (§ 87). Le son correspondant à *ẹ* varie beaucoup suivant les districts. — Dans *ẹu*, *u* est un peu accentué ; cette diphthongue varie de « eou » à « eo » (avec « o » grave) et à « oo » (« o » aigu, « o » grave). — Avec la finale *n*, la voyelle *ẹ* tend vers « eu » de « jeu ».

34. — *i* n'a pas la même valeur que dans « si », mais tend vers « é ». — *in* vaut « ine » de « mine » (§ 31). — *iṅ* ressemble un peu à « igne » (ligne), mais est beaucoup plus proche de « ing » en allemand et en anglais (ring, king) ; la résonnance n'est pas ici nasale et gutturale, mais nasale et palatale.

35. — *u* vaut « ou » (cou). — *un* est une variante régionale ou individuelle de *wẹn* ; on entend rarement dans *un* un *u* pur comme dans l'allemand « thun », l'anglais « moon ».

36. — *o* est soit aigu soit grave, d'après les habitudes ; dans la syllabe *ko* il est plus souvent aigu, ce qui facilite la confusion avec *kẹ* ; il est grave plutôt aux tons où il devient long ; dans la diphthongue *ao*, il est très grave. — *oṅ* équivaut à « ong » (long) avec la résonnance finale (§ 31).

37. — Pour *y* placé en tête des différentes finales, voir § 25 ; dans *kyụ*, *kyụn*, *y* est à peine perceptible, simple mouillure de l'initiale. — Pour la valeur palatale de *k*, voir § 28 ; pour la syllabe *kyai*, voir § 30. — *ụ* ne se rencontre qu'après la semi-voyelle *y*, il résulte de la rencontre de *y* avec *u* ; parfois, surtout au ton rentrant, la combinaison *y* + *u* donne *u* ; mais en pareil cas, les dialectes adoptent diverses solutions, soit *ŭ*, soit *yụ*. Certains dialectes même ont *i* au lieu de *ụ*.

38. — *kyo*, toujours au ton rentrant, n'est jamais prononcé d'une manière pure dans le dialecte du nord, remplacé par *kywẹ* (§ 87).

39. — La valeur de *w* a été indiquée (§ 25) ; comme *y*, *w* est une modification de l'initiale syllabique plus qu'un son indépendant, c'est un étranglement de la voix. — Dans la syllabe *kwa*, l'*a* est plus grave que dans *ka*, etc. — Dans *kwo*, *o* toujours grave. — Dans *kwẹ* (toujours ton rentrant), *ẹ* est souvent confondu avec *o*. — Dans *kwẹn*, *ẹ* tend vers « eu » français (§ 33), mais est prononcé très légèrement, tantôt *ẹ* disparaît presque et l'on a la syllabe *kun*, tantôt c'est le *w* qui disparaît et l'on entend presque *kẹn*, ou *keṅ*.

40. — Dans la combinaison *yw*, *y* reste semi-voyelle; *w* prend à peu près le son de *ụ*; mais l'accent porte sur *e*, *ẹ*.

41. — L'initiale *ṅ* est absente des langues européennes; il faut l'entendre prononcer. Ce son est étranger à certains dialectes et à certaines personnes. Quelques-uns le laissent tomber complètement, d'autres le remplacent par un souffle faible; pour d'autres il équivaut à *n*, ou est appuyé et devient une « n » supradentale.

Il n'y a pas de remarques nouvelles sur les finales qui se combinent avec *ṅ* initiale. La syllabe *ṅẹṅ* n'est plus usitée : *ṅéṅ* remplacé par *yíṅ* « dur », Seu-tchhwaṅ *ṅén*. La syllabe *ṅa* est souvent lue *ṅo*, *'o*, *'a*.

42. — *t* a le même son qu'en français. Dans *th*, *h* est l'aspiration décrite au § 28. Pour les finales, voir les §§ 29-36, 39.

43. — Pour *tei*, *thei* voir § 87 ; *tèi* « il faut » fréquent à Péking.

44. — *to*, *tho*, très souvent prononcés *to°*, *tho°*, se confondent avec *two*, *thwo* primitivement distincts.

45. — *n* est prononcé comme en français. Dans tout le centre et l'ouest, cette initiale est confondue avec *l*; même à Péking on confond *lóṅ* = *nóṅ* « faire, manier » ; *lyèn* = *nyèn* « chaise à porteurs ». Dans le sud du Tchi-li, *n* suivi de *i* ou *y* devient palatale : *ni* prononcé comme « gni ».

Pour les finales, *nẹn* est le son le plus usuel de *nwẹn*, *nun* semble inusité. — *no* devient habituellement *no°*, *nwo*.

46. — *nyó* (au ton descendant, *o* pur et pas *wẹ*) est la prononciation usuelle dans le nord de *yǒ* « tyranniser, opprimer » ; ce son est même usité dans la lecture des textes ; en parlant, on dit aussi *yáo*. Fait analogue pour *ní* = *yǐ* « opposé » ; *nyé* = *yě* « loi » ; *nì* = *yì* « décider » ; *nyẹ̀u* = *yẹ̀u* « bœuf ». Les formes anciennes étaient *ṅyǒ*, *ṅǐ*, *ṅyě*, *ṅì*, *ṅyêu*. Cf. *ṅeṅ*; § 41. L'initiale double *ny* se rattache parfois à la série palatale et cède même la place à une palatale explosive : *nyên* et *čān* « coller, gluant ».

47. — *p* équivaut au « p » français. Pour la spirante *h* dans *ph*, voir § 28. Pour les finales, voir §§ 29-37 ; *p* n'admet pas la semi-voyelle *w* ; la syllabe *pwo* (*po°*) n'est qu'une variante très usuelle de *po* ; de même *phwo* et *mwo* ; la série absente *pw* est représentée par la série *f*.

48. — *pei* et *phei* fréquents, sont deux syllabes primitives apparentées à *pi* et *phi*. Mais *pei* provient aussi de *pě*, *pêi* = *pě* « nord ». — De même *pai* est souvent primitif ; souvent aussi c'est une variante de *pŏ*, ainsi *pái* = *pŏ* « blanc » ; etc. Voir § 87.

49. — *m* est semblable à « m » du français ; pour les finales voir §§ 29-37 ; pour *mo*, *mwo*, voir § 47. — *mě* se développe soit en *mai*, *mę̌* = *mái* « froment », soit en *mei*, *mę̌* = *mèi*, négation, « il n'y a pas », etc., voir § 87. — Les syllabes *meṅ* et *moṅ* sont souvent confondues ; elles sont toutefois distinguées par de nombreuses personnes.

50. — *f*, transformation de *pw*, est prononcée comme « f » française, c'est-à-dire qu'elle est explosive. Les finales ont leur valeur habituelle ; *fwo* pour *fo* est usuel à Péking.

51. — L'initiale *c*, « ts », est un son simple, sans pause entre « t » et « s » ; *ch* vaut *c* + *h*, la spirante gardant sa valeur normale. Pour les finales, voir §§ 29-40.

52. — *Cę*, *ċhę*, se présentent seulement au ton rentrant et surtout dans des expressions littéraires ; *cei* pour *cě*, *cêi* « voleur », existe même en langue littéraire. Pour d'autres transformations, voir § 87 (*cai*, *chai* plus rare que *ċai*, *ċhai*). Dans certains dialectes, la série *cę*, *chę* empiète beaucoup sur la série *ċę*, *ċhę*, même en prononciation littéraire (voir § 57).

53. — Dans *cǫ*, *chǫ*, la finale est prononcée presque comme « eu » (jeu), mais un peu assourdie ; cette finale ne se présente qu'après *c*, *ch* et *s* ; un *i* primitif dans certains mots a persisté, dans d'autres est devenu *ǫ*.

54. — Les finales *o*, *wo* forment deux séries distinctes, mais souvent confondues. — La syllabe *cyụn*, *cyụ́n* « distingué », est parfois prononcée *cwęn*. — Pour *cyŏ*, *chyŏ*, voir §§ 38 et 87.

55. — *s*, prononcée comme en français, est apparentée à *c*, *ch*. Les remarques faites pour *cę*, *cǫ* (§§ 52, 53) sont applicables ici ; voir § 87. — *sin*, *sín* « rapide », est souvent prononcé *syụ́n* ; de même *sí* « gendre » = *syụ́*. Pour *o*, *wo*, *yo*, voir § 54.

56. — A Péking, l'initiale mouillée *sy* est tout à fait confondue avec *hy* (voir § 28).

57. — Les initiales *ċ*, *ċh* et *ṡ*, prononcés comme « tch », « tch + h » et « ch », sont apparentées entre elles comme le sont *c*, *ch*, *s*. Dans quelques dialectes du kwan-hwa, à Thien-tsin par exemple, presque toute la série *ċ*, *ċh*, *ṡ* passe aux initiales *c*, *ch*, *s*.

58. — Au contraire dans la prononciation de Péking et d'une partie du Tchi-li, la série *ċę*, *ċhę*, *ṡę* empiète sur *cę*, *chę*, *sę*; ce fait, qui n'est pas étranger à la langue littéraire, est surtout marqué dans la conversation et reste spécial au ton rentrant (voir §§ 52, 55, 87).

59. — *i* final est régulièrement remplacé après *ċ*, *ċh*, *ṡ* par un « i » sourd *ị* qui n'apparaît pas ailleurs.

60. — Dans les syllabes *ċạn*, *ċhạn*, *ṡạn*, *ạ* est une sorte de diphthongue = *ęa*; *ạn* remplace irrégulièrement *an* ou *yan* plus anciens. Cette voyelle n'apparaît qu'après les palatales chuintantes.

61. — *ċŏ*, *ċhŏ*, *ṡŏ* employés en prononciation littéraire, sont très souvent confondus avec les séries *ċwo*, *ċhwo*, *ṡwo*, *ċwę*, *ċhwę*, *ṡwę*; ces syllabes en conversation deviennent souvent *ċao*, *ċhao*, *ṡao* (§ 87).

62. — *ṡêi* est une variante populaire de *ṡwêi* pour le seul mot *ṡêi* = *ṡwêi* « qui »? — *ṡwęn*, *ṡun* est souvent à Péking prononcé *ċhwęn*, *ċhun*; de même *ṡoṅ* devient *ċhoṅ*.

63. — L'initiale *ż* est la sonore de *ṡ* = « j » français, ses affinités permettent de la séparer de *ṡ* et de la ranger près de *l*, elle est prononcée souvent avec une légère vibration.

64. — Au Chan-tong (dialecte du kwan-hwa), *ż* est remplacé régulièrement par *y*; cette transformation est vulgaire au Tchi-li pour *żó* = *żáo* = *yáo* « si » (conditionnel). Inversement à Péking, on dit *żôṅ* pour *yôṅ* « facile », *żwàn* pour *ywèn*, nom propre. D'autres dialectes remplacent *ż* par *z*.

65. — *żwèi* « présage favorable », prononcé de la sorte à Péking, est autre part prononcé *ṡwèi*; le *ż* est ici une survivance exacte de l'ancienne initiale sonore, disparue ailleurs.

66. — *ż* comme *ṡ* prend les finales *ị* et *ạn* (§§ 59, 60).

67. — La valeur sifflante de *h* devant *i* et *y* a déjà été indiquée aux §§ 28 et 56. En tout autre cas, *h* est spirante et gutturale (§ 28).

68. — *hēi* de la langue parlée vient de *hę̆* « noir »; pour d'autres transformations de *hę̆*, *hyŏ*, voir § 87; §§ 29-40. Les dialectes du nord prononcent *h* initiale plus fortement que ceux du centre; il faut d'autant plus remarquer la chute de *h* initiale à Péking dans quelques syllabes *hwan*. Ainsi : *hwán* = *wán* « pilule »; *hwán* = *wán* « finir ». Le mot *hwáṅ* « de plus », devient à Péking *khwáṅ*.

69. — *l* initiale est « l » française; confusion avec *n* (§ 45). Parmi les syllabes *lei*, les unes sont primitives, les autres viennent de *lę̆*

(§ 87); il règne quelque confusion entre *lę*, *lo*, et *lo*, *lwo*, distincts en réalité.

70. — Dans *lya*, *lyaṅ*, *lyao*, la valeur d'*y* est moins atténuée qu'il n'a été dit au § 37; on entend un « i » très bref tendant vers « é ». — Dans *lyụ*, *lyụn*, *lyo*, *lyęu*, les sons *l* et *y* se fondent et équivalent presque à « l » mouillée.

71. — *lwęn*, *lyụn* sont habituellement confondus, prononcés *lwęn*, *lun* par les uns, *lyụn* par les autres. En pékinois on entend *lun*, dans le sud du Tchi-li *lyụn*.

72. — Employés sans initiale, *y* et *w* ont la valeur décrite aux §§ 25, 37, 39. Dans *yai*, contrairement au § 30, la diphthongue garde le son normal *a* + *i*. — Dans *ya*, *yaṅ*, *yao*, contrairement au § 70, *y* est purement consonne. — Les syllabes *wen* et *węn*, sont souvent confondues.

73. — Dans *ọl*, l'initiale est une voyelle intermédiaire entre « e » (je) et « eu » (jeu); la finale est une « l » vibrée, ressemblant à une « r » roulée faiblement; on la prononce bien en retournant le bout de la langue vers la voûte du palais. Ce son n'est pas spécial au kwan-hwa, mais il s'y rencontre plus souvent que partout ailleurs : par son origine phonétique, il appartient à l'ancienne série *ż*, voisine de *l*.

74. — La prononciation du kwan-hwa admet des variantes pour un grand nombre de syllabes : la langue orale est peu fixée. Parmi les variantes quelques-unes semblent limitées à un petit nombre de personnes : les variantes de ce genre ne sont pas rares, présentement elles échappent à la définition et au classement. D'autres sont locales, par exemple la préférence pour la forme *lwęn*, ou *lun*, ou *lyụn* : les variantes de ce genre, combinées avec un certain accent, avec le choix habituel de certains termes, constituent un patois. Les patois sont peut-être aussi nombreux que les villages. Certaines prononciations répandues distinguent les dialectes : ainsi *y* pour *ż* au Chan-tong, *c*, *ch*, *s* pour *ċ*, *ċh*, *ṡ* à Thien-tsin. Entre les dialectes, la différence d'accent et de vocabulaire devient plus grande. Les dialectes du kwan-hwa se rangent à leur tour en trois classes indiquées au § 3; elles sont distinguées par la prononciation gutturale ou palatale de *ki*, *khi*, *ky*, *khy*, par la séparation ou le mélange des initiales *n*, *l*, des finales *ṅ*, *n*, enfin par le nombre des tons et la distribution des mots du ton rentrant entre les autres tons. Il n'est pas sûr qu'une étude plus approfondie n'amène pas à reconnaître de nouvelles classes de dialectes.

Un certain nombre de variantes sont usitées concurremment dans le même parler; les unes sont usuelles dans la conversation vulgaire, les autres sont préférées pour la lecture ou pour les termes littéraires, ou simplement pour le langage de bonne société : ainsi *pó*, *pâi* « blanc »; *nyó*, *yáo* « opprimer »; *žó*, *yáo* « si »; *cệ*, *cái* « alors », etc. Quelques variantes enfin ont acquis en langue parlée un sens nouveau; ainsi *tệ* « pouvoir » identique à *tèi* « falloir »; *kì* « donner » (langue écrite), « pour » (langue parlée) identique à *kèi* « donner, à » (langue parlée).

CHAPITRE II

LES TONS

Définitions et exemples. — 75. — Chaque monosyllabe est affecté d'un ton et seule l'union du son et du ton constitue le mot.

pa au ton 1 a, *pā*, signifie « huit »; 1 b, *pá*, « arracher »; 2, *pà*, « tenir »; 3, *pá*, « cesser ».

ta au ton 1 a, *tā* signifie « répondre »; 1 b, *tá*, « pénétrer »; 2, *tà*, « frapper »; 3, *tá*, « être grand ».

la au ton 1 a, *lā*, signifie « tirer »; 1 b, *lá*, « couper »; 2, *là*, « parler vite »; 3, *lá*, « être âcre ».

Dire une syllabe à un ton faux, c'est ou ne rien dire, ou dire un mot pour un autre. Le ton est le revêtement musical du monosyllabe; le kwan-hwa septentrional emploie quatre tons, dont les noms chinois ne correspondent pas à la réalité présente. Un mot conserve d'habitude le ton de même nom dans tous les patois et dialectes rapprochés, mais la modulation que l'on appelle à Péking ton ascendant, diffère de celle qui porte le même nom à Thien-tsin; la même modulation correspond à Péking à 2, à Si-ngan à 1 b, à Tchheng-tou à 3[1]. Il faut donc s'attacher

1. Edkins, *a Grammar of the Chinese colloquial language commonly called the mandarin dialect*, 1 vol in-8. Chang-hai, 1857.

à l'échelle tonique d'une localité sous peine de confusion. Je parlerai désormais des tons de Péking.

Ton égal haut. — 76. — 上平 *šàṅ-phîṅ* (1 a), prononcé lentement, dans le haut de la voix qui ne monte ni ne descend; c'est une note tenue

Ton égal bas. — 77. — 下平 *hyá-phîṅ* (1 b), bref, prononcé plus haut que le *šàṅ-phîṅ* et montant légèrement, d'un quart de ton ou davantage ou

Ton ascendant. — 78. — 上聲 *šàṅ-šəṅ* (2), plus long que le *šàṅ-phîṅ*, partant d'une note basse prolongée et montant environ d'une quarte, un peu plus rapidement, mais sans hâte 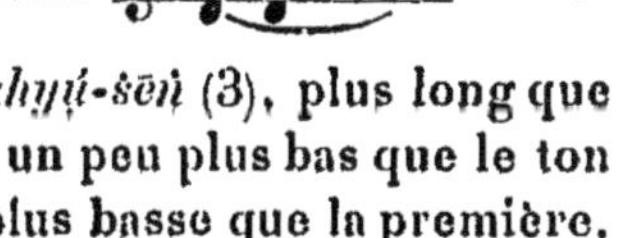

Ton descendant. — 79. — 去聲 *khyụ́-šəṅ* (3), plus long que le *hyá-phîṅ*, prononcé brièvement, débutant un peu plus bas que le ton ascendant, formé de deux notes, la seconde plus basse que la première. Ce qui caractérise ce ton, c'est que la première note, est appuyée, martelée, tandis que la seconde note est beaucoup plus faible, coupée brusquement et comme retenue 

Observations. — 80. — Les notations ci-dessus sont données à titre d'exemple, sans prétention à une exactitude rigoureuse que la notation musicale ne peut atteindre ici. La hauteur musicale du ton, son rhythme, sa durée ne sont pas absolus; ils varient avec la voix plus ou moins souple ou étendue, avec l'accentuation donnée aux paroles et exprimant la colère, la menace, la prière, avec l'accent de la syllabe.

Toutes choses égales, le ton est placé plus bas d'une quarte environ pour les voyelles graves *u*, *o*, *ọ*, plus haut du même intervalle pour la voyelle aiguë *i*; avec les voyelles *e*, *ị*, le ton est placé sensiblement comme pour *a* qui a servi à établir les notations précédentes. Tous les tons, par le changement de voyelle, sont transposés dans la même proportion. Comparez *mà* « cheval », *lì* « raison », avec *kù* « ancien », *kwò* « fruit ».

Si la syllabe contient une diphthongue dont le second élément est *o* ou *u*, ce second élément est prononcé environ une tierce ou une quarte plus bas que l'élément *a*, *e*. Ainsi *kāo* « agneau » est prononcé sur les notes sol, mi bémol (inférieur) au lieu de sol prolongé; *lyęû* « couler » est prononcé sur ut dièse, la (inférieur) au lieu de ut dièse, ré (supérieur). La finale *i* des diphthongues est prononcée très brève, comme une consonne (*y*); elle n'influe pas sur la hauteur musicale de la syllabe. Un exemple caractéristique est celui de *lyào* « achever », où l'on entend sol, fa dièse, ré (descendant) au lieu de ré, sol (montant) de *mà* : *ly* prononcé presque *li* (voyelle aiguë) est une quarte plus haut que le ré normal, *o* (voyelle grave) est une quarte plus bas que le sol normal.

Aux trois qualités indiquées, hauteur, durée, rhythme, s'ajoutent encore des nuances non musicales.

81. — On a cherché à exprimer graphiquement la valeur des tons. Les mots aux quatre tons sont transcrits de la manière suivante; l'inflexion de la voix, la durée du son sont représentées par les flèches :

Ton égal haut	:	*mmaa*	⟶
Ton égal bas	:	*ma*	→
Ton ascendant	:	*maaa*	⟶ ↲
Ton descendant	:	*mma*$_a$	⟶ ↳

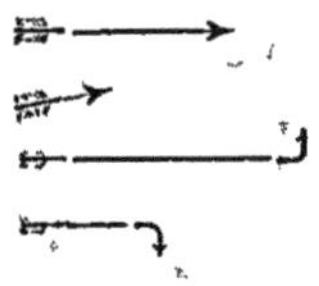

La grosseur des lettres indique leur importance dans la syllabe, la longueur de la flèche marque la durée de la syllabe. Ces figurations sont moins précises que la notation musicale.

82. — On peut trouver des tons dans certaines accentuations employées par les langues européennes. Si en français on énonce un fait, on parle d'habitude au ton égal haut : *je l'ai vu*. L'interrogation se termine au ton égal bas : *vient-il ou non?* les mots *il* et *non* sont dits sur des notes élevées et brèves. L'indignation emploie le ton ascendant : *osez-vous* ! Une affirmation catégorique et sèche est souvent au ton descendant : *oui* !

Notation des tons. — 83. — Les tons se transcrivent par des accents mis sur les voyelles; ils sont désignés encore par des numéros combinés avec des lettres (§ 75). Si l'on note le ton près d'un caractère chinois, c'est au moyen d'un petit cercle ou d'un demi-cercle placé près du carré où peut être inscrit tout caractère chinois.

Ton égal haut, **1a** (*pā*)	꜀□	Ton ascendant, 2 (*pà*)	꜂□
Ton égal bas, **1b** (*pá*)	꜁□	Ton descendant, 3 (*pá*)	□꜄

Ton rentrant. — 84. — D'autres branches du kwan-hwa (méridional, occidental) ont un cinquième ton, le *žú-šēn* 入聲, ton rentrant, 4 (*pă*) □꜇.

Ce ton est propre à des mots qui avaient à une époque ancienne et ont aujourd'hui dans les langues méridionales une finale explosive, *k*, *t* ou *p*. La chute des finales explosives avant le xɪɪɪ[e] siècle, la disparition du ton rentrant dans le dialecte du nord, ont produit des changements phoniques importants et capricieux : la voyelle simple qui précédait l'ancienne finale explosive, a souvent fait place à une diphthongue. Mais il s'en faut qu'une voyelle ancienne soit toujours représentée par le même son : souvent un seul mot prend diverses prononciations selon son emploi littéraire ou vulgaire, selon son sens. Les divers dialectes traitent différemment ces mots; tant pour la voyelle que parfois pour la consonne initiale (§ 87). Parfois ils affectent ces monosyllabes uniformément du ton descendant; le kwan-hwa septentrional les répartit aux quatre tons.

Tableau des syllabes au ton rentrant. — 85. — La première colonne du tableau contient en transcription seulement les syllabes au ton rentrant qui existent en kwan-hwa; on y trouvera entre parenthèses des variantes plus ou moins usitées, soit pour tous les homophones, soit pour quelques-uns seulement; l'astérisque indique les syllabes employées seulement au 4e ton. Dans la seconde et dans la troisième colonne, j'ai mis avec des exemples les prononciations usuelles correspondantes; d'origine récente, elles ne se trouvent pas dans le Khang-hi tseu-tien; la deuxième colonne est pour la prononciation littéraire, employée dans la lecture et même dans la conversation par certains lettrés; ensuite se trouve la prononciation du langage ordinaire qui souvent pénètre dans la lecture. Il faut remarquer que le ton descendant des caractères de la seconde colonne n'est pas, chez certains lettrés du moins, le véritable ton descendant : la prononciation est forcée, un peu rauque et le son est comme arrêté dans le gosier.

86. — Depuis le VIe siècle, les dictionnaires phoniques contiennent des caractères qui ont une lecture au ton rentrant et une ou plusieurs autres lectures. Ces doubles lectures, en partie d'origine ancienne, étant encore en usage, je donne dans la quatrième colonne des exemples de mots qui sont à l'un des trois premiers tons et correspondent aux mots au ton 4 de la première colonne. Les mots de cette colonne quatrième appartiennent à deux formations distinctes; dans les uns l'explosive finale fait place à une nasale qui est souvent de même nature (*k* — *ñ*, *t* — *n*, *p* — *m*). Dans les autres mots, l'explosive est tombée et la voyelle ou est restée simple, ou s'est transformée en diphthongue, parfois l'initiale a varié : ce mode de formation est le seul qui ait persisté dans les derniers siècles.

87. — (Voir pp. 23 et suiv.).

Effets des tons sur la prononciation des syllabes. — 88. — Le ton égal haut, prononcé lentement, d'intensité constante, donne la même importance à tous les moments de la syllabe. L'initiale est nette ; ce qui est plus sensible pour les semi-voyelles, et surtout pour les syllabes *yi* et *wu*. La consonne finale résonne franchement; la voyelle simple est traînante; dans les diphthongues *ao*, *ęu*, les deux éléments ont la même intensité ; dans *ai*, *ei*, la première voyelle est traînante, l'*i* final, moins important, n'est plus qu'une semi-voyelle, on entend un *i*, presque un *e* bref. Dans les essais de notation ci-dessous les voyelles doivent être seulement trainées, non répétées :

一 *yī* « un », presque *yii*; 汚 *wū* « être sale, salir », presque *wuu*; 干 *kān* « bouclier », presque *kaan*; 鋼 *kāñ* « acier », presque *kaañ*; 多 *tō* « beaucoup », presque *too*; 高 *kāo* « être haut », presque *kaaoo*; 該 *kāi* « falloir, devoir », presque *kaai*, *kaae*.

89. — Le ton égal bas est bref, montant; le début de la syllabe perd de l'importance; comparer aux mots *yī* et *wū* du paragraphe précédent les mots 無 *wú* « sans », presque *ú*; 遺 *yí* « laisser, omettre », presque *í*. La consonne finale garde sa résonnance, abrégée toutefois : 藏 *cháñ* « cacher »; 蠶 *chán* « ver à soie ». La voyelle est brève; la diphthongue est brève aussi, les deux éléments sont distincts; toutefois

Tableau — 87

**kă kŏ*)	*kó* 鉿 « pique »	*kō* 鴿 « pigeon »	
		kô 蛤 « coquillage »	
**kĕ*	*kó* 福 « barre du timon »	*kyē, kyé, kẹ* 隔 « intercepter »	
		kô 格 « règle »	
kĭ	*kí* 激 « cours violent »	*kī* 擊 « heurter »	*kyáo* 激 « couler vite »
		kî 急 « urgent »	*khí* 亟 « souvent »
		kì, kèi 給 « donner »	
		ki 棘 « épines »	
kŭ	*kú* 梏 « menottes en planches »	*kū* 轂 « moyeu »	*kẹú* 穀 « salaire en grains »
		kù, kú 穀 « céréales »	*kái* 扢 « frotter »
			kào 告 « informer »
kŏ (kẹ̆)	*kó* 葛 plante textile	*kō* 胳 « aisselle »	*khyá* 髂 « lombes »
		kô 閣 « salle haute »	*kái* 蓋 « couvrir »
		kó 各 « chacun »	
kyă (kyĕ)	*kyá* 鉀 « cuirasse »	*kyā* 夾 « tenir sous le bras »	*kyāi* 秸 « paille »

		kyá 裌 « vêtement doublé »	*kyái* 忦 « inquiet »
		kyà 甲 « cuirasse »	*kái* 鶡 « étourneau »
		kyá 郟 nom de famille	
*kyĕ (kyă)	*kyé* 潔 « pur », « net »	*kyē* 揭 « soulever »	*hái* 夆 « chercher à nuire »
		kyê 結 « nouer »	
		kyè 結 « un nœud »	
kyụ̆	*kyụ́* 鞫 « instruction criminelle »	*kyụ̂* 菊 « chrysanthème »	*kẹù* 垢 « immondice »
		kyụ́ 鋦 « rattacher »	*kywén (kywok)* 絭 « cordon »
*kyŏ	*kywẹ́* 榷 « poutre sur un ruisseau »	*kyâo* 角 « corne »	*kyáo* 覺 « se réveiller »
		kyào 脚 « le pied »	*khyụ̂* 臄 « viande séchée »
		kyáo, kywệ 覺 « percevoir »	*kẹú* 構 « couvrir une maison »
kwă	*kwá* 鴰 « grue cendrée »	*kwā* 刮 « racler »	*kwéi, kwái* 髻 « chevelure roulée »
*kwẹ̆ (kwọ̆)	*kwẹ́* 聝 « couper l'oreille gauche »	*kwẹ̄* 蟈 « grillon »	*kwéi, kwái* 幗 « coiffure de deuil »
		kwệ 國 « royaume »	
kwŏ	*kwó* 椁 « cercueil »	*kwō* 郭 « rempart »	*kwán (kwak)* 矌 « œil sans prunelle »; « ouvrir les yeux »
*kywĕ	*kywé* 厥 « lui », « elle »	*kywē* 撅 « lancer »	*kwéi* 蹶 « mouvoir »

		kywê 決 « juger » *kywė* 赽 « s'efforcer »	*kwâi* 狭 « fourbe » *kywēn* (*kywet*) 焆 « briller »; « flamme »
**khă* (*khŏ*)	*khó* 磕 « frapper de la tête »	*khō* 磕 « frapper de la tête »	*khái* 磕 « bruit de pierres choquées» *khẹú* 㕁 « claquement de la bouche »
**khẹ̆*	*khẹ́, khó* 剋 « vaincre »	*khẹ́, khó, khèi* 克 « pouvoir »	
khĭ	*khi* 詰 « interroger judiciairement »	*khì* 乞 « mendier » *čhı* 喫 « manger »	*khi* 詰 « inquiet »
khŭ	*khú* 酷 « vexatoire »	*khū* 窟 « trou »	*khẹú* 鷇 « œuf d'oiseau » *khâo* 熇 « sécheresse » *khwẹ̄n* (*khwet*) 髡 « raser les cheveux »
khŏ (*khẹ̆*)	*khó* 恪 « respectueux »	*khō* 喀 « tousser » *khò* 渴 « avoir soif » *khó* 客 « hôte » *khẹ́, khó* 刻 « quart d'heure »	*khyā, khyá* 搭 « prendre avec la main »
khyă	*khyá* 刮 « enlever la peau du visage »	*khyā* 掐 « pincer »	*khān* (*khām*) (*khyap*) 瞰 « regarder »; « globe de l'œil desséché »
khyĕ	*khyé* 挈 « tirer de bas en haut »	*khyé* 怯 « timide »	*khi* 鍥 « graver »

			khyèn (*khyèm*, *khyep*) 嗛 « abajoues »; « satisfait »
khyŭ	*khyú* 詘 « interroger judiciairement »	*khyū* 曲 « courbe »	
**khyŏ*	*khywẹ́* 卻 « au contraire »	*khyáo* 郤 « au contraire »	*khyụ́* 醵 « pique-nique »
		khó, *khywẹ́* id.	*kheú* 鷇 « jeune oiseau »
khwŏ	*khwó* 廓 « spacieux »	*khwó* 闊 « spacieux »	
khywĕ	*khywé* 闕 « un palais »	*khywē* 缺 « un vide »	*khwèi* 缺 « un bonnet »
**ñẹ̆*	*ñẹ́* 阸 « passage obstrué »	*ñẹ́*, *ñó* 額 « liste », « front »	
ñŏ	*ñó* 諤 « parler avec franchise »	*ñó* 惡 « mauvais »	*ñān* (*ām*) (*ap*) 庵 « chaumière »; « étable »
			ñán (*án*) (*at*) 洝 « eau chaude »; « humecté »
			ñái, *ñāi* 靄 « nuageux »
			ñái, *yāi* 餲 « mets gâtés »
			yà, *yá* 啞 « muet »; cri d'oiseau
			yú 閼 « à loisir »
			yên, *yén* (*ñám*) (*ñap*) 偒 « peu intelligent »; « inquiet »; « embrouillé »

			wú 惡 « haïr »
			wò 厄 « nœud du bois »
tă	*tá* 怛 « affligé »	*tā* 答 « répondre »	*tán* (*tat*) 怛 « le chagrin »
		tá 韃 « Tartares »	
**tĕ*	*té* 德 « vertu »	*tê*, *té* 得 « obtenir »	
		tèi 得 « il faut »	
tĭ	*ti* 嫡 « épouse légitime »	*tī* 滴 « une goutte »	*tyáo* 滌 « laver »
		tī, *tí* 敵 « ennemi »	
tŭ	*tú* 獨 « seul »	*tū* 督 « surveiller »	*teú* 讀 « membre de phrase »
		tú, *tú* 毒 « poison »	*thwéi* 怢 « négligent »
			tón (*tok*) 瀆 « caverne »; « canal »
			twén (*twet*) 腯 « graisse »
tŏ	*tó*, *twó* 剫 « fendre le bois »	*tó*, *twó* 鐸 « clochette »	
tyĕ	*tyé* 牒 « tablette »	*tyē* 跌 « trébucher »	*ti* 墆 « ombrager »
		tyê 疊 « couches superposées »	*či*, *hi* 咥 « cesser »; « rire »
			tyèn (*tyèm*) (*tyep*) 跕 « tomber »; « marcher légèrement »

twŏ	*twó* 劉 « racler »		*tyén* (*tyém*) (*tyep*) [illegible] « maison qui s'incline » *čūn* (*čyēm*) (*thyēm*) (*tyep*) 沾 « mouiller »; « augmenter »; « élégant »
thă	*thá* 搨 « calquer »	*thā* 塌 « s'effondrer » *thà*, *thá* 塔 « une tour »	*thi* 汰 « glissant » *thán* (*thám*) (*thap*) 傷 « inquiet »; « grossier »
**thĕ*	*thẹ́* 慝 « vice caché »	*thẹ́* 特 « spécial » *théi* 忒 « trop »	*thái* 蚮 « boa » *thên* (*thek*) 螣 « serpent »; « insecte »
thĭ	*thí* 惕 « respecter »	*thī* 剔 « émonder » *thi* 踢 « frapper du pied »	
thŭ	*thú* 誘 « fourbe »	*thū* 秃 « chauve »	
thŏ	*thó*, *thwó* 槖 « un sac »	*thō*, *thwō* 托 « porter dans la main »	*tú* 咤 « déposer la coupe des libations »
**thyĕ*	*thyé* 帖 « soumis »	*thyē*, *thyé* 貼 « adhérer » *thyè* 鐵 « du fer »	*thyèn* (*thyet*) 饕 « gourmand » *čūn* (*čyēm*) (*thyep*) 怗 « ruiné »; « soumis »

thwŏ	*thwó* 侻 « négligent »	*thwō*, *thō* 脫 « enlever »	*thwēi*, *swēi* 蛻 « dépouille d'un serpent »
nă	*ná* 軜 « rênes médianes »	*ná* 納 « présenter »	*nán* (*nám*) (*nap*) } 妠 « recevoir »; « épouser » *nyeù* [illegible] « barre de fermeture »
nĭ	*ní* 惄 « désir ardent »	*ni* 溺 « plonger dans l'eau »	*nyeú* 狃 « mauvaise habitude »
nŭ	*nú* 訥 « balbutier »		
nŏ	*nó* 諾 « consentir »	*nò*, *nwò* 諾 « consentir »	*nyeú* id.
**nyĕ*	*nyé* 涅 « limon noir »	*nyē* 捏 « tenir dans les doigts » *nyé* 鑷 « saisir avec une pince »	{ *nyén* (*nyém*) (*nyep*) } 埝 « levée de terre »; « amonceler » | *nì* 鑈 « dévidoir »
nwŏ	*nwó*, *nó* 搦 « saisir », « comprimer »		
pă	*pá* 妭 « belle femme »	*pā* 八 « huit » *pā* 拔 « arracher »	{ *pá* 叭 « bruit » { *pái* 扒 « arracher » | *pēi*, *pŏ* 拔 « être debout »
**pẹ̆*	*pẹ́* 北 « nord »	*pēi*, *pèi* 北 « nord »	
pĭ	*pi* 畢 « terminer »	*pī* 逼 « opprimer » *pī* 筆 « pinceau » *pi* 必 « certainement »	*pēi*, *pī* 綼 « vêtement à bords ornés » *pi* 篳 « claie »

pǔ	*pú* 卜 « consulter les sorts »	*pū* 僕 « serviteur »	*páo* 暴 « maltraiter »
		pù, pú, pwò, pò, pó 卜 « consulter les sorts »	*pèi* 悖 « désobéir »
		pō, pó 脖 « le cou »	
pǒ	*pó* 跋 « appendice »	*pō* 撥 « régler »	*páo* 趵 « sauter »
		pó 駁 « réfuter »	*phâo, phào* 跑 « courir »
		pái, pó 白 « blanc »	*phào, pháo* 鞄 « tanner »
		pài, pó 百 « cent »	*pá* 䰾 « brochet »
		páo, pó 剝 « racler »	*pí* 薜 plante grimpante
		pó, pēi 帛 « soierie »	*pěi* 柭 « pousser des branches »
		pó, pé 迫 « hâter »	*féi* 袚 « genouillères »
*pyě	*pyé* 晡 « séché au soleil »	*pyē* 鼈 « une tortue »	*pí* 閉 « fermer »
		pyê 別 « autre »	
phǎ	*phá* 汃 « bruit des vagues »	*phá* 趴 « grimper »	
*phě	*phé* 樊 « exiler »		*phài, phá* 菩 plante comestible
phǐ	*phí* 闢 « ouvrir », « écarter »	*phī* 劈 « fendre »	*phí, pī, pēi, phāi* 椑 « vase à boire »; « plaqueminier »; « tablette »
		phǐ 疋 « pièce d'étoffe »	*fú* 副 « aider »

		phì, phí 匹 « individu »	
phŭ	*phú* 扑 « battre »	*phū* 樸 « battre »	*phẹú* 扑 « marteler »
phŏ	*phó* 朴 « écorce »	*phō* 潑 « arroser »	*phẹú* id.
		phó 珀 « ambre »	*pháo, phào, pháo* 鞄 « tanné »
		phó, phāī 拍 « frapper avec la main »	*pá* 狛 « loup »
			fēi 袚 « genouillères »
			fēi, phēī 朏 « le 4e jour de la lune »
**phyĕ*	*phyé* 瞥 « jeter un coup d'œil »	*phyē* 撇 « chasser »	*pí* 潎 « lessiver »
			phéi 瞥 « jeter un coup d'œil »
mă	*má, mó* 帓 « un bonnet »		
**mẹ̆*	*mẹ́* 默 « silencieux »	*mẹ́, mēī* 墨 « encre »	*máo, mēī* 娼 « femme jalouse »
mĭ	*mí* 糸 « fil de soie »	*mí* 密 « secret »	*méi* 沕 « poudreux »
			mīn, mīn, myén (myek) 幎 « rideau »
mŭ	*mú* 目 « œil »	*mú* 木 « du bois »	*máo, mēī* 娼 « femme jalouse »
		mèi, mēī, mẹ́, mú 沒 « disparaître »	*máo, mẹú* 蕍 plante vénéneuse; « luxuriant »
			mẹú, myẹú 鶩 « soierie fine »
mŏ	*mó* 漠 « sable mouvant »	*mó* 摸 « tâter »	*má* 蟆 « crapaud »

		mò 抹 « frotter »	*mái* 休 plante médicinale
		mó 末 « cime »	*máo* 貌 « forme extérieure »
		mái, mẹ́, mó 麥 « blé »	*má* 驀 « monter à cheval »
		mó, mú 幕 « tente »	*méi* 昒 « être presbyte »
			myào 藐 « faible »
			mú 嫫 nom de femme
			mú 縸 « bourre de soie »
			mán (*mak*) } 幕 « sans ornement » ; « tente »
myě	*myé* 烕 « feu sans flamme »	*myé* 滅 « éteindre »	*mí* 鑖 « petite marmite »
			myên (*myet*) 緜 « ouate de soie » ; « faible », « mince »
**myŏ*	*myó* 毣 « joli », « délicat »		*máo* 毣 « vue trouble »
**fă*	*fá* 筏 « radeau »	*fā* 發 « émettre »	*féi* 櫠 sorte d'oranger
		fá 乏 « épuisé »	*fèi, péi* 茷 « touffu »
		fà 法 « règle »	
		fá 琺 « émail »	
fŭ	*fú* 拂 « frapper légèrement »	*fú* 福 « bonheur »	*fú* 副 « aider »
		fú 沸 « jaillir »	*feú* 伏 « couver »

		fô 佛 « Bouddha »	*jéi, phéi* 沸 « bouillonner » *péi* 柭 « pousser des branches » *pí* 犃 « vieux bœuf »
*căˇ	*cá* 雜 « mélangé »	*cā* 咂 « sucer » *câ* 雜 « mélangé » *khū, khyā* 卡 « passage gardé »	
*cẹ̆	*cẹ́* 則 « règle », « alors »	*cệ* 則, 責, 仄, 擇 { « règle »; « blâmer »; « oblique »; « choisir » } *cẹ́* 仄 « oblique » *chẹ́* 側 « côté » *cái* 則 « alors » *cēi* 賊 « voleur » *cāi* 側 « côté » *cái* 責 « blâmer » *cái* 擇 « choisir »	
[3]*ci*	*cí* 疾 « maladie »	*cī* 迹 « traces » *cî* 脊 « épine dorsale »	*cái* 載 « transporter en voiture » *có̦* 積 « provisions »

		cí 寂 « calme »	*cyẹú* 集 « réussir »
cŭ	*cú* 捽 « saisir par les cheveux »	*cú* 卒 « soldat »	*cyẹú* 樶 « prendre avec les doigts »
			cáo 鑿 trou percé au ciseau »
			cwéi 悴 « triste »
			chwéi 淬 « tremper le fer »
			chwēi 崒 « escarpé »
cŏ	*có* 柞 « chêne »	*có* 昨 « hier »	*cáo* 鑿 « trou percé au ciseau »
		có 作 « faire »	*cú* 胙 « viande du sacrifice »
			chú 酢 « vinaigre »
			cyé 唶 « soupir »
			ċá 怍 « rusé »
			ċhá ⿰糹乍 « soierie »
			càn (*càm*) (*cat*) } 槮 { « bâtonnets »; « étroit »
cyĕ	*cyé* 捷 « vaincre »	*cyē* 接 « recevoir »	*càn* (*càm*) (*cyep*) } 箑 « prompt »
		cyē 截 « trancher »	*ċèn* (*cyep*) } 眹 « pupille de l'œil »
cyụ̆	*cyụ́* 蹙 « fouler aux pieds »	*cú* 足 « pied »	
**cyŏ*	*cywẹ́* 爵 « une coupe »	*cyâo*, *cywẹ́* 爵 « une coupe »	*cyáo*, *cyāo* *chyâo*, *cyẹū* } 噍 { « mâcher »; « rauque »; « gazouiller »
		cyǎō 雀 « moineau »	

cwŏ	*cwó* 撮 « prendre dans les doigts »	*cwó* 撮 « prendre dans les doigts »	*cwéi* / *cwān* / (*cwat*) } 撮 { « sommet »; « véhicule »; « prendre dans les doigts »
**cywĕ*	*cywé* 絶 « être discontinu »	*cywê* 絶 « être discontinu »	*cwéi* 蕝 « peu important »
**chă*	*chá* 磜 « pierre grossière »	*chā* 擦 « essuyer »	*chân* (*châm*) / (*chap*) } 趍 « aller vite »
**chẹ̆*	*chẹ́* 策 « tablettes de bambou »	*chẹ́, chái* 册 « registre »	*chộ* 廁 « latrines »
chĭ	*chí* 葺 « réparer »	*chī* 七 « sept »	
		chí 戚 « parent »	
		chí 緝 « tordre ensemble »	
chŭ	*chú* 蔟 « litière des vers à soie »	*chú* 猝 « brusque »	*chẹú* 蔟 « la 1re lune »
chŏ	*chó* 觕 « travailler la corne »	*chó* 錯 « errer »	*chú* 錯 « déposer »
chyĕ	*chyé* 竊 « dérober »	*chyé* 切 « couper »	
chyụ̆	*chyụ́* 促 « dru »		*cyụ́n* (*chyụt*) 焌 « allumer »
**chyŏ*	*chywẹ́* 鵲 « une pie »	*chyào* 鵲 « une pie »	
chwŏ	*chwó* 撮 « prendre dans les doigts »	*chwó* 撮 « prendre dans les doigts »	
**chywĕ*	*chywé* 敠 « rompre »		
**să*	*sá* 鈒 « ciseler »	*sā* 撒 « semer »	*chái* 蔡 « paille »

		sâ ⿰目散 « jeter un coup d'œil »	*śái* ⿰口冊 « voix cassée »
		sá 薩 « secourir »	*săn, syĕn, śăn (sat)* 姍 « beau »; « marcher »; « robe qui traîne »
*sẹ̆	*sẹ́* 塞 « obstruer ».	*sẹ́, sái* 塞 « obstruer »	*sái* 塞 « frontière »
si	*sí* 悉 « entièrement »	*sī* 席 « natte »	*thí* 裼 « langes »
		sî, sí 昔 « autrefois »	*sọ̄* 析 « panse »
sŭ	*sú* 速 « rapide »		*sẹū, sẹú* 涑 « rincer »
			syáo 嘯 « siffler »
sŏ	*só* 鎍 « chaîne »	*só* 索 « exiger »	*sẹ̀u, śù* 籔 « clayon »; « nom de mesure »
			śú, śù 數 « nombre »; « compter »
syĕ	*syé* 屑 « pur »	*syé* 泄 « s'écouler »	*sí* ⿰巾祭 « coupon d'étoffe »
			čị ⿱埶金 « bâton ferré »
syụ̆	*syụ́* 續 « continuer »	*syụ̄* 戌 « la 11e heure »	*syẹú* 宿 « constellation »
		syụ́, sú, syẹù 宿 « passer la nuit »	*syāo* 潚 « pluie violente »
		sú 俗 « coutumes »	*hyẹú* 玊 « un lapidaire »
*syŏ	*sywẹ́* 削 « gratter »	*syāo* 削 « gratter »	*syāo, syáo* 揱 « effilé »
			śào 娋 « empiéter »

swŏ	swó 滰 « boire »		ṡán (swat) (ṡap) 滰 « laver un cheval »; « boire »
*sywĕ	sywé 雪刂 « racler »	sywè 雪 « la neige »	sí 㡜 « coupon d'étoffe »
			swéi, hwéi 搆 « suspendre »; « fendre »
ċă	ċá 霅 « orage »	ċā, ċá 扎 « piquer »	ċàn (ċap) 眨 « cligner des yeux »
		ċâ 閘 « écluse »	
		ċà 眨 « cligner des yeux »	
		ṡá, ċā 紮 « serrer avec une corde »	
ċĕ	ċẹ́ 蚝 « petite sauterelle »	ċẹ 蜇 « piqûre d'insecte »	chú 措 « placer »
		ċẹ 摺 « un placet »	thì 析 « tranquillement »
		ċẹ 褶 « pli »	ċị 晣 « clarté des étoiles »
		ċẹ́, ṡẹ 折 « casser »	ċá 蚱 « sauterelle »
		ċhẹ́ 撤 « écarter »	ċà, cyé 諎 « exciter par des paroles »; « soupir »
		ċà 蚱 « sauterelle »	
		ċài 窄 « étroit »	
ċị	ċị 陟 « monter »	ċị 織 « tisser »	ċị 質 « ôtage »
		ċị 姪 « neveu »	ċị, ċhị 織 « soie teinte »; « étendard »
		ċị 只 » seulement »	ċú 蹠 « fouler aux pieds »

		ċị 擲 « lancer »	ċẹ́ 炙 « rôtir »
ċü	ċú 祝 « prière »	ċú 竹 « bambou »	ċẹ́u, ċú 祝 { « prier »; « appliquer »
		ċù 囑 « ordonner »	ċẹū 喌 cri d'appel
		ċẹū 粥 « bouillie de grains »	čhẹū 妯 « inquiet »
		ċẹ́u 軸 « axe »	
*ċö	ċó, ċwó, ċwẹ́ 斫 « tailler à la hache »	ċó, ċó, ċâo, ċáo, ċwẹ́ 著 « employer »	thyáo 雿 « ténébreux »
		ċwō 棹 « table »	ċào 炤 « brillant »
		ċwố, ċwó 酌 « délibérer »	ċáo 棹 « longue rame »
		ċáo, ċẹ́u 濯 « laver »	ċẹ 謶 « parler beaucoup »
			ċú, ċù 著 { « apparent »; « ouater »
			ċẹ́u 噣 « bec »
			cyáo 灂 « vernis »
ċwà	ċwá 窡 « sortir d'un trou »		
*ċwẽ	ċwẹ́ 畷 « chemin entre deux champs »	ċwẹ̄, ċwọ̄ 拙 « maladroit »	ċwéi 醊 « renouveler une oblation »
			čhwéi 惙 « haletant »
			ċwẹ̀n (ċwet) 準 { « niveau »; « le bout du nez »
			tí 蝃 « arc-en-ciel »

*ċwŏ	ċwó 斮 « trancher »	ċwō 捉 « saisir »	
ċhă	ċhá 鍤 « houe »	ċhā 插 « ficher » ċhâ 察 « examiner »	
ċhẹ̆	ċhẹ́ 徹 « pénétrer »	ċhẹ́ 撤 « écarter »	chyé, ċhẹ̄, ċhẹ́ 趚 « arquer les jambes »; « résister »; « tirer à soi »
		ċhại 拆 « démolir » ċá 柵 « balustrade »	ċhị 詸 « épier » ċhị́ 掣 « tirer à soi » śán (ċhek) 栅 « balustrade » thân (ċhyet) 聅 « percer l'oreille d'une flèche »
ċhị̆	ċhị 斥 « chasser »	ċhị 喫 « manger » ċhị 尺 « un pied (mesure) » ċhị 勅 « édit impérial »	
ċhŭ	ċhú 黜 « abroger »	ċhū 出 « sortir » ċhú 畜 « animal domestique » ċhẹū 稸 « se contracter »	ċhwéi, ċhú 出 « tirer dehors » ċú 亍 « un pas » ċhón (ċhuk) 矗 « égal », « droit »
*ċhŏ	ċhó, ċhwó 綽 « vaste »	ċhō 擉 « percer d'un dard »	ċháo 踔 « boiter »

		ċhò 戳 « frapper »	*ċháo, ċáo, thyáo, thyào* } 踔 { « frapper du pied »; « hésiter »; « longue route »
			ċhú, ċù 躇 « hésiter »
ċhwă	*ċhwá* 剮 « bruit de hache »		*ċhwéi, ċhán (ċhwat)* } 剮 « hacher »
**ċhwẹ̆*	*ċhwẹ́* 啜 « goûter »		*ċhwéi, ċwéi* 啜 « goûter »
**ċhwŏ*	*ċhwó* [illegible] « blanc, noir et jaune »		
ṡă	*ṡá* 歃 « boire »	*ṡā* 殺 « tuer »	*ṡái* 殺 « flétri »
		ṡá 鎩 « malfaisant »	*ṡạn (swat) (ṡap)* } [illegible] { « laver un cheval »; « boire »
ṡẹ̆	*ṡẹ́* 澀 « raboteux »	*ṡệ* 舌 « la langue »	*sí* [illegible] « coupon d'étoffe »
		ṡẹ́, sẹ́ 嗇 « avare »	*sú* 愬 « accuser »
		ṡẹ́, ṡái, ṡài 色 « couleur »	
ṡị̆	*ṡị́* 奭 « florissant »	*ṡị̄* 失 « perdre »	*ċị́* 植 « planter »
		ṡị̂ 十 « dix »	*ṡẹ́* 射 « tirer de l'arc »
		ṡị̂ 式 « modèle »	
ṡŭ	*ṡú* 束 « lier en botte »	*ṡú* 孰 « qui? »	*sẹú, cwèi* [illegible] « sucer »; « bec »

šŏ	*šwẹ́* 勺 « cuiller »	*šù* 蜀 région du Seu-tchhwan *šú* 述 « se conformer » *šẹú* 熟 « cuit » *šō*, *šwō* 朔 « nouvelle lune » *šáo* 芍 « pivoine »	*šẹ́u*, *cwèi* 味 « sucer »; « bec » *čẹū* 齺 « dents serrées »
šwă	*šwá* 唰 « oiseau qui lisse ses plumes »	*šwā* 刷 « brosser » *šwá* 唰 « lisser ses plumes »	*šwán*, *sywèn*, *sywén* (*šwat*) 選 « énumérer »; « choisir »; « six onces » *šwán* (*šwat*) 涮 « rincer »; « bruit de pluie »
**swẹ̆*	*šwẹ́* 說 « dire »	*šwẹ̄* 說 « dire »	*šwéi* 說 « exciter » *šwéi*, *šwái* 帥 « chef militaire »
žẹ̆	*žẹ́* 偌 « tellement »	*žẹ̀* 惹 « braver » *žẹ́* 熱 « chaud »	*žwéi* 爇 « chauffer »
**žị̆*	*žị́* 馹 « courrier à cheval »	*žị́* 日 « le soleil »	*čị̄* 至 « arriver à » *nyén* (*nyém*) (*žip*) 廿 « vingt »
žŭ	*žú* 肉 « viande »	*žú* 入 « entrer » *žẹú* 肉 « viande »	*žú*, *žẹ́u*, *žẹú* 肉 « chair »; « mou »
**žŏ*	*žó* 弱 « faible »	*žó*, *žáo* 若 « si » (conditionnel)	*žẹ̀* 若 « paille »
**hă* (*hŏ*)	*hó* 盍 « pourquoi ne pas? »	*hā*, *khā* 哈 « boire »; « drap »	

*hę̆	hę́, hǒ 覈 « examiner à fond »	hę́, hēi 黑 « noir »	hyá 嚇 « menacer »
		hę́, hó 核 « noyau »	khyáo 礉 « terrain pierreux »
			kyāi 核 « racine », « souche »
hì	hí 檄 « édit »	hī 吸 « humer »	kyāo, kyáo 獥 « jeune loup »
			hīn (hīt) [illegible] « exagérer »; « chuchoter »
hŭ	hú 笏 « tablette »	hū 忽 « soudain »	hû 糊 « coller »
		hú 囫 « complet »	hwá, hú 檴 « piége pour les quadrupèdes »; « démêler »
hŏ (hę̆)	hó 鶡 « faisan »	hō 喝 « boire »	hú 汯 « grande étendue d'eau »
		hô 合 « joindre »	hâo, hyá 諕 « crier »; « tromper »
		hó 盍 « pourquoi ne pas? »	háo 歊 « déjeté »
		háo 鶴 « grue »	hyāo, hyáo 謞 « crier »
hyă (hyĕ)	hyá 祫 « offrande à tous les ancêtres »	hyā 瞎 « aveugle »	khào, kháo 熇 « sécher »; « chauffer »
		hyâ 轄 « exercer l'autorité »	ńái 喝 « son rauque »
*hyĕ (hyă)	hyé 俠 « magnanime »	hyē 歇 « se reposer »	hí 禊 « conjurer les fléaux »
		hyê 協 « accord »	khí 挈 « porter à la main un objet pendant »
			hyén (hyém) (hyeṿ) 脇 « empêcher »; « contraindre »

hyŭ	*hyụ́* 頊 « diligent »	*hyŭ* 畜 « nourrir des animaux »	*hyẹú* 畜 « animal domestique » *hí* 恤 « paisible »
**hyö*	*hywẹ́* 嶨 « montagne »	*hywé, hywệ, hyâo, hyáo* 學 « étudier »	*hyáo* 斅 « enseigner » *háo* 滈 « longue pluie »
hwă	*hwá* 䱻 sorte de reptile	*hwâ* 滑 « glissant » *hwá* 擭 « piége »	*hwái* 咶 « respirer »
**hwĕ*	*hwẹ́* 劃 « poinçon »	*hwẹ́, hwó, hwéi* 或 « peut-être »	*hwá* 畫 « dessiner »
hwŏ	*wó* 霍 « soudain »	*hwō* 劐 « fendre » *hwô, hwó* 活 « être mobile » *hwó* 獲 « capturer »	{ *hú* 穫 nom de localité { *hwá, hú* 擭 « piége » { *swèi* 靃 « rosée »
**hywĕ*	*hywé* 泬 « eau impétueuse »	*hywè, hyè* 血 « sang » *hywé* 穴 « caverne »	*wéi* 濊 « cours d'eau barré »
**lă*	*lá* 臘 « la dernière lune »	*lā* 拉 « tirer » *lâ* 剌 « couper » *là* 喇 « bavard » *lá* 辣 « âcre »	*lài, lái, làn* (*lat*) } 攋 { « chasser »; « déchirer »; « gâter »; « écarter » *lí* 慄 « frayeur »
**lĕ*	*lẹ́* 扐 « prendre dans les doigts »	*lẹ́, léi* 勒 « brider » *léi* 肋 « une côte »	

lĭ	*lí* 鬲 « marmite »	*lí* 立 « être debout »	*lyào, lyeú* 漻 « eau pure »
			lí 酈 nom de localité
lŭ	*lú* 陸 « terre ferme »	*lú* 鹿 « cerf »	*lyụ́* 慮 « former un projet »
		lyeú 六 « six »	*lyào, lào* 蓼 { plante amère ; « chercher »
		lyụ́ 綠 « vert »	*lyeú, lyeú, lyâo* 戮 « mettre à mort »
			kyeŭ 劉 « tourbillon d'eau »
lŏ	*ló* 洛 nom de rivière	*ló, lẹ́* 樂 « plaisir »	*lú* 輅 « voiture »
		ló, lwẹ́, láo 落 « tomber »	
		lwó 駱 « chameau »	
		lá 落 « négliger »	
**lyë*	*lyé* 列 « ordre », « rang »	*lyé* 烈 « courageux »	*lí* 棙 sorte de plectre
			lì 攦 « casser »
			lái 糲 « grain impur »
lyŭ	*lyụ́* 律 « les lois »	*lyụ́* 律 « les lois »	*lèi, léi* 壘 { « fortification » ; « faire rouler une pierre »
			lyeú, lyeú, lyâo 戮 « mettre à mort »
			kyeŭ 劉 « tourbillon d'eau »
**lyŏ*	*lywẹ́* 擎 « prendre de force »	*lywẹ́, lyáo* 略 « abrégé »	*lyán (lyak)* } 掠 « piller »

lwŏ **lywĕ*	*lwó* 捋 « égrener », « manier » *lywé* 捋 « une poignée »	*lwò* 捋 « manier », « traire » *lyé, lywé* 劣 « sans force »	*léi* 酹 « libation »
yă	*yá* 軋 « broyer sous les roues »	*yā* 鴨 « canard », *yá* 揠 « arracher »	
yĕ	*yé* 謁 « aller à l'audience »	*yé, nyé* 臬 « loi » *yē* 噎 « suffoquer » *yé* 擪 « comprimer sous la main »	*yî* 霓 « arc-en-ciel » *yí* 曳 « traîner après soi » *yēn* (*yet*) } 湮 « obstrué » *yèn, yén* (*yèm, yém*) (*yep*) } 厭 { « couvrir »; « rassasié »; « réprimer » *ǹàn* (*àm*) (*yep*) } 晻 « fermer les yeux »
yĭ	*yí* 翼 « aile »	*yī* 一 « un seul » *yì* 益 « profit » *yì* 易 « changer » *yí, ní* 逆 « résister »	*yì* 易 « facile » *yé* 射 « tir à l'arc » *yāi, yī* 嗌 { « perdre la voix »; « mal de gorge » *yái* 嗌 « obstruction du gosier » *yeú* 又 « de plus »
yụ	*yụ́* 浴 « se baigner »	*yụ́* 玉 « jade »	*yào, ǹào* / *yáo, ǹáo* } 拗 { « casser »; « résister »

			yụ́ 噢 cri de douleur
			wéi 尉 « repasser du linge »
			yūn, ywèn / *yún (yụt)* } 菀 { « élégant » ; « parc » ; « triste »
**yǒ*	*ywẹ́* 嶽 « les montagnes sacrées »	*ywẹ̄, yáo, nyó* 虐 « tyranniser »	*yé* 射 « tir à l'arc »
		ywệ, yáo, ywẹ̄ 約 « convenir de »	*yáo* 睔 « erreur visuelle »
			yụ́ 龥 « implorer »
wǎ	*wá* 斡 « manivelle »	*wā* 穵 « creuser »	*ywèn* (*wat*) } 殟 « semblable à un mort » ; « odeur fétide »
		wá 襪 « bas », « chaussettes »	
wǔ	*wú* 兀 « obstiné »	*wǔ, wú* 屋 « chambre »	{ *wěi* 阢 « très élevé »
		wú 物 « objet »	{ *hwēi* 鼿 « fouiller avec le groin »
			méi 沕 « poudreux »
			wẹ́n (yụ̂n) (*wut*) } 搵 { « plonger dans l'eau »
wǒ	*wó* 蠖 « sorte de chenille »	*wó* 握 « serrer dans la main »	
**ywě*	*ywé* 閱 « passer en revue »	*ywé* 月 « la lune »	*śwéi* 蜕 « dépouille d'un serpent »
			żwéi 鋭 « une lance »
			hwéi 噦 chant des oiseaux

Annexe

ọ̀l, yì 齯 « grande vieillesse » *ọ̀l, nì* 爾 « toi » ; « abondant » *ọ̀l, żwẹ̀n* 楆 « petit champignon » ; « petite jujube » *ọ́l, żwéi* 閲 « entrer » le second, *o*, *i* est prononcé légèrement; dans *ẹú*, *u* prend plus d'importance que le son sourd *ẹ* : 拔 *pâ* « arracher »; 搖 *yâo* « agiter », comme *ya*^{o}; 求 *khyẹû* « supplier », commė *khy*^{e}*u*; 孩 *hâi* « garçon », comme *hay*. Mais dans 來 *lâi* « venir », *i* s'entend davantage.

90. — Le ton ascendant est lent; le début de la syllabe est net; mais la fin surtout est développée. L'initiale *y*, *w* est entendue, moins bien qu'au ton **1a** : 以 *yì* « à cause de », presque *yiii*, 五 *wù* « cinq » presque ^{w}*uuu*. La consonne finale résonne longtemps et la voyelle précédente se dédouble presque tandis que la voix monte : 請 *chìn* « veuillez », comme *chien*, 敢 *kàn* « oser », comme *kaan*. La voyelle finale est de même dédoublée : 馬 *mà* « cheval », comme *maaa*. Dans *ao*, *ẹu*, la seconde voyelle prend tout l'accent et est prononcée pleinement, parfois avec un coup de gosier qui ressemble à une faible aspiration : 好 *hào*, « bien, bonjour » comme *ha*^{c}*oo*. Dans *ai*, *ei*, c'est le son *a*, *e* qui reçoit tout le développement, *i* final ressemble à la semi-voyelle *y* : 給 *kèi* « donner » comme *keee*^{y}.

91. — Le ton descendant est assez bref; le début de la syllabe est appuyé, la fin est coupée court. L'initiale est comme redoublée; si c'est une semi-voyelle, elle est moins nette qu'au ton **1a** : 各 *kó* « chacun » comme *kk*^{o}; 自 *cọ́* « à partir de » comme *cc?* ; 物 *wú* « objet » comme *w*^{u}; 意 *yí* « idée » comme *y*^{i}. La consonne finale est avalée; la voyelle qui la précède, ou la voyelle finale est brève, moins qu'au ton **1b**, et assourdie : 看 *khán* « regarder », comme *khkha*^{n}; 敬 *kín* « respecter » comme *kki*^{n}; 律 *lyụ́* « les lois », comme *lly*^{u}. Dans les diphthongues, la voyelle finale disparaît à demi : 號 *háo* « désignation », comme *hha*^{o}; 後 *hẹ́u* « après », comme *hhẹ*^{u}; 拜 *pái* « saluer » comme *ppa*^{y}. Dans les finales *ywe*, *ywẹ*, *ywen*, l'accent reste en principe sur la voyelle; mais l'effet du ton descendant développe le *w* en voyelle, *ụ*, *u*; comparez : 院 *ywén* « une cour », prononcé *yụ*^{en} avec 遠 *ywèn* « lointain », prononcé *ywen*.

CHAPITRE III

L'ACCENTUATION

Accent et mots complexes. — 92. — Le mot chinois ne reste pas toujours isolé; il forme avec d'autres mots des expressions, véritables mots composés réunis par la continuité d'émission et par l'unité d'accent. En effet, parmi les deux, trois, quatre ou cinq syllabes dont est formée une expression complexe, il y en a une que la voix développe largement avec toute sa sonorité : cette syllabe porte l'accent principal, accent d'intensité; il y en a une ou deux autres qui sont prononcées nettement et à voix haute, avec intensité moindre; enfin celles qui restent, ne sont pas accentuées et sont moins perceptibles. Ainsi, contrairement au principe du § 6, le chinois n'est pas strictement une langue isolante : l'accent organise les monosyllabes en groupes polysyllabiques.

Il est indispensable de mettre correctement l'accent : faute de quoi l'on est inintelligible ou l'on dit une chose pour une autre. Par exemple : 妻子 *chī cọ*, mot à mot « épouse enfant » — *a*) prononcé en un mot et accentué sur la première syllabe, **chī**-*cọ* « une épouse »; — *b*) prononcé avec une courte pause, en mettant un accent secondaire sur la première syllabe et l'accent principal sur la seconde, *chī* **cọ** « femme et enfants ». 四海 *sọ-hài*, mot à mot « les quatre mers »; dans les deux cas on lit en un mot — *a*) accentué sur la deuxième syllabe, *sọ*-**hài** « l'univers »; — *b*) accentué sur la première syllabe, **sọ**-*hài* « de relations faciles, homme du monde ».

Dans les textes écrits, qu'ils appartiennent à la langue littéraire ou à la langue parlée, on n'a aucun moyen de noter les accents. Les exemples précédents montrent comment je les marque; Pour un troisième degré d'intensité, j'userai des italiques majuscules.

L'accent influant sur l'énonciation du ton, il est indispensable d'en exposer ici les principes. D'autre part la place de l'accent est dans un étroit rapport avec la valeur grammaticale des monosyllabes : je ne donnerai donc ici que des règles générales qui seront élucidées naturellement dans la syntaxe. Il doit être entendu que presque toutes ces règles souffrent des exceptions.

Expressions formées d'un caractère redoublé. — 93. — Ces expressions sont accentuées sur la première syllabe lorsqu'elles signifient un objet ou une action : 哥哥 **kō**-*kō* « frère aîné » ; 天天 **thyēn**-*thyēn* « chaque jour » ; 擦擦 **chā**-*chā* « essuyer ».

Si le mot redoublé indique une qualité, la seconde syllabe est accentuée : 好好的 *hào*-**hào**-*ti* « très bien ».

Mots doubles répétés. Formules de quatre syllabes. — 94. — Si le mot double indique une action, l'accent est double et reste les deux fois à la place primitive : 打聽 **tà**-*thīṅ* « s'informer », **tà**-*thīṅ*-**tà**-*thīṅ* « s'informer ».

Si le mot double indique un état, une qualité, la répétition se fait syllabe par syllabe ; ce sont habituellement la première et la quatrième syllabes qui portent les accents : 明白 **mîṅ**-*pâi* « clair, intelligent », 明明白白的 **mîṅ**-*mîṅ*-*pâi*-**pâi**-*ti* « d'une façon très claire » ; toutefois : 平安 *phîṅ*-**ṅān**, « calme, pacifique », 平平安安的 *phîṅ*-**phîṅ**-*ṅān*-**ṅān**-*ti* « d'une manière très calme ».

Si l'expression répétée est un distributif descriptif, l'accentuation est la suivante : 一對一對的 **yî**-*twéi*-*yî*-**twéi**-*ti* « par paires ». La répétition peut n'être pas exacte : 大囤小囤兒 **tá**-*twẹ̀n*-**syào**-*twẹ̀n*-*ọl* « en paniers grands et petits » ; l'accent porte sur les mots opposés.

L'accentuation sur la première et la quatrième syllabes est plus générale ; elle s'étend à des expressions de quatre syllabes dont la composition grammaticale appellerait une autre accentuation : 七言八語 **chī**-*yên*-*pā*-**yù** au lieu de *chī*-**yên**-*pā*-**yù** « des bavardages » ; 金銀財寶 **kīn**-*yîn*-*chái*-**pào** au lieu de *kīn*-**yîn**-*chái*-**pào** « des trésors »; 無緣無故 *wû-ywên-wû-kû* au lieu de *wû-ywên-wû-kû* « sans aucune cause ».

Onomatopées. — 95. — Un grand nombre d'expressions sont destinées à imiter un bruit, elles sont formées soit de la répétition d'une syllabe, soit de deux syllabes différentes. Parfois elles sont placées dans la phrase comme une exclamation; ainsi en français : Pan ! le coup partit; dans ce cas elles sont accentuées sur la finale : 哈哈 *hā-hā* bruit du rire; 蛐蛐 *khyū-khyū* chant du grillon; 咯噹 *kā-tān* « tic-tac »; 潑喇喇 *phō lā-LĀ* vent violent. On peut rapprocher de la dernière expression les épithètes où le premier caractère indique le sens, les suivants marquant l'intensité : 傻糊糊的 *ṡA-hû-hû-ti* « très stupide ».

Mais si les onomatopées prennent le rôle de substantif ou de prédicatif, l'accent passe sur la première syllabe : 哈哈 *hā-hā*, 哈哈兒 *hā-hā-ọl* « une plaisanterie, un personnage ridicule »; 蛐蛐 *khyū-khyū* « un grillon »; 矻𥖭 *khā-chā* « gratter ».

Substantifs disyllabiques. — 96. — Si un substantif est formé de deux mots coordonnés désignant des objets différents (§ 11), l'accent est plus fréquemment sur le second, mais on le trouve aussi sur le premier : 兒女 *ọl-nyụ̀* « fils et filles »; 米穀 *mì-kù* « grains de diverses sortes (riz grains) »; 東西 *tōn-sī* « des objets (est ouest) »; 父母 *fû-mù* « les parents (père mère) ».

Parfois le même terme se présente avec deux accentuations; avec l'accent sur la finale il est pris au sens direct, avec l'accent sur l'initiale on l'entend au sens dérivé : 筆墨 *pì mẹ́* « pinceau encre » — *a*) *pì mẹ́* « pinceau et encre »; — *b*) *pì-mẹ́* « style ».

97. — Si les deux mots coordonnés sont synonymes ou analogues de sens (§ 11), l'accent est souvent sur le premier, non sans exception : 事情 *ṡị-chīn* « affaires, occupations »; 事務 *ṡị-wû* « affaires, occupations »; 章程 *čān-chên* ou *čān-chên* « règlements ».

98. — Si des deux noms qui forment le substantif le premier détermine le second, c'est souvent le premier qui est accentué; le principe est le même soit que les deux mots forment un complexe doué d'un sens spécial, soit qu'ils se trouvent joints par rencontre dans la phrase (§ 12) : 年紀 **nyên**-*kì* « l'âge (des années le nombre) »; 力量 **lị**-*lyán* « la force (de l'énergie la mesure) »; 山上 **šān**-*šán* « sur la montagne (de la montagne le dessus) »; 上等 **šán**-*tèn* « le degré supérieur (du dessus le degré) ».

On trouve parfois une accentuation différente, souvent avec un sens spécial : 口外 *khẹù wái* « (la bouche, la passe — le dehors) » — *a*) **khẹù**-*wái* « hors de la bouche »; — *b*) *khẹù*-**wái** « la Mongolie »; 前門 *chyên*-**mện** « (du devant la porte) » la porte méridionale de Péking appelée « Tshien-mẹn »; 書房 **šū**-*fán* et *šū*-**fán** « (des livres la chambre) la bibliothèque »; 人熊 *žên*-**hyôn** « (homme ours) des ours de grande espèce »; 狗熊 **kẹù**-*hyôn* (« chien ours) des ours de petite espèce ».

Le pronom comme déterminatif est rarement accentué : 他姐 *thā*-**cyè** « (de lui sœur aînée) sa sœur aînée ».

Qualificatif et substantif (§ 12). — **99.** — 長蟲 **chán**-*chôn* « (longs reptiles) des serpents ». L'accent est généralement sur le qualificatif. Si les deux idées sont conçues séparément, si l'expression n'est pas un mot composé, l'accent est habituellement sur le substantif : 大堂 *tá*-**thán** « la grande salle »; 小馬 *syào*-**mà** « de petits chevaux ».

100. — Un grand nombre de substantifs sont formés d'un monosyllabe qui précise un mot général placé après (§ 12) : c'est toujours le premier terme qui est accentué : 桃樹 **tháo**-*šú* « (pêcher arbre) des pêchers »; 好處 **hào**-*chú* « (bons côtés) un avantage, un profit ».

Les mots 首 *šẹù* « tête », 頭 *thẹú* « tête, 子 *cọ* « fils, produit », 兒 *ọl* « garçon », employés comme seconds termes, ont perdu tout sens propre et sont à peine prononcés. Le mot *ọl* se fond même avec le mot précédent en perdant sa voyelle ; dans cette contraction le premier mot perd sa consonne finale, parfois la voyelle ou une partie de la diphthongue : 木頭 *mú-thẹu* « (bois tête) du bois » ; 金子 *kīn-cọ* « (or fils) de l'or » ; 子兒 *cọ-ọḷ* « (graines enfant) des graines », prononciation *cọḷ* ; 空兒 *khóṅ-ọḷ* « (vide enfant) du loisir », pron. *khóṅḷ* ; 會兒 *hwéi-ọḷ* « (instant enfant) un instant », pron. *hwéḷ*. Les mots *cọ*, *ọḷ*, etc. sont devenus des terminaisons privées de sens dans de véritables disyllabes : remarquable divergence des principes généraux.

Composés et expressions polysyllabiques. — 101. — Des disyllabes se combinent fréquemment avec des monosyllabes ou des disyllabes ; tantôt il n'y a qu'un accent, tantôt il subsiste un accent secondaire : 大清國 *tá-chīṅ-kwẹ* « l'empire Chinois », formé de *tá-chīṅ* nom de la dynastie et de *kwẹ* « État » ; 大清律例 *tá-CHĪṄ-lyṳ-li* « le code chinois », formé de *ta-chīṅ* et de *lyṳ-li* « lois et règlements » ; 東洋車 *tōṅ-yáṅ-CHẸ̄* « voiture japonaise, zinrikcha », formé de *tōṅ-yáṅ* « le Japon » et de *chẹ̄* « voiture » ; 水烟袋 *ŚWÈI-yēn-tài* « pipe à eau », de *śwèi* « eau » et *yēn-tài* « pipe » ; 地方官 *tí-fāṅ-kwān* « mandarins locaux », de *tí-fāṅ* « localité » et *kwān* « mandarin ».

L'accentuation sur initiale et finale est fréquente et indique un complexe : 輪船 *lwẹ́n-chwán* « (roue bateau) bateau à vapeur », d'où 火輪船 *HWÒ-lwẹn-chwán* « (feu roue bateau) bateau à vapeur » ; 姑娘 *kū-nyáṅ* « une fille », d'où 大姑娘 *a) TÁ-kū-nyáṅ* « la fille aînée » ; — *b) tá kū-nyáṅ* « une grande fille ».

Lorsqu'il n'y a pas composition, mais simple rapprochement, les accents primitifs subsistent : 河岸上 *HÓ-ṅán śáṅ* « sur la berge (de la berge le dessus) » ; 大門外 *tá-MẸ́N-wài* « hors de la grande porte (de la grande porte le dehors) » ; 好人家 *hào-ŻÉN-kyā* « de braves gens (bons gens) » ; 老實馬 *lào-śị MÀ* « un cheval facile (facile cheval) ».

Mots étrangers. — 102. — Les mots tirés de langues étrangères, grammaticalement inexplicables, ont une accentuation fixée par la coutume : 和尙 *hwô-šán* « un bonze » ; 鴉片 *yā-phyén* « de l'opium » ; 暹羅 *syēn-ló* « le Siam » ; 庫倫 *khú-lwện* « Ourga ».

Adjectifs disyllabiques. — 103. — La plupart sont accentués sur l'initiale : 體面 *thì-myén* « distingué » ; 四海 *sọ́-hài* « homme du monde, de relations agréables » (voir § 107) ; 大道 *tá táo* « hardi », mais *tá-táo* « la grande route » (§ 99).

Numératifs seuls. — 104. — Les unités simples placées après des dizaines, centaines, etc., portent l'accent principal. Les nombres multiplicateurs des dizaines sont accentués ; toutefois dans 三十 *sān-šị* « trente », 六十 *lyẹú-šị* « soixante », suivis soit d'un nombre soit d'un spécificatif, on accentue souvent la seconde syllabe. Avec 一 *yí* « un » et 六 *lyẹú* « six », les mots 百 *pài* « cent » et 千 *chyēn* « mille » sont souvent accentués ; les autres unités simples placées devant *pài* et *chyēn* portent toujours l'accent. Avec 萬 *wán* « dix mille », c'est le multiplicateur qui porte l'accent : 二十 *ọ́l-šị* « vingt » ; 三十 *sān-šị* « trente » ; 三十個 *sān-šị-kó* « trente » ; 三十二 *sān-šị-ỌL* « trente-deux » ; 五十九 *wù-šị-KYẸÙ* « cinquante-neuf » ; 一百 *yi-pàì* « cent » ; 一千 *yi-chyēn* « mille » ; 二百 *ọ́l-pài* « deux cents » ; 一萬 *yí-wán* « dix mille ».

Si plusieurs numératifs sont énoncés l'un après l'autre sans former un nom de nombre régulier, c'est le dernier qui est accentué : 九九 *kyẹù-kyẹù* « quatre-vingt-dix-neuf pour cent » ; 七八分 *chī-pā-fẹ̄n* « sept ou huit dixièmes ».

Dans les expressions ordinales, le numératif est accentué : 初一 *chū-yī* « le 1er de la lune » ; 第三 *tí-sān* « le troisième » ; mais : 頭一 *thẹû-yī* « le premier », 頭號 *thẹû-hào* « le premier numéro, la première qualité ».

Numératifs et noms de mesure. — 105. — Dans les expressions arithmétiques (noms de mesure avec la désignation de l'objet mesuré, etc.); le numératif est accentué. Pour les mesures de temps, les deux mots ont un accent. 三次 **sān**-*chọ́* « trois fois »; 二尺布 **ọ̀l**-*čhị*-**PÚ** « deux pieds de toile »; 四天 **sọ́-thyēn** « quatre jours »; 五年 **wù-nyên** « cinq ans ».

Le nom de mesure prend l'accent quand il n'est pas accompagné du nom de l'objet mesuré : 兩丈 *lyàn*-**čàn** « vingt pieds »; 二斗 *ọ̀l*-**tẹ̀u** « deux boisseaux ».

Numératifs et spécificatifs. — 106. — Dans la combinaison numératif spécificatif substantif, le substantif a l'accent principal, le spécificatif a l'accent secondaire ; toutefois les spécificatifs à sens très effacé 個 *kó*, 匹 *phì*, 位 *wéi*, ne sont jamais accentués, le nom de nombre prenant alors l'accent : 六個驢 **lyẹù**-*kó*-**LYỤ́** « six ânes »; 六頭驢 *lyẹ́u*-**thẹû**-**LYỤ́** « six ânes ».

Avec un numératif polysyllabique, le spécificatif et le substantif gardent leur accentuation normale ; le numératif devant un spécificatif non accentué conserve son accent ordinaire ; devant un spécificatif accentué, les accents restent à leur place, mais changent de valeur relative : 五十九匹馬 **wù**-*ṣ̀ị*-**KYẸÙ**-*phì*-**MÀ** « cinquante-neuf chevaux »; 五十九張紙 **WÙ**-*ṣ̀ị*-**kyẹù-čān-ČỊ̀** « cinquante-neuf feuilles de papier ».

Si le substantif est placé en avant, les accents ne varient pas : 筆六管 **PÌ**-*lyẹ́u*-**kwàn** « six pinceaux ».

Numératifs et substantifs. — 107. — Souvent le numératif est suivi directement du substantif. Si le numératif a une valeur ordinale, il est accentué; s'il a une valeur cardinale, le substantif est accentué : 四海 *sọ́*-**hàì** « les quatre mers, le monde »; 四書 *sọ́*-**ṣū** « les quatre livres classiques » (aussi **sọ́**-*ṣū*); 八月 **pā**-*ywé* « la 8e lune ».

Démonstratifs. — 108. — Les démonstratifs portent habituellement un accent faible et absorbent l'accent du numératif monosyllabique qui les suit; le numératif polysyllabique conserve son accentuation; les accents forts sont réservés aux adjectifs et substantifs : 這一匹馬 *cẹ-yi-phi*-**MÀ** « ce cheval-ci »; 那三塊墨 **ná**-*sān*-**khwái-MẸ** « ces trois pains d'encre »; 這二十張紙 **cẹ-ọl**-*sị*-**cāṅ-CỊ** « ces vingt feuilles de papier ». L'accentuation est la même pour 這一個 **cẹ**-*yi-kó* « celui ci », 那一個 **ná**-*yi-kó* « celui-là »; souvent ces expressions sont prononcées **céi**-*kó* ou même **cé**-*kó* (*e* vaut « é » fermé un peu prolongé), **nái**-*ko* ou même **nai**-*kó* (*ai* vaut « è » ouvert prolongé).

Disyllabes auxiliaires. — 109. — Parmi les disyllabes qui jouent dans les phrases un rôle analogue à nos adverbes, prépositions, conjonctions, les uns sont accentués d'après leur composition grammaticale : 大凡 *tá*-**fân** « en général »; 忽然 **hū**-*žân* « soudainement ». Parfois l'accentuation est difficile à expliquer : 雖然 **swēi**-*žân* et *swēi*-**žân** « quoique »; 近來 *kin*-**lâi** « récemment »; 本來 **pẹn**-*lâi* « originairement ».

Prédicatifs disyllabiques et polysyllabiques. — 110. — Pour ceux qui sont formés par répétition, voir §§ 93 et 94. Les composés de deux prédicatifs synonymes ou de sens analogue (§ 11) sont en général accentués sur la première syllabe : 審問 **sèn**-*wén* « interroger ». Un petit nombre sont accentués sur la seconde syllabe : 辦理 *pán*-**lì** « traiter (une affaire) ».

Si le second composant du prédicatif exprime le résultat de l'action marquée par le premier (§ 12), l'accent est sur la dernière syllabe : 說完 *swẹ*-**wân** « finir de parler »; 預備好 *yụ-péi*-**hào** « préparer complètement ».

Si le second composant indique un mouvement dont la nature est précisée par le premier (§ 12), c'est ce premier prédicatif qui est accentué : 進來 **cin**-*lâi* « entrer vers moi »; 拿過去 **nâ**-*kwó-khyụ́* « emporter ». La même accentuation est de règle pour les composés de

見 *kyén* « voir », 得 *tẹ* « obtenir »; 看見 **khán**-*kyén* « voir, distinguer »; 懂得 **tòn**-*tẹ* « comprendre ».

Prédicatifs auxiliaires. — 111. — Différents prédicatifs sont employés pour indiquer des modifications de l'action principale (§ 12); ils se placent les uns avant, les autres après le prédicat principal qui est accentué : 去過 **khyų̈**-*kwó* « je suis allé précédemment »; 要寫 *yáo*-**syè** « j'écrirai »; 很高 *hèn*-**kāo** « être très élevé ». Si le prédicat principal est polysyllabique, l'une des syllabes prend un accent secondaire, l'auxiliaire reste sans accent : 過去了 **KWÓ-khyų̈**-*lyào* « il a passé ». 了 *lyào* et 得 *tẹ* indiquant la possibilité prennent un accent secondaire fort, sensible surtout au négatif : 喫了 **ĊHĪ-lyào** « cela peut se manger »; 喫不了 **ĊHĪ**-*pú*-**LYÀO** « cela ne peut se manger ».

Déterminatifs du prédicat. — 112. — Les déterminatifs sont toujours antéposés (§ 12); le déterminatif monosyllabique fait souvent corps avec le prédicat, l'accent est sur le prédicat ou sur le déterminatif; si les mots restent séparés, il y a deux accents : 後悔 **heụ̀**-*hwéi* ou *heụ̀*-**hwéi** « se repentir »; 胡說 **hû**-*śwẹ* « parler stupidement »; 鐵作的 **thyè**-*có*-*ti* « fait en fer »; 明天走 **MÎN**-*thyēn* **ceụ̀** « on s'en va demain ».

Régimes du verbe. — 113. — Les régimes (§ 14) sont toujours postposés; le régime monosyllabique fait corps avec le prédicat et porte l'accent principal ou unique; le régime polysyllabique reste souvent séparé dans la prononciation : 睡覺 *śwéi*-**kyáo** « dormir un somme »; 關上門 **kwān**-*śàn*-**MỆN** « fermer la porte »; 關上大門 **kwān**-*śàn* *tá*-**mện** « fermer la grande porte ». S'il y a deux régimes, tous deux sont accentués, le premier seul fait corps avec le verbe : 給人錢 *kèi*-**żên chyên** « donner de l'argent à quelqu'un ».

Quasi-adjectifs. — 114. — Aux trois combinaisons prédicat et auxiliaire, prédicat et déterminatif, prédicat et régime, se rattachent des expressions usitées comme épithètes et qui conservent leur accentuation naturelle : 可笑的 *khò-***syáo***-ti* « ridicule » ; 膽子小的 *tàn-cọ-***syào***-ti* « timide, poltron » ; 好用的 *hào-***yóṅ***-ti* « bon à employer ».

Quasi-substantifs. — 115. — Des expressions formées d'un verbe et d'un régime sont employées comme substantifs; ce sont principalement des noms d'agent. Dans les unes, qui sont comparables à des participes, le régime conserve l'accent : 看門 *khán-***mện** ou 看門的 *khán-***mện***-ti* « le portier ». Les autres ont l'accent sur le verbe initial; quelques unes désignent des objets ou des idées abstraites : 管事 **kwàn**-*ṣị* ou 管事的 *kwàn-ṣị-ti* « le majordome, l'intendant »; 知府 *cị-fù* « un préfet »; 點心 **tyèn**-*sīn* « une collation, des friandises ».

Enclitiques et proclitiques. — 116. — Il existe des mots qui s'incorporent toujours, ou sont susceptibles de s'incorporer au mot précédent (enclitiques) ou suivant (proclitiques). Ces mots dans leur présent emploi ou changent de ton suivant le voisinage, ou n'ont presque plus de ton; la prononciation en est écourtée.

一 *yī* est au ton égal haut quand il signifie « un seul, le même, premier », etc. ; avec un spécificatif au ton descendant, il prend le ton égal bas, à un autre ton, le ton descendant; il en est de même avec beaucoup d'autres mots : 一定 *yi-***tíṅ** « certainement »; 一則 *yi-***cệ** « en premier lieu »; 一總 *yi-***còṅ** « au total, en somme »; 一天 *yi-***thyēn** « un jour »; 一入門 *yi-***ẓú***-MỆN* « aussitôt entré ». Ce mot est enclitique avec 這 *cệ* et 那 *nà* (§ 108).

不 *pū*, *pù*, *pú*, *pú* « ne pas » suit une règle analogue : 不 *pū* ou *pù* « non »; 不要 *pú-***yáo** « il ne faut pas »; 不高 *pú-***kāo** « ce n'est pas haut »; 不好 *pú-***hào** « ce n'est pas bon ». Toujours le verbe est accentué; de même avec les autres négations : 別來 *pyệ-*

lâi « ne viens pas ». Exceptions : 不是 **pû**-*şị* ou **pū**-*şị* « non, ce n'est pas »; 沒有 **mẹ́**-*yẹù* « il n'y a pas ».

Les mots 子 *cọ*, 頭 *thẹû*, 兒 *ộl* (§ 100) sont enclitiques et se prononcent faiblement; *thẹû* devient à peu près *thẹ* ou *thọ*; *cọ* se réduit à un sifflement. 們 *mẹn* n'existe que comme enclitique; il conserve sa prononciation à peu près intacte; 孩子們 **hâi**-*cọ*-*mẹn* « les enfants ». 的 *tị* dans son rôle de particule est toujours enclitique; souvent il est entendu nettement; parfois sa prononciation est si effacée qu'on ne sait s'il faut écrire 的 *tí* ou *tĭ* ou 得 *tệ*; 我的房子 **wò**-*ti* **fâṅ**-*cọ* « ma maison »; 長的 (ou 得) 很 **ċhâṅ**-*tí* (ou *tệ*)-**hèn** « très long ». 了 *lyào* (§ 111) est très souvent enclitique et se réduit à *lá* ou *ló*; 來了 **lâi**-*lá* « il est venu ». 着 *ċáo* (§ 111) employé comme enclitique, est lu *ċô* : 立着 **lí**-*ċô* quelquefois **lí**-*ċáo* « être debout ». 麼 *mō* est enclitique après les démonstratifs et interrogatifs; son ton est difficile à percevoir; parfois il se réduit presque à *m* : 什麼 **şî**-*mō* « quoi? »; 那麼着 **ná**-*mō*-*ċô*, presque **ná**-*m*-*ċô* « ainsi, alors ».

117. — On voit que l'affaiblissement de quelques mots en composition permet de vraies contractions, fait qui s'écarte du principe isolant. Ce fait n'est pas seulement moderne et l'on cite un petit nombre de mots, comme provenant, sens et son, de la fusion de deux monosyllabes : 諸 *ċū*, de 之乎 *ċī*-*hû*, pronom régime suivi d'une préposition; 盍 *hŏ* (*hap*), de 何不 *hô*-*pŭ* « pourquoi ne pas, comment ne pas ». Les contractions, dans toute la période connue de la langue, sont des exceptions rares.

Particules finales et initiales (§ 17). — **118.** — Les premières employées à la fin d'une phrase ou d'une proposition ont souvent un accent intense : 怎麼呢 **CÈṄ**-*mō*-**nî** « comment cela ? »; 好啊 **hào ā** « comment allez-vous? » Les initiales sont souvent accentuées moins fortement : 豈敢 *khì*-**kàn** « oserai-je ? »; 焉知道 **yēn ċī**-*tào* ou *yēn*-**ċī**-*tào* « comment savoir ? ».

Énumérations. — 119. — Les énumérations d'objets ou d'idées (§ 13) constituent des mots composés; tous les termes y ont une place fixe et aucun n'est totalement privé d'accent; quelques-uns sont accentués plus fortement : 平上去入 ***phîṅ***-*śàṅ-khyụ́*-***żú*** « les quatre tons, égal, ascendant, descendant, rentrant »; 金木水火土 ***kīn***-*mú*-***śwèi***-*hwò*-***thù*** « les cinq éléments, métal, bois, eau, feu, terre ».

Propositions. — 120. — Si la proposition est formée de monosyllabes, tous sont détachés et accentués; l'intensité relative des accents dépend de la nuance de sens qu'on veut exprimer : 我都要 *wò* ***tū*** *yáo* « je veux tout, c'est le tout que je veux », *tū* « tout » porte l'accent principal; ***wò*** *tū yáo* « c'est moi qui veux tout », *wò* « moi » porte l'accent principal; 家和貧也好 *kyā* ***hwô*** || ***phîn*** | *yè* ***hào*** « la famille étant d'accord, la pauvreté même est bonne ». Dans cette phrase, on remarquera la pause qui sépare les deux propositions; les deux prédicats *hwô* et *hào* sont accentués fortement; porte aussi un accent intense le sujet de la seconde proposition, *phîn*, qui est détaché entre deux pauses inégales.

Même dans la langue littéraire, une phrase contient souvent plusieurs expressions dont les termes sont unis dans la lecture à haute voix (négation et prédicat, épithète et substantif, prédicat et régime, etc.), les phrases formées de monosyllabes sont l'exception. Dans les phrases renfermant des polysyllabes les mots les plus accentués sont habituellement l'objet général, un ou deux déterminatifs et le prédicat lui-même s'il termine la proposition. Si le prédicat a des régimes l'accent se reporte sur ceux-ci. Particules finales, voir § 118. 冬天夜長 ***TŌṄ***-*thyēn* | ***yé ĊHÂṄ*** « en hiver les nuits sont longues »; 白梨我給你大的 *pâi*-***LÎ*** | ***wò*** *kèi*-***NÌ TÁ***-*ti* « des poires blanches je t'en donnerai de grosses »; 那個死屍順水漂流了 ***ná***-*kó* ***SỌ̀***-*śị̈* | *śún*-***śwèi*** | ***PHYĀO-lyệû***-*lyào* « le cadavre s'en alla flottant au fil de l'eau »; 你過來罷 ***NÌ*** | ***KWÓ***-*lâi* ***pá*** « toi, viens donc par ici ».

On s'écarte de l'accentuation normale quand on veut insister sur une idée, on détache et on accentue le mot important : 不信服你 *pŭ-SÍN-fŭ-nì* « je ne te crois pas »; en insistant : *pŭ-sín-fŭ-NÌ* « toi, je ne te crois pas ».

Un changement d'accentuation donne à une phrase un sens tout différent (voir §§ 92, 101, 103); on use de cet artifice pour les énigmes et devinettes, genre fort apprécié des Chinois. De même, l'intonation impérative, interrogative, indignée est marquée par des variations de l'accentuation, voire des tons; ces variations délicates sont plus faciles à sentir qu'à décrire. Faites prononcer par un Chinois les mots 你來 *nì lâi* « toi venir »; vous percevrez une différence bien nette entre : *nì-lâi* « tu viens » — *nì lâi* « toi, viens! » — *nì-lâi* « tu viens? ».

Accentuation dans la poésie. — 121. — Bien que la poésie en général appartienne à la langue littéraire, cependant des vers peuvent être cités en conversation; divers jeux d'esprit analogues aux bouts-rimés sont très usités; en outre il existe de nombreuses chansons populaires, des proverbes, des devinettes qui se rattachent de plus ou moins près à la poésie et dépendent en même temps de la langue parlée : la question de l'accentuation poétique doit donc être au moins indiquée.

La poésie repose sur un agencement de tons et de rimes aussi bien que sur l'accent régulier de certaines syllabes; la rime de la poésie populaire est une assonance et échappe aux catégories précises de la rime savante; l'accent prosodique tantôt coïncide avec l'accent grammatical, tantôt s'oppose à lui.

Voici une strophe d'une complainte populaire[1] qu'on pourrait scander à peu près de la manière suivante :

奸臣魂靈到陰間　　閻王殿前去明寃

KYĒN-chên HWỆN-lîn | táo yīn-KYĒN
YÊN-wân TYÉN-chyên | khyụ́ mîn-YWĒN

小鬼判官不待慢　　閻王爺把旨傳

SYÀO-kwèi PHÁN-kwān | pŭ-tái-MÁN
YÊN-wân-YÊ | pà-cị̀ CHWÂN

1. Cette chanson contant le coup d'état de septembre 1898 a été publiée par M. Vissière dans le *T'oung pao*.

急忙帶到大堂前　　你爲何起意亂朝班

Kí**-mâñ **TÁI** táo* | ***tá**-thâñ-**CHYÊN
Nì** wéi-**hô** khì-**YÍ | ***lwán** čhâo-**PĀN***

Dans toutes les strophes, les vers 1, 2, 4, 5, 6 riment ensemble; le vers 3 reste isolé, ainsi dans la strophe citée sa finale est au ton descendant en face du ton égal des autres vers. Les vers 4 sont toujours de six syllabes; les autres ont en principe sept syllabes, mais occasionnellement huit ou neuf. Chaque hémistiche a en principe deux accents qui souvent diffèrent des accents grammaticaux, ainsi : ***táo** yīn-**KYĒN*** v. ***táo YĪN**-kyēn*, ***pà**-čį **ČHWÂN*** v. *pà-čį* ***ČHWÂN***, ***tá**-thâñ-**chyên*** v. *tá-**THÂÑ**-chyên*, ***lwán** čhâo-**PĀN*** v. ***lwán ČHÂO**-pān*.

Traduction. — « Les âmes des ministres traîtres arrivèrent dans le sombre séjour et allèrent devant le palais du roi Yen pour y exposer leurs griefs. Les petits diables et les juges n'attendirent pas que les choses traînassent en longueur. Le roi Yen donna ses ordres et, en toute hâte, on les conduisit devant le grand tribunal. — Pourquoi as-tu formé le dessein de troubler les rangs de la Cour? »

Dans la poésie régulière l'accent prosodique est sur les syllabes 1, 3, 5, 7, les syllabes 3 du pentamètre, 5 de l'heptamètre portant l'accent prosodique principal. Les exemples suivants, accompagnés d'abord de la transcription avec accent prosodique et césure, puis de la transcription avec accent grammatical et liaisons syntaxiques, montreront les coïncidences et oppositions des deux systèmes[1].

鷁首開襟坐	蟾輝比鏡磨
yĭ** šęù **KHĀI** || kīn **cwó	***čhą̄n** hwēi **PÌ** || kín **mô***
yĭ**-šęù | khāi-**KĪN** | **CWÓ	***ČHĄ̄N**-hwēi | **pì KÍÑ**-mô*

Traduction. — « A l'avant du navire j'étais assis, le vêtement ouvert. L'éclat de la lune avait le poli d'un miroir ».

1. Exemples tirés de *L'Odyssée d'un prince chinois*, 1 vol. grand in-8°. Leide, 1900, poésies du Septième Prince publiées par M. Vissière.

輕蒲十幅欲何之　　千里江陵舊有詩
khīn *phū* **ṣị** *fŭ* || **YỮ** *hò* **ċị**　　**chyēn** *lì* **kyān** *lìn* || **KYẸÚ** *yẹù* **ṣị**
khīn-*phū ṣị-***fŭ** | **yữ HÔ-ċị**　　*chyēn-***lì kyān-***lìn* | **KYẸÚ** *yẹù-***ṣị**

Traduction. — « Où veulent aller ces dix voiles de léger roseau? Une ancienne pièce de vers mentionne les mille li parcourus pour arriver à Kiang-ling ».

CHAPITRE IV

RAPPORTS ENTRE TONS ET ACCENT

Action de l'accent sur les tons. — 122. — Aux syllabes accentuées seules la voix donne assez d'intensité et de durée pour que le ton prenne son développement; si toutes les syllabes étaient prononcées de la sorte, la phrase serait hâchée et incompréhensible. Sous l'accent secondaire le ton est encore nettement perceptible; pour les syllabes non accentuées, il n'est qu'esquissé, mais cette indication est toujours présente. Dans certains enclitiques le ton est presque effacé : je ne sais pourtant s'il n'y en a pas un rappel même dans 子 *cọ*, 頭 *thẹù*, 首 *ṣẹù*, 麽 *mō* (§ 116). En pratique on sera compris si l'on donne correctement le ton aux syllabes accentuées.

Action des tons les uns sur les autres. — 123. — Deux syllabes étant rapprochées pour former un mot complexe, le ton de l'une ou des deux est modifié. Dans ces variations le ton **1a** se montre particulièrement fixe. Les règles suivantes résument les variations observées; il faut les regarder plutôt comme l'expression de tendances que comme l'énoncé de faits mathématiquement exacts.

124. — A α) **1a — 1a** 開花 *khāi-***hwā** « fleurir »
先生 **syēn-***ṣēn* « monsieur »

β) 1a — 1b 傷名 *šān*-**mîn̉** « nuire à la réputation »
山南 **šān**-*nán* « au sud de la montagne »
γ) 1a — 2 傷臉 *šān̉*-**lyèn** « nuire à la réputation »
山菓 **šān**-*kwò* « des fruits de montagne »
δ) 1a — 3 開市 *khāi*-**šɩ̣** « ouvrir boutique »
安下 **n̉ān**-*hyá* « poser »
ε) 1b — 1a 平安 *phîn̉*-**n̉ān** « paisible »
朝珠 **čhâo**-*čū* « collier de mandarin »
ζ) 1b — 3 勞駕 *lâo*-**kyá** « merci de votre peine »
平地 **phîn̉**-*tí* « une plaine »
η) 2 — 3 審問 **šèn**-*wén* « interroger »
θ) 3 — 2 過了 **kwó**-*lyào* « il a passé »

Les tons conservent à peu près leur position musicale; sous l'accent le ton est un peu plus haut; la syllabe sans accent tend à se resserrer comme durée et comme intervalle.

125. — B ι) 1b — 1b 別來 *pyê*-**lâi** « ne viens pas »
朝廷 **čhâo**-*thîn̉* « la Cour »

La syllabe accentuée conserve son ton; pour l'autre syllabe, le ton égal bas se réduit à une seule note brève.

126. — C κ) 2 — 1a 理家 *lì*-**kyā** « régler sa famille »
禮生 **lì**-*šēn̉* « maître de cérémonies »
λ) 2 — 3 寫字 *syè*-**ọ́** « écrire »
μ) 3 — 1a 立家 *lí*-**kyā** « fonder une famille »
蜜蜂 **mí**-*fōn̉* « une abeille »
ν) 3 — 1b 過河 *kwó*-**hô** « passer le fleuve »
去年 **khyṳ́**-*nyên* « l'an dernier »
ξ) 3 — 2 過海 *kwó*-**hài** « passer la mer »

La première syllabe ne garde que la première note du ton, la seconde note laissant une trace légèrement perceptible. La seconde syllabe reste intacte (ϰ, λ, μ, ν) ou baisse d'une seconde majeure ou mineure (ξ).

127. — D ο) 3 — 3 上坐 *šáṅ*-**cwó** « le siége d'honneur »
看見 **khán**-*kyén* « regarder »

Le caractère non accentué monte légèrement, surtout s'il est le premier.

128. — E π) 1b — 2 常有 *čháṅ*-**yẹù** « il y a ordinairement »
朋友 **phêṅ**-*yẹù* « un ami »
ρ) 2 — 1b 討錢 *thào*-**chyên** « demander de l'argent »
老爺 **lào**-*yê* « monsieur »

Le caractère au ton égal descend d'une seconde majeure ou mineure, surtout quand il n'est pas accentué.

129. — F σ) 2 — 2 跑馬 *phào*-**mà** (sol, sol dièze — ré, sol) « faire courir des chevaux »
打了 **tà**-*lyào* (ré, fa dièze — fa dièze, sol, sol dièze) « avoir frappé »
海水 **hài**-*šwèi* (sol, ré — ré, sol) « eau de mer ».

Si la syllabe accentuée est la seconde, elle ne varie pas; la syllabe non accentuée perd sensiblement en durée et la première note se rapproche de la seconde, si bien qu'elle ressemble à un ton **1b** placé une quarte plus bas. Si la syllabe accentuée est la première, elle perd un peu en durée; parfois la seconde note descend vers la première; la seconde syllabe se resserre aussi, sa hauteur prend à la note finale de la première syllabe et monte encore jusque vers l'octave de la note initiale de la première syllabe. Dans l'exemple **hài**-*šwèi*, la montée est régulière, les intervalles ne se réduisent pas; le dessin plus compliqué de l'exemple **tà**-*lyào* est dû à la complexité de la syllabe *lyào* qui renferme presque une triphthongue.

DEUXIÈME PARTIE

ÉCRITURE

CHAPITRE PREMIER

LES CARACTÈRES MODERNES

Définitions et exemples. — 130. — La plupart des mots étant communs à la langue parlée et à la langue littéraire (§ 3), tout mot correspond en principe à un caractère graphique qui représente la même idée. Certaines expressions cependant sont étrangères à la langue littéraire et demeurent sans contrepartie exacte sous forme de caractères (§§ 143 et suivants).

J'examine d'abord les mots communs aux deux aspects de la langue. Le caractère s'énonce au moyen du monosyllabe; mais, dans les lignes qui le forment, il n'y a rien qui indique le son à la façon des lettres de nos alphabets. Dans les écritures alphabétiques, le mot représente l'idée, les lettres représentent le son du mot. En chinois le mot et le caractère sont également signes de l'idée; la corrélation des deux signes est indirecte, les deux systèmes sont indépendants; au système chinois de mots peut être substitué un système différent, sans que les rapports soient affectés.

Le caractère 木 est le signe du « bois »; le mot « bois » se dit *mú* en chinois du nord; donc le Chinois du nord appelle *mú* le caractère 木. La même idée est rendue en cantonais par le mot *mok*, en annamite par *moc*, en japonais par *ki* ou *moku*, en coréen par *namu* ou *mok*; les mots *namu*, *ki*, *moc*, *mok*, servent dans chaque langue pour traduire le caractère 木. De même 水 « eau » est en kwan-hwa *šwèi*, en cantonais *sui*, en langue d'Emoui *tsuy*, en annamite *thuy*, en japonais *midu* ou *suwi*, en coréen *mul* ou *syu*.

131. — Une modification, même légère, dans la graphie du caractère peut en faire un autre caractère traduisant une autre idée, correspondant à un autre mot. 千 *chyen* « mille »; 干 *kan* « bouclier »; 于 *yü* marque du locatif. 田 *thyèn* « champ »; 由 *yeú* « origine »; 甲 *kyà* « cuirasse »; 申 *šen* « étendre »; 甾 et 甾 *çį* « défricher » (forme usuelle 菑); 㱏 *cèn* « droit, correct » (forme usuelle 正); 凷 *khwài* « motte de terre » (forme usuelle 塊).

Disposition des caractères. Signes accessoires. — 132. — Les caractères s'écrivent isolément, sans ligatures, en colonnes en commençant par la droite, dans l'ordre :

10	7	4	1
11	8	5	2
	9	6	3

Quelquefois pour une enseigne, on dispose d'une place horizontale; on écrit alors de droite à gauche horizontalement : 5 4 3 2 1. Dans cet ouvrage, les caractères sont toujours disposés de gauche à droite : 1 2 3 4 5 pour suivre l'ordre du français.

Les signes chinois destinés à indiquer le ton (§ 83) ne sont employés qu'exceptionnellement. Lorsque deux sens et deux sons différents appartiennent au même caractère, l'un des deux est souvent signalé par la marque du ton : 重 *còn* « lourd » v. ꜀重 *chón* « de nouveau »; 行 *hìn* « marcher » v. ꜀行 *hàn* « classe, rang ». Dans ce dernier cas, le signe ꜀ indique non pas un autre ton, mais un autre son. De manière analogue, un point est ajouté quelquefois au caractère 石 *šį* « pierre », quand il doit être lu 石 *tán* « picul ».

La ponctuation est souvent tout à fait absente. Parfois un cercle 圈 *khywēn*, qui occupe autant de place qu'un caractère, signale la fin d'un développement; tantôt le cercle est placé à la suite du texte, sans intervalle, tantôt il est en haut de la colonne suivante. Parfois la fin des phrases ou des membres de phrase est marquée par de petits cercles, à droite en bas du dernier caractère; parfois un petit point, ` *cù*, 點 *tyèn*, remplace les petits cercles; ces signes correspondent à nos points, points et virgules, virgules, deux points, etc.; il est rare qu'ils soient employés concurremment en recevant des valeurs différentes.

Les blancs 空字 *khōṅ-cọ́* avant ou après un nom propre, l'élévation en tête de colonne 擡寫 *thâi-syè*, et autres marques de respect appartiennent à la rédaction officielle ou épistolaire, donc à la langue écrite. Quelquefois les noms propres sont signalés par une ligne verticale placée à droite. Une série de points ou de cercles, mise verticalement sur la droite d'un caractère ou d'un passage, en souligne l'importance. On biffe au moyen de cercles mis sur les caractères.

Il n'existe aucune notation de l'accent ni de la réunion des mots en expressions.

Nature isolée et invariable des caractères. — 133. — Le caractère n'étant susceptible d'aucune modification sans devenir autre, ne recevant aucun signe pour marquer sa valeur tonique ou grammaticale, est encore plus invariable et plus isolé que le mot prononcé.

Un caractère pour plusieurs mots. — 134. — En principe un caractère a une lecture, représente un mot. Il arrive qu'un seul caractère corresponde à divers mots ayant même prononciation, ou à plusieurs prononciations représentant une seule idée, ou à divers mots prononcés diversement. De tels faits, fréquents en langue écrite, ne sont pas rares en langue parlée : 兩 *lyàṅ* « deux »; *lyàṅ* « taël », poids de 37 grammes environ. 什 *ṡị* « dix hommes »; *ṡị* « divers, objets divers »; *ṡị* « quel? quoi? ». 畜 *ċhú*, *hyụ́*, *hyẹú* « animal domestique ». 賃 *nín*, *żén*, *lín* « donner ou prendre en location ». 正 *ċéṅ* « être correct »; *ċēṅ* « première lune de l'année ». 假 *kyà* « être faux »; *kyá* « congé ». 長 *ċhâṅ* « être long; *ċàṅ* « grandir ». 更 *kēṅ*

« changer »; *kīn* « une veille de la nuit »; *kèn* « davantage ». 參 *chān* « avoir part à »; *chán* nom d'un chant; *sàn* « mêlé »; *sān* « trois »; *šēn* nom d'une constellation; *chēn* « inégal ».

Plusieurs caractères pour un mot. — 135. — Inversement, pour de nombreux mots il existe plusieurs caractères. Parfois ce sont de simples variantes employées indifféremment : 侯, 矦 *hęû* « marquis »; 鄉, 向 *hyán* « tourné vers; 歸, 皈 *kwēi* « retourner à »; 酬, 酧, 醻 *chęû* « recevoir un hôte ».

136. — Il arrive que, les formes étant de même valeur, l'une soit plus usitée, la seconde plus rare, ou que chacune soit préférée pour telle ou telle expression : 義, 誼 *yí* « justice »; 總, 摠, 捴 *còn* « réunir en un tout »; 猪, 豬 *cū* « porc »; 願, 愿 *ywén* « souhaiter ».

137. — Dans les diverses formes d'un caractère, la similitude d'éléments est parfois manifeste. Souvent aussi elle ne se révèle qu'à un examen plus attentif : 從, 縱 *chôn* « depuis », 彳 correspond à 彡, les deux autres éléments ont changé de place. 怨, 悉, 邜, 惌 *ywén* « haïr »; les deux premières formes sont visiblement voisines; dans les deux autres 月 correspond à 夕, 卩 correspond à 㔾 : les différences sont d'ordre graphique. Mais 亡 du troisième caractère n'a pas de rapport avec 夕.

138. — Des formes anciennes d'âges divers se rencontrent à la place des formes modernes, tantôt par affectation d'archaïsme, tantôt parce que la forme ancienne est plus simple.

杀 pour 殺 *šā* « tuer »	浍 ou 金 pour 法 *fà* « règle »
収 pour 收 *šęū* « recueillir »	秊 pour 年 *nyên* « année »
湻 pour 淳 *chwęn* « pur »	号 pour 號 *háo* « nom »
所 pour 所 *sò* « localité »	臽 pour 陷 *hyén* « tomber dans une fosse »

匕 pour 化 *hwá* « transformer »
画 pour 畫 *hwá* « dessiner »
𦧲 pour 話 *hwá* « parole »
囘 pour 回 *hwêi* « retourner »
龢 ou 咊 pour 和 *hwô* « concorde »
㠯 pour 以 *yì* « se servir de »
埜 pour 野 *yè* « la campagne »
乚 pour 隱 *yìn* « cacher »
扵 pour 於 *yū* marque du locatif
亐 pour 于 *yū* même sens
与 pour 與 *yù* « donner »
崗 pour 岡 *kān* « montagne »
仝 pour 同 *thôn* « le même »
个 pour 個 *kó* « article »
竜 pour 龍 *lôn* « dragon »
㪅 pour 更 *kēn* « changer »
弓 pour 卷 *kywén* « rouleau de papier »

刅 pour 創 *chwán* « fonder »
処 pour 處 *chú* « localité »
𠈌 pour 衆 *cón* « nombreux »
悳 pour 德 *tẹ* « vertu »
躰 pour 體 *thì* « corps, substance »
灾 pour 災 *cāi* « calamité, fléau »
艸 pour 草 *chào* « herbe »
亝 pour 齊 *chî* « ensemble »
卩 pour 節 *cyê* « nœud de bambou »
𧴤 pour 得 *tẹ* « obtenir »
辠 pour 罪 *cwéi* « faute, crime »
𢇍 pour 繼 *kí* « être continu »
㡭 pour 絶 *cywê* « être discontinu »
麤 pour 粗 *chū* « grossier »
从 pour 從 *chôn* « suivre »
㚘 pour 竝 *pín* « ensemble »

139. — Un certain nombre de ces formes, telles que 画 *hwá* « dessin », 号 *háo* « surnom, désignation », servent d'abréviation au caractère moderne plus compliqué; bien qu'en réalité correctes, la plupart ne sont pas admises dans un texte soigné. Il existe aussi beaucoup d'abréviations usuelles qui n'ont d'origine que le désir de simplifier ou la fantaisie des auteurs; seul l'usage peut les consacrer. La liste suivante contient quelques-unes des plus fréquentes :

还 pour 還 *hwân* « rendre »
过 pour 過 *kwó* « traverser »

边 pour 邊 *pyēn* « côté »
达, 这 pour 這 *cẹ́* « ceci »
迁 pour 遷 *chyen* « transporter »
迯 pour 退 *thwéi* « reculer »
戓 pour 或 *hwẹ́* « quelqu'un »
䖏 pour 處 *chú* « localité »
楽 pour 樂 *ywẹ́* « musique »
葯 pour 藥 *yáo* « médecine »
蛮 pour 蠻 *mán* « barbare »
变 pour 變 *pyén* « changer »
斈 pour 學 *hyáo* « étudier »
覚 pour 覺 *kyáo* « s'apercevoir »
斉, 斊 pour 齊 *chî* « ensemble »
児, 皃 pour 兒 *ộl* « enfant »
旧 pour 舊 *kyẹú* « vieux »
断 pour 斷 *twán* « décider »
継 pour 繼 *kí* « être continu »
双 pour 雙 *śwān* « double »
劝 pour 勸 *khywén* « conseiller »
对 pour 對 *twéi* « être en face de »
难 pour 難 *nân* « être difficile »
将 pour 將 *cyān* « à l'avenir »
归 pour 歸 *kwēi* « retourner à »
当 pour 當 *tān* « il faut »
灵 pour 靈 *lìn* « miraculeux »

咲 pour 笑 *syáo* « rire »
听 pour 聽 *thīn* « écouter »
啣 pour 銜 *hyén* « tenir dans la bouche »
品 pour 品 *phìn* « sorte »
吃 pour 喫 *chị* « manger »
㝎 pour 定 *tìn* « fixer »
宍 pour 肉 *żẹú* « viande »
实 pour 實 *sị* « être vrai »
几 pour 幾 *kī* « plusieurs »
庙 pour 廟 *myáo* « temple »
庐 pour 廬 *lyû* « cabane »
馿 pour 驢 *lyû* « âne »
囙 pour 因 *yīn* « parce que »
国, 囯 pour 國 *kwẹ́* « pays »
办 pour 辦 *pán* « traiter une affaire »
数 pour 數 *śú* « nombre »
类 pour 類 *léi* « espèce »
娄 pour 屢 *lyú* « souvent »
升 pour 升 *śēn* « monter »
属, 属 pour 屬 *śù* « dépendre de »
畨 pour 番 *fān* « fois »
凢 pour 凡 *fán* « tout »
為 pour 爲 *wêi* « faire »

喜 pour 喜 *hì* « joie »
陥 pour 陷 *hyén* « tomber dans une fosse »
献 pour 獻 *hyén* « présenter respectueusement »
濶 pour 闊 *khwó* « spacieux »
滙 pour 匯 *hwèi* « change »
游 pour 遊 *yeû* « se promener »
雖 pour 雖 *swēi* « quoique »
負 pour 員 *ywên* « fonctionnaire »
单 pour 單 *tān* « simple »
若 pour 若 *žó* « si »
觧 pour 解 *kyài* « analyser »
教 pour 敎 *kyáo* « enseigner »
夹 pour 夾 *kyá* « double, doublé »
看 pour 看 *khán* « regarder »
来 pour 來 *lâi* « venir »
兼 pour 兼 *kyēn* « ensemble »
紧 pour 緊 *kìn* « strict »
関 pour 關 *kwān* « fermer »
管 pour 管 *kwàn* « gouverner »
劳 pour 勞 *lâo* « prendre de la peine »
两 pour 兩 *lyàn* « deux »
累 pour 累 *léi* « embarrasser »
裡 pour 裏 *lì* « l'intérieur »

礼 pour 禮 *lì* « rites »
令 pour 令 *lìn* « ordonner »
乱 pour 亂 *lwán* « troubler »
辞, 辤 pour 辭 *chṓ* « expression »
隆 pour 隆 *lôn* « abondant »
皃, 皃 pour 貌 *máo* « la forme »
么 pour 麼 *mō* « manière »
蒙 pour 蒙 *món* « recevoir un bienfait »
碍, 㝵 pour 礙 *ṅái* « empêcher »
淂 pour 得 *tę̂* obtenir »
宝 pour 寶 *pào* « trésor »
壬 pour 徵 *čēn* « manifester »
着 pour 著 *čáo* « faire que »
沈 pour 沈 *čhên* « plonger »
石 pour 擔 *tán* « picul »
土 pour 土 *thù* « de la terre »
収 pour 收 *sẹū* « recueillir »
荘 pour 庄 ou 莊 *čwān* « hameau »
壮 pour 壯 *čwán* « robuste »
刱 pour 創 *čhwán* « fonder »
垂 pour 垂 *čhwêi* « être suspendu »
衷 pour 衷 *čōn* « vertu »
众 pour 眾 *čón* « la foule »

仏 pour 佛 *fŏ* « Bouddha »
体 pour 體 *thì* « substance »
鉄 pour 鐵 *thyè* « fer »
蚕 pour 蠶 *chân* « ver à soie »
窃 pour 竊 *chyé* « furtivement »
朩 pour 錢 *chyên* « sapèque »
㕽 pour 爵 *cywẹ́* « dignité »
万 pour 萬 *wán* « dix mille »
徃 pour 往 *wàn* « aller vers »
并 pour 幷 *pìn* « ensemble »
台 pour 臺 *thâi* « une terrasse »
胆 pour 膽 *tàn* « fiel »
坦 pour 壇 *thân* « autel »
点 pour 點 *tyèn* « un point »
倘 pour 儻 *thàn* « si »
耻 pour 恥 *chị̀* « honte »
針 pour 鍼 *cēn* « aiguille »
秤 pour 稱 *chēn* « dire »
趂 pour 趁 *chẹ́n* « profiter de l'occasion »
声 pour 聲 *sēn* « un son »
亀, 𠂁 pour 龜 *kwēi* « tortue »
塩, 盐 pour 鹽 *yên* « du sel »
尽 pour 盡 *cìn* « épuiser »
経 pour 經 *kīn* « un livre canonique »
軽 pour 輕 *khīn* « être léger »

Variantes employées par respect. — 140. — Le respect exige qu'on évite d'écrire le nom personnel, c'est-à-dire le postnom, des empereurs de la dynastie et de deux personnages célèbres, Confucius et Mencius. Cette coutume a conduit à modifier légèrement les caractères interdits ou à les remplacer par d'autres : ainsi sont nées quelques formes doubles. Pour être prescrites, ces substitutions ne sont pas moins aussi contraires à la langue correcte que les abréviations du § précédent. Elles ne sont obligatoires que pour les Chinois sujets de l'Empereur et non pas pour les Annamites ou les Japonais; ceux-ci n'en tiennent pas compte ou en emploient d'autres, en raison du respect dû à leurs propres souverains.

玄 [元 *ywên*] pour 玄 *hywên* « sombre »
爗, 熀, 曅 [煜 *yụ́*] pour 燁, 爗, 曄 *yé* « éclat du feu »
胤 [允 *yụ̀n*] pour 胤 *yín* « succession »
真 pour 眞 *cēn* « vérité »

正 *čeṅ* [禎 *čeṅ*] pour 禛 *čen* « mériter et recevoir le bonheur »
弡, 弘, 宏 pour 弘 *hoṅ* « vaste »
歴, 厯, pour 曆 *lï* « calendrier »
顒 pour 顒 *yoṅ* « grave d'aspect »
琰 pour 琰 *yèn* « pierre précieuse »
旻 pour 旻 *mïn* « compatissant »
寕, 寍, 寍, 甯, 寗 pour 寧 *nïṅ* « paix »
詝 pour 詝 *čü* « science »
宁 pour 宁 *čü* « espace entre la porte et l'écran »
湻 pour 淳 *čhwẹn* « pur »
醕 pour 醇 *čhwẹn* « vin pur »
湉 pour 湉 *thyên* « cours d'eau tranquille »
連 *lyên* pour 璉 *lyèn* « vase rituel »
丘, 邱 pour 丘 *khyẹū* « colline ».

Les variantes respectueuses se substituent souvent au caractère primitif dans les composés mêmes. Ainsi : 率 au lieu de 率 *swái* « conduire »; 强 au lieu de 強 *khyâṅ* « fort ».

Variantes significatives. — 141. — Des doublets ont été créés pour raison sémantique, afin de spécialiser le sens ou d'accorder la composition du caractère avec l'idée et le son. Quelques-uns sont restés à l'état de variantes, d'autres sont tenus pour des caractères indépendants, d'autres encore sont regardés comme formes non autorisées : 沙 *šā* « sable », 砂 *šā* « minerai », 粆 *šā* « sucre en poudre », variantes d'un caractère devenues indépendantes; 很, 狠 *hèn*; « opiniâtre », « violent », « excessif », « très »; la première forme tend à se spécialiser dans le sens de « très »; 倉, 艙 *chāṅ* « grenier », « serrer le grain »; on a créé la seconde forme, non autorisée, pour dire la « cale d'un bateau » ; 載, 儎 *cái* « transporter en voiture » ou « en barque », « charge d'une voiture » ou « d'une barque » ; le second caractère, non autorisé, veut dire seulement « charge de voiture » ou « de barque ».

Plusieurs variantes ont été inventées par des écrivains pour résumer dans le caractère les idées philosophiques, religieuses ou autres rattachées au mot. Ces variantes compliquées sont fréquentes dans les traités bouddhistes et taoïstes : 工, [illegible] *kōn* « travail », « artisan » ; dans la variante on voit deux outils, hache et couteau. 蘇 ou 穌, 甦 *sū* « revenir à la vie au printemps », « reprendre haleine » ; la variante, composée de 生 « vivre », 更 « changer », rappelle les idées de métempsychose. La préoccupation de définir le mot par sa composition éclate encore dans les variantes : 䰠 pour 神 *šên* « un esprit » ; 囸, [illegible] pour 日 *ží* « le soleil » ; 炁, [illegible], [illegible] pour 氣 *khí* « fluide », « principe cosmogonique » ; [illegible], [illegible], [illegible] pour 天 *thyēn* « le ciel ».

Variantes par abus. — 142. — Des caractères sont pris l'un pour l'autre par abus ; de pareilles confusions ne sont pas rares et elles sont tenues pour incorrectes à moins d'être consacrées par l'usage ancien : 綢 *chęú* « botte », « faisceau », « serré » pour 紬 *chęú* « étoffe de soie » ; 仇 *khyęú* « unir », « égal » pour 讐 *chęú* « ennemi » ; 証 *cén* « faire des remontrances » pour 證 *cén* « attester », « témoigner » ; 說 *šwę* « dire » pour 悅 *ywé* « se réjouir » ; 勾 *kęū* « crochet » ou 够 *kęú* « amasser », « beaucoup » pour 彀 *kęú* « suffire », « assez », primitivement « tirer la corde de l'arc » ; 坦 *thàn* « plaine », « uni » employé à tort comme abréviation de 壇 *thân* « tertre », « autel ».

Mots étrangers à la langue littéraire écrits au moyen d'homophones. — 143. — De tels mots, n'ayant pas à proprement parler de représentants graphiques (§ 130), sont écrits au moyen de divers artifices.

Très souvent on remplace le caractère manquant par un caractère homophone, sans tenir compte du sens de ce substitut. Dans quelques cas l'usage flotte entre plusieurs caractères, dans d'autres un seul caractère est employé et tenu pour correct; telles de ces substitutions ont passé dans la langue écrite : 的 *tí* « brillant », « centre de la cible » employé presque exclusivement pour la particule grammaticale *tī* ou *tí*; dans le même sens on trouve 底 dont la vraie valeur est *tì* « base »; 們 *mẹ́n* dans l'expression 們渾 *mẹ́n-hwẹ̀n* « corpulent »; employé exclusivement comme finale du pluriel pour les noms d'hommes, lu *mẹ̄n*; 喒 *cán*, 偺 ou 倃 *cán*, 咱 *cā*, caractères de la langue parlée, signifiant « je », employés pour indiquer une époque dans 多咱 *tō-cān* « quand? »; 多 *tō* signifie « être nombreux », « beaucoup »; on l'écri pour *tō* « combien » dans 多兒 *tō-ọḷ* « combien (d'argent)? », 多大 *to-tá* « combien grand? », etc., il y a une liaison probable entre le sens primitif du caractère et le sens spécial à la langue parlée; 菸 vieux mot, lu jadis *yụ̄* ou *yēn*, pris aujourd'hui dans le sens de « tabac » *yēn*; 行李 *hīṅ-lì* « marcher, prunier », l'expression a le sens de « bagages », étranger aux mots composants, et a passé dans la langue écrite contemporaine. 巴 *pā* « grand serpent », nom géographique, employé pour des homophones très fréquents dans la langue usuelle : 尾巴 *yi-pā* « la queue d'un animal »; 嘴巴 *cwèi-pā* « des soufflets »; 細巴 *sí-pā* « être pingre »; 死巴 *sọ̀-pā* « être entêté »; 力巴 *lì-pā* « être novice », « maladroit »; 試巴 *ṣị-pā* « essayer ». Dans des combinaisons fréquentes, *pā* a le sens de « adhérer » : 巴結 *pā-kyê* « s'attacher à quelqu'un », « s'insinuer près de quelqu'un »; 巴巴的 *pā-pā-ti* « en attachant (les yeux sur quelque chose) »; 鍋巴 *kwō-pā* « le gratin attaché au fond de la marmite »; 咯巴 *kā-pā* « gratin », « gratiner »; au sens figuré 巴到晚上 *pā tào-wàn-ṣàṅ* « attendre impatiemment le soir ».

144. — Assez souvent le caractère employé pour un homophone est modifié par l'adjonction du signe 口 (*khęù* « bouche »), qui fait corps avec lui et spécifie l'emploi phonétique du caractère : 吁 *cọ*, caractère déjà ancien pour le chant des oiseaux, fréquent comme onomatopée dans les noms d'oiseaux; 咯 *kā*, dans les expressions *kā-pā* 咯巴 « gratin », *kā-tā* ou *kō-tā* 咯呾 ou 疙疸 « un corps rond », « un nœud », « un bouton », « un abcès », « un monticule »; 咯 *lá* pour 了 *lá*, *lyào* marque du parfait et finale verbale; 咧 *lyé* même emploi; 喇嘛 *là-mā* « un lama », 喇叭 *là-pā* « une trompette ».

Mots étrangers à la langue littéraire écrits à l'aide de synonymes ou d'autres caractères. — 145. — Parfois on écrit un mot dépourvu de caractère au moyen d'un caractère présentant le même sens ou un sens approchant; ce caractère prend alors le son du mot qu'il représente : 還 *hwân* « encore », « en outre » écrit le mot pékinois *hāi* qui a le même sens; 和 *hwǫ́* « concorde », « ensemble » prononcé *hán* à Péking dans le sens de « avec »; 石 *ṣṭ* « une pierre » nom d'une ancienne mesure de 10 boisseaux, sert à écrire le mot moderne *tán* « picul »; le sens propre de *tán* est une charge, 擔 ou 担; 鉛 *ywên* « plomb » écrit le pékinois *khyēn* même sens; peut-être n'y a-t-il ici qu'une transformation phonique anormale.

Dans les deux exemples suivants les caractères ne conservent pas le sens primitif et ne gardent qu'un son défiguré : 倆 *lyàṅ* « adresse », « habileté » sert à écrire *lyà* « deux » du kwan-hwa vulgaire; 骯髒 *hàṅ-cáṅ* « constant », « qui a de l'embonpoint » sert pour *nā-cā* ou *ṅāṅ-cāṅ* « être malpropre »; les points de contact sont peut-être 灢 *nàṅ* « sale » et 腌臢 *ṅān-cāṅ* « malpropre ».

Mots rendus au moyen de caractères littéraires pris dans un sens dérivé. — 146. — Souvent il existe un rapport de dérivation entre une expression vulgaire et les mots littéraires employés pour l'écrire : 緜 ou 綿 *myên* signifie « de l'ouate de soie » ; 木綿 *mú-myên* « ouate d'arbre » a désigné « le coton » ; puis on a formé le caractère 棉 ou � *myên* pour ce nouvel emploi ; 棒 *páṅ* « massue » désigne le « maïs » 棒子 *páṅ-cọ*, peut-être à cause de la forme du panicule ; 烟土 *yēn-thù* « terre à fumée » est un des noms de « l'opium » ; de là, l'opium étant en abondance introduit par Canton, on a tiré l'expression 廣土 *kwàṅ-thù* « terre de Canton » pour désigner la même drogue ; 體面 *thì-myén* « être important », « distingué » réunit les deux mots *thì* « substance », « fonds » et *myén* « surface ».

De manière analogue, des caractères anciens sont employés avec un sens dérivé pour rendre des termes scientifiques : 電 *tyén* « éclair » désigne « l'électricité » ; 酸 *swān* « aigre » signifie en chimie « un acide » ; 輕 *khīṅ* « léger » est pris pour « l'hydrogène ».

Caractères nouveaux. — 147. — Enfin à toutes les époques on a créé des caractères nouveaux pour rendre des idées nouvelles ou pour noter d'une façon plus précise des idées anciennes. Un grand nombre de ces caractères sont devenus classiques, les plus récents ne sont pas autorisés : 倉庚 *chāṅ-kēṅ* est de tout temps le nom du « loriot » ; aux deux caractères pris pour le son on a ajouté le signe de l'oiseau, d'où 鶬鶊 *chāṅ-kēṅ* « loriot » ; 蒼蠅 *chāṅ-yīṅ* « mouche verte » est également usité dès l'origine de la langue ; ce mot est encore employé, mais on remplace souvent le premier caractère par 蒼 *chāṅ*, non autorisé et qui désignant la mouche est synonyme de *yīṅ* ; *chāṅ-yīṅ* indique toutes sortes de mouches ; 您 donné au XIVᵉ siècle pour une forme vulgaire de 你 *nì* « toi » représente aujourd'hui *nîn*, qui est le « vous » de politesse et appartient seulement à la langue parlée. On peut encore citer comme signes modernes non autorisés : 傢伙 *kyā-hwò* « ustensiles », « meubles » ; 擱 *kọ* « poser », « mettre » ; 賬 *càṅ* « registre », « compte », etc.

Pour la nomenclature chimique, on a créé plusieurs caractères nouveaux : 氯 « iode », de 紫 *cọ* = « violet »; 氯 « brome », de 臭 *chẹú* « puant »; 气 *khí* signifie « exhalaison », « vapeur ». 碲 « tellure », 替 *thí*, son approchant de l'initiale « te », 石 *ṣị* veut dire « pierre ».

Mots étrangers introduits en chinois. — 148. — Les mots étrangers sont écrits soit à l'aide de caractères qui en représentent le son, soit au moyen de caractères créés spécialement : 梵 *fán* mot inventé pour rendre la racine sanscrite « brahm » s'applique aux livres, aux écritures du Tibet et de l'Inde; 僧 *sēn* signifie « bonze »; c'est la traduction du mot « saṅgha », l'église bouddhique.

Beaucoup plus nombreux sont les cas où l'on use de transcription; tantôt on emploie les caractères usuels, tantôt on leur ajoute le signe 口 qui les spécifie comme phonétiques : 可汗 *khò-hān* « khan », « chef mongol »; 蜜佗僧 *mí-thô-sēn* « litharge » (transcrit du persan); 得律風 *tệ-lyụ-fōn* « téléphone »; 沙門 *ṣā-mện* « bonze » (sanscrit « çrāmaṇa »).

Graphie des caractères. — 149. — Les caractères se décomposent en traits simples, *pi* 筆 ou *hwá* 畫; les calligraphes en admettent neuf espèces auxquelles ils ne donnent pas toujours les mêmes noms :

1° 點 *tyèn*, 丶 *cù* « point » . . . . 丶 ヽ
2° 橫 *hên*, 畫 *hwá* « trait horizontal » . . . . . 一
3° 竪 *ṣú*, 直 *cị* « trait droit vertical » . . . . . 丨
4° { 撇 *phyè* « jet descendant de droite à gauche ». 丿
  { 拂 *fú* « jet de haut en bas vers la gauche ». . ノ
5° 挑 *thyào* « jet ascendant de gauche à droite ». ㇀
6° 戈 *kwō* « trait arqué » . . . . 乙 乚 ㇂ く ㇙
7° 曲 *khyụ* « trait brisé » . . . . ㇆ ㇇ ㇖ ㇋ ㇌
8° 勾 *kẹū* « crochet » . . . . 亅 ㇁
9° 捺 *ná* « jet tombant vers la droite » . . . . . ㇏ ㇏ ㇏

150. — Les traits des figures simples sont tracés dans un ordre fixe ; c'est seulement en suivant cet ordre qu'on peut donner au caractère sa vraie physionomie (voir aussi § 152). Toutefois dans plusieurs cas, fréquents surtout pour les figures complexes, les habitudes des calligraphes sont divergentes. Voici quelques règles principales pour le tracé des caractères :

A) On commence d'habitude le caractère en haut, ou à gauche, ou en haut à gauche :

一 丁 工; ㇆ コ 己; 丶 亠 广; ノ 勹;
ノ 人; ノ 入; ノ 乚 心 心; ㇗ 凵;
丨 冂; 丶 ⺌ 𭕄; 丿 尸 户 片; ㇒ 𠂆 ⼹ 氏.

Exceptions : 丨 十 廾 艹; ㇒ 厂 𠂆 步 皮 ou 丿 厂 𠂆 步 皮.

B) Quand il existe une certaine harmonie de part et d'autre d'une verticale, ou d'un système à direction verticale, souvent la partie verticale se trace en premier, mais pas toujours :

亅 小 小 ; 丨 丨丨 丬丨 业 业
一 十 才 木 ; 丨 冂 巾
丶 丷 䒑 半 米 米 ; 丨 山 山 ou ㇗ 山 山
亅 水 水 水 ; ㇗ 凵 屮 ou ㇗ 屮 屮
丶 丷 少 火 ; ㇗ 凵 出 出 出

C) Exemples de symétrie horizontale, et de symétrie d'éléments plus complexes :

㇗ 毋 毋 毋 毋; 丶 丷 兆 兆 兆 兆;
丿 丨 丰 非 非 非 非 非 ou 一 二 三 非 非 非 非 非;
丨 门 門 門 門 門 門 門 ou 丨 门 門 門 門 門 門 門;
丿 𠂉 白 白 白 白 ou 丨 丿 白 白 白 白.

D) Le carré se trace dans l'ordre suivant : 丨 冂 口.

Si un carré renferme une figure, on trace d'abord le trait latéral gauche, le trait supérieur et latéral droit, puis la figure intérieure et enfin le trait inférieur qui ferme :

丨 冂 月 日; 丨 冂 冂 罒 皿.

E) Les figures suivantes ne sont pas des carrés vrais :

𠃊 毋 母 毋; 一 十 廾 廿 甘 ou 一 十 𠂇 𠂇 甘.

F) On observe un principe analogue à celui du carré pour diverses figures enveloppantes :

丿 勹 匂 勾; 丿 ク 夕; 丿 𠃌 夕;
丿 几 凡; 𠃌 𠃌 司 司 司.

La partie enveloppante termine au contraire dans les cas suivants :

丿 𠂆 斤 斤 斤 沂 沂 近; 丿 乂 区 凶.
一 丁 丂 𠀁 𠀁 臣. Par contre il n'y a pas de trait enveloppant dans : 一 丁 丆 𠀀 可; 一 丆 𠀀 𠀀 巨.

G) Le trait horizontal se fait en dernier dans :

人 夂 女; 乛 了 子.

Il se fait en premier dans : 一 𠂇 大;
一 二 三 丰 夫 夫 叁 奉.

H) Le trait vertical se trace en dernier s'il dépasse en bas un trait horizontal ou une figure complexe :

一 十; 一 寸 寸; 一 二 干;
一 二 井 井; 一 コ ヨ ヨ 聿 聿;
丨 冂 口 中; 丨 冂 日 日 申.

Les figures en 乂 se tracent comme ci-dessous :

丿 乂; 丿 乂 乂 乂 兆 兆;

丿 ナ 冇 有 有 有 ou 一 ナ 冇 有 有 有.

I) Le trait vertical se fait avant le trait horizontal qui le supporte, ce qui rentre dans la règle A :

一 十 土; 丨 冂 日 甶 由;

一 二 干 王; 丨 冂 口 中 虫.

Toutefois on trouve aussi : 丨 冂 口 口 虫.

J) L'angle supérieur de droite se trace d'abord dans :

𠃌 刀; 𠃌 卩; 乛 阝 阝;

𠃌 刀 开 丑 ou 𠃌 彐 开 丑;

𠃌 彐 戶 目 目 ou 𠃌 冂 戶 目 目;

乛 又; 乛 コ 尸; 乛 コ 巳; 乛 也 也;

乛 コ ヨ 艮 艮 艮; 𠃌 习 习 羽 羽 羽.

K) Le point ou le jet latéral de droite se trace d'abord dans quelques cas : 丶 上 上 比.

L) Le point ou le trait latéral se trace en dernier dans :

丨 卜; 丨 卜 止 止; 一 二 干 王 玉;

一 七 戈 戈; 一 十 土 耂 耂 者 者 者 者;

丿 川 川 州 州 州 ou 丿 州 州 州 州 州.

M) Un caractère complexe se décompose autant que possible en éléments plus simples qui se tracent d'après les principes indiqués :

金 se décompose en 人 二 丷 一;

飛 — 飞 (飞 飞 飞) 升 (升 升) 飞;

齊 — 亠 丫 丫 丫 月 (丿 ト 卜 月);

鹿 se décompose en 广 ⺾(一 ⺾ ⺾ ⺾) 比 ;

黑 — 罒 土 (ou 丨 二) 灬 ;

黃 — { ⺾ 亩 丨 八 ou ⺾ 一 由 八 ou
⺾ 而 (一 丅 币 而) = 八 ;

馬 — 丅 = 马 ou 丨 丅 = 馬.

N) La partie médiane est écrite la première dans :

學 : 𦥑 冖 子 ;

典 : 冂(丨 冂 冂 冂) 六 ;

樂 : 白 幺 (de gauche), 幺 (de droite) 木 ;

辨 : 刀 辛 辛, mais aussi 亠 辛 辨 ;

辮 : 糸 辛 (de gauche), 辛 (de droite), mais aussi 二 辛 辮 ;

龜 : ⺈ ⺈ 龟 (ou 龟 龟) 龜 龜 龜 龜 龜 龜 龜.

O) Si un caractère contient plusieurs fragments non contigus, on trace d'abord ceux du haut et ceux de gauche :

花 : ⺾ 亻 匕 ; 銅 : 金 同 ;

晶 : 日 (du haut), 日 (de gauche), 日 (de droite) ;

叕 : 又 (du haut à gauche), 又 (du haut à droite), 又 (du bas à gauche), 又 (du bas à droite).

151. — Il ne faut d'ailleurs pas oublier que les traits graphiques ne sont liés ni au son ni au sens. Ils sont une matière commune à tous les caractères, sans valeur propre, et qui prend une force expressive seulement quand elle est organisée pour réaliser certains types formels. Les traits graphiques indiqués plus haut dépendent des instruments actuels, c'est-à-dire du pinceau, de l'encre de Chine, du papier; auparavant avec d'autres instruments, on réalisait des types significatifs que les caractères modernes rappellent, mais c'était avec d'autres traits.

CHAPITRE II

CLASSIFICATION DES CARACTÈRES

Styles carré et cursif. — 152. — Les caractères en effet n'existent pas seulement sous les formes vues jusqu'ici et qui servent, du moins celles qui sont autorisées, dans les manuscrits et les imprimés soignés. Ce style d'écriture, dont l'origine remonte environ au IIe siècle a. C., est appelé *kyāi-šū* 楷書 « écriture modèle » ou écriture carrée. En joignant par des ligatures les traits du caractère carré, les esquissant au lieu de les tracer, on a obtenu des caractères plus ou moins cursifs, 行書 *hîn-šū* et 草書 *chào šū* que chacun trace avec une certaine liberté. Par la multiplicité des formes et par la simplification souvent extrême, ce dernier style est susceptible d'élégance et de variété, mais il est parfois très difficile à lire. Après avoir joui d'une grande vogue, aujourd'hui il sert principalement dans les préfaces, dans les lettres intimes, et se rencontre dans des reçus, dans des pièces commerciales; il n'est pas admis dans les documents officiels. Cette déformation de l'écriture correcte ne touche qu'indirectement à la langue, elle doit cependant être indiquée. Souvent le caractère cursif dérive de la forme abrégée du style carré et les traits sont tracés dans l'ordre primitif. Ces règles sont loin d'être absolues.

Styles sigillaire et des scribes. — 153. — Antérieurement aux caractères carrés, on peut reconnaître deux formes principales de l'écriture. Le « style des scribes » 隸書 *li-šū* a précédé de peu l'invention du pinceau moderne; les caractères s'écrivaient alors avec un morceau de bois effiloché du bout. Ce style remplaçait les anciens caractères 古文 *kù-wên*, tracés avec un stylet sur du bois; ces anciens caractères existant sous un grand nombre de formes sont appelés *čwán-šū* 篆書, expression que l'on traduit par « caractères sigillaires ». Les caractères des scribes et sigillaires sont employés aujourd'hui dans des préfaces ou dans des inscriptions, un peu comme nous nous servons de caractères gothiques.

Il n'est pas nécessaire de connaître les anciens styles d'écriture pour lire le chinois. Mais si l'on veut comprendre la structure des caractères carrés, il est indispensable de remonter aux caractères sigillaires, plus proches de l'origine et arbitrairement déformés dans l'écriture moderne. Exemples :

	Forme sigillaire	Forme des scribes	Forme carrée	Forme cursive
nêǹ « être capable »	能	能	能	能
ṡị « une affaire »	事	事	事	事
yẹù « il y a »	有	有	有	有
sò « une localité »	所	所	所	所
yì « employer »	㠯	㠯, 以	以	以
ṡán « être bon »	善	善	善	善

Six catégories de caractères. — 154. — Les philologues chinois ont reconnu que les caractères peuvent se répartir en deux classes, qu'ils ont nommées 文 *wên* ou « figures simples », 字 *cộ* ou « figures complexes ». Les figures simples se subdivisent en 像形 *syáǹ-hîǹ* « images » et 指事 *ċị-ṡị* « symboles » ; les complexes se subdivisent en 會意 *hwéi-yí* « complexes logiques » et 諧聲 *hyái-ṡēǹ* « complexes phoniques » ; enfin les caractères de l'une des quatre catégories précédentes peuvent être pris dans un « sens dérivé » 轉注 *ċwàn-ċú* ou « empruntés » 假借 *kyà-cyé* pour rendre un sens étranger. Telles sont les six catégories, *lyẹú-ṡū* 六書, quatre fondées sur le tracé des caractères, deux sur leur emploi.

Images. — 155. — 𠆢 人 *źên* « un homme » image des jambes; 又 又 *yẹú* « la main droite » ; 厶 厶 *sō* un cocon, d'où « renfermé en soi-même ». Ces exemples donnent une faible idée des déformations modernes.

Symboles. — 156. — 一 *yī* « l'unité », « la simplicité » ; 二 *ǫḷ* « deux », deux extrêmes ; 上 *śáṅ* « le haut » ; 丿 *phyē* action d'une force, direction, peut-être image simplifiée d'un bras.

Complexes logiques. — 157. — 古 *kù* « ancien » dix bouches, tradition de dix générations ; 分 *fẹn* diviser et couteau, d'où « partager », « séparer » ; 殳 *śú* la main droite, un mouvement rhythmique, d'où « fustiger ».

Complexes phoniques. — 158. — 頂 *tìṅ* « sommet de la tête », de 頁 *hyé* « tête » et de 丁 *tīṅ* ; 釘 *tīṅ* « clou », de 金 *kīn* « métal » et de *tīṅ* ; 訂 *tīṅ* « décider », de 言 *yên* « parler » et de *tīṅ* ; 亭 *thīṅ* « pavillon », de 高 *kāo* « élevé » et de *tīṅ* ; 芍 *śáo* « pivoine herbacée » de 艸 *chào* « herbe », et de 勺 *śáo* ; 酌 *cāo* « verser », de 酉 *yẹù* « vin » et de *śáo* ; 釣 *tyáo* « pêcher à l'hameçon », de 金 *kīn* « métal » et de *śáo* ; 約 *yáo* « lier », de 糸 *mí* « fil » et de *śáo* ; 豹 *páo* « léopard », de 豸 *cị* « félin » et de *śáo* ; 的 *tí* « brillant », « cible », de 白 *pâi* « blanc » et de *śáo*. On voit que souvent l'élément phonétique (丁 *tīṅ*, 勺 *śáo*) ne donne pas plus qu'une approximation du son.

Sens dérivés. — 159. — 從 *chōṅ* « suivre », sens dérivé « depuis », « à partir de » ; 北 *pēi* « se tourner le dos », sens dérivé « le nord » ; 兄 *hwáṅ* parler avec autorité, sens dérivés : *khwáṅ* écrit d'habitude 況 « bien plus », *hyōṅ* « frère aîné ».

Emprunts. — 160. — 所 *sò* bruit des coups de hache, employé pour le mot *sò* « localité », d'où par dérivation « ce qui » ; 衰 *swō* « habits de paille », employé pour *śwāī* « décadence », « décrépitude » ; 兌 *ywé* « parler », « réjouir », employé pour *twéi* « échanger », « livrer » ; 說 *śwẹ* « dire », employé pour 悅 *ywé* « réjouir ».

CHAPITRE III

ANALYSE DES CARACTÈRES

Éléments primitifs des caractères. — 161. — Connaissant les modes généraux d'expression des caractères, il y a lieu d'analyser de plus près leur nature. Ici comme dans les derniers §§ qui précèdent, ce sont les figures de l'écriture antique qui sont visées, puisque seules elles révèlent les images et les composés primitifs; comme il a été dit, les signes modernes sortent des figures anciennes par l'effet de diverses déformations. Les commodités typographiques n'ayant permis d'employer le *čwán-šū* qu'exceptionnellement, on doit toujours près du caractère moderne supposer le caractère ancien (voir chap. V).

Tout caractère ou est un élément primitif 建首 *kyén-šęü*, ou se compose d'éléments primitifs. Les éléments primitifs sont des figures irréductibles douées d'une unité logique et phonique; par cette double unité ils ressemblent aux caractères définis plus haut (§ 130 et sq.); mais étant irréductibles ils se distinguent des caractères composés qui sont les plus nombreux. Un élément primitif est formellement toujours, et parfois graphiquement, irréductible (§ 151) : 乙 *yī* symbole de la germination, figure du germe qui va sortir de terre, est irréductible et formellement et graphiquement; 木 *mú* « arbre » est formellement irréductible, puisque c'est l'image de l'arbre; graphiquement cet élément primitif est formé de quatre traits, mais ces traits n'ont de valeur que par leur disposition et, séparés, n'ont plus de rapport avec le son ni avec le sens du signe.

Si l'on fait le compte des formes primordiales, on trouve un nombre de peu supérieur à deux cents Mais les éléments primitifs sont susceptibles de prendre un sens nouveau par une déformation partielle, par un changement d'orientation, par suppression ou adjonction de traits, sans que les traits ajoutés aient l'unité logique et phonique, la valeur précise qui en feraient des éléments primitifs distincts. Ces éléments modifiés se montent à plus de cent cinquante. On ne saurait d'ailleurs arriver à un chiffre exact, certains primitifs voisins pouvant être comptés ensemble, certains éléments modifiés pouvant être tenus pour des complexes. Ces divergences sont encore accentuées par la diversité des formes d'un même élément, par la ressemblance occasionnelle d'éléments différents. Les images mêmes sont fortement schématisées, difficiles à rapprocher des originaux ; à plus forte raison, les éléments symboles et les éléments modifiés.

Éléments images, éléments symboles. — 162. — La plupart des primitifs rentrent dans la catégorie des images (§ 155), une vingtaine sont des symboles (§ 156). Parmi les premiers sont des noms d'animaux, de plantes, d'ustensiles, de parties du corps : 牛 *nyêû* « bœuf », 木 *mú* « arbre », 几 *kì* « banc », 心 *sīn* « cœur ». Beaucoup d'images ont perdu leur valeur directe, ne gardant qu'un sens dérivé (§ 159) : 飛 *fēi* une grue qui vole = « voler » ; 入 *žú* la tige et les racines = « pénétrer », « entrer ». Des images ont été empruntées pour rendre d'autres mots (§ 160) : 不 *pú* un oiseau qui monte vers le ciel pour la négation « ne ... pas » ; 予 *yù*, *yû* la paume de deux mains, sens dérivé « donner », emprunté pour « je ». Au nombre des éléments symboliques, on trouve : 一 *yī* « unité », « simplicité », « totalité », et aussi ce qui couvre, ou ce qui supporte ; 八 *pā* séparation, d'où « huit », nombre essentiellement divisible.

Éléments modifiés. — 163. — 上 *šáṅ* « en haut » devient 下 *hyá* « en bas » ; [illegible] 四 *sọ́* « quatre » produit [illegible] 六 *lyẹú* « six », c'est-à-dire un autre nombre pair, divisible, le point est un signe marquant qu'il s'agit d'un autre nombre. Le même caractère donne encore 匹 *phì* « une unité dépareillée », « moitié d'un tout ».

164. — Les diverses représentations de l'homme et de la main forment deux séries intéressantes : [illegible] 人 *žên* « l'homme » indiqué par les jambes, l'être qui se tient debout ; [illegible] 匕 *pì* un homme retourné, « se retourner », et simplement « homme » dans beaucoup de complexes; 匕 匕 *hwá* un homme renversé, mourir, « transformer »; 儿 儿 *žên* les deux jambes, « l'homme », indique aussi un support; 尸 尸 *žên* un homme qui se penche; 尸 尸 *šī* un homme assis, « le représentant de l'ancêtre » à qui on offre les sacrifices; 勹 勹 *pāo* un homme qui embrasse un objet; 久 久 *kyeù* un homme entravé, d'où « lenteur », « longtemps »; 夂 夂 *čī* suivre un homme qui marche, « atteindre »; 夊 夊 *swēi* image analogue, « marcher lentement »; 牛 丰 *khwá* un homme qui saute un obstacle, « enjamber », « franchir ».

165. — 又 又 *yeú* « la main droite », sens d'emprunt « de plus »; 尹 尹 *yìn* une main qui exerce l'autorité, « un magistrat »; le trait additionnel est-il un sceptre, est-il 丿 agir? a-t-on affaire à un complexe ou à un primitif modifié? 父 父 *fú* une main avec un sceptre, « chef de famille », « père »; 反 反 *fàn* retourner la main, « retourner »; 丑 丑 *cheù* une main liée, par emprunt caractère cyclique; 寸 寸 *chwén* « un pouce » (1/10 de pied), mesure tirée de la main droite; 叉 叉 *čhā* les mains entrelacées, la ligne indique l'insertion de l'autre main; 叉 叉 *čào* main ou patte armée de pointes, « griffes »; 𠂇 𠂇 *cò* « la main gauche »; 爪 爪 *čào* la main droite appuyée, « patte », « griffe »; 手 手 *šeù* « la main » complète avec les cinq doigts.

Complexes logiques. — **166.** — Les éléments primitifs ou modifiés se réunissent en complexes où ils conservent à peu près leur figure; la prononciation du nouveau caractère n'a aucun lien nécessaire avec celle des composants; le sens résulte plus ou moins directement du sens de ceux-ci : de là le nom de complexes logiques, l'expression chinoise 會意 *hwéi-yí* (§ 154) signifie « sens réunis » : 信 homme et parole = *sín* « sincérité », « croyance »; 化 homme et transformer = *hwá* « instruire », « civiliser »; 𠈌 从 deux hommes marchant l'un derrière l'autre = *chôn* « suivre »; 𠤎 比 deux hommes intervertis = *pí* « s'associer », *pì* « comparer »; 𠈌 众 trois hommes = *čón* « rassemblement ». Ces complexes logiques peuvent à leur tour être modifiés de diverses manières : 司 *sọ̄* est 后 *hẹú* renversé, sens : « les fonctionnaires » qui sont comme l'empreinte du « prince »; 世 世 *sį́* « une génération humaine » est 卅 卅 *sā* « trente » dont un trait est allongé pour indiquer la durée.

167. — Série formée de 厶 厶 *sọ̄* « cocon » : 幺 *yāo*, 厶 doublé, fil ténu tiré de deux cocons, « faible »; 𢆶 *yẹū*, 幺 doublé, « très faible », « invisible »; 㡭 quatre fils interrompus par les lignes courbes = *cywê* « discontinu »; ces lignes n'ont pas de valeur propre, elles modifient le complexe. Ce caractère interverti devient : 𢇍 㡭 *kí* « continu », le contraire de *cywê*.

168. — 天 les hommes et ce qui les domine = *thyēn* « le ciel »; 立, 大 les hommes sur le sol = *lí* « être debout »; 一 a souvent en composition ce sens de base ou de couvercle, bien que seul il ne l'ait pas; 閂 *śwān* « fermer une porte avec une barre », le trait prend sa valeur par sa position dans « porte » 門 *mện*. On peut aussi tenir ces trois caractères pour de vrais complexes.

169. — Les éléments symboliques forment également des complexes par multiplication ou par association avec d'autres éléments : 二 *ọ́l* « deux », formé de 一 *yī* répété, sert en composition à indiquer deux termes, deux extrêmes; 三 *sān* « trois » est le triple de 一 *yī*, il symbolise les trois pouvoirs, le ciel, la terre et l'homme dans 王 *wâń* « roi », « souverain », celui qui relie ces trois pouvoirs; le trait 丨 représente le rapport. 匸 *hì* formé de 乚 *yìn* « cacher » et de 一 « couvrir », veut dire « contenir », « un coffre ».

170. — On a déjà vu que les éléments composants ne sont pas limités au nombre de deux. Autres exemples : 舍 *šę* ; assemblage 亼 de murs formant une enceinte 口 et de chaume 屮 = *šę* « cabane » ; 直 : dix 十 yeux 目 ont regardé et n'ont pas vu de courbure L = *čį* « droit » ; 亟 *kí* « activité », formé de 人 « homme » agissant de sa bouche 口 et de sa main 又 entre le ciel et la terre 二.

Complexes phoniques. — 171. — Fréquemment l'un des éléments ne concourt pas au sens, mais donne le son approché. Voir des exemples au § 158; dans les deux suivants, les éléments sont plus nombreux : 梁 *lyâṅ* « une poutre », un arbre 木 jeté sur l'eau 氵, 刅 donne le son; 鴻 *hôṅ* « un cygne », un oiseau 鳥 aquatique 氵, 工 est phonétique.

Les éléments sont employés soit comme radicaux, soit comme phonétiques. — 172. — Les mêmes éléments jouent suivant les cas le rôle de radical concourant au sens ou de phonétique indiquant le son ; la distinction entre radicaux et phonétiques porte non pas sur la nature, mais sur l'emploi des signes : 八 *pă* « huit », « division », est phonétique dans 趴 *phā* « ramper » et radical dans 分 *fęn* « diviser » ; 工 *kōṅ* « travail », « artisan » est phonétique dans 江 *kyāṅ* « fleuve » et radical dans 式 *šį* « règle », « imiter ». Souvent le même élément est à la fois radical et phonétique : 冰 *pīṅ* « glace », composé de 水 *šwèi* « eau » et de *pīṅ* 冫 « geler » (radical et phonétique); 仁 *žên* « vertu de charité », « vertu sociale », formé de 二 *ǫl* « deux » et de 人 *žên* « homme » (radical et phonétique).

Complexes pris comme éléments. — 173. — Les complexes logiques et phoniques jouent souvent le rôle d'éléments. 系 *hí* dévider, d'où fil, « succession », « dépendre », est un complexe logique formé du symbole de l'action 丿 et de deux cocons 糸 avec le fil. Ce complexe forme les complexes logiques suivants : 係 *hi* « lien », « suite », « dépendre »; le complexe 系 donne ici le son et le sens, sans qu'on en considère les parties constituantes. 緜 *myên* « fibres », « ouate », 系 vaut encore comme total, l'élément 帛 *pó* ou *pái* « étoffe blanche en soie » est aussi un complexe. 孫 *swẹn* « petit-fils », « postérité », c'est-à-dire la succession des descendants 子. 縣 *hywẹn* « suspendre », 系 a la même valeur que plus haut, 県 représente l'objet suspendu. 繇 *yẹú* « suite », « conséquence », 系 donne le sens, 䍃 est phonétique. Dans toute cette série, 系 joue le rôle de radical et reste fidèle à son sens primitif; pour les composés de 孫 et de 縣, voir § 181. — Dans les exemples suivants 各 *kó* « chacun », de 夂 *cị* et 口 *khẹù*, c'est-à-dire aller sans écouter les paroles, « aller à part », est pris tantôt comme phonétique tantôt comme radical. 各 *kó* est phonétique dans le complexe 路 *lú* « chemin »; le second élément, 足 *cú* « pied », est lui-même formé de *cị* 止 pied et de 口 qui symbolise le repos; c'est donc un complexe, ou au moins un élément modifié. Toutefois dans 路, les deux parties jouent le rôle d'élément; le son *lú* est donné par 各 à divers autres caractères et il ne dépend d'aucune des parties de 各; l'idée de la marche a rapport au pied 足 et non pas à 止 qui a pris le sens de « s'arrêter » ni à 口 qui signifie « un enclos » : 足 et 各 sont indécomposables dans le cas présent. 路 *lú* sert lui-même de phonétique, ainsi dans 露 *lú* « rosée ». 各 *kó* est radical dans 咎 *kyẹú* « offense », le second élément est 人 *žên* « homme » : l'idée est celle d'un homme qui ne connaît que son intérêt particulier, 各 « chacun », « séparément »; le complexe

咎 *kyẹú* est à son tour phonétique dans 晷 *kwèi* « cadran solaire ».

Variations dans la formation des complexes : éléments semblables ou analogues formant des caractères différents. — 174. — Si dans un complexe logique un élément est remplacé par un autre de valeur analogue, on peut avoir un caractère différent, un synonyme ou une simple variante du premier caractère. Pour 卅 卌 et 丗 世 formés de 十 triplé, voir § 166. 囚 *chyẹû* un homme dans un enclos, « emprisonner » ; 因 *yīn* un homme enfermé (autre forme), signifie « cause », « motif », « argument ». 仁 *žên* « la vertu sociale qui régit les rapports de deux hommes » ; 𡰥 ce caractère où 亻 est remplacé par l'autre forme 尸, est synonyme du premier, on le tient pour une variante, mais il se prononçait jadis *yî*. Ainsi des composés analogues prenant des valeurs différentes enrichissent la langue. Voici quelques exemples où les diverses formes sont regardées comme simples variantes : 鑛, 礦 *kòn* « une mine », radical « métal » et radical « pierre » avec une même phonétique ; 訫, 㐰, 信 *sín* « bonne foi », « croyance » : la première forme peut s'expliquer paroles venant du cœur, la seconde, bouche d'un homme, la troisième, langage d'un homme ; 僊, 仙 *syēn* « un immortel taoïste » soit l'homme qui s'est élevé, soit l'homme qui vit dans les montagnes.

Il ne faut jamais oublier que l'analyse étymologique ne peut être faite sur les caractères modernes. Exemples : 胄 *čẹú* « postérité », formé de 肉 *žẹú* « chair », et de 由 *yẹû* « origine » qui est radical et phonétique ; distinct de 冑 *čẹú* « casque », formé de 冃 *mào* « coiffure » et de 由 *yẹû* phonétique. — 苟 *kẹù* « herbes », sens emprunté « si » (conditionnel), est formé de 艸 *chào* « herbes » et de 句 *kẹū* phonétique ; distinct de 茍 *kí* « respecter », complexe logique des trois éléments 勹 « contenir », 口 « la bouche » et 𦍌 « être comme un agneau ».

175. — Dans les composés phoniques, la substitution d'une phonétique homophone est très fréquente; souvent les deux composés, même exactement homophones, ont des sens différents, ce qui enrichit le vocabulaire écrit : 仕 *sị* « servir », « un fonctionnaire », 使 *sị* « un envoyé », 侍 *sị* « assister », « servir »; 扶 *fû* « soutenir », 拊 *fû* « caresser », 撫 *fû* « caresser », « calmer », « pacifier ». Dans d'autres cas, les caractères différents ne sont que des variantes d'écriture : 妊, 姙 *žên* « femme enceinte »; 鉤, [illegible] *kęū* « crochet ».

176. — On profite aussi de la disposition pour distinguer divers caractères formés des mêmes éléments : 古 *kù*, 十 « dix » 口 « bouches », signifie « ancien »; 叶 *hyê* composé de même, veut dire « accord ». 隶 隶 *tái*, ⺕ « main » et 氺 « queue » = « atteindre », « saisir »; [illegible] 求 *khyęû* formé de même = tenir et présenter une victime, « prier », « implorer ». 褁 *kwò*, 衣 « vêtement » et 果 *kwò* phonétique = « bander », « envelopper »; 裸 *lwò*, même composition = « nu ». 杳 *yào* le soleil plus bas que les arbres = « obscurité »; 東 *tōn* le soleil vu à travers les arbres = « le matin », « le levant »; 杲 *kào* le soleil au-dessus des arbres = « lumière ». Le caractère suivant n'appartient qu'en apparence à cette série : 果 *kwò* « fruit d'un arbre »; l'élément 日 représente ici non le soleil, mais le fruit. La différence de disposition peut ne pas influer sur le caractère : 仙, 仚 *syēn* « un immortel »; 和, 咊 *hwô* « concorde ».

Éléments différents formant des caractères homophones et synonymes. — **177.** — Exemples : [illegible], 僊, 仚 : voir §§ 174 et 176. Les scribes ont souvent ajouté à un caractère existant un élément pour noter mieux soit le sens soit le son : [illegible] transformé en 夂 *cōn* signifie « bout », « terme »; à un complexe 冬 *tōn*, on a ajouté 糸 *mì* « fil » et l'on a attribué au complexe 終 le son *čōṅ* et le sens de « terme ». 教 *kyáo*, formé du complexe 攴 *phū* « frapper » et du complexe 孝 *hyáo* « enseigner », remplace ce dernier; dans une autre forme, 言 *yên* « parler » tient la place de 攴, soit 𧦝, 憂 *yeū* « marcher ensemble » (radical 夂) est pris pour 㥑 *yeū* « tristesse », l'autre élément du complexe : ici le radical ajouté n'est pas pléonastique, mais inutile au sens.

178. — Dans les exemples suivants la figure ajoutée a le rôle de phonétique : 処, 處 *čhù* « demeurer », « établir », *čhú* « un endroit » : 虎 *hù* phonétique dans la seconde forme; 帰, 歸 *kwēi* « arriver », « revenir », 自 *twēi* phonétique ajoutée; 糴, 糶 *tī* « acheter du grain », 翟 *tī* phonétique ajoutée.

179. — Enfin des éléments totalement différents sont en diverses combinaisons employés à écrire le même mot : 叒 trois mains droites, 若, soit 右 la main droite et 艹 des herbes, les deux formes signifient « cueillir » *žó*, aujourd'hui « si » conditionnel. 給, soit 合 « réunir » et 三 « trois », 會, soit 亼 « agencer » et 曾 « ajouter », les deux formes = « réunir » *hwéi*. 金, soit 亼 « adapter » et 正 « rectitude », 法, soit 氵 aplanir comme « l'eau », en 去 « extirpant » les vices, les deux formes = *fà* « loi », « règle ». 𢇍, soit 𠃊 discontinu, 𢆶 les fils, 絶, soit 刀 (刀) « couper » 糸 « le fil » en 巴 (卩) « tronçons », les deux formes = *cywê* « interrompre », « cesser », « discontinu ». 𪚑 image, 龍 complexe formé de 飛 (飛) *fēi* « voler » ou image du « dragon », 月 (肉) *žeú* « corps », 立 (童) phonétique = *lōṅ* « dragon » : ici un complexe a été substitué à une image.

Dans les exemples suivants un complexe phonique a remplacé un caractère d'une autre catégorie : 鱻 trois poissons; 鮮, soit 魚

« poisson » et 羊 pour 羴 *šān* phonétique; l'un et l'autre = *syēn* « poisson frais », « frais »; d'après une autre explication, 鮮 serait un complexe logique. [illegible] « pays sens dessus dessous », 誖 de 言 *yên* « parole » et 孛 *pêi, pó* phonétique, les deux formes = *pêi, pó* « anarchie », « désordre ».

Voici enfin deux cas où un complexe phonique remplace un autre complexe phonique : 朝, 𠦝 lever du jour et 月 (舟) *çẹū* phonétique (ou complexe logique); 晁 soit 日 « le soleil » et 兆 *čáo* phonétique; tous deux = *čāo* « le matin ». 旌, 㫃 « guidon » et 生 *šēn* phonétique; [illegible], soit 羽 « pennon » et 青 *chīn* phonétique; tous deux = *cīn* « guidon », « drapeau ».

Simplification des éléments entrant dans un complexe. — 180. — En composition les figures se réduisent parfois de manière à devenir méconnaissables; de telles simplifications existant déjà dans les formes sigillaires, sont plus fréquentes et plus considérables dans l'écriture moderne : 𣞤 *wû* absence d'arbres, d'où « manque », « il n'y a pas »; ce caractère a disparu de la langue, remplacé dans le sens de « il n'y a pas », « privé de » par 橆 *wû* « forêt de grands arbres »; en d'autres termes le radical 亾 « disparition » est tombé. — 高 *kāo* « élevé » représente un pavillon sur une substruction, la partie inférieure disparaît fréquemment : 亭 *thîn* « un pavillon », de 高 et 丁 *tīn* phonétique; 京 *kīn* « tertre », « colline », de 亰 pour 高 et de 丨 qui symbolise l'élévation; 臺 *thâi* « une terrasse », 士 marque le sommet, 至 indique que l'on arrive au point culminant, de 高 il reste 冋.

La même réduction s'applique aux figures qui servent de phonétiques : 覺 *kyáo* « percevoir », « sentir », le radical 見 *kyén* « percevoir » a remplacé 子 de la phonétique 學; 配 *phéi* « assortir », primitivement « couleur du vin », 酉 à la place de la moitié de la phonétique 妃 *fēi*.

Confusion de sons dans les phonétiques. — 181. — Par suite de ces réductions, par l'emploi d'un caractère modifié au lieu de l'élément simple, ou vice versa, les complexes phoniques de certaines séries apparaissent affectés de sons très irréguliers : 囟 *sín* « le crâne chevelu » forme le complexe logique 匘 *nào* « le cerveau » (匕 symétrie), d'où 腦 *nào* « le cerveau », 瑙 *nào* « cornaline », etc.

蠆 *chái* « scorpion » a formé par modification 萬 *wán* jadis scorpion, aujourd'hui « dix mille »; ce dernier caractère donne à plusieurs composés un son approchant de *chái* : 邁 *mái* « avancer », 厲 *lí* « cruel », « sévère ». L'élément 禺 *yû* « singe » n'a rien de commun avec 萬; il forme une série 隅 *yû* « angle », « coin », 遇 *yú* « rencontrer », 寓 *yû* « habiter », 愚 *yû* « sot », 偶 *ṅeù* « paire », « image », « soudain », 藕 *ṅeù* « racine de lotus », 顒 *yôṅ* « tenue », « air digne ».

緜 *myên* « ouate » (§ 173) perd 系 dans les composés 綿 *myên* « coton », 棉 *myên* « cotonnier », où il est phonétique; noter que 帛 se lit *pó* ou *pái*. 孫 *swēn* « petit-fils (§ 173) perd 子 comme phonétique de 鯀 *kwèn* « grand poisson », tandis que 系 est prononcé *hí*.

乃 *nài* « ce », « être » forme quelques complexes phoniques 鼐 *nài* « encensoir », 奶 *nài* « mamelle »; le même caractère a été pris pour 迺 *żēṅ* « cri d'un oiseau », d'où 仍 *żēṅ* « comme auparavant », 扔 *żēṅ* « jeter », « lancer ».

幵 *khyēn* « en équilibre » forme 研 *yên* « broyer » (phonique); 幷 *píṅ* « ensemble », complexe logique de *khyēn*, forme le complexe phonique 形 *hìǹ* « forme », « figure »; enfin 刑 *hìǹ* « supplice » a pour compos. nt phonique 井 *cìǹ* « puits ».

甜 *thyên* « doux », « sucré », complexe logique, forme une série phonique en perdant 甘 : 舔 *thyèn* « lécher », etc.; 昏 *kwó* « fermer la bouche », complexe phonique (phonétique 氒), est souvent écrit 舌 et forme la série phonique : 括 *khwó* « contenir », 颳 *kwā* « venter violemment », 話 *hwá* « parole », 活 *hwó* « vivre », etc.

亯, 享 *hyàǹ* « offrir », « jouir », 亨 *hêǹ* « influencer » forment le complexe logique 享 ancienne forme 䇏 *ćhwẹ̀n* « agneau gras », d'où 醇 *ćhwẹ̀n* « vin pur », 鶉 *ćwẹ̀n* « caille », etc. La même figure 享 est la réduction moderne du caractère *kwō* 𩫏 « rempart », d'où 郭 *kwō* « rempart », 椁 *kwò* « cercueil ». Mais 享 est radical dans 孰 *śú* « qui? » sens primitif « saisir » 丮 et « présenter un agneau » 享, 䕴, d'où « cuire », aujourd'hui 熟 *śẹ́ú* « cuire », avec le radical .... « feu » ajouté.

台 *yî* « parler » sert d'abréviation pour 臺 *thâi* « terrasse »; de là deux ou trois séries de complexes : 貽 *yî* « léguer », 冶 *yè* « fondre du métal », « couler », 始 *śị* « commencer », 治 *ćị* « gouverner »; 抬 *thâi* « porter », 胎 *thāi* « fœtus », 怠 *tái* « paresse », « indolence »; 擡 *thâi* « porter »; 檯 *thâi* « estrade ».

去 *khyụ́* « aller », « s'en aller », « passer » forme des complexes phoniques réguliers : 袪 *khyū* « une manche », etc.; il est radical dans 劫 *kyê* « ravir », « violence » et dans 法 *fà, fâ* « loi », « règle »; de là 怯 *khyé* « timide », « lâche », 琺 *fá* « émail ». Dans 却, 脚 去 est une abréviation pour 谷 *khyáo*.

CHAPITRE IV

LES SÉRIES PHONIQUES

Variation du son dans les séries phoniques régulières. — 182. — En dehors même de cas semblables aux précédents, les phonétiques sont loin de noter toujours le son exact des caractères où elles figurent. Le tableau de quelques séries importantes montrera des cas où la prononciation est régulière, d'autres comportant des variations pour la finale, pour l'initiale ou pour la totalité de la syllabe.

Séries uniformes. — 183. — A) 口 *khẹù* « bouche », « ouverture » : 釦 *khẹù* « bête de trait », 扣 *khẹú* « frapper », 叩 *khẹú* « frapper à petits coups », 釦 *khẹú* « boutonner ».

B) 耳 *ọl* « oreille » : 珥 *ọl* « pendants d'oreille », composé phonique et logique, 餌 *ọl* « amorce », « appat » ; autres composés à des tons différents ; 耳 est radical dans 聞 *wên* « écouter », 恥 *chị* « rougir », 取 *chyụ* « saisir ».

C) 土 *thù* « terre » : 辻 ou 徒 *thû* « aller à pied », 吐 *thù* « cracher », 杜 *tú* « poirier sauvage », 肚 *tù* « ventre » ; radical dans 社 *sẹ́* « divinités de la terre », 塵 *chên* « poussière ». La série C montre pour une même phonétique l'aspiration paraissant et disparaissant ; les deux premières A, B, sont encore plus régulières ; même alors il n'y a pas de régularité pour le ton ; je ne pense pas qu'aucune série offre un ton uniforme.

Séries à initiales variables : *k*, *kh*, etc. — 184. — A) 干 *kān* « bouclier », « offenser » : 杆 *kān* « tige », « perche », 趕, 赶 *kàn* « poursuivre », 刊 *khān* « couper », 岸 *ṅán* « berge », 鼾 *hān*

« ronfler », 罕 *hàn* « rare », 旱 *hán* « sécheresse », 軒 *hyēn* « char », 奸 *kyēn* « fourbe » (abrégé pour 姦). Alternance des initiales : *k*, *kh*, *ṅ*, *h*, *ky*, *hy*.

B) 咸 *hyên* « tous » : 鹹 *hyên* « salé », 減 *kyèn* « diminuer », 喊 *hàn* « crier », 感 *kàn* « émotion », 鍼, 箴 *cēn* « aiguille ». Alternance des initiales : *k*, *h*, *ky*, *hy*, *c*.

C) 僉 *chyēn* « tous ensemble » : 簽 *chyēn* « une fiche », 儉 *kyèn* « économie », 險 *hyèn* « précipice », 驗 *yén* « examiner », 臉 *lyèn* « visage », 殮 *lyén* « mise en bière ». Alternance des initiales : *ky*, *hy*, *chy*, *y*, *ly*.

D) 監 *kyēn* « surveiller » : 鑑 *kyén* « miroir », 鹽 *yên* « du sel », 藍 *lân* « bleu », 覽 *làn* « considérer ». Alternance des initiales : *ky*. *y*, *l*.

E) 完 *wân* « finir », « complet », « payer » : 莞 *kwān* « jonc », 浣 *hwàn* « laver », 院 *ywén* « une cour ». Alternance des initiales : *kw*, *hw*, *yw*, *w*.

F) 勻 *yụn* « égal », « uniforme » : 韵 *yún* « ton », « rime », 均 *kyūn* « impartial », 旬 *syụn* « décade » (phonétique réduite). Alternance des initiales : *ky*, *sy*, *y*.

Séries à initiales variables : *t*, *th*, *c*, *ch*, **etc. — 185. —** A) 尙 *śán* « estimer », « ajouter » : 賞 *śàn* « récompenser », 裳 *śān* « vêtements inférieurs », 當 *tān* « falloir », 黨 *tán* « village », 堂 *thân* « grande salle », 躺 *thàn* « étendu », « couché », 輌 *thán* « un tour », « une fois », 掌 *càn* « paume de la main », 常 *chấn* « habituel ». Alternance des initiales : *t*, *th*, *c*, *ch*, *ś*.

B) 占 *cạn* « divination » : 站 *cạn* « se tenir debout », « s'arrêter », 毡 *cạn* « du feutre », 覘 *chạn* « épier », 点 *tyèn* « allumer », 店

tyén « auberge », 帖 *thyē* « billet », « carte », 拈 *nyên* « tenir avec les doigts ». Alternance des initiales : *ty*, *thy*, *ny*, *ĉ*, *ĉh*. Dans 乩 *ki* « divination par le sable », 占 est radical.

C) 兌 *ywé* « bonnes paroles », *twéi* « échanger » : 悅 *ywé* « plaisir », 駾 *twéi* « galoper », 脫 *thwō* « dépouiller », 棁 *ĉwẹ* « colonnette », 說 *ṡwẹ* « dire », 稅 *ṡwéi* « taxe », 銳 *żwéi* « une pointe ». Alternance des initiales : *tw*, *thw*, *ĉw*, *ṡw*, *żw*, *yw*.

D) 暵 *hán* « desséché par le soleil », réduit à 英 : 漢 *hán* « un Chinois », 歎, 嘆 *thán* « soupirer », 難 *nân* « difficile », 艱 *kyēn* « difficulté », « peine ». Alternance des initiales : *h*, *ky*, *th*, *n*.

E) 豊 *lì* « vase rituel » : 禮 *lì* « rites », « cérémonies », 體 *thì* « corps », « substance ». Alternance des initiales : *th*, *l*.

Séries à initiales variables : *c*, *ch*, *ĉ*, *ĉh*, etc. — **186**. — A) 且 *chyè* « de plus » : 姐 *cyè* « sœur aînée », 祖 *cù* « ancêtres », 租 *cū* « fermage », 粗 *chū* « grossier », 疽 *cyụ̄* « furoncle », 蛆 *chyụ̄* « vers de viande », 助 *ĉú* « aider », 查 (査) *ĉhâ* « examiner ». Alternance des initiales : *c*, *ch*, *cy*, *chy*, *ĉ*, *ĉh*.

B) 生 *ṡēṅ* « produire », « vivre », « cru », « brut » : 牲 *ṡēṅ* « animaux domestiques », 星 *sīṅ* « les étoiles », 性 *síṅ* « le naturel », « les qualités innées », 旌 *cīṅ* « un guidon ». Alternance des initiales : *c*, *s*, *ṡ*. 生 est radical dans 甦 *sū* « revenir à soi », 產 *ĉhàn* « produire », etc.

C) 予 *yụ̂* « moi » : 預 *yụ́* « d'avance », « préparer », 杼 *ĉú* « navette », 舒 *ṡū* « paix », « santé », 序 *syụ́* « école », « ordre », 野 *yè* « inculte », « sauvage ». Alternance des initiales : *ĉ*, *sy*, *ṡ*, *y*.

D) 向 *hyáṅ* « lucarne », « dirigé vers » : 餉 *hyàṅ* « vivres », « solde », 晌 *ṡàṅ* « le jour », 尙 *ṡáṅ* « estimer ». Alternance des initiales : *ṡ*, *hy*.

E) 牙 *yá* « dents » : 鴉 *yā* « corbeau », 芽 *yá* « bourgeon », 谺 *hyā* « gorge », « ravin », 邪 *syê* « pervers ». Alternance des initiales : *sy*, *hy*, *y*. 牙 est radical dans 穿 *čhwān* « revêtir ».

F) 埶 *yi* « cultiver », « métier » : 藝 *yi* « métier », « art », « règle », 熱 *żẹ* « chaud », 勢 *śị* « le pouvoir de », « les circonstances ». Alternance des initiales : *ś*, *ż*, *y*.

Séries à initiales variables : *p*, *ph*, *f*, etc. — 187. — A) 分 *fẹn* « séparer », « diviser » : 芬 *fẹn* « parfumé », 忿 *fẹn* « colère », 粉 *fẹn* « farine », « poudre », 扮 *pán* « costumer », 頒 *pān* « répandre », « propager », 盆 *phện* « cuvette », 盼 *phán* « désirer », « espérer », 邠 *pīn* « district du Chận-si, 貧 *phîn* « pauvre », 釁 *hín* « dispute ». Alternance des initiales : *p*, *ph*, *f*, *h*. 分 radical dans 岔 *čhá* « bifurcation », 寡 *kwà* « seul », « veuve », « un peu ».

B) 𠂢 *phái* « ramifications » : 派 *phái* « branche de rivière », 脈 *mái* « pouls », « vaisseaux ». Alternance des initiales : *ph*, *m*.

C) 稟 *lìn* « grenier », « solde » : 檩 *lìn* « poutrelle », 稟 *pìn* « informer un supérieur ». Alternance des initiales : *p*, *l*.

Séries à initiales variables : *ǹ*, *h*, *y*, etc. — 188. — A) 因 *yīn* « s'appuyer sur », « cause » : 姻 *yīn* « mariage », 烟 *yēn* « fumée », 恩 *ǹēn* « bienfait ». Alternance des initiales : *ǹ*, *y*.

B) 化 *hwá* « transformer » : 花 *hwā* « fleur », 貨 *hwó* « marchandises », 靴 *hywē* « bottes », 訛 *ǹô*, *wô* « tromper », 囮 *yộu*, *wô* « instruire », « séduire ». Alternance des initiales : *ǹ*, *hw*, *hyw*, *y*, *w*.

Séries à initiales variables : *n*, *ż*, etc. — 189. — A) 堯 *yâo* « éminent » : 嶢 *yâo* « haut », 繞 *żào* « enrouler », 饒 *żâo* « abondance », 燒 *śāo* « brûler », 撓 *nâo* « gratter », 曉 *hyào* « comprendre », 澆 *kyāo* « arroser », 蹺 *khyāo* « se dresser ». Alternance des initiales : *ky*, *khy*, *hy*, *y*, *n*, *ś*, *ż*.

B) 然 *žân* « ainsi », « oui » : 燃 *žân* « allumer », 撚 *nyèn* « tordre », « modeler ». Alternance des initiales : *ny*, *ž*.

Séries à initiales variables : *m*, *w*, etc. — **190.** — A) 亡 *wân* « être absent », « mourir » : 忘 *wân* « oublier », 妄 *wân* « désordre », 忙 *mân* « presse », « hâte ». Alternance des initiales : *m*, *w*.

B) 毎 *mèi* « souvent », « chacun » : 梅 *mêi* « prunier », 悔 *hwèi* « repentir », 晦 *hwèi* « obscurité », 海 *hài* « la mer », 敏 *mìn* « appliqué », « esprit pénétrant ». Alternance des initiales : *m*, *hw*, *h*. 毎 est radical dans 緐, 繁 *fán* « luxuriant », « abondant ».

C) 武 *wù* « guerrier » : 鵡 *wù* « perroquet », 賦 *fù* « taxe », « prose rhythmique ». Alternance des initiales : *w*, *f*.

D) 勿 *wú* « il ne faut pas » : 物 *wú* « un objet », « un être », 忽 *hū* « soudain », « négligence », 刎 *wèn* « couper le cou ». Alternance des initiales : *h*, *w*.

Séries à initiales variables : *l*, *m*, *n*, etc. — **191.** — A) 令 *lịn* « ordonner » : 零 *lìn* « fragments », « divers », 領 *lìn* « conduire », « col d'habit », 冷 *lèn* « froid », 命 *mìn* « ordre », « destinée ». Alternance des initiales : *l*, *m*.

B) 任 *žén* « charge », « office : 姙 *žên* « conception », « gravidité », 賃 *žén*, *lín*, *nín* « louer », « prendre en location ». Alternance des initiales : *n*, *ž*, *l*.

C) 爾 *ọl* « toi », « vous » : 邇 *ọl* « proche », 禰 *nì* « tablette des ancêtres », 嬭 *nài* « mamelle », 彌 *mî* « compléter », « beaucoup », 璽 *sì* « sceau impérial ». Alternance : *ọl* et initiales *n*, *m*, *s*.

Séries à initiales variables : *w*, *y*, etc. — **192.** — A) 吾 *wú* « moi » : 悟 *wú* « percevoir », « sentir », 語 *yù* « paroles », 衙 *yâ* « bureau », « tribunal ». Alternance des initiales : *w*, *y*.

B) 云 *yųn* « dire » : 雲 *yųn* « nuages », 侌 *yīn* « temps couvert », 魂 *hwẹn* « âme », « esprit ». Alternance des initiales : *hw*, *y*.

Séries à finales variables : ton rentrant. — 193. — Parmi les finales, il faut d'abord distinguer celles qui sont affectées du ton rentrant. La liste de toutes les syllabes au ton rentrant a été dressée au § 87; la première colonne donne les syllabes au ton rentrant, la quatrième donne les syllabes correspondantes aux quatre autres tons : on en déduira naturellement la variation spéciale des finales dans ces conditions.

D'autre part des phonétiques identiques, en assez petit nombre, apparaissent au ton rentrant avec des sons différents; elles forment des séries régulières, dont la régularité apparaîtrait plus grande encore avec les anciennes finales explosives.

ă, *ĕ*	夾 *kyă* « doubler »		恤 *syų̆* « compassion »
	俠 *kyĕ* « brave »	*ĕ*, *ẹ̆*, *ŏ*	悅 *ywẹ̆* « plaisir »
ă, *ĭ*	立 *lĭ* « être debout »		說 *swẹ̆* « dire »
	拉 *lă* « tirer »		脫 *thwŏ* « dépouiller »
ă, *ŭ*, *ŏ*	拔 *pă* « extraire »	*ẹ̆*, *ĭ*	責 *cẹ̆* « réprimander »
	黻 *fŭ* « broderie »		積 *cĭ* « amasser »
	髮 *pŏ* « épaule »	*ẹ̆*, *ų̆*	或 *hwẹ̆* « peut-être »
ĭ, *ị̆*, *yĕ*	失 *sị̆* « perdre »		域 *yų̆* « territoire »
	佚 *yĭ* « repos »	*ĭ*, *ŭ*	叔 *sŭ* « frère cadet du père »
	迭 *tyĕ* « souvent »		寂 *cĭ* « le calme »
wĕ, *ŭ*	兀 *wŭ* « tabouret »	*ĭ*, *ŏ*	芍 *sŏ* « pivoine »
	軏 *ywĕ* « joug »		的 *tĭ* « cible »
wĕ, *ų̆*	血 *hywĕ* « du sang »		

Séries à finales variables : voyelles et diphthongues. — 194. — Dans les séries suivantes on trouvera un petit nombre d'éléments servant soit au ton rentrant soit aux autres tons; ces variations sont signalées par le ton rentrant qui affecte une seconde prononciation mise entre parenthèses.

a, e, ẹ, i, ị, o 多 *tō* « beaucoup »
奓 *ċā* « étendre »
爹 *tyē* « père »
移 *yí* « transporter »
侈 *ċhị* « prodigalité »
哆 *ċhẹ̀* « ouvrir la bouche »

a, e, u, ụ 且 *chyè* « de plus »
祖 *cù* « ancêtres »
咀 *cyụ́* « goûter »
查 *ċhâ* « examiner »

a, o, i 麻 *má* « chanvre »
磨 *mó* « aiguiser »
靡 *mi* « ne pas »

a, ai, ei 會 *hwéi* « assembler »
譮 *hwá* « parole »
澮 *kwái* « canaux »

a, ao 少 *ṡào* « peu »
沙 *ṡā* « sable »

ẹ, i, ị 藝 *yí* « art », « métier »
爇 *zẹ́* (*zẹ̆*) « chaud »
勢 *ṡị* « autorité »

ẹ, i, u 富 *fú* « richesse »
逼 *pí* (*pĭ*) « importuner »
福 *fû* (*fŭ*) « bonheur »
葍 *pẹ̄* (*pẹ̆*) « carotte »

i, ị, ei 支 *ċị* « branche »
技 *kí* « talent »
[illegible] *kwèi* « sacrifice aux montagnes »

i, ọ, ai 斯 *sọ̀* « ce », « ceci »
嘶 *sı* « hennir »
簛 *ṡāi* « tamis »

i, ụ 羽 *yụ̀* « ailes »
翌 *yị́* (*yĭ*) « le lendemain »

i, o, ei 皮 *phí* « peau »
被 *péi* « couverture »
破 *phó* « briser »

i, ao 繳 *kyào* « attacher »
檄 *kī* (*kĭ*) « missive »

u, ụ, ẹu 區 *khyụ̄* « localité »
樞 *ṡū*, *ċhū* « pivot »
漚 *ṅẹū* « macérer »

u, ao, ẹu 肅 *sú* (*sŭ*) « respect »

	繡 *syẹú* « broder »
	簫 *syāo* « flûte de Pan »
ụ, ao	奧 *ṅáo* « mystérieux »
	隩 *yụ́* (*yụ̆*) « un port »
o, ai	亥 *hái* caractère cyclique
	刻 *khó* (*khŏ*) « une division »
ei, ẹu	某 *mẹù* « un certain »
	煤 *mèi* « houille »

Séries à finales variables : nasales et voyelles. — 195.

aṅ, eṅ, iṅ	行 *hîṅ* « aller » *háṅ* « rangée »
	衡 *hêṅ* « balance »
aṅ, oṅ	工 *kōṅ* « travail »
	江 *kyāṅ* « fleuve »
eṅ, oṅ	冬 *tōṅ* « l'hiver »
	疼 *thêṅ* « souffrir »
iṅ, oṅ	塋 *yîṅ* « une tombe »
	榮 *yôṅ* « gloire »
an, en	辦 *pán* « traiter une affaire »
	辯 *pyén* « discuter »
an, ẹn, in	分 *fẹn* « diviser »
	貧 *phîn* « pauvreté »
	鳻 *pān* « ramier »
en, ẹn, in	門 *mện* « une porte »
	問 *wén* « interroger »
	閔 *mìn* « compatir »
en, ụn	旬 *syụ̂n* « décade »
	絢 *hywén* « multicolore »

— 196.

aṅ, iṅ, en,	行 *háṅ* « rangée »; *hîṅ* « marcher »
	衍 *yèn* « inondation ».
eṅ, oṅ, an	凡 *fán* « tout »
	芃 *phêṅ* « luxuriant »
	風 *fōṅ* « le vent »
iṅ, an, en	定 *tíṅ* « fixer »
	綻 *ċán* « décousu »
	淀 *tyén* « marais »
oṅ, ẹn	公 *kōṅ* « public »
	衮 *kwẹ̀n* « robe de cour »
oṅ, ụn	旬 *syụ̂n* « décade »
	惸 *khyôṅ* « triste »

eǹ, ẹ, ai, ị, ọ	寺 *sọ́* « un palais »	*an, i, o*	難 *nán* « difficile »
	詩 *sị* « ode »		臡 *nî, ộl, nô* « viande dans la saumure »
	待 *tái* « attendre »		儺 *nô* « chasser les démons »
	等 *tèǹ* « degré »	*an, o, u, ụ*	需 *syū* « il faut »
	特 *thẹ́* (*thẹ̆*) « délibérément »		儒 *žú* « un sage »
iǹ, ai	青 *chīǹ* « vert »		懦 *nwó* « timide », « craintif »
	猜 *chāi* « conjecturer »		瓀 *žwān* « pierre précieuse rose »
an, a, ai	賴 *lái* « s'appuyer sur »	*ạn, a*	冄, 冉 *žạn* « flexible »
	懶 *làn* « paresseux »		那 *ná* « cela »
	獺 *thà* (*thă*) « loutre »	*ẹn, ei*	敦 *twẹn* « sincère »
an, ai, ei	喘 *ċhwàn* « haleter »		憝 *twéi* « détester »
	揣 *ċhwài* « palper »		
	瑞 *žwéi* « précieux »		

Séries variables à finales fixes, à initiales fixes. — 197. — Il existe des phonétiques qui donnent une finale presque constante avec une initiale variable, et de moins fréquentes donnant une initiale uniforme avec une finale variable : 隹 *ċwēi* « oiseau à queue courte » ; 椎 *ċhwēi* « maillet » ; 堆 *twēi* « monceau de terre » ; 推 *thwēi* « pousser » ; 嗺 *cwēi* « serrer les lèvres » ; 崔 *chwēi* « élevé » ; 雖 *swēi* « quoique » ; 誰 *šwéi* « qui » ? ; 倠 *hwēi* « laid » ; 惟 *wéi* « considérer », « seulement » ; mais aussi : 淮 *hwâi* nom de rivière. — 召 *ċáo* « appeler » ; 超 *ċhāo* « dépasser » ; 貂 *tyāo* « martre » ; 迢 *thyáo* « éloigné » ; 紹 *šáo* « succéder ». — 奴 *nú* « esclave » ;

恼 *não* « trouble d'esprit »; 拏 *nâ* « saisir », « tenir ». — 肅 *sú* (*sŭ*) « respect », « circonspection »; 鏽 *syẹú* « rouille »; 蕭 *syão* « armoise ».

198. — L'élément phonétique donne donc fréquemment le son exact, plus souvent une approximation du son, ce qui justifie l'étude des principales phonétiques. Mais dans l'usage habituel les Chinois n'y voient qu'une indication vague et ne cherchent pas une notation précise, ils n'ont pas l'idée d'un système syllabique régulier. Dans l'état actuel les irrégularités sont surtout de deux natures : irrégularité propre des phonétiques par usure du langage, variantes dialectales, etc.; confusion par déformation graphique, par abréviation. De plus, autre embarras, rien ne distingue l'élément radical de l'élément phonétique.

On ne peut donc être sûr du son que quand on connaît le caractère; si on l'ignore, il faut le chercher dans le dictionnaire; si un caractère rare n'a pas été noté par les lexicographes, on ne peut en savoir le son.

Exemples de phonétiques irrégulières : 託 *thō* « confier », « s'appuyer sur »; 亳 *pó* nom d'une ville ancienne; 宅 *ċâi* « maison ». — 及 *kī* « atteindre »; 吸 *hī* « aspirer »; 鈒 *sà* « incruster ». — 午 *wù* « midi »; 許 *hyụ̀* « permettre »; 御 *yụ́* « conduire un char impérial »; 卸 *syé* « décharger ». — 奴 *nû* « un esclave »; 怒 *nú* « colère »; 帑 *thàṅ* « trésor public ». — 率 *śwái* « conduire », *lyụ́* « calculer »; 摔 *śwāi* « tomber », « jeter »; 繂 *lyụ́* « corde ». — 夅 *kyáṅ* « descendre »; 胮 *pháṅ* « enfler ».

CHAPITRE V

LES ÉLÉMENTS

Table des principaux éléments. — 199. — La table suivante comprend seulement les éléments usuels et ceux qui entrent dans des caractères usuels. Les éléments apparentés d'origine sont autant que possible rapprochés, ils forment des séries naturelles. Sauf en cas de rapports graphiques primitifs, l'ordre de classement ne peut être qu'arbitraire; j'ai donc réuni les signes d'après leur forme moderne et j'ai mis en tête de chaque § le caractère élément dont le tracé se retrouve approximativement dans ceux qui suivent. Sous chaque élément sont rangés quelques caractères composés, tous usuels ou entrant dans des séries de caractères usuels; les caractères composés sont explicitement analysés d'après les formes primitives, et non d'après la graphie moderne seule donnée ici.

200.

1 一 *yĭ* (*yī*, *yí*, *yí*) (symbole) « unité », « totalité ». = 天, 立 § 168.

2 二 *ọ̣l* (élém. modifié) « deux », deux extrêmes. = 恆 *hĕṅ* « persévérance » : la volonté 忄 traversant les obstacles comme un bateau 舟 passe d'une rive à l'autre 二. — 亟 § 170; 仁 § 172.

3 三 *sān* (élément modifié) « trois ».

201.

4 丿 *phyĕ* (*phyē*) (symbole) un bras pour action, mouvement. = 升 *šĕṅ* « 1/10 de boisseau » : on prélève 丿 1/10 du boisseau 斗.

202.

5 上 *šáṅ* (symbole) « le haut ». = 示 *šẹ̣* « instruire », « édit » : influences 小 (symbole) venant d'en haut 二.

6 下 *hyá* (élément modifié) « le bas ».

7 尗 *šŭ* (*šú*) (image) « haricots » : plante et deux gousses. = 叔 *šŭ* (*šú*) « frère du père » (emprunt) : cueillir 又 les haricots 尗.

8 卜 *pŭ* (*pù*) (image) fissures de l'écaille de tortue : « prédire l'avenir ». = 占 *čąn* « la réponse du sort » : bouche qui demande 口, fissures de l'écaille 卜. -- 貞 *čēn* honoraires 貝 du devin 卜 : sens dérivé « ferme résolution ». — 外 *wái* augurer 卜 tard 夕 : sens dérivé « au dehors ».

9 兆 *čáo* (élément modifié) fissures de l'écaille : « présages ».

10 非 *fēi* (symbole) opposition, négation (cf. n° 111 弗). = 靠 *kháo* être opposé à, « s'appuyer sur » : 告 phonétique.

11 韭 *kyęù* (image) « poireau ». = 韯 *chyēn* « ail sauvage » : 戈 phonétique.

203.

12 丁 *tīn* (image) « un clou » remplacé par 釘 ; divers sens d'emprunt.

13 宁 *čú* (image) « un magasin bien fermé » remplacé par 貯.

14 丂 *khyào* (symbole) le souffle arrêté par un obstacle. = 號 *háo* « crier » : la bouche 口 exhalant 丂 des mugissements de tigre 虎. — 乎 *hû* finale interrogative : son qui dépasse 丿 (n° 4) la fin, la division de la phrase 兮 (cf. n°ˢ 59 尒 ; 259 只 ; 292 者).

15 亏, 于 *yų̄* (élém. modifié) mot de transition : le souffle a franchi l'obstacle 丂 et s'étale librement 一. = 平 *phīn* « plan », « uni » : le souffle s'épand 于 et se divise 八. — 夸 *khwā* « se vanter » : se grandir 大, s'étaler 亏 (moderne 誇).

16 丂 *hō* (élément modifié) : 丂 retourné, même sens. = 可 *khò* « approuver, « convenir » : exhaler 口 l'approbation 丁. — 奇 *khî* « extraordinaire » : objet de l'admiration 可 des hommes 大. — 哥 *kō* « chanter » : 可 doublé; par emprunt « frère aîné ».

204.

17 止 *ċị* (image) empreinte d'un pied; sens dérivé « s'arrêter ». = 此 *chọ̀* « celui-ci » : tourner 匕 sur ses talons 止; employé par emprunt. — 延 *yên* « durer » : démarche 廴 ferme 止, prolongée 丿. — 走 *cẹ̀u* « marcher » : un homme qui se penche, 土 pour 夭, mouvoir les pieds 止. — 辵, 辶 *ċhŏ* (*ċhó*) : le pied 止, la marche 彳.

18 足 *cŭ* (*cú*) (élément modifié) pied au repos : la figure fermée 口 symbolise le repos; « pieds ».

19 疋 *śú* (élém. modifié) pied en mouvement : le 乛 figure ouverte indique mouvement; par emprunt *phî* (*phì*) « une pièce d'étoffe ». = 疏 *śū* « passer par », « séparer », sens étendus : naissance 㐬 par les pieds 疋. — 楚 *ċhù* « forêt épaisse » : forêt 林, 疋 phonétique. — 蛋 *tán* « œuf » : la boule que roulent 疋 les bousiers 虫.

20 少 *thă* (*thá*) (élément modifié) inverse de 止. = 步 *pú* « un pas », « marcher » : 止 et 少. — 歲 *swéi* « la planète Jupiter » : astre qui marche 步 et préside aux guerres 戌. — 癶 *pŏ* (*pó*) « marcher en sens contraires » : 止 et 少 opposés. — 發 *fă* (*fā*) « émettre » : émission 癶 de la flèche, 殳 pour 矢, par l'arc 弓. — 登 *tēn* « monter » : se mettre des deux pieds 癶 sur un tabouret 豆. — 癸 *kwèi* caractère cyclique : graphie arbitraire.

21 正 *ċèn* (élément modifié) « juste », « droit » : arrêté 止 à la

limite 一. = 定 *tiñ* « fixe » : ordre 正 dans la maison 宀. — 是 *ṣị* « juste », « exact » : rectifié 正 au grand jour 日.

22 乏 *fă* (*fà*) (élément modifié) manquer la cible, « insuccès » : 正 inverti.

23 丏 *myén* (image) personne assise, tablier voilant le corps : « dissimuler », « retraite ». = 賓 *pīn* « hôte » : donner des présents 貝 à l'hôte reçu 丏 dans la maison 宀.

205.

24 十 *ṣị* (*ṣị*) (symbole) « dix » : les quatre directions de l'espace, « complet », « parfait ». = 計 *kí* « compter » : dire 言 dix 十. — 千 *chyēn* « mille » : dix 十 centaines; ノ pour 人 phonétique. — 士 *ṣị* « affaire », « servir », « noble » : la base des affaires c'est la numération, un 一 et dix 十. — 丈 *ċáñ* « dix pieds » : une main 又 tenant dix 十. — 共 *kóñ* « action commune » : vingt 廿 paires de mains 廾 (⺺⺺). — 光 *kwāñ* « clarté » : vingt 廿 feux 火. — 黃 *hwâñ* « jaune » : la couleur plus claire 光 des champs 田 labourés. — 堇 *khîn* « argile » : terre 土 jaune 黃. — 暵, 暵 *hán* « desséché par le soleil » : soleil 日, argile 堇. — 庶 *ṣú* « famille », « peuple » : tous 廿 les habitants de la maison 广 près du feu 灬. — 古 § 176; 世 § 166.

25 七 *chī* (*chī*) (symbole) « sept ».

26 乇 *ċŏ* (*ċó*) (image) « une petite plante » : sol, racine et tige. = 宅 *ċŏ* (*ċâi*) « habitation » : habitation 宀, 乇 phonétique.

27 土 *thù* (symbole) « terre végétale » : la couche de terre 二, les

plantes 丨. = 圣 *kwái* : travailler avec les mains 又 la terre 土. — 毀 *hwèi* « détruire » : piler 殳 dans un mortier 臼, pulvériser 土. — 涅 *nyě* (*nyē*) « argile plastique » : terre 土 avec de l'eau 氵 séchant au soleil 日. — 圭 *kwēi* « terres », « apanages » : 土 doublé. — 堯 *yâo* « tertre » : monceau de terre, 土 triplé, piédestal 兀. — 廷 *thîn* « la Cour » : se rendre à 廴 la Cour pour s'y tenir à sa place 𡈼 (un homme, 丿 pour 人, sur la terre 土). — 呈 *chêṇ* « notifier » : parler 口, 𡈼 phonétique. — 聖 *šén* « un sage » : celui qui écoute 耳 les enseignements 呈.

28 土 (image) couvercle. = 去 *khyụ́* « s'en aller », « ôter » : ôter le couvercle 土 du vase 厶 (n° 129). — 葢 *kái* « couvrir », « construire une maison » : vase 皿, couvercle 大 (土) et contenu 丶, chaume 艹.

206.

29 工 *kōn* (image) équerre, « travail », « artisan ». = 功 *kōn* « mérite » : travail 工 diligent 力. — 㠭 *čạn* disposition symétrique. — 展 *čạn* « dérouler » : traîne de robe 𧘇 (㠭) au bas du corps 尸. — 塞 *sẹ̌* (*sái*) « obstruer » : deux mains 廾 (cf. n° 24 共) disposent des matériaux 㠭 sous un toit 宀 ; terre 土 ajouté plus tard.

30 亞 *yá* (élém. modifié) déformation de l'équerre, « laid », « difforme ». = 惡 *ŏ* (*ó*) « mauvais » : difformité 亞 du cœur 心.

31 畱 *thẹû* (image) « vase à vin ». = 壺 *hû* « vase rond » avec couvercle 土.

207.

32 壬 pour 卅 *żên* (image) « charge », « porter » : un homme 丨, un fardeau double H.

33 巨 *kyụ́* (élém. modifié) équerre; par emprunt « vaste ». = 矩 *kyụ́* « équerre » : équerre 巨, droit comme flèche 矢.

34 玉, 王 *yụ̆* (*yụ́*) (image) « jade » : trois morceaux de jade 三 enfilés 丨. = 班 *pān* « division des charges » : les insignes, 王 doublé, diviser 刂 (刀).

35 珡 *khîn* (image) « instrument de musique » : pierres sonores, 王 doublé, sur des cordes 人.

36 王 *wân̆* (symbole) § 169 : « roi ». = 皇 *hwân̆* « les premiers souverains » : roi 王, origine, 白 pour 自. — 閏 *żwẹ́n* « lune intercalaire » où le roi 王 se tenait dans la porte 門.

37 主 *cù* (image) « maître », « prince » : flamme 丶 d'un chandelier 王.

208.

38 干, 𢆉 *kān* (image) « bouclier », « attaquer » : figure d'un pilon. = 臿 *chă* (*chà*) « piler », « ficher dans » : pilon 干 et mortier 臼. — 庚, 𢀡 *kën̆* pilon tenu à deux mains pour décortiquer le grain, par emprunt caractère cyclique. — 康 *khān̆* « enveloppe du grain » : grain 米, décortiqué 庚 (réduit). — 庸 *yŏn̆* « ordinaire » : usage 用 du pilon 庚 (réduit). — 唐 *thân̆* « jactance » : paroles 口 vaines, bavardage qui accompagne le travail du pilon 庚. — 辛 *khyĕn* « faute » : offenser 𢆉 (干) un supérieur 丄 (上). — 妾 *chyĕ* (*chyé*) « femme de 2e rang », « concubine » : femme 女 coupable 立 (辛), esclave.

39 𨐌, 屰 *yĭ* (*yi*) (élém. modifié) « effort répété » : le double crochet exprime la répétition. = 𢆉 *žèn* (autre forme) pénétrer un double obstacle, « offense grave ». — 㡿, 斥 *ĉhĭ* (*ĉhị*) « expulser » : chasser 𨐌 de la maison 广. — 欮 *kywĕ* (*kywē*) « suffocation » : gêne 𨐌 de la respiration 欠. — 幸 *hìn* « chance », « succès » : un homme 土 (大) franchissant l'obstacle 𢆉. — 執 *cị* (*cị*) « saisir » : appréhender 丸 (丮) un homme 土 (大) criminel 𢆉. — 報 *páo* « annoncer », « dénoncer » : répression 𠬝 des malfaiteurs 幸. — 辛 *sīn* « âcreté » : grave offense 𢆉 contre un supérieur 丄 (上). — 宰 *cài* « égorger », « gouverner » : criminel 辛 emprisonné 宀. — 新 *sīn* « nouveau » : couper 斤 de nouvelles branches de coudrier (*ĉēn*, bois 木 pour frapper les criminels 辛). — 辟 *pĭ* (*pi*) « prononcer la sentence » : prononcer 口, autorité 尸 (卩), criminel 辛.

40 舌 *šẹ̆* (*šẹ*) (image) « langue » tirée hors de la bouche 口.

41 丵 *ĉwŏ* (*cáo*) (image) « rameaux et ramilles », « multiplication », « pluralité ». = 叢 *chōn* « collection » : réunir 取 en fagot 丵. — 對 *twéi* « accord » : règle 寸 des paroles nombreuses 丵 et 口.

42 羊 *yân* (image) « mouton ». = 養 *yàn* « nourrir » : paître 食 les moutons 羊. — 美 *mèi* « doux » : homme 大 moutonnier 羊.

43 𦫳 *kwài* (élém. modifié) « cornes du bélier ». = 乖 *kwāi* « bizarre » : ramification 北 (八 doublé), cornes 𦫳. — 舊 *kyẹú* « hibou », par emprunt « vieux » : oiseau cornu 雈, 臼 phonétique. — 雚 *kwán* « héron » : oiseau 隹 cornu 艹 et criard 吅. — 革 *kẹ̆* (*kẹ*) « écorcher » : deux mains 口 (臼, n° 187), une peau d'agneau 𦫳 tendue 二. — 敬 *kìn* « respect » : l'autorité 攴, respect et modestie

苟 (§ 174). — 葡 *péi* « pourvoir », « préparer » : modestie 苟 de l'épouse qui pourvoit aux besoins 用.

44 丫 *yā* (image) « fourche » ; « servantes » à cause de leur coiffure.

209.

45 开, 幵 *khyēn* (image) « deux plateaux en équilibre ». = 幷, 并 *pīn* « ensemble » : deux hommes ソ (从) marchant de conserve 开.

46 井 *cìn* (image) « un puits ».

47 午 *wù* (image) un pilon (cf. n° 38) ; « opposé », par emprunt « midi ». = 秦 *chîn* sorte de riz : deux mains et un pilon 𡗗, le grain 禾. — 卸 *syé* « dételer », « cesser » : cesser 止 sa charge 卩 pour une faute 午.

48 牛 *nyeû* (image) « un bœuf ». = 告 *kâo* « attaquer en justice » avec la bouche 口 comme le bœuf 牛 attaque avec ses cornes. — 件 *kyén* « individu », « unité » : un homme 亻 (人), un bœuf 牛. — 叀 *chwān* « conduire », « tirer » : conduire un bœuf 十 (牛) sous le joug 𠁥. — 專 *cwān* tablette à écrire attachée 叀 au poignet 寸 ; « unique ». — 惠 *hwéi* « libéralité », « complaisance » : attirer 叀 les cœurs 心. — 袁 *ywên* « robe 衣 (衣) traînante 𠮷 (叀) ». — 睘 *khyôn, sywên* « regards 罒 (目) anxieux », démarche embarrassée 袁. — 疐 *cí* traction 叀 arrêtée 止 (止) par un obstacle 冖 : « trébucher ».

210.

49 才 *châi* (image) une petite plante sortant de terre, tige et rameaux : « talent ». = 在 *cái* « être dans un lieu » : localité 土,

activité 亻(才). — 存 *chwện* « être survivant » : être encore présent 在 dans ses fils 子.

50 丰 *fōn* (image), plante plus développée : « luxuriant ». = 奉 *fòn* « présenter » : une main 手 qui tient un rameau 丰, deux mains 𠂇𠂇 saluent. — 豊 *lì* « vase rituel » 豆, orné de rameaux 曲. — 豐 *fōn* « abondance » : un vase 豆 plein de rameaux 豐.

51 丯 *kyái* (image) dents, entailles à une baguette, documents. = 契 *khí* « titres », « documents » : un homme 大 tient la baguette 丯 et le couteau 刀 du graveur. — 害 *hái* « nuire » : parler 口, écrire 丯 sous le toit 宀, en cachette. — 耒 *lèi* « herse » : bois 木 muni de dents 丯.

52 斗 *tẹù* (image) « boisseau » en forme de cuiller, avec un manche. = 料 *lyáo*, mesurer 斗 du grain 米; par emprunt « matière ». — 科 *khwō* composition analogue ; « quantité », « classe ».

211.

53 乂, 五 *wù* (élém. modifié) « cinq » (cf. nº 24).

54 㸚 (image) les mailles dans 网 *wàn* « filet ». = 罰 *fă* (*fá*) « punir » : prendre au filet 罒 (网), reproches 言, amputation par le glaive 刂 (刀). — 罷 *pá* « destituer », « finir » : un mandarin 能 (nº 201) pris au piège 罒 (网).

55 爻 *hyâo* (symbole et image) « action et réaction de forces », disposition régulière. = 斈 *hyâo* « enseigner » : l'élève 子, l'action 爻 du maître (§ 177). — 學 *hyŏ* (*hyâo*) « apprendre » : l'action 爻 et les mains 臼 du maître, l'élève 子 enveloppé 冖 d'ignorance. —

希 *hī* « clairsemé » : fils croisés 爻 d'étoffe 巾. — 爾 *ọ̀l* « toi » sens d'emprunt : symétrie, 爻 doublé, équilibre d'une balance 巾 (nº 238), en haut 尒 phonétique.

212.

56 𠂹 *chwêi* (symbole) objet suspendu, pendre. = 來 *lâi* « venir » sens étendu : les épis pendants 从, la plante 木. — 麥 *mẹ̌* (*mâi*) « orge, blé » 來 (來) qui mûrit, qui avance 夊. — 眉 *méi* « sourcils » : les poils 仌, l'arcade 𠂆, l'œil 目. — 肉 *žŭ* (*zẹ́u*) « viande » : lanières de viande suspendues 仌 en paquet 冂 ([illegible]) (nº 67; cf. nº 253). — 谷 *khyŏ* (*khyáo*) « lèvre supérieure » : chair 仌 au-dessus de la bouche 口. — 昔 *sì* (*sí*) : lanières de viande 䒑 (巛) suspendues au soleil 日 ; d'où « autrefois ». — 垂 *chwêi* « pendre » : un rameau à feuilles pendantes 𠂹, la terre 土. — 華 *hwá* « fleurs » : une plante 艹 étalant 于 (nº 15) sa floraison 𠂹. — 脊 *cì* (*cí*) « le dos » : la chair 月, l'épine dorsale et les muscles 𠂹, la ceinture 一.

57 亼 *cĭ* (*cí*) (symbole) « réunion » (moderne 集). = 合 *hŏ* (*hô*) « accord » union 亼 des bouches 口. — 令 *lín* « ordre » : appliquer 亼 le sceau 卩 à un ordre. — 今 *kīn* « maintenant » : atteindre 乛 (élément, moderne 及), union 亼. — 念 *nyén* « méditer » : avoir présent 今 dans l'esprit 心. — 侌 *yīn* « nuageux » : nuages 云 présents 今 (moderne 陰). — 全 *chywên* « entier » : agencement 亼 du travail 工. — 金 *kīn* « métal » : des paillettes ⺀ dans la terre 土, 今 phonétique. — 舍 § 170 ; 會 § 179.

58 入 *žŭ* (*žú*) (image) une plante, tige et racines entrant dans le

sol : « entrer » = 內 *néi* « le dedans » : pénétrer 入, l'extérieur 冂. — 商, 啇 *šāñ* « délibérer » : dire 言 言 ce qu'on a dans l'esprit 內.

59 八 *pă* (*pā*) (symbole) séparer, nombre divisible, « huit » : deux forces contraires. = 半 *pán* « moitié » : un bœuf 牛 partagé 八. — 㕣 *yèn* « ravin » : écartement 八, écoulement de l'eau 口 (moderne 兗). — 谷 *kŭ* (*kù*) « ravin », « vallée » : séparation plus profonde, 八 doublé. — 必 *pì* (*pí*) « certainement » : une flèche ou une fiche 弋 qui tranche 八 le doute. — 小 *syào* « petit » ; un objet ténu 亅 subdivisé 八. — 少 *šào* « peu » : diminuer 丿 (nº 4) un petit objet 小. — 尒 *ọḷ* finale affirmative et limitative : à la fin de la phrase on rentre 入 sa voix et on exhale, on disperse 八 son haleine 丨 (cf. nº 14).

213.

60 人, 亻, 儿 *žên* (image) « un être humain » debout sur deux jambes. = 位 *wéi* « place », « rang » : un homme 亻(人) debout 立 à la place marquée. — 冘 *yîn* « marcher » : un homme 儿(人) dans la campagne 冖 (冂). — 及 *kĭ* (*kí*) « atteindre » : une main 又 qui saisit un homme 丿. — 色 *sẹ̆* (*sẹ́*) « couleur », « visage » : l'empreinte 巴 (卩) de l'homme ⺈. — 危 *wêi* « danger » : un homme ⺈ sur une falaise 厂. — 伏 *fŭ* (*fú*) « se prosterner » : un homme 亻 qui rampe comme un chien 犬. — 㐺, 从 § 166.

61 匕, 𠤎 *pì* (élém. modifié) se retourner, symétrique : un homme tourné vers la droite, distinct du nº 165. = 死 *sọ̀* « mourir » : un homme 匕 mort 歹. — 尼 *nî* « proche » : homme 匕 et homme 尸 côte à côte. — 牝 *phìn* « vache » : qui fait la paire 匕 avec le taureau

牛. — 艮 *kén* « obstiné » : se retourner 匕 et regarder 目. — 坐 *cwó* « s'asseoir » ; deux hommes face à face 从 (𠔁) sur la terre 土. — 夾 *kyă* (*kyā*) « doublé », « tenir serré » : un homme 大 qui en tient deux 从. — 北 *pĕ* (*pēi*) « le nord », « tourner le dos » ; deux hommes dos à dos 𠦃. — 丘 *khyeū* « point culminant » : un plateau — d'où l'on voit en tous sens, en sens opposés 𠦃. — 虛 *hyū* « vide » comme un vaste plateau : un plateau 丘, 虍 phonétique. — 皆 *kyāi* « tous » : action 白 (自) de plusieurs hommes 比. — 𠦃 比 § 166.

62 比, 匕 (image) les pieds dans 鹿 (n° 200), 龟 (n° 199), 能 (n° 201), 彘 (n° 139).

63 匕, 𠤎 *hwá* (élém. modifié) homme sens dessus dessous, « transformer ». 化 § 166. = 老 *lào* « vieux » : homme 人 dont les cheveux 毛 changent 匕. — 考 *khào* « grand âge », par emprunt « examen » : vieux 老, asthmatique 丂. — 孝 *hyáo* « piété filiale » : enfants 子 et vieillards 老.

64 儿, 𠘧 *žên* (élém. modifié) homme : les jambes. = 兄 § 159. — 兒 *ọḷ* « petit enfant » : jambes 儿, grosse tête 白. — 皃 *máo* « air », « attitude » : homme 儿, couleur blanche 白 du visage (moderne 貌). — 兌 *ywĕ* (*ywé*), *twéi* « paroles favorables », « réjouir » : paroles d'un homme 兄 qui dissipent 八 la tristesse. — 元 *ywên* « origine » : ce qui est au-dessus 二 (上), ce qui précède l'homme 儿. — 完 *wán* « finir » : le toit 宀 est l'achèvement de la maison, 元 phonétique. — 寇 *khẹú* « pillard » : avec un bâton 攴 il attaque les habitations 完.

65 𠂆, 𠂆 *zên* (élém. modifié) un homme qui se penche. = 后 *heu* « prince » : un homme qui de haut 𠂆 ordonne 口. — 司 § 166. — 辰 *chên* « gestation », par emprunt caractère cyclique : femme qui se penche 𠂆 et cache 乛 sa grossesse ; (moderne 娠).

66 尸, 𡰣 *si* (élém. modifié) « homme assis », « corps ». = 尾 *wèi* « queue » : les poils 毛 au bout du corps 尸. — 尺 *chi* (*chi*) « un pied » : empan, main ouverte 乙 d'un homme 尸. — 局 *kyŭ* (*kyü*) « administrer » : mettre à une affaire la bouche 口, la main ouverte 月. — 屋 *wŭ* (*wû*) : « logis » où l'homme 尸 arrive 至. — 屚 *leu* « couler », « traverser » : la pluie 雨 dans la chambre 尸 (屋).

67 勹, 勹 *pāo* (élém. modifié) « embrasser » : un homme se courbe pour tenir un objet. = 包 *pāo* « envelopper » : le corps 勹 qui contient le fœtus 巳 (n° 106). — 匀 *yün* « égal » : diviser un tout 勹 en deux 二.

214.

68 久, 久 *kyeu* (élém. modifié) homme 𠂊 (人) retardé dans sa marche, « longtemps ».

69 夂, 夂 *çi* (élém. modifié) « venir par derrière », « atteindre » : homme 𠂊 (人) et trait ajouté. = 略 *lyŏ* (*lyáo*) « abréger », sens dérivé : limites qui séparent 各 les champs 田. — 各 § 173.

70 夊, 夊 *swēi* (élém. modifié) « marcher lentement » : un homme 𠂊 (人) entravé. = 致 *çi* « aller », « faire », « faire faire » : aller 夊 jusqu'au bout 至. — 退 *thwéi* « reculer » (sens dérivé) : marcher péniblement 夊 tout le jour 日 ; 辶 radical ajouté.

71 㐄, 㐄 *khwá* (élém. modifié) n° 70 retourné : « enjamber » (mo-

derne 跨). = 舛 *chwàn* « aller en sens contraires », « dissentiment » : de 70 et 71. — 乘 *chên* « char de guerre » : le char 禾, les guerriers dos à dos 北 (舛). — 夅 *kyáṅ* « se soumettre » : un homme sous un autre (moderne 降). — 韋 *wêi* « opposition » : deux hommes en sens contraires 夅, 口 phonétique (moderne 違).

215.

72 大 *tá* (image) homme adulte avec jambes et bras ; sens dérivé « grand ». = 夫 *fū* adulte 大 portant le bonnet viril fixé par une broche 一. — 天, 立 § 168 ; 因 § 174. — 竝, 並 *pìṅ* « ensemble » : deux hommes debout 立. — 赤 *chṛ* (*chị*) « rouge » : l'homme 土 (大) qui rougit 灬 (火). — 央 *yāṅ* « centre » : homme 大 au milieu de l'espace 冂 (冂). — 奪 *twŏ* (*twô*) « prendre » : saisir avec la main 寸 un oiseau 隹 éployé 大.

73 夭 *yāo* (élém. modifié) balancer la tête, sauter : par emprunt « calamité ».

74 尢 *wāṅ* (élém. modifié) « un homme boiteux ». = 无 *wû* négation : figure inexpliquée, peut-être 無 霝 (§ 180).

75 亦 *yĭ* (*yí*) (élém. modifié) un homme, les aisselles indiquées par les points ; sens étendu : contact, « aussi ». = 夜 *yé* « la nuit » : le soir 夕, l'homme se couche sur le flanc droit 亦 (亦), le point marque le côté droit.

76 交 *kyāo* (élém. modifié) : un homme les jambes croisées, « entrelacer », « relations ».

77 亢 *kháṅ* (élém. modifié) un homme qui s'arc boute, les jambes écartées, « inflexible ».

78 亣 (image) homme qui se tient debout. = 寅 *yîn* « se tenir avec respect » : homme debout 夨 les mains pendantes 臼 (𦥑) dans la maison 宀 ; par emprunt, caractère cyclique.

216.

79 身 *šeñ* (élém. modifié) un corps humain avec un gros ventre : « corps », « grossesse ». = 射 *šẹ́* « tirer des flèches » 寸 (矢) contre un corps 身.

80 㐆 *yī* (élém. modifié) inverse du nº 79 : « se retourner ». = 殷 *yīn* « mouvement », « zèle » : danseurs qui font des évolutions 㐆, des gestes 殳.

217.

81 犬, 犭 *khywèn* (image) « un chien ». = 臭 *chẹú* « mauvaise odeur » : chien 犬 qui flaire 自. — 獄 *yŭ* (*yụ́*) « accuser » : deux chiens 㹜, les deux parties, se mordent en paroles 言.

82 尤 *yẹú* (élém. modifié) chien en arrêt, d'où « insolite ».

83 犮 *pă* (*pá*) (élém. modifié) chien 犬 en laisse 丿.

218.

84 丌 *kī* (image) « support », « tabouret ». = 典 *tyèn* « livres sacrés » : livres 曲 (册) sur un piédestal 丌. — 畀 *pí* « donner » : l'objet 田 (nº 293) est sur un support 兀. — 奠 *tyén* « libations rituelles » : l'amphore de vin 酋 sur la crédence 大 (丌).

85 个 *kó* (image) article de bambou, nœud et feuilles pendantes : « article ». = 支 *cị* « une branche » : une main 又 casse et tient la

branche 十 (个). — 竹 *cŭ* (*cŭ*) « bambou » : deux articles. — 篤 *tŭ* (*tù*) « avancer », « résolu » : cheval qui marche 馬, ⺮ (竹) phonétique.

219.

86 木 *mŭ* (*mú*) (image) « arbre » : tronc, racine, branches. = 困 *khwẹn* « épuisé », « las » : campement 口 sous bois 木. — 休 *hyẹū* « s'arrêter », « cesser » : un homme 亻(人) sous un arbre 木. — 桼 *chì* (*chī*) « vernis » : ce qui dégoutte 氽 de l'arbre 木. — 集 *cì* (*cī*) « réunion » : oiseau 隹 (jadis triplé) sur un arbre 木. — 雜 *că* (*câ*) « varié » : habit 衣 (衣) de plusieurs couleurs 𠂹 (集). — 臬 *nyĕ* (*nyé*), cible, règles du tir, « lois » : le pied 木, la cible comparée au nez 自 dans le visage. — 李 *li* « prunier » : l'arbre 木 des enfants 子. — 林 *lin* « forêt » : arbre 木 doublé. — 禁 *kin* « défendu », « néfaste » : présages 示 donnés par les arbres 林. — 焚 *fẹn* « brûler » : incendier 火 la forêt 林. — 重 *cón* « lourd » : un homme 亠 (人) soulève de terre 土 un objet pesant ; 東 (東) phonétique. — 量 *lyán* « peser », « mesurer » : poids 重, original 良, tous deux réduits. — 束 *sŭ* (*sú*) « lier » : un lien 口 (symbole) autour d'un arbre 木. — 刺 *lă* (*lá*) « couper » : couteau 刂 (刀), objet lié, botte 朿. — 柬 *kyèn* « trier » : séparer 八 une botte 束. — 㯻 enclos, récipient : contenant 口, botte 束. — 囊 *nân* « sac » : récipient 㯻 (㯻) renfermant des objets en désordre 𠱠 (𢍰 n° 257). — 杳, 東, 杲, 果 § 176.

87 本 *pẹn* (élément modifié) « tronc », « souche » : 一 indique la base de l'arbre.

88 末 *mŏ* (*mó*) (élément modifié) branches supérieures, « bout », « fin » : 一 indique le sommet.

89 未 *wéi* (élément modifié) arbre à branches étagées ; par emprunt « pas encore ». = 制 *či* « fabriquer » : travailler au couteau 刂 (刀) un grand arbre 朱 (未).

90 朱 *čū* (élément modifié) « rouge » : arbre à cœur rouge, l'index marque le cœur.

91 朿 *chọ́* (élément modifié) « arbre épineux », « épines » : les épines 冖. = 責 *cẹ̌* (*cậi*) « châtier » : verge épineuse 主 (朿) et amende 貝. — 帝 *ti* « l'empereur » : un supérieur 亠 (上) vêtu de longues robes remplacées par 朿 (巾).

92 片 *phyén* (élément modifié) moitié d'un arbre 木, « pièce de bois ».

93 爿 *chyắṅ* (élément modifié) ; l'autre moitié de l'arbre, « planche », « fort ». = 壯 *čwắṅ* « robuste » : un guerrier 士 fort 爿. — 將 *cyắṅ* la main 寸 dispose de la viande 夕 sur un étal 爿 ; emprunté pour 㢡 « commander » (main 手, robuste 爿). — 鼎 un support, dans 鼎 *tìṅ* « trépied en bronze ».

94 疒, 𤕫 *nyĕ* (*ní*) (élément modifié) « malade » : être étendu 一 sur un lit 爿 (爿). = 寢 *chìn* « dormir » : être étendu 爿 (疒) dans la maison 宀, 㑴 phonétique.

220.

95 禾 *hwó* (image) « céréales » : l'épi penchant 丿 ; uniformité, souplesse. = 秋 *chyẹū* « l'automne » : les grains 禾 sont brûlés, mûrs 火. — 穌 *sū* « glaner », par emprunt « revivre » : céréales 禾,

魚 phonétique. — 和 *hwó* « harmonie » : accord 禾 des bouches 口. — 委 *wèi* « supporter » : souple 禾 comme la femme 女. — 年, 秊 *nyèn* « récolte », « année » : les mille 千 céréales 禾. — 黍 *šù* « millet » : grain 禾 qui se met 人 (入) dans l'eau 水 pour fermenter. — 香 *hyān* « parfum » : odeur agréable 曰 (甘) du millet fermenté 禾 (黍). — 秉 *pìn* « tenir » : une main ⺕ (又), une javelle 禾. — 秝 *lì* (*li*) « céréales clairsemées ».

96 米 *mì* (image) « riz », « grains » : graines 米 séparées 十.

97 米 (élément modifié) grains, graines. = 胃 *wéi* « estomac » : partie du corps 月, récipient 口 du grain 十 (米).

98 釆 *pyén* (image) empreinte d'une patte, « piste »; par extension « discerner ». = 悉 *sǐ* (*sī*) « savoir à fond » ; l'intelligence 心 qui discerne 釆. — 弮 *kywèn* « choisir » : trier 釆 avec les mains 廾. — 釋 *sį* (*šį*) « expliquer » : discerner 釆 par une enquête 睪 (avoir l'œil 罒 sur les criminels 幸 (n° 39, 報). — 奥 *ńáo* « mystère » : coin obscur d'une maison 冂, où l'on discerne 釆 à tâtons 大 (廾).

99 番 *fān* (élément modifié) : trace des doigts et ongles 釆, trace du talon 田 ; par emprunt « période de service », « fois ». = 審 *šèn* « examiner », « étudier » : discerner 番 dans sa maison 宀.

221.

100 乙 *yǐ* (*yí*, *yī*) (image) un germe qui sort de terre ; symbolise effort, mouvement ; par emprunt caractère cyclique. = 失 *šį* (*šī*) « laisser tomber », « perdre » : tomber 乙 de la main 手.

101 乙 *yá* (symbole) vol saccadé, « hirondelle ». = 孔 *khòn*

l'hirondelle 乚 (乙) élevant ses petits 子; par emprunt « grand », etc. — 乳 *žù* « couver » : l'hirondelle 乚 tenant ses petits 子 sous ses pattes 爪.

102 心, 忄, 㣺 *sīn* (image) le cœur, les sentiments (cf. n° 59 必). = 惢 *žwèi* « cœur des fleurs » : cœur 心 triplé, plantes 艹.

103 也 *yè* (image) par emprunt finale affirmative : un entonnoir.

104 气 *khí* (symbole) « exhalaison », « vapeur de la terre » (moderne 氣 riz fumant). = 乞 *khǐ* (*khì*) « mendier » : abréviation du précédent prise pour 匃 (n° 214). — 欠 *khyén* « souffler », par emprunt « manquer » : homme 人 et souffle ⺈ (气 inverti). — 次 *chó* « succession » : deux 二 souffles 欠. — 羡 *syén* « convoiter » : la salive 氵 et le souffle 欠 de la convoitise, 羊 pour 羑 (誘) *yẹù* « attirer ». — 旡 *ki* « hoquet », « avaler » : inversion de 欠, diffère de 无 (n° 165). — 炁 *ńái* « aimer » : tenir dans 旡 son cœur 心 (remplacé par son composé 愛 dont le premier sens est « marcher »).

222.

105 己 *kì* (image) les fils sur le métier ; par emprunt « la personne même ». = 紀 *kì* « ordre », « succession » : disposition 己 des fils 糸. — 妃 *fēi* « épouse de l'Empereur » : femme 女 assortie à la personne même 己.

106 巳 *sọ́* (image) embryon, fœtus; par emprunt caractère cyclique.

107 已, 以, 㠯 *yì* (symbole) exhalaison, essence des choses, action, « épuiser » (1re forme), « employer » (2e forme). = 台 *yî* « moi » : bouche 口 exhalant un souffle 厶 (已) pour se nommer.

— 允 *yṳn* « consentir » : l'homme 儿, le souffle 厶. — 改 *kài* « corriger » : main armée d'un bâton 攴 pour agir 已. — 相 *sọ́* « sep de charrue » : bois 木 qui féconde 目 (已).

108 巴 *pā* (image) « boa »; nom d'une région du Seu-tchhwan. = 琶 *phâ* « guitare » : instrument de musique, 王 doublé (n° 35), couvert en peau de boa 巴.

109 马 *hàn* (image) « bourgeon », « éclore ». = 犯 *fán* « attaquer », « offenser » : se précipiter 㔾 (马) comme un chien 犭(犬). — 函 *hận* « endurer », « renfermer » : la bouche 口, la langue tirée 马, la langue rentrée 半 (于 n° 40). — 甬 *yòṅ* « floraison » : éclosion ᄀ (马), 用 phonétique.

110 弓 *kōṅ* (image) « un arc ». = 引 *yìn* tirer la corde 丨 de l'arc : « attirer », « séduire », « conduire ». — 弔 *tyáo* « condoléances » : un homme 丨 portant un arc 弓 pour défendre le cadavre contre les bêtes de proie. — 雋 *cwện* « tirer un oiseau » : l'arc en bas 𠂆, l'oiseau 隹; d'où « viande savoureuse ».

111 弗 *fŭ* (*fú*) (symbole) opposition, négation : deux baguettes divergentes et un lien (n° 10).

112 弟 *tí* (image) « frère cadet » par extension : un lien 弓 autour d'une broche 丫, dévidoir, succession.

223.

113 它, 𠃉 *thō* (image) « cobra qui se dresse ». = 蛇 *sẹ́* « serpent » : animal inférieur 虫, cobra 它. — 黽 *mèṅ* « grenouille » : reptile 黽 (它), ventre plein d'œufs 臼. — 龜 *kwēi* « tortue » : reptile 黽 avec tête, griffes, carapace.

224.

114 巜 *kywèn* (image) « filet d'eau », « ruisseau » (moderne 畎). = 巛, 川 *chwān* « fleuve » : triple du précédent. — 巠 : *kīn* : « les veines d'eau » 巛 sous terre 一 ; 工 (壬) phonétique. — 巛 *cāi* « calamité », « inondation » : un fleuve 巛 barré 一 (moderne 災). — 甾 *cī* « terres incultes » : champs 田 inondés 巛 (différent de nº 294). — 巟 *hwāṅ* « stérile » : la végétation 艹 a disparu 亡 par l'inondation 川.

115 州 *cēū* (élément modifié) « district » : terres au milieu des eaux.

116 水 *swèi* (élément modifié) « de l'eau » : ruisseau et remous. = 𣶒 *ywēn* « tourbillon » : eau en travers entre deux rives 川 (moderne 淵). — 益 *yĭ* (*yí*) « profit », « avantage » : vase 皿 plein, débordant, le caractère 水 est couché.

117 永 *yòṅ* (élément modifié) « perpétuel » : les veines d'eau dans la terre. = 脈 *mĕ* (*mái*) « les veines » : dans la chair 月, les vaisseaux *phái* 𠂢 (永 inverti).

118 泉, 泉, 𣶒 *chywén* (élément modifié) « source » : eau souterraine 丁 qui s'écoule 八. = 原 *ywên* « source », « origine » : source 泉, rocher 厂 (moderne 源).

119 冫 *pīṅ* (image) « geler » : les dessins réguliers de la gelée. = 冬 *tōṅ* « l'hiver » : le froid 冫 qui est la fin 夂 de l'année (nº 234). Cf. § 177.

225.

120 ⺌, ⺍, 氵 (image) grains, gouttes. = 鹵 *lù* « sel » : grains

de sel 㐅, ouest 卤 (西). — 雨 *yụ* « la pluie » : gouttes ⁘ du nuage 冂 (symbole) suspendu 丨 au ciel 一. — 衍 *yèn* « inondation », « développement » : eau 氵(水) en marche 行.

226.

121 巛 *swện* (image) « cheveux en désordre », « plumes » (moderne 鬊). = 首 *sẹ̀u* « tête » : face 百 et cheveux 丷 (巛). — 県 *kyāo* « tête suspendue, exposée » : 首 inverti. — 巢 *chấo* « nid d'oiseau » : les plumes 巛, le nid 臼, l'arbre 木.

122 彡 *sān* (image) « poils », « cheveux », « plumes », « dessins ». = 須 *syụ̄* « barbe » : les poils 彡 du visage 頁; par extension « il faut ». — 参 *cèn* « belle chevelure » : chevelure 彡 humaine 人 (moderne 鬒). — 凤, 参 *sān* « vol d'un jeune oiseau », « battement », « vibration » : aile 几 et plumes 彡.

123 毛 *mâo* (image) « poils », « plumes »; forme invertie 尗. = 尿 *nyáo* « urine » : liquide 水 de dessous la queue 尸 (尾 n° 66). — 屈 *khyụ̆* (*khyụ̄*) « courbé », « oppression » : s'en aller 出 la queue 尸 (尾) basse. — 屬 *sŭ* (*sù*) la queue 尸 (尾) qui frétille comme un ver 蜀; sens étendu « être attaché à ». — 隶, 求 § 176.

124 長 *chấn* (image) cheveux longs retenus par une broche, « longueur ». = 髟 *pyāo* « cheveux » : cheveux longs 镸 (長), cheveux 彡. — 套 *thảo* « envelopper » ; assortir selon la grandeur 大 et la longueur 長.

125 羽 *yụ̀* (image) « une paire d'ailes ». = 扇 *sạ̀n* « vantaux de porte » : les ailes 羽 de la porte 戶.

126 弱 *żŏ* (*żó*) (image) autre paire d'ailes; sens dérivé « faible ».

127 勿 *wŭ* (*wú*) (image) un pennon à banderolles, mouvement saccadé ; par emprunt « il ne faut pas ». = 物 *wŭ* (*wú*) « objet » : bœuf 牛, l'objet par excellence, 勿 phonétique. — 忽 *hŭ* (*hū*) « inquiétude » : agitation 勿 du cœur 心. — 昜 *yâṅ* « lumière » : le soleil 日 au-dessus de l'horizon 一, les rayons 勿 (moderne 陽). — 𥎦 *šâṅ* « blessure » : une flèche 矢, 昜 phonétique ; réduit en composition à 𥏻.

128 易 *yĭ* (*yí*) (image) un lézard; sens d'emprunt « changer », « troquer » (moderne 蜴 « lézard »).

227.

129 厶 *khyụ̄* (image) « bol », « écuelle » (nº 28).

130 云 *yụ̂n* (image) « nuages » : volutes de nuages 厶 sous le ciel 二 ; emprunt « dire ». = 雲 *yụ̂n* « nuages » : pluie 雨, nuages 云.

131 厶 *kōṅ* (image) « bras fléchi »; d'où 厷 *kōṅ* « main et bras » (moderne 肱).

132 厶 *sọ̄* (image) « privé », « particulier » : ver à soie replié, cocon. = 幺, 糸, 𢇍, 㡭 § 167 ; 𢇍, 絕 § 179. — 斷 *twán* « couper » : une hache 斤, discontinu, 㡭 pour l'inverse. — 私 *sọ̄* « particulier », « égoïste » : céréales 禾 privées 厶. — 麼 *mō* « ténu » : textile 麻 ténu 幺. — 後 *hẹú* « après », « suivre » : marcher 彳 après un marcheur 夊 à la file 幺. — 玄 *hywên* « noir » : fil 幺 mis 亠 (入) dans la teinture. — 牽 *khyēn* « conduire un animal » : bœuf 牛, traction 冖, corde 玄. — 亂 *lwán* « désordre » : écheveau 幺, deux mains 爫 le débrouillent, le divisent 冂;

le fil 乚. — 辭 *chộ* « s'excuser » : se débrouiller 𤔔 d'une faute 辛.

133 糸, *mi* (*mi*) (élément modifié) « fil », « soie » : cocons 幺, étirage des fils 小. = 系, 繇, 縣 § 173. — 絲 *sọ̄* « fils de soie » : double de 糸. — 䜌 *lwân* « dispute » : paroles 言 brouillées comme des fils 絲. — 㬎 *hyèn* « distinguer », « paraître » : fils ténus 絲 au soleil 日. — 茲 *cọ̄* « ceci » (emprunt) : les plantes 艹 qui revêtent la terre comme un velours 丝 (絲).

134 樂 *yŏ* (*yáo*) (image) « musique » : tambour 白 et timbres 幺 sur un pied 木.

228.

135 女 *nyụ̀* (image) « fille », « femme » : jambes et poitrine. = 好 *hào* « bon » : ce qu'on aime, femmes 女, enfants 子. — 如 *zû* « conforme » : parler 口 en femme 女, d'après les circonstances. — 妥 *thwò* « tranquillité » : main 爪 tenant les femmes 女. — 安 *ṅān* « paix » : les femmes 女 à la maison 宀.

136 毋 *wû* (élément modifié) « empêcher », « défendre » : entrave mise à une femme. = 毒 *tŭ* (*tû*) « poison » : herbes 龶 (生) défendues 毋.

137 母 *mù* (élément modifié) « mère » : femme avec deux mamelles. = 每 *mèi* « toujours », « chacun » (emprunt) : végétation 𠂉 (之), pullulante 母.

138 毌 *kwàn* (image) « objets enfilés », « liés ensemble ». = 貫 *kwàn* « ligatures » : cauris 貝 enfilés 毌. — 實 *sị* (*sị*) « massif », « vrai » : des ligatures 貫 dans la maison 宀. — 虜 *lù* « faire prisonnier » : lier 毌 violemment 力, avec férocité 虍.

139 彑, 彑, 彐 *ki* (image) « groin du porc ». = 彘 *ći* « sanglier » : la tête, les pieds 比, une flèche 矢 qui l'a frappé. — 彖 *thwán* porc 豕 et groin, sens emprunté « commentaires du Yi king ». — 㣇 *yi* « sanglier » : tête 彑, soies raides 夕, arrière-train 巾 (cf. nº 243). — 彙 *hwéi* (élément modifié) « hérisson » : tête 彑, soies 宋, estomac 田 (胃).

140 彔 *lŭ* (*lú*) (symbole) « décapiter et ébrancher un arbre » : en haut une hache ㇰ, le tronc décapité 丁, les branches et l'écorce coupées figurées par les quatre derniers traits (moderne 剝 *pŏ*, *páo*).

141 互 *hú* image d'une corde tordue et tressée; dérivé : « mutuel ».

229.

142 子 *cọ* (image) « un enfant » : tête, bras, maillot. = 季 *ki* « le cadet » : un enfant 子 délicat 禾 (稚 *ći*). — 字 *cọ* « traiter en fils » : enfants 子 dans la maison 宀. — 孚, 呆 *pǎo* « protéger » : oiseau qui s'étend 八 pour couver ses petits 子 (moderne 保).

143 𠫓 *thŭ* (*thú*) (élément modifié) « facilement », « soudainement » : enfant qui se présente la tête en avant (moderne 突). = 育 *yŭ* (*yụ*) « nourrir », « instruire » : enfant 𠫓, bien en chair 月. — 充 *chōṅ* « abondant », « remplir » : élever un enfant 𠫓 jusqu'à ce qu'il se tienne debout 儿. — 流 *lyụ* « couler » : l'eau 氵 suivant sa pente naturelle 㐬 (𠫓 avec cheveux). — 棄 *khi* « rejeter », « exposer » : un enfant 𠫓, une pelle 𦍒, deux mains 八 (𠂇又).

144 了 *lyào* (élément modifié) « achever » par emprunt : enfant sans bras.

145 予 *yù* (image) « donner » : deux paumes de main. = 舒 *šū* « étendre », « satisfaire » : donner 予 de son avoir 舍. — 幻 *hwán* (élément modifié) « tromper », « frauder » : jadis inverse de 予.

146 矛 *meû* (image) « longue hallebarde à crocs ». = 柔 *żeû* « souple » : bois 木 élancé 矛.

230.

147 飛 *fēi* (image) « voler » : une grue qui vole.

148 卂 *syún* (élément modifié) « planer » : simplification du nº 147.

149 丮 *kì* (*kí*) (image + symbole) « saisir » : une main 扌 (手) qui saisit ⺄ (moderne 及). = 巩, 巩 *kòn* « tenir » : saisir 丮, 工 phonétique. — 鬥 *teú* « se battre » : saisir 丮 (丮) et même caractère inverti.

150 几 *šû* (image) « battement saccadé » : une aile courte. = 朵, 朶 *twò* « branche », « tige » : balancement 几 des fleurs sur les arbres 木. — 殳 *šû* « fustiger » : mouvement rhythmique 几 de la main droite 又. — 股 *kù* « cuisse » : la partie du corps 月 (肉) que l'on bâtonne 殳. — 設 *šę* (*šę*) « disposer en ordre » : commander 言 et bâtonner 殳. — 役 *yî* (*yî*) « valets officiels » qui vont et viennent 彳 en bâtonnant 殳.

151 九 *kyeù* (symbole) « neuf » (nombre). = 秀 *syeû* « prospère », « distingué » : neuf épis sur un chaume.

152 几 *kì* (image) « tabouret », « petite table ». = 処 *chù* « s'arrêter » : arriver 夂 à un siège 几 (moderne 處).

153 且 *chyè* (image) « dressoir à rayons », (moderne 組 *cù*); par emprunt « en outre ».

154 凡 *fân* (symbole) « généralité », « universalité ». = 風 *fòn* « le vent » : le vent, dit-on, produit les insectes 虫; 凡 phonétique.

231.

155 乃 *nài* (symbole) « alors », « certes », « c'est » : primitivement difficulté de respirer indiquée par les replis.

156 刀, 刂 *tāo* (image) « couteau », « sabre ». = 則 *cẹ̆* (*cệ*) « règlement » : diviser 刂 d'après la valeur 貝. — 賊 *cẹ̆* (*cêi*) « voleur » : qui attaque la fortune 貝 avec la lance 戈, le sabre 十 (刀). — 利, 秎 *lí* « profit » : les céréales 禾 coupées 刂; ou 勿 mouvement de faucille. — 列 *lyĕ* (*lyé*) « mettre en ordre » : séparer 刂, 歹 (歺 *lyĕ*) phonétique.

157 刃 *źén* (élément modifié) « tranchant », « fil » : le fil de la lame marqué par le point.

158 刅 *lyán*, *chwān* (élément modifié) « blessure » : le couteau dans l'entaille.

159 力 *lĭ* (*lí*) (image) « tendon », « force ». = 劣 *lywĕ* (*lywê*) « faible » : peu de 少 force 力. — 男 *nân* « un homme », « mâle » : il emploie sa force 力 dans les champs 田. — 加 *kyā* « augmenter » : parler 口 et contraindre 力. — 協 *hyĕ* (*hyê*) « accord » : action commune, 力 triplé, de dix 十 personnes.

160 方 *fān* (image) « assortiment », « carré » : deux barques liées ensemble. = 旁 *phân* « l'espace », « les bords » : le haut 亠 (上), les côtés 冖, région 方. — 放 *fán* « faire paître », « lâcher » : gouverner avec le bâton 攴 sur la lande 方. — 敫 *yŏ* (*yáo*) « luire » : émettre 放 de la clarté 白.

161 㫃 *yèn* (image) arbre à racines aériennes, « banian »; « banderoles qui s'agitent » (moderne 偃). = 旋 *sywên* « tourner » : mouvement 疋, agitation 㫃. — 族 *cŭ* (*cú*) « clan », « parenté » : nombreuses 㫃 flèches 矢. — 游 *yęû* « ondulations d'un drapeau » : drapeau 㫃, flotter 汓 *syęû*. — 旅 *lyụ* « compagnie d'hommes » : hommes [illegible] (从) dans la forêt 㫃. — 倝 *kán* « lumière du soleil levant » : les rayons émis [illegible] (㫃) par le soleil 日 et qui sont arrêtés 十 (丂). — 乾 *khyên* « le ciel » : influence pénétrante 倝, vapeurs qui montent 乙. — 朝 *cāo* « le matin » : lever du soleil 𠦝 (倝), 月 (舟) phonétique ou significatif.

162 於 *yū* (symbole) marque de locatif : origine obscure, à rapprocher du n° 170.

232.

163 勹, 丩 *kyęū* (image) rameaux enchevêtrés de plantes grimpantes. = 句 *kęū* « crochet » : rameaux crochus 勹, 口 phonétique. — 勾 *kyụ* « une phrase » : graphie et sens dérivant du précédent.

164 勺 *šŏ* (*šáo*) (image) « une cuiller » : récipient et contenu. = 与 *yụ* une cuiller que l'on retourne, « donner » : le même 与 (勺) avec un index 一 (moderne 與). — 與 *yụ* « donner » : donner 与, deux mains qui donnent 臼, deux mains qui reçoivent 六 ([illegible]).

165 匕 *pì* (image) « une cuiller », « une clef »; distinct du n° 61. = 鬯 *chán* « liqueur pour les sacrifices » : le vase 凵, la cuiller 匕, grain fermenté 米. — 兂 *cān* « épingle de coiffure » : un homme 儿 (人) portant l'épingle [illegible] (匕) (moderne 簪). — 皀 *hyān* « grain cuit » : le récipient et son contenu 白, la cuiller 匕 (moderne

香). — 即 *cǐ* (*cǐ*) « approcher », « aussitôt » : le précédent, 卩 phonétique. — 既 *kí* « goûter », « achever » : le même, avaler 旡. — 食 *śį* (*śį*) « manger », « nourrir » : nourriture 皀 (皀), réunion 亼. — 倉 *chān* « grenier » : enceinte 口, nourriture 食 (食).

166 蜀 *śŭ* (*śù*) (image) « ver à soie en marche ». = 蜀 *śŭ* (*śù*) « ver à soie », nom d'une région du Seu-tchhwan : le précédent + insecte 虫.

167 舄 *sǫ́* (image) « buffle », « élan ».

168 馬 *mà* (image) « cheval ». = 馮 *phìn* « cheval emporté » : 冫 phonétique.

169 鳥 *nyào* (image) « oiseau à longue queue ». = 島 *tào* « île » : montagne 山 où les oiseaux 鳥 (鳥) se posent. — 梟 *hyāo* « exposer une tête » : oiseau 鳥 sur un arbre 木, la tête seule paraît. — 舄 *chyŏ* (*chyào*) « pie » : tête 臼, corps d'oiseau 灬 (鳥) (moderne 鵲). — 寫 *syè* « écrire », « mettre en ordre » : ranger dans la maison 宀, 舄 phonétique.

170 烏 *wū* (élément modifié) « corneille », « noir »; à rapprocher du nº 162.

171 焉 *yēn* (image) « faisan », mot interrogatif : tête spéciale 正, oiseau 灬 (鳥).

233.

172 豸 *cį* (image) « félin », « ondulant et flexible ».

173 豕 *śį* (image) « un porc ». = 家 *kyā* « maison », « famille » : un porc 豕 dans la maison 宀. — 豦 *khyų̀* « combattre » : sanglier 豕 contre tigre 虍. — 豩 *swéi* diviser 八 les porcs 豕 en bandes.

174 豕 *cŭ* (*cŭ*) (élément modifié) « porc attaché ».

175 亥, 亥 *hái* (élément modifié) « porc », « heure du porc », « minuit » : la forme moderne, composée, représente un homme 人, une femme 女 (女) en présence du ciel 丄 (上) et coopérant avec lui : heure de la conception.

176 象 *syáṅ* (image) « un éléphant ».

234.

177 又, 又 *yẹù* (image) la main droite; « encore une fois » par emprunt. = 彐, 尹 § 165; 教 § 177; 叒 § 179. — 君 *kyūn* « un prince » : main qui agit 尹, bouche qui ordonne 口. — 攴 *phŭ* (*phū*) « frapper » : main droite 又 tenant un bâton 卜. — 牧 *mú* (*mú*) « pasteur » : diriger 攴 les bœufs 牛 (牛) — 敢 *kàn* « oser » : provoquer 攴 un ours 𦣻 (熊). — 皮 *phî* « cuir » : main 又 qui enlève la peau 𠂆 (primitive spéciale). — 叚 *kyà* « faux », « emprunté » : avoir deux 二 peaux 叚 (皮). — 史 *sị* « annaliste » : main 又 tenant le juste milieu 中, la rectitude. — 吏 *lí* « mandarin » : lettré 史 préposé, supérieur 一 (上) au peuple. — 夬 *kywĕ* (*kywĕ*) « diviser », « faire une brèche » : main 又 qui tient 中, partie de 中. — 友 *yẹù* « ami » : deux mains 又 dans le même sens. — 桑 *sāṅ* « le mûrier » : l'arbre 木 dont on cueille 叒 les feuilles. — 事, 𠬝 *sị* « office », « affaire » : lettré 史 ou mandarin, 屮 phonétique ou symbolique. — 兼 *kyēn* « ensemble » : une main 彐 (又) tenant deux gerbes 秝 (禾 doublé). — 疌 *nyĕ* (*nyé*) « le soubassement du métier à tisser » : main 彐 (又), pied 止 (足),

entrer 十 (入); sens étendu : « succès ». — 彗 *hwéi* « balai » : une main ⺕ (又) tenant des brindilles 丰丰. — 婦 *fú* « épouse » : femme 女 qui tient l'époussette (main ⺕, linges 巾). — 帚 *cin* « balayer » : main 又, époussette ⺕ (帚). — 聿 *yŭ* (*yú*) « écrire », « pinceau » : main ⺕ (又), étoffe 十 (巾), tablette 一. — 津, 聿 *cīn* « pinceau » 聿 qui trace des lignes 彡. — 盡 *cín* « cendres », « épuisé » : le feu 灬, le braséro 皿, 聿 (聿) phonétique. — 筆 *pĭ* (*pi*) « pinceau » : pinceau 聿, tige en bambou ⺮ (竹). — 肆 *sộ* « développer » : pinceau 聿, longueur 镸 (長). — 律 *lyŭ* (*lyú*) « les lois » : règles écrites 聿 de conduite 彳. — 建 *kyén* « instituer » : règles écrites 聿 pour la marche 廴. — 畫 *hwá* « dessiner » : pinceau 聿, lignes et cadre 田. — 晝 *cẹú* « le jour » : limites 二 de la clarté solaire 日, temps où l'on peut écrire 聿.

178 反, 𠬚 *fàn* (élément modifié) « retourner » : tourner la main, 厂 inversion.

179 叕 *cwẹ̆* (*cwẹ́*) (image) « coudre » : les points.

180 丑, 丑 *chẹù* (élément modifié) une main droite liée, par emprunt caractère cyclique. = 羞 *syẹū* « honte », par emprunt : offrir 丑 (又) un mouton 羊.

181 寸, 寸 *chwẹ́n* (élément modifié) « 1/10 de pied », « règle ». Voir § 165. = 付 *fú* « remettre » : une main 寸 qui remet à un homme 亻(人). — 守 *sẹù* « garder », « observer » : appliquer la loi 寸 dans le tribunal 宀. — 导 *tẹ̆* (*tẹ́*) « obtenir » : mettre la main 寸 sur ce que l'on a en vue 旦 (見). — 尋 *syị̂n* « chercher » :

dévider avec les mains 寻 au moyen d'instruments 口. — 討 *thào* « réprimander » : régler 寸 par des paroles 言.

182 叉, 彐 *chā* (élément modifié) « entrelacer les mains » : le point représente l'insertion.

183 叉, 㕚 *cào* (élément modifié) « griffes » : les points indiquent les griffes; synonyme de 爪. = 蚤 *cào* « puce » : l'insecte 虫 qui irrite 叉.

184 朮 *sŭ* (*sû*) (image) « riz gluant » : la main cherche à séparer trois grains (moderne 秫). = 杀 *să* (*sā*) « décapiter » : cisailles 乂 (image) coupant le riz ou le millet 朮 (moderne 殺).

235.

185 𠂇, 屮, 𠂇 *cò* (élément modifié) « la main gauche » : inverse du nº 177 (moderne 左). = 左 *cò* « la main gauche » : la gauche 𠂇, aide 工 de la droite. — 右 *yęú* « la main droite » : la main 𠂇 pour 又 portant la nourriture à la bouche 口. — 卑 *pī* « vulgaire » : la main gauche 十 tenant un vase 甶 (image) vulgaire. — 尊 *cwę̄n* « noble » : la main droite 寸 (jadis les deux mains) tenant un vase rituel 酋. — 有, 㞢 *yęù* « avoir », « il y a » : couvrir, main 𠂇 pour 又, la lune 月, d'où les phases. — 灰 *hwēi* « des cendres » : du feu 火 qu'on manie 𠂇. — 隓 *twò*, *hwēi* « contrevallation » : monticule 阝, action opposée des assiégeants, 左 doublé. — 隋 *twò*, *swēi* « viande hachée » : viande 月, 阝左 (隓) phonétique. — 差 *chā* « désaccord » : anciennement, 𠂇𠂇, la main gauche agissant, la main droite pendante; à présent, la main gauche 𠂇 (𠂇), faisant deux 工 (二) avec la droite qui reste pendante 𠂉 (𠂉). — 若 § 179.

— 廾 *kòṅ* « tendre les deux mains » : 𠂇 et 又 (moderne 拱). — 戒 *kyài* « intimider » : deux mains 廾, une hallebarde 戈. — 弄 *nòṅ* « manipuler », « faire » : deux mains 廾, objet en jade 玉. — 筭 *swán* « calculer » : deux mains 廾, une règle divisée 王 faite en bambou ⺮. — 弁 *pyén* « chapeau » : deux mains 廾 soulèvent le chapeau 厶 (image). — 開 *khāi* « ouvrir » : deux mains 廾 enlèvent la barre 一 de la porte 門 (§ 168). — 兵 *pīṅ* « armes » : deux mains 丌 tenant une hache 斤. — 具 *kyụ́* « amasser », « préparer » : deux mains 丌, des cauris 目 (貝). — 灷 *cèṅ* « de la braise » : du feu 丷 (火) maniable 大 (deux mains). — 奏 *cẹú* « un mémoire » : se présenter à un supérieur 夭 (夲 *thāo*), lui offrir des deux mains 夫 son avis 屮 (屮). — 暴 *páo* « insolation », « intense », « violent » : sortir 丗 (出) le grain 氺 (米), l'étaler avec les mains 丌 au soleil 日. — 異 *yí* « désaccord » : deux mains 廾 repoussent l'objet du pacte 田 de son support 丌 (cf. nº 84 畀). — 丞 *chêṅ* « aider », « ministre » : deux mains 𠂉 tenant la tablette officielle 了 (卩) devant l'éminence 一 (山) du prince. — 承 *chêṅ* « présenter », « recevoir » : deux mains 𠂉, une troisième 手, tablette 乛 (卩). — 樊 *fân* « haie » : deux mains opposées 大 (𠂇又) écartent les branches 林 entrelacées 爻.

236.

186 爪, 爫 *cào* (élément modifié) main droite appuyée sur la paume, « patte », « griffe ». = 采 *chài* « cueillir » : main 爪, arbre 木. — 寽 *lywě* (*lywé*) « tenir dans les doigts », « étirer » : mains 爪 et 寸. — 爭 *cèṅ* « se disputer un objet » : deux mains 爪, ⺕, action de

tirer 亅(丿). — 受 *śọú* « donner », « recevoir » : deux mains 爫 chargeant un bateau 冖 (舟). — 爰 *ywên* traction égale : deux mains 爫, action et réaction 于 (幵) égales. — 乎 *yin* jouir du fruit du travail 工 des mains 乎. — 印, 𠨍 *yin* « sceau » : main 爪 tenant le sceau 卩. — 㔁, 卬 *yĭ* (*yí*) « empreinte » : inverse du précédent (moderne 抑).

187 臼 *kyụ̂* (élément modifié) les mains abaissées, pendantes. = 申 *śēn* « étendre » : deux mains 臼 étendant une corde 丨. — 電 *tyén* « la foudre » : expansion 电 (申) d'un nuage 雨. — 奄 *yèn* « couvrir » : extension 电 (申) d'un homme 大 pour couvrir un objet. — 陳 *ćhên* capitale antique : tertre 阝, extension 申 du déboisement 木. — 農 *nôn* « un laboureur » : tête et mains 曲 (𦥑) à l'aube 辰 (晨). — 要 *yāo* « ceinture » : tête et mains 西 (𦥑), corps de femme 女 (moderne 腰). — 票 *pyáo* « feu follet » : tête et mains 西 (𦥑) d'un farfadet, feu 示 (火). — 䙴 *chyēn* « grimper » : tête et mains 西, deux mains opposées 大 (𠂇𠂆), sceau du mandarin, avancement hiérarchique 巳 (卩) (moderne 遷). — 興 *hīn* « soulever » : quatre mains 舁 d'accord 同.

188 手, 扌, 𠂿 *śọ̀u* (image) « la main » vue de face. = 看 *khán* « regarder » : la main 手 ombrageant l'œil 目. — 拜 *pái* « saluer » : deux mains, 手 doublé, qui s'abaissent 丅. — 折 *śẹ̄* (*śẹ̀*) « briser » : main 扌 et hache 斤 (cf. 斷 n° 222).

189 爲 *wéi* (image) « faire », par emprunt : guenon, mains en bas, mains en haut, corps et mamelles.

190 舜 *śwẹ́n* (image) « liseron pourpre » : plante rampante 亠, fleurs rouges 𡗕 (炎), 舛 phonétique.

191 爵 *cyŏ* (*cyâo*) (image) « une coupe » : le couvercle et le vase 皿, une main 寸, le vin 艮 (鬯).

192 瓜 *kwā* (image) « courge », « potiron » : fruits et rameaux.

237.

193 卵 *lwàn* (image) « œufs » : ventre gonflé d'œufs des batraciens.

194 丱 *kwān* (symbole) action de la navette qui insère le fil de la trame entre les fils de la chaine. = 𢇍 *kwān* « tisser » : fils 絲 et navette 丱.

195 卯, 卯 *khīn* (image) document et souche, les deux moitiés d'un article de bambou. = 卿 *khīn* « les ministres » : tenant les insignes 卯 et assistant aux banquets rituels 皀. — 卩 *cyĕ* (*cyê*) « segment », « preuve », « règle » : moitié de 卯. — 艮 *fŭ* (*fû*) « exercer l'autorité » : tenir en main 又 les insignes 卩 (moderne 服). — 肥 *féi* « charnu » : de la chair 月 suivant la règle 巴 (卩). — 巽 *sywén* « choisir » : deux sceaux 卪 (卩 doublé) sur une table 丌, les mains 廾 qui confèrent l'investiture (moderne 選).

196 兆 *kù* (image) un homme dont les reins se gonflent par l'effort. = 免 *myèn* « s'efforcer » : homme 𠆢 (人), effort 兆 (兆). — 兜 *tęŭ* « capuchon », « casque » : tête et jambes 兒, capuchon 白.

197 兔 *thŭ* (image) « un lièvre » qui se dresse, tête, pattes et queue. = 冤 *ywēn* « tort », « injustice » : lièvre 兔 pris au piège 冖. — 逸 *yĭ* (*yĭ*) « oisiveté », « licence » : lièvre 兔 qui court 辶 (辵).

198 萈 *hwān* (image) « antilope » : tête cornue, pattes, queue (moderne 羦).

238.

199 㲋 *chó* (*cháo*) (image) sorte de rongeur. = 毚 *chân* autre animal analogue : 㲋 et lièvre 兔.

200 鹿 *lŭ* (*lú*) (image) « cerf » : cornes et pieds. = 麃 *phâo* « chevreuil » : cerf 鹿, ... (票) phonétique. — 慶 *khìn* « féliciter » : aller 夊, offrir une peau de cerf 严 (鹿) et ses sentiments 心. — 塵 *chên* « de la poussière » : la terre 土 soulevée par une harde 鹿 (麤).

201 能, 熊 *nên*, *nâi* (image) « ours », sens étendus « brave », « capable », « mandarin ».

239.

202 門 *mện* (image) « porte » à deux battants. = 閔 *mìn* « avoir pitié » : se tenir à la porte 門 et présenter ses condoléances 文. — 戶 *hú* « porte simple » : moitié de 門. — 启 *khì* « ouvrir », « étendre » : porte 戶 béante 口 (moderne 啓). — 雇 *kú* nom d'oiseau, par emprunt « louer », « engager » : oiseau 隹, 戶 phonétique. — 戾 *lì* « pervers » : chien voleur 犬 qui s'enfuit par la porte 戶.

203 卯, 卵 *mào* (élément modifié) « porte ouverte » ; par emprunt caractère cyclique. = 丣, 酉 *yẹù* « porte fermée » : porte 卯, barre de fermeture 一.

240.

204 斤 *kīn* (image) « une hache », « une livre » (poids). — 斥 cf.

nº 39 㪽. = 所, 𢇍 *sò* charpenter une porte, une maison, par emprunt « endroit » : hache 斤, porte 戶. — 斯 *sọ* « ce », « cela » par emprunt : abattre 斤 du bois, 其 la hotte. — 斬 *càn* « trancher » : char 車, hache 斤. — 質 *čị* (*čị*) vendre, « valeur », « substance » : des cauris 貝, les deux parties qui traitent, 斤 doublé.

205 氏 *śị* (image) plante flottante commençant à pousser, « famille », « lignée ». = 氐 *tì* « le bas », « le fond » : la racine a atteint le sol. — 𠂹 *kywĕ* (*kywē*) la racine a pénétré profondément ; § 181. — 昏 *hwẹ̄n* « le crépuscule » : le soleil 日 s'est enfoncé 氏.

206 民 *mín* (image) « le peuple » : une plante qui trace, rejetons.

207 厂 *hán* (image) « une falaise » qui surplombe. = 岸 *yĕ* (*yé*) « berge élevée » : falaise 厂, montagne 山. — 仄 *cẹ̆* (*càì*, *cẹ́*) « courbé », fléchi » : un homme 人 courbé sur une pente raide 厂. — 丸 *wân* « rouler », « boule » : inverse du précédent. — 石 *śị* (*śị*) « pierre », « roche » : fragment 口 tombé de la falaise 厂.

208 广 *yèn* (élément modifié) « abri », « habitation » : le point marque le toit qui abrite. = 庫 *khú* « magasin » : remise 广 pour les chars 車.

241.

209 弋 *yĭ* (*yi*) (image) « flèche » attachée par un fil, fiche pour compter, ordonner. = 代 *tái* « remplacer » : homme 人 qui succède 弋, qui remplace. — 式 *śị* (*śị*) « modèle » : ouvrage 工 fixé 弋. — 弍 *ộl* « deux » : deux 二 fiches 弋.

210 戈 *kwō* (élément modifié) « hallebarde ». = 戔 *cyēn* « exter-

miner » : hallebarde 戈 doublé. — 我 *wò* deux hallebardes opposées, mon droit, d'où « moi ». — 義 *yí* « juste » : bonne entente 羊 après conflit 我. — 伐 *fă* (*fā*) « frapper », « détruire » : un homme 人, une hallebarde 戈. — 𢦏 *chāi* « blesser » : hallebarde 戈, 十 (才) phonétique. — 戠 *čẹ̆* (*čẹ́*) « officier », tenant une hallebarde 戈 et exprimant sa volonté 音 (意) (moderne 職). — 𢦔 *chyĕn* « trancher » : deux hommes 从, une hallebarde 戈. — 或 *hwẹ̆*, *yụ̆* (*hwẹ́*, *yụ́*) « pays », par emprunt « peut-être » : terre 一, résidence fortifiée 口 et défendue 戈. — 武 *wù* « l'armée » : les hallebardes 弋 (戈) qui arrêtent 止 l'ennemi. — 戎 *žŏn* « les armes » : hallebardes 戈, cuirasses 𠂇 (甲). — 戍 *šú* « garder les frontières » : hommes 人 armés de lances 戈. — 幾 *kī* « observer », « petit » : les gardes 戍 attentifs au moindre fait 𢆶.

211 戉 *ywĕ* (*ywé*) (élément modifié) « hallebarde » ou « fléau à crochet ».

212 戊 *wú* (élément modifié) « fléau d'armes » ; par emprunt signe cyclique. = 茂 *máo* « luxuriant » : herbes 艹, 戊 phonétique. — 成 *chĕn* « croître », « réussir », « aboutir » : florissant 戊 (茂), 丁 (丁) phonétique.

213 戌 *syụ̆* (*syụ̄*) (élément modifié) « blesser », « tuer » ; caractère cyclique : l'arme et la plaie 一. = 烕 *myĕ* (*myé*) « éteindre » : tuer 戌 le feu 火 (moderne 滅). — 威 *wēi* « crainte », « majesté » : les femmes 女 devant la mort 戌. — 咸 *hyên* « mordre », par emprunt « tous » : blesser 戌 avec la bouche 口.

242.

214 ㄴ *yìn* (symbole) « courbe », « couvrir », « cacher » (moderne 隱).= 匸 § 169; 直 § 170; 無 composé de 亾, § 180. — 亾, 亡 *wâñ* « disparaître » : entrer 入 et être caché ㄴ. — 乍 *cá* « imprévu », « soudain » : en se cachant 亾, rencontrer un obstacle 一. — 匃 *kái* « fugitif », « mendiant » : un homme 勹 (人) qui se cache 亾 (moderne 丐). — 喪 *sāñ* « funérailles » : pleurer 吅 (哭) un mort 亾 (亾). — 眞 *čēn* « vrai », « épuré » : transformé 匕, rectifié 目 (直), exalté 八 (丌). — 悳 *tệ* (*tẹ*) « vertu » : rectitude 直 (直) du cœur 心 (moderne 德). — 聽 *thīñ* « écouter », « obéir » : la vertu 悳 de l'oreille 耳; 壬 phonétique.

243.

215 匚 *fāñ* (image) « coffre ». = 匠 *cyáñ* « menuisier » : une hache 斤, un coffre 匚.

216 臣, 𦣞 *čhên* (image) « serviteur », « ministre » : un homme prosterné vu de face. = 宦 *hwán* « mandarin » : ministre 臣 au palais 宀. — 臧 *cāñ* « complaisance » : la vertu des ministres 臣, 戕 phonétique. — 臤 *khyēn* tenir 又 ses gens 臣 : « ferme ». — 臥 *wó* « être étendu » : homme tourné 人 vers le serviteur qui se prosterne 臣. — 臨 *lîn* « condescendre », « s'approcher » : s'incliner 𠂉 (臥) vers toutes les classes du peuple 品. — 監 *kyēn* « examiner » : s'incliner 𠂉 sur le contenu 丶 du vase 皿. — 朢 *wáñ* « cour plénière » : les ministres 臣 debout à leur place 壬 reflètent la splendeur du prince à l'instar de la lune 月 (月) (moderne 望).

217 𦣝 *yî* (image) « mâchoires et menton » (moderne 頤).

244.

218 凵 *khàn* (image) « trou en terre », « fosse » (moderne 坎). = 凷 *khwái* « motte de terre » : terre 土 prise dans un trou 凵 (moderne 塊). — 凶 *hyōn* « malheur » : un homme tombant ㄨ dans une fosse 凵. — 匈 *hyōn* « la poitrine » : un homme qui renferme 勹 de mauvaises pensées 凶. — 兇 *hyōn* « pervers » : un homme 儿 sous l'influence du mal 凶.

219 山 *šān* (image) « une montagne ».

220 岳 *yŏ* (*yáo*) (élément modifié) « une haute montagne ».

221 齒 *čhì* (image) « les dents de devant » (moderne 齒).

245.

222 屮 *čhĕ* (*čhĕ*) (image) « herbe » qui sort de terre : racine, bourgeon, deux feuilles. = 艸 *chào* « les herbes » en général : le précédent doublé; forme usuelle 艹. — 斷 *sĕ* (*sĕ*) « briser » : une hache 斤, végétal en tronçons 𣂺 (cf. 折 nº 188). — 芻 *chû* « sans valeur » : du foin 屮 en botte 勹, le tout doublé. — 卉 *hwèi* « végétaux » : herbe 屮 triplé. — 奔 *pĕn* « courir » : un homme 大 qui avance dans les herbes 卉. — 莽 *màn* sorte de lévrier : chien 犬 dans les hautes herbes, 屮 quadruplé. — 莫 *mŏ* (*mó*) « rien » par extension : coucher du soleil 日 dans les herbes, 屮 quadruplé (moderne 暮 *mù* « couchant »). — 葬 *cán* « sépulture » : un mort 死 lié 一, dans une botte d'herbe, 屮 quadruplé. — 寒 *hân* « froid » : un homme enfoncé dans le foin 茻 (屮 quadruplé), dans sa maison 宀, par le froid 冫. — 朩 *phán* « teiller le chanvre » : séparer 八 les fibres de

la plante 十 (屮). — 痲 *má* « chanvre » : chanvre teillé (朩 doublé) suspendu au toit 广. — 㪔, 𢻍 *sán* « séparer », « disperser » avec la main 攴 les fibres 朩 doublé : d'où 散 avec 肉 en plus. — 先 *lŭ* (*lú*) « champignon » : végétal 十 (屮) debout comme un homme 兀 (nº 78). — 𥄕 *mŭ* (*mú*) « bon accord » : regarder en face 罒 (目), 先 phonétique (moderne 睦). — 賣 *yụ̆* (*yẹú*) « colporter » : cauris 貝, 𡍬 (𥄕) phonétique. — 坴 *lŭ* (*lú*) « motte de terre » : terre 土, 先 phonétique (moderne 陸). — 埶 *yí* « cultiver » : travailler 丮 la terre 坴 (moderne 藝). — 夌 *lǐn* « heurter », « buter » : obstacle 夂 sur le sol 先 (坴). — 黿 *chyẹú* « des têtards » : grenouilles 黽 nombreuses comme champignons 先. — 市 *féi* « multiplier », « végétation abondante » : plante 十 (屮) qui se divise 冂 (八), se propage. — 孛 *péi*, *pŭ* (*pú*) « végétation abondante », « engendrer », « procréer » : propagation 𠂔 (市), enfant 子. — 索 *sŏ* (*sò*) « liens » : fibres 糸 végétales 𠂔 (市). — 南 *nân* « sud » : végétation 冂 (市), exubérante, envahissante 羊. — 𣏟 *cọ* « entraver » : arrêt 一 mis à la végétation 市.

223 出 *chŭ* (*chŭ*) (élément modifié) « paraître », « sortir » : plante avec deux verticilles de feuilles. = 敖 *ñâo* « flâner » : sortir 土 (出) pour se distraire 放. — 賣 *mài* « vendre » : commerce 買, faire sortir les denrées 土 (出).

224 屯 *thwện* (élément modifié) « fonder », « colonie » : la germination souterraine. = 春, 萅 *chwện* « le printemps » : germination et végétation 夫 par le soleil 日.

225 之, 业 (élément modifié) durée, « aller », etc., par emprunt : petite plante qui croît. = 寺 *sọ* « yamen » : les lois 寸 appliquées constamment 土 (之). — 昔 *şị* « temps », « époque » : périodes de végétation 业 sous l'action du soleil 日 (moderne 時). — 志 *ċị* « intention » : volonté 心 qui se développe 土 (之). — 先 *syēn* « avancer » : progresser 生 (之) avec les jambes 儿. — 贊 *cán* « faire visite » : s'avancer, 先 doublé, avec des présents 貝. — 主 (㞷) *hwán* « végétation spontanée » : plante 业, terre 土. — 封 *fōn* « un fief » : un territoire 土 et ses produits 土 (之), l'autorité 寸.

226 帀 *cǎ* (*cā*) (élément modifié) « tour », « révolution » : inverse du n° précédent.

227 生 *šēn* (élément modifié) « croître », « produire », « vivre » : herbe sortant de terre. = 產 *čhàn* « enfanter » : rides 产 (彥) qui viennent après l'enfantement 生. — 隆 *lón* « abondance » : dons du ciel 降 (降), produits 生 de la terre. — 性 *sín* « qualités naturelles » : dispositions d'âme 忄 innées 生. — 甦 *sū* « revivre » : changer 更 d'existence 生.

246.

228 臼 *kyẹú* (image) « un mortier », « une fosse » ; figure une tête dans n°s 64 兒, 169 舄, 229. — 臽 *hyén* « un piège » : un homme 刀 (人) tombant dans une fosse 臼 (moderne 陷). — 舀 *yào* « puiser » : tirer d'une fosse 臼 avec la main 爪.

229 鼠 *šù* (image) « rat », « rongeurs » : tête, moustache raide et

queue. = 竄 *chwán* « se cacher » : rat 鼠 dans un trou 穴. — 巤 *lyĕ* (*lyé*) « hérissé », « ébouriffé » : tête chevelue 囟, rat 鼠 (鼠).

247.

230 冂 *kyōṅ* (symbole) « intervalle », « éloignement », « la campagne » (moderne 坰). = 市 *śi* « le marché » : la place herbue 㞢 (之), hors de la ville 冂, où l'on se procure ㇏ (丿) les objet nécessaires. — 冥 *mīṅ* « obscurité » : les six 六 heures (demi-journée) où le pays 冖 (冂) est sans soleil, 日 caché.

231 冖 *mǐ* (*mí*) (symbole) « couvrir » = 冠 *kwān* « bonnet » : couvre 冖 chef 元, les règles des coiffures 寸. — 㝠, 㝠 *myén* « disparition » : un objet placé primitivement 自 dans le magasin 穴 est devenu invisible 㒼 (冖 doublé, remplacé par 方).

232 冃 *mdo* (élément modifié) « couvrir » : objet 一 couvert 冂 (冖). = 同 *thôṅ* « identique » : couvercle 冃 sur l'embouchure 口 du vase. — 青 *khyŏ* (*khyāo*) « écaille », par extension : couverture 冃 à ramages floraux 士 (之) (moderne 殼, 㱿). — 冡 *môṅ* « couvrir » : sanglier 豕 pris au filet 冃 (moderne 蒙).

233 冃 *mdo* (élément modifié) « capuchon » : ce qui couvre 冃 la tête 一. — 冒 *mdo* « imprudence » : les yeux 目 bandés 冃. — 胄 « casque » § 174.

234 冖, 夂, 穴 (image) *čōṅ* « écheveau arrêté », arrêt, terme, « fin » (moderne 終). = 冬 n° 119. — 牢 *lâo* « parc à bétail » : le bétail 牛 enfermé 冖.

235 宀 *myên* (image ou élément modifié) « un toit », « une habi-

tation ». = 宗 *cōṅ* « temple des ancêtres » : la maison 宀 d'où émanent les influences supérieures 示. — 寍 *nîṅ* « bonheur » : le cœur 心 de l'homme ayant le vivre 皿 et le couvert 宀 (moderne 寧). — 穴 *hywĕ* (*hywé*) « caverne » : l'écartement 八 des roches formant un abri 宀. — 窄 *cę̆* (*càï*) « étroit » : blotti 乍 dans un trou 穴. — 竈 *càо* « fourneau » : appareil creux 穴, 黿 (nº 222) phonétique. — 丙, 㓃 *pìṅ* caractère cyclique du feu : le feu 火 dans la maison 宀. — 更 *kēṅ* « changer » : la main 乂 (又) qui porte remède au désastre 㓃 (丙). — 便 *pyén* « avantage », « commodité » : un homme 人 qui dispose bien 更 ses affaires.

236 向 *hyáṅ* (élément modifié) « tourné vers », sens étendu : « petite lucarne » sous le toit. = 尙 *šáṅ* « élevé », « supérieur », « estimer » : faîte du toit 向 qui divise 八 le vent et la pluie. — 當 *tāṅ* « équivaloir » : valeur d'une terre 田 ou d'une maison 尙.

248.

237 巾 *kīn* (image) « linge » : linge suspendu à la ceinture. = 佩 *phéi* « porter à la ceinture » : tout 凡 ce qu'un homme 亻 porte à sa ceinture 巾. — 布 *pú* « toile » : étoffe 巾, 𠂇 (父) phonétique. — 㡀 *pi* « haillons » : étoffe 巾 criblée de fissures, 八 doublé. — 黹 *cį* « broderies » : étoffe 㡀 ornée de feuillages 丵 (丵).

238 㒳 *lyàṅ* (symbole) équilibre d'une balance. = 兩 *lyàṅ* « une once » : fléau 一, poids égaux 入 doublé, équilibre 㒳. — 再 *cái* « de nouveau » : fléau 一, équilibre 冂, seconde 二 pesée. — 㒼 *màn* « égalité » : deux objets semblables 从, oscillations et équilibre

芇. — 繭 *kyèn* « cocon de ver à soie » : forme régulière 芇, l'insecte 虫, la soie 糸.

239 丹 *tān* (image) « cinabre », « rouge » : le cinabre dans le creuset. = 青 *chīn* « vert » : coloris vif 丹 des plantes 生 (生).

240 冄, 冉, 枏 *żạn* (image) « poils » ou « touffes qui pendent » : comparez n° 123 doublé, renversé. = 衰 *swō* « vêtement de paille ou de fourrure » : touffes pendantes 冄 (冄), vêtement 衣 (moderne 蓑). — 那 *nà* nom de lieu, par emprunt *nà* « cela » : localité 阝 dont les habitants portaient des fourrures 冄 (冄).

241 同 *cén* (image) « cloche pour cuire à la vapeur ». = 爨 *chwán* « âtre » : cloche et monture 𦥯, maçonnerie de la chaudière 冖; combustible, 木 doublé, mis par deux mains 大; le feu 火. — 釁 *hin* « sacrifier à l'âtre », « début » : l'âtre 𦥯 (爨), l'offrande 酉, 分 phonétique.

242 鬲 *kĕ* (*kẹ̆*) (image) « chaudron à trois pieds ». = 獻 *hyén* « offrande aux ancêtres » : un chien 犬, un chaudron 鬳 *kywén*. — 鬻 *cŭ* (*cèŭ*) « bouillie » : le chaudron 鬲, le grain 米, la vapeur qui monte 弓 doublé (moderne 粥).

243 禸 *żẹ̀u* (image) « traces », « piste » : arrière-train, pattes et queue. = 禺 *yụ̀* « un singe » : tête 田 (甶), pattes et queue 禸. — 离 *lî* « yak » ou « élan » : tête cornue 𠂢, pattes et queue 禸. — 禽 *khîn* « animaux sauvages » : animaux 离, 亼 (今) phonétique. — 嘼 *sẹ́u* « animaux domestiques » : tête et deux oreilles 吅, pattes et queue 百 (禸). — 禹 *yụ̀* sorte de reptile, peut-être « scorpion » :

tête 㔾, corps 内. — 萬 § 181. — 竊 *chyĕ* (*chyé*) « voler », « piller » : insectes 禼, nombreux 丿 (廿) qui mangent le riz 米 du grenier 穴.

244 冊, 册 *chẹ̆* (*chẹ́*) (image) « livre », « registre » : lamelles de bambou enfilées. = 删 *šān* « corriger » : un livre 冊, un couteau 刂 (刀) pour gratter. — 扁 *pyèn* : « inscription 册 mise au-dessus d'une porte 戶 ». — 侖 *lwện* « méditer » : réunir 亼 par la pensée les textes 册. — 嗣 *sọ́* « succéder » : affirmer 口 ses titres 册 en justice 司.

245 龠 (image) tuyaux réunis et embouchures. = 龠 *yŏ* (*yáo*) « flûte de Pan » : flûtes multiples 冊, harmonie 亼.

246 㡀 *khwái* (symbole ou image) « tresser une natte ».

247 丽 *lí* (image) « orné », « gracieux » : deux pendants (moderne 麗). = 麗 *lí* « gracieux » (par emprunt) : antilopes 鹿 qui vivent assorties 丽 en troupes.

248 囘, 回 *hwéi* (image) volute, « retourner », « tourner ». = 亘 *sywēn* « révolution complète » : deux 二 tours 日 (囘). — 㬻 *mŭ* (*mú*) « plonger » : en tournant 刀 (囘) pour saisir 又 quelque chose.

249 冎 *kwà* (image) « os décharnés », d'où « déchiqueter vivant » (moderne 剮). = 咼 *kwà* « bec de lièvre » : bouche 口, os divisés 冎. — 骨 *kŭ* (*kù*) « os » : os 冎, chair 月. — 另 *lín* « surplus », « reste », « autre » : abréviation de 冎, osselet pris au squelette. — 別 *pyĕ* (*pyé*) « séparer » : fraction 另, couteau 刂 (刀).

249.

250 月 *ywĕ* (*ywé*) (image) le croissant, « la lune ». = 閒 *hyên* « interstice », « loisir » : lumière de la lune 月 passant à travers la porte 門. — 朔 *sŏ* (*só, swō*) « nouvelle lune » : lune 月 commençant à s'opposer 屰.

251 夕 *sï* (*sí*) (élément modifié) « le soir » : la lune à demi visible à l'horizon. = 名 *mïn* « le nom personnel » : ce qu'on dit 口 le soir 夕 pour être connu. — 多 *tō* « beaucoup » : réduplication d'un élément indifférent. — 宜, 宜 *yî* « disposition convenable » : produits 夕 (多) rangés entre le sol 一 et le toit 宀. — 夗 *ywèn* « décence » : être couché la nuit 夕 selon les rites 㔾 (卩).

252 朋 *phên* (image) « oiseau fabuleux » : cf. *fón* 鳳, *phên* 鵬 ; par emprunt « ami ».

253 肩 *kyēn* (image partielle) « l'épaule » : muscle et bras. = 月, 月 abréviations de 肉 (n° 56). — 肎, 肯 *khèn* « consentir », par extension : chair 月 qui se moule sur les os 冖 (冂). — 肙 *ywēn* « larves charnues » 月, qui se mettent en rond 口. — 肰 *żân* « viande » 月 « de chien » 犬. — 猒 *yén* « être repu » : doux, agréable 日 (甘), viande de chien 肰. — 祭 *ci* « sacrifice » : offrir 又 (又) de la viande 夕 (月), protection d'en haut 示.

254 龍 *lön*, abréviation conventionnelle où la moitié de droite représente les ailes, anciennement 䮾 § 179.

255 舟 *çęū* (image) « un bateau ». = 般 *pān* « fois » (par emprunt) : virer de bord 舟 par des coups 殳 de rame. — 服 *fŭ* (*fú*) « soumettre » : gouverner 𠬝 un bateau 月 (舟). — 前 *chyên* « avancer » :

la barque 肌 qui s'avance pour s'arrêter au port 亠 (止) — 俞 *yû* « canot » : bateau 月 (舟), assemblage 亼 pour aller sur l'eau, 巜 doublé.

256 角 *kyŏ* (*kyâo*) (image) « les cornes du bœuf » et des autres animaux. = 觜 *cwēi* « aigrette » : corne 角, 此 phonétique. — 解 *kyài* « diviser », « analyser » : poinçon 刀 en corne 角 de bœuf 牛. — 衡 *hên* « joug », « fléau » : pièce posée vers les cornes 奐 (角) du bœuf; 行 phonétique.

250.

257 口 *khẹ̀u* (image) « bouche humaine », « ouverture ». = 召 *ċáo* « citer », « mander », sens étendu : réprimande 口, amputation légale 刀. — 哭 *khŭ* (*khū*) « lamentations » : hurler à plusieurs bouches 吅 comme les chiens 犬. — 單 *tān* « simple », par emprunt : assaillir avec des cris 吅, et une fourche 卑. — 嚴 *yên* « ordre sévère » : bouche, 口 doublé, inspirer la crainte 厰 (attaquer un ours 敢, nᶜ 177, dans sa caverne). — 僉 *chyēn* « plusieurs » : réunion 亼 d'hommes 从 qui parlent 吅. — 𤕦, *nēn*, *nân* « un travail » 工 « exécuté 爻 en commun » avec cris 吅 et agitation 㐅. — 襄 *syān* « aider » : ôter son habit 衣 pour coopérer 㗊, 𤕦. — 喿 *sdo* les oiseaux qui « gazouillent » 品 sur les arbres 木. — 器 *khì* « ustensiles » : vaisselle servant à manger, 口 quadruplé, un chien 犬 au milieu. — 言, 䇂 *yên* « parler » : la bouche 口 exprime 亖 (辛) les idées. — 競 *kín* « dispute » : paroles contre paroles, 音 doublé (pour 誩), deux hommes 儿. — 善, 譱 *sạn* « doux »,

« bon » : bonne entente 羊 après une querelle 音 (pour 言 doublé). — 音 *yīn* « son », « note de musique » : la bouche émet 音 (言) un son 一. — 章 *čāṅ* « période musicale » : période musicale 音 complète 十. — 竟 *kíṅ* « frontière », « fin » : où la langue 音 des hommes 儿 change. — 意 *yì* « sens » : l'intention 心 des paroles 音.

258 口 (symbole) un objet quelconque = 石 cf. nº 207. — 品 *phìn* « ordre », « sorte » : disposition par degré. — 區 *khyū* « logis », « lieu » : des objets 品 rangés dans un coffre 匚. — 霝 *lìṅ* « la pluie » 雨 qui tombe goutte à goutte ᄆᄆᄆ (moderne 零).

259 只 *čị* (*čị*) (élément modifié) « mais » : la bouche 口 rattache 八 une phrase à l'autre (cf. nº 292 者).

260 曰 *ywě* (*ywé*) (élément modifié) « dire », « parler » : la bouche qui profère un son. = 曷 *hŏ* (*hó*) « comment? », demande : étranger 匃 qui parle 曰 pour demander. — 昌 *čhāṅ* « lumière » : émanation 曰 solaire 日. — 曹 *chấo* « des juges » : siégeant à l'est 曲 (東 doublé) et prononçant 曰.

261 甘 *kān* (élément modifié) « agréable au goût » : un objet 一 dans la bouche. = 某 *męù* « un tel » (par emprunt) : les fruits doux 甘 des arbres 木. — 旨, 旨 *čị* « parole », « décret », par emprunt : ce qui est doux à la langue 舌, doux 日 (甘), 匕 phonétique.

262 囗 *wêi* (image) « un rond », « un enclos ». = 邑, 阝 *yĭ* (*yí*) « ville », « district » : le territoire 囗 soumis à une autorité 巴 (卩). — 雝 *yōṅ* « bergeronnette » : l'oiseau 隹 des fossés 巛 (巛) de la

ville 乡 (邑). — 鄉 *hyāṅ* « la campagne » : l'intervalle de deux villes 郒, où pousse le grain 皀. — 巷 *hyáṅ* « les rues » : ce qui est en commun 共 dans la ville 巳 (邑). — 冋 *kyòṅ* la ville murée 口 et sa banlieue 冂. — 回 *wêi, hwêi* « double enceinte ». — 稟 *lin* « grenier » : enceinte 回 où l'on met 亠 (入) le grain 禾. — 亶 *tàn* « plein », « sincère » : grenier 亩 examiné au jour 旦. — 嗇 *sẹ̆ (śẹ́)* « épargne » : grains 來 (來) dans le grenier 亩. — 啚 *pì* « surabondant », « vil » : tas 口 de grains en sus du contenu du grenier 亩. — 圖 *thû* « plans », « calculs » : pour ranger le grenier 囗 en cas de surabondance 啚. — 營 *yîṅ* « campement » : tentes 呂, enceinte collective 冖, foyers, 火 doublé. — 宮 *koṅ* « palais » : toits 宀, appartements 呂 ; le trait entre les deux 口 est une adjonction moderne.

263 田 *khwẹ̀n* (image) « cour avec double passage en croix » (moderne 壼).

264 高 *kāo* (image) « élevé », « haut » : un pavillon sur un soubassement 冂, l'aire de la construction 口. = 亭, 京, 臺 § 180. — 就 *cyẹú* « s'approcher », « alors », par extension : tertre très élevé 京 (jadis doublé), étonnement 尤. — 喬 *khyáo* « élevé 高 (高) et surplombant 夭 ».

265 享, 亯 *hyàṅ* (élément modifié) « jouir » : don 日 à un supérieur 古 (高) § 181 (cf. nº 84 畀). = 亨 *hēṅ* « influence qui pénètre » : modification du précédent. — 䦧, 享, 亭 § 181. — 畗, 畐 *fŭ (fù)* « abondance » : monceaux 古 (高) de produits des champs 田.

266 㫗 *hẹú* (élément modifié) « libéral », « généreux » : inverse de

亯 (moderne 厚). = 覃 *thân* « savoureux » : sel 西 (鹵), à profusion 㫗 (㫗).

267 𩫏, 𩫖 *kwŏ* (*kwō*) (image) ville murée avec deux tours, 亯 et inverse § 181 (moderne 郭). = 复 *fŭ* (*fú*) « de nouveau » : aller 夂 à plusieurs reprises dans une ville 亯 (moderne 復). — 克 *khẹ̆* (*khẹ̄*) « maîtriser » : la tour 古 qui domine, 儿 placé en dessous.

268 呂 *lyụ̀* (image) « les vertèbres », « les notes de la gamme ». = 躳 *kōṅ* « personne », « corps » : courber son corps 身, faire saillir les vertèbres 吕 (呂).

269 豆 *tẹú* (image) « vase pour servir la viande »; support, caisse et peau d'un tambour. = 短 *twàn* « court » : les deux objets de petite taille, le vase 豆, la flèche 矢. — 虘 *hī* : vase 豆 en forme de tigre 虍. — 豎 *šú* « vertical » : solidement dressé 臤 comme le vase 豆. — 壴 *čú* « musique », « plaisir » (sens étendu) : un tambour 豆, la main qui le frappe 十 (又); ou 屮 symbole. — 喜 *hì* « joie » : chants 口 et musique 壴. — 鼓 *kù* « tambour » : tambour frappé 壴, main et baguette 支. — 尌 *šú* « dressé » : un tambour 壴, une main 寸 qui frappe. — 豈 *khì* « est-ce que », par emprunt : tambour 豆, la main gauche 山 pour 𠂇. — 彭 *phêṅ* « son du tambour » : le tambour frappé 壴, les coups symbolisés par 彡.

270 凸 *tŭ* (*tú*) (image) « convexe ».

271 凹 *wă* (*wā*) (élément modifié) « concave ».

272 四, 𠬞 *sọ́* (symbole) « quatre » : chiffre pair facile à partager.

273 匹 *phĭ* (*phì*) (élément modifié) : « dépareillé », « unité »,

« assortir » : moitié du précédent. = 甚 *śén* « jouissance », « extrêmement » : assorti 匹 au goût 甘.

274 六, 𠓜 *lŭ* (*lyeŭ*) (élément modifié) « six » : le premier nombre divisible qui suit quatre.

275 囧 *kyòn* (image) « lucarne », « lumière ». = 明 *mîn* « brillant », « éclairer » : la lune 月, une lucarne 日 (囧).

251.

276 酉 *yeù* (image) « amphore », « vin » ; caractère cyclique. = 酋 *chyeū* « vin clarifié » : vin 酉, la lie est séparée 八.

277 西 *sī* (image) « le couchant », « l'ouest » (sens étendu) : l'oiseau sur son nid. = 迺, 廼 *żēn* « cri de l'oiseau surpris » : oiseau sur son nid 西, caché 乚, § 181. — 垔 *yīn* « maçonner » : de la terre 土, nid 西 d'hirondelle en terre gâchée.

278 襾 *hyá* (image) « couvercle », « obturer ». = 覆 *fŭ* (*fû*) « couvrir » : couvercle 襾, 復 phonétique. — 買 *kù* « acheter » : couvrir 襾 de cauris 貝.

279 丙, 㐭 *thyèn* (image) « le menton », « lécher » : forme du menton (cf. 谷 nº 56) pris aussi pour 肉 viande boucanée. = 宿 *sŭ* (*sū*) « s'arrêter en voyage pour passer la nuit » : habitation 宀, un homme 亻 offrant de la viande séchée 百 (丙).

280 卤 *thyâo* (image partielle) « fruits pendants » (nº 56). = 栗 *li* (*lí*) « châtaignier » : l'arbre 木, les fruits 覀 pour 卤 (primitivement triplé).

281 囪, 囱 *chwān* (image) « porte », « fenêtre », fermée par un treillis (moderne 窗). = 窗 *chwān* « fenêtre » : fenêtre 囱, ouver-

ture 穴. — 悤 *chōn* « inquiétude » ; le cœur étant inquiet 心, on regarde par la fenêtre 囪. — 曾 *cēn* ce que l'on dit 曰 à la porte 囱, en se quittant 八 : d'où « encore », « ajouter ».

282 囟 *sin* (image) « le crâne ». = 囟 *phî* « le nombril » ; en rapports directs avec le crâne par des canaux 比 (image) où circulent les esprits vitaux (moderne 膍). — 思 *sō* « penser » : sentiment 心, tête 田 (囟). — 細 *sí* « fin », « délié » : fil 糸, 囟 phonétique, ou significatif (fin comme les cheveux). — 囟 *sin* « crâne chevelu ». — 㐫 § 181.

283 甶 *fŭ* (*fû*) (élément modifié) « tête difforme », « tête de démon ». = 鬼 *kwèi* « démon » ; tête bossuée 甶, jambes 儿, tourbillon 厶. — 畏 *wèi* « redoutable » : la tête du démon 田 (甶), sa griffe ⺊ et l'homme 人 effrayé.

252.

284 中 *cōn* (image) « centre » : cible et flèche.

285 用 *yón* « capacité », « utilité », « moyen » : autre image d'une cible percée par une flèche. = 周 *cẹū* « universel » : aptitude 用 s'étendant ㇇ (及, cf. n° 57 今) à tout. — 甫 *fù* « nom d'adulte » : aptitude 用 à être chef de famille 父.

286 串 *chwán* (image) « enfiler ». = 患 *hwán* « affliction » : cœur 心 percé 串.

287 臾, 甶 *kwéi* (image) « une corbeille » (moderne 蕢). = 貫 *kwéi* « précieux » : une corbeille 甶 de cauris 貝. — 㬎 *khyèn* : une corbeille 甶 telle que celles où l'on porte de la terre pour les terrassements 㠯 (自).

288 虫 *hwèi* (image) « serpent », « animal inférieur ». = 蟲 *čhôṅ* ce qui pullule, « reptiles », « insectes » : 虫 triplé. — 強 *khyâṅ* « robuste » : insecte 虽, avec une tête spéciale, arc 弓 (pris pour 彊).

253.

289 日 *žį* (*žį*) (image) « le soleil ». = 旦 *tán* « le matin » : soleil 日 au-dessus de l'horizon 一 (comparer § 176). — 早 *càò* « de bonne heure » : le soleil 日 à la hauteur d'un homme armé 十 (甲) (cf. § 176). — 晶 *cīṅ* « lumière », « cristal » : soleil 日 triplé.

290 白 *pŏ* (*pâi*) (élément modifié) « blanc » : le soleil qui point. = 百 *pŏ* (*pài*) « cent » : l'unité 一 des centaines, 白 phonétique. — 帛 *pŏ* (*pâi*) « soierie » : tissu 巾 blanc 白.

291 卓 *cŏ* (*čwō*) (image) « élevé » : mât ornemental.

292 者 *cẹ* (symbole) : liaison des membres de phrase précédents et subséquents, 曰 (自) origine, diverses lignes pointant en haut et en bas : « ce qui », « quant à ». = 書 *šū* « écrire », « écrit » : pinceau 聿, qui écrit des phrases, un discours suivi 曰 (者).

254.

293 田 *thyên* (image) « un champ », pièce de terre divisée; pris aussi comme symbole d'un objet quelconque (界 n° 84). = 苗 *myâo* « pousses » : les herbes ⺾ dans les champs 田. — 畜 *čhŭ* (*čhú*), *hyụ̆* (*hyụ́*) « bétail », « nourrir » : terres 田, herbes vertes 玄 (jadis doublé), d'où pâturage. — 畟 *cĭ* (*cĭ*) « végétation qui progresse » : les hommes 儿 se rendent 夂 aux champs 田. — 里 *lì* « hameau » : terre 土, champs 田. — 廛 *čhận* « lot de terre » 土 mis à part

八 dans le village 里 pour bâtir la maison 广. — 畺 *kyāṅ* « divisions 三 des champs », 田 doublé. — 彊 *khyâṅ* « robuste » : arc qui lance la flèche par-dessus plusieurs champs. — 畾 *lêi* « les champs » ; devient aussi un symbole analogue à 品 (n° 258).

294 甾 *cọ̄* (image) « vase », « poterie » ; comparer n° 114 = 盧 *lú* « vaisselle » : vases 田 (甾) et 皿, 虍 (phonétique).

295 由 *yẹú* (image) « origine » : germination d'un noyau. = 甹 *phīṅ* « exprimer 由 ses sentiments avec animation 丂 ».

296 甲 *kyă* (*kyà*) (image) « casque », « armure » ; caractère cyclique.

297 車, 𨏥 *chẹ̄* (image) « voiture » : coffre, roues, essieux. = 連 *lyên* « suite », « connexion » : chars 車 marchant 辶 (辵) à la file. — 軍 *kyūn* « armée » : corps, ou paquet 冖 (勹), de soldats et de chars 車. — 毄 *kì* (*kī*) « heurter 殳 du bout de l'essieu 軎 *kwéi* ».

298 魚 *yụ̂* (image) « un poisson ». = 魯 *lù* « obtus » : nez 曰 (自) de poisson 魚, sans flair. — 鱻 *syēn* « poisson vivant », « frais » : poisson 魚 triplé ; moderne 鮮 (§ 179).

255.

299 目, 罒 *mŭ* (*mú*) (image) « œil ». = 相 *syāṅ* « regarder » ; par emprunt (les deux éléments se prononçant *mú*) « réciproque » : regarder, épier 目 sous les arbres 木. — 見 *kyén* « voir » : homme 儿, les yeux 目. — 覔 *mì* (*mí*) « chercher » un objet qu'on ne voit pas 不見. — 省 *sìṅ* « examiner » : regarder 目 en fermant à demi 少 les yeux. — 盾 *twẹ́n* « bouclier » : pour cacher sa personne 𠂆 aux yeux 目. — 瞢 *mốṅ* « vue trouble » : vue 罒 divergente

艹 (𦭝), les yeux 目 obscurcis, enveloppés 勹 (勹). — 瞿 *khyụ̂* « vigilance », 目 doublé, des oiseaux 隹.

300 自 *cọ́* (image) nez humain, « personne », « origine ». — 息 *sī* (*sī*) « respirer » : le souffle du cœur 心 passant par le nez 自. — 習 *sĭ* (*sī*) « s'exercer » : premiers 白 (自) essais de vol 羽. — 鼻 *pí* « le nez » : nez 自, 畀 phonétique.

301 百 *sẹ̀u* (image) « la tête » : nez et ligne du front (moderne 首). = 頁 *hyĕ* (*hyė*) « homme », « tête », « unité » : tête 百, jambes 八 (儿). — 順 *śwẹ́n* « suivre le cours » : nager la tête 頁 en avant au fil de l'eau 川. — 類 *léi* « espèces » : têtes, séries 頁 des végétaux 米, des animaux 犬. — 憂 *yọ̆u* « triste » : souffrir de la tête 頁 et du cœur 心 ; voir § 177. — 夏, 𡕰 *hyá* « un Chinois », par extension « l'été » : tête 百, mains pendantes 臼, pieds qui marchent 夂. — 寡 *kwà* « veuve » : séparation 分 des personnes 頁 d'une maison 宀.

302 面 *myén* (élément modifié) « visage », « face ».

303 貝 *péi* (image) « cauris », « richesse ». = 敗 *pái* « ruiner » : broyer 攴 sa fortune 貝. — 員 *ywĕn* « rond » : cauris 貝 ronds 口 (moderne 圓). — 貧, 穷 *phĭn* « pauvreté » : partage 分 des biens 貝 ou 宀. — 賁 *pí* « ornements » : coquillages 貝 et herbages 卉. — 負 *fú* « confiance en soi » : un homme 刀 (人) juché sur sa fortune 貝. — 買 *mài* « acheter » : envelopper 罒 (网 n° 54) de cauris 貝. — 嬰 *yīn* « enfant », par extension : collier de cauris, 貝 doublé, pour femme 女.

256.

304 皿 *miǹ* (image) « écuelle », « assiette ». = 𥁕 *wēn* « charité » : nourrir 皿 un prisonnier 囚. — 血 *hywĕ* (*hywè*) « sang » : vase plein 丿 (一) de sang. — 盟 *mêǹ* « serment » : éclaircir 明 une affaire par le serment du sang 皿 (血).

305 曲 *khyŭ* (*khyū*) (image) « courbe », « arqué » : un bois courbe.

257.

306 甘 *kī* (image) « un van » (moderne 箕). = 其 *khî* « ce », « celui » (par emprunt) : un crible 甘 sur un pied 丌.

307 𠀠 *pān* (image) « une pelle », une fourche. — 畢 *pĭ* (*pí*) « achever » (par extension) : viande, objet 田 (cf. 界 n° 84) présenté sur une pelle 𠀠, à la fin des sacrifices.

308 冓 *keú* (symbole) « réseau », « système de canaux ».

258.

309 不 *pŭ* (*pŭ*, *pú*, etc.) (image) par emprunt « ne pas » : un oiseau qui s'élève vers le ciel 一. = 丕 *phēi* « vaste étendue » : oiseau s'élevant 不, au dessus du sol 一. — 否 *feù* « non » : dire 口 non 不. — 杏, 音 *theú* couper la parole à quelqu'un en mettant un point ˋ, une dénégation 否.

310 至 *cị* (élément modifié) « arriver à » : oiseau qui descend droit au sol 一. = 室 *sị* (*sí*) « habitation » : arriver 至 sous un toit 宀. — 晉 *cín* « prospérer » : le soleil 日 qui paraît, les oiseaux 臸 (至 doublé) qui s'abattent sur le sol pour chercher pitance.

311 牙 *yâ* (image) « crocs entrecroisés », « dents canines ». = 邪

syē nom de lieu, par emprunt « pervers » : localité 阝, 牙 phonétique (variante 耶 *ye*).

312 耳 *ọ̄l* (image) « l'oreille ». = 恥 *chī* « honte » : l'émotion du cœur 心 qui monte aux oreilles 耳. — 聞 *wên* « écouter » : une oreille 耳 appliquée à la porte 門. — 咠 *chì* (*chī*) « murmurer », « critiquer » ; parler 口 bas à l'oreille 耳. — 取 *chyù* « prendre » : saisir 又 par l'oreille 耳. — 最 *cwéi* par emprunt « très » : réunion sous un couvert 冃, 取 phonétique. — 聶 *nyĕ* (*nyé*) « parler à l'oreille », « conspirer » : oreille 耳 triplé.

313 瓦 *wà* (image) « tuiles emboitées », « poterie ».

314 艮 *lyân* (symbole) « bon », « honnête », nature originelle : figure inexpliquée.

315 而 *ộl* (image) conjonction de liaison, sens étendu (cf. 只 nº 259) ; racines chevelues sous terre, barbe au menton. = 耐 *nái* « supporter » : se contenir, tenir 寸 sa barbe 而. — 耎 *žwàn* « délicat », « flexible » : barbe 而 humaine 大. — 需 *syū* « nécessaire » : pluie 雨 nécessaire aux racines 而. — 耑 *čhwān* « rameaux », « fibres » : tige aérienne 山 (生), racines 而. — 段 *twán* « section », « fragment » : battu 殳 et réduit en fibres 𠂤 (耑). — 揣 *čhwài* « palper », « mesurer » : main 扌 (手) qui palpe la plante 耑. — 散 *wêi* « fibres », « ténu » : homme 几 (人) battant 攴 l'écorce pour séparer les fibres 山 (耑); remplacé par 微. — 徵 *cēn* « manifester » : débrouiller avec assurance 壬 les fils 微 (微) d'une affaire.

259.

316 文 *wên* (image) « veines », « dessins », « ornement » : des lignes croisées. = 吝 *lin* « avare » : rides 文 de celui qui épargne sur sa nourriture 口. — 虔 *khyên* « crainte », « respect » : rides 文 de la frayeur à la vue d'un tigre 虍. — 彥 *yén* « vénérable » : rides 文, 厂 et 彡 des vieillards.

317 衣, 衤 *yī* « vêtements » : en haut, col et manches, en bas, plis de la robe. = 初 *čhū* « commencement » : couper 刀 le vêtement 衣. — 哀 *ṅāi* « se lamenter » : gémissements 口 et habits 衣 du deuil. — 褱 *hwâi* « cacher dans son sein » : habit 衣, œil caché par les cils 眔 *tái* (cf. nº 123). — 表 *pyào* « l'extérieur » : le poil 士 (毛) apparent des peaux, des habits 衣. — 卒 *çŭ* (*cú*) « soldat » : habit 从 (衣) marqué 十, uniforme.

318 齊 *chî* (symbole) « régularité », « harmonie » : les épis d'égale hauteur. = 齋 *čāi* « abstinence » : cérémonie religieuse 示 (示), régularité de conduite 齊 (齊) qui la prépare.

260.

319 歺, 歹 *tài* (image partielle) « mal », « mort » : un corps 歺 (尸) d'où les os pointent. = 𣦼 *chân* « broyer » : la main 又, les fragments 歺. — 㕡 *syṳ́n* « ravin » : lit de torrent 谷, roches brisées 𣦵 (歺). — 睿 *żwéi* « acuité visuelle » : l'œil 目 pénètre au fond du ravin 𡨄 (㕡).

320 虍 *hū* (image) « raies de la fourrure du tigre ». = 虎 *hù* « un tigre » : la fourrure 虍, les pieds de l'animal qui se dresse 儿. —

膐 *khwēi* « nuire » : comme par un souffle pernicieux 丂, 虍 *hū* phonétique. — 虒 *thī*, *sō* tigre 虎 dans son antre 厂. — 虐 *nyŏ* (*nyó*) « féroce » : tigre 虍 griffant ⺕ (image).

261.

321 殸 *khīn* (image partielle) « frapper » 殳 un instrument sonore, pierres suspendues 声.

322 㽙 *chęū* (image) « tracer des sillons » (moderne 疇). = 𠷎 *chęū* « qui? » : la bouche 口 interroge en faisant des détours 㽙 (moderne 疇). — 壽 *sęú* « grand âge » : vieux 耂 (老), 𠷎 phonétique, 寸 inexpliqué.

323 火, 灬 *hwò* (image) « le feu » : flammes qui montent. = 焦 *cyāo* « tristesse » : volaille 隹 rôtie 灬, d'où roussi, racorni. — 煩 *fân* « dégoût » : mal de tête 頁 causé par le feu 火. — 尉 *wéi* « repasser » : main 寸 avec un fer chaud 小 (火), 𡰥 phonétique (§ 174). — 罙 *sēn* « l'âtre » : réduit 穴 (宀) où la main 又 attise le feu 火 (又, 火 soudés en 木). — 叟 *sęù* « vieillard » : homme qui prépare 又 du feu dans sa maison 臼 (宀). — 炎 *yên* « flamme » : feu 火 doublé. — 黑 *hĕ* (*hēi*) « noir » : suie autour de l'orifice 囪 de la fumée, feu 赤 (炎). — 熏 *hyūn* « fumée » : vapeur noire 黑 qui s'élève 工 (屮). — 粦 *lîn* « feu follet » : flammes 米 (炎) qui dansent 舛. — 尞 *lyào* « sacrifice au ciel » : du feu 小 (火), paille et grain 𡗗 présentés en don 日 (亯 nº 265 ; moderne 燎). — 勞 *lâo* « prendre de la peine » : travailler 力 dans une chambre à la lumière 𤇾 (熒 *yôn*).

324 燕 *yén* (image) « une hirondelle » : tête 廿, ailes 北, queue 灬.

262.

325 彳 *čhį* (*čhį*) (image) « un pas du pied gauche »

326 亍 *čhŭ* (*čhú*) (élément modifié) « un pas du pied droit » : inverse du précédent. = 行 *hîn* « marcher » : formé des deux précédents.

327 廴 *yìn* (élément modifié) « marcher à grands pas » : dérive du n° 325.

328 隹 *čwēi* (image) « oiseau à courte queue ». = 隼 *šwèn* « faucon 隹 sur un perchoir 十 ». — 隻 *čį* (*čį*) « un seul objet » : main 又 tenant un oiseau 隹. — 雙 *šwān* « une paire » : main 又 tenant deux oiseaux, 隹 doublé. — 讐 *čheû* « inimitié » : paroles 言 de deux parties, 隹 doublé. — 售 *šeú* « vendre » : bouche qui discute 口, les deux parties 隹 (隹 jadis doublé). — 隺 *hŏ* (*hào*) « un oiseau 隹 qui s'élève dans l'espace 冖 (冂) ». — 雁 *yén* « oie sauvage » : oiseaux 隹 des lieux escarpés 厂 volant en triangle 亻 (人). — 鷹 *yīn* « faucon » : l'oiseau 隹 qui obéit à l'homme 亻 (人) et vit dans sa maison 广. — 霍 *hwŏ* (*hwò*) « pluie soudaine » : la pluie 雨 surprend les oiseaux 隹 (隹 jadis doublé).

329 準, 准 *čwèn* (symbole inexpliqué) « fixé », « permis ».

330 缶 *feù* (image) « vase et couvercle », « poterie », « porcelaine ». = 匋 *thâo* « four à poterie » : contenir 勹, poteries 缶. — 䍃 *yâo* « vase » : vase 缶 pour contenir la viande ⺼ (月, 肉). — 寶

pào « précieux » : jade 王 (玉), poteries 缶, cauris 貝 dans la maison 宀.

331 矢 *śį* (image) « une flèche », « fixé », « irrévocable ». = 疾 *cí* (*cî*) « soudain » : maladie 疒 subite comme un coup de flèche 矢. — 医 *yi* « carquois » : étui 匚 pour les flèches 矢. — 知 *cį* « science » : prononcer 口 avec la netteté de la flèche 矢 (cf. 必 nº 59). — 規 *kwēi* « règle » : rendre droit comme flèche 夫 (矢) en y regardant 見. — 䮂 *yî* « douter » : flèche 矣 (矢) renversée 匕, qui manque le but (moderne 疑). — 䭾 : flèche 矣 qui s'arrête 止, certitude. — 矦, 侯 *hęú* « seigneur féodal » : tirant 矢 sur une cible 厂 qui représente un homme 〃 (人).

332 阜, 阜 *fęú* (image) pentes cultivées en gradins, « monticule ».

333 𠂤 *twēi* (élément modifié) : pente à deux gradins seulement ; par extension : rempart, ville, troupes. = 帥 *śwái* « un général » : guidon 巾 qui conduit les troupes 𠂤. — 師 *śį* « armée », « multitude », « éducateur », « capitale » : les troupes 𠂤 du premier 一 guidon 巾, les plus nombreuses, qui gardent la capitale et servent de modèle. — 追 *ćwēi* « poursuivre » : armée 𠂤 en marche 辶. — 官 *kwān* « mandarin » : la résidence 宀 du chef de la ville 𠂤 (𠂤).

Les explications et analyses de signes présentées plus haut doivent être reçues à titre d'indication ; elles n'ont pas une valeur absolue, les philologues chinois étant souvent en désaccord et n'ayant certainement pas toujours atteint l'idée des inventeurs des signes avec une exactitude parfaite, à laquelle les Européens ne sauraient non plus prétendre.

CHAPITRE VI

LES CLEFS

263. — Un dictionnaire graphique des signes chinois devrait être basé sur les éléments radicaux : tel est le Chwẹ-wen kiài-tseu, de Hiu Chen, achevé vers 100 de l'ère chrétienne. Le dictionnaire le plus usité et le plus maniable, suivi par les lexicographes européens, est le Khang-hi tseu-tien publié en 1716 ; les caractères sont rangés en 214 classes, sous autant de chefs de classes 部首 *pú-šẹù*, appelés souvent « clefs » ; ces clefs ont été fixées par le Tseu-hwei, de Mei Ting-tsou et Mei Ying-tsou, dictionnaire de 1615. Ce qui a été dit précédemment montre assez que les 214 clefs ne représentent systématiquement aucun élément réel des caractères, ni les éléments primitifs ni les phonétiques ; elles ont d'ailleurs été choisies d'après les graphies modernes, sans tenir compte des formes anciennes seules étymologiques. On a parfois admis que la clef représente l'idée générale, le radical significatif du mot : rien de tel n'est exact, elle est souvent un fragment d'un élément composant, ou une figure complexe ; rien de tel n'est possible, de nombreux caractères étant formés de radicaux multiples.

Il faut toutefois connaître la table des clefs, à peu près comme on connaît l'alphabet et pour des raisons analogues, sans attribuer à celle-là plus qu'à celui-ci une valeur méthodique, totalement absente. Dans le tableau suivant, je donne chaque clef avec les variantes, la prononciation, le sens premier ; des numéros renvoient aux principaux éléments où l'on en trouvera l'explication étymologique.

264. — Les formes spéciales employées en composition sont données après la forme principale ; le signe 0 indique la place des traits accessoires.

[un trait]

1 一 *yī* « unité »; cf. élément 1.

2 丨 *kwẹ̀n* sens multiples; simple trait.

3 丶 *čù* « point », « flamme »; cf. élément 37.

4 丿 *phyē* « une force »; cf. élément 4.

5 乙, 乚 *yī* « une pousse », caractère cyclique; cf. éléments 100, 101.

6 亅 *kywê* « marque », « crochet »; simple trait.

[deux traits].

7 二 *ọl* « deux »; cf. élément 2.

8 亠 *thẹú* sens multiples; assemblage de traits.

9 人, 亻 *żên* « un homme »; cf. élément 60.

10 儿 *żên* « un homme »; cf. élément 64.

11 入 *żú* « entrer »; cf. élément 58.

12 八 *pā* « huit »; cf. élément 59.

13 冂 *kyōṅ* « la campagne »; cf. élément 230.

14 冖 *mi* « couvrir »; cf. élément 231.

15 冫 *pīṅ* « de la glace »; cf. élément 119.

16 几 *ki* « un banc »; cf. élément 152.

17 凵 *khàn* « une fosse »; cf. élément 218.

18 刀, 刂 *tāo* « un couteau »; cf. élément 156.

19 力 *li* « de la force »; cf. élément 159.

20 勹 *pāo* « embrasser », « contenir »; cf. éléments 67, 163, 164.

21 匕 *pì* « une cuiller »; cf. éléments 165, 61.

22 匚 *fāṅ* « un coffre »; cf. élément 215.

23 匸 *hì* « un coffre »; cf. élément 214.

24 十 *ṣ̀ï* « dix »; cf. élément 24.

25 卜 *pù* « la divination »; cf. élément 8.

26 卩, 㔾 *cyê* « un segment de bambou »; cf. élément 195.

27 厂 *hán* « une falaise »; cf. élément 207.

28 厶 *sǭ* « privé », « particulier »; cf. élément 132.

29 又 *yẹú* « encore une fois »; cf. élément 177.

[trois traits].

30 口 *khẹù* « la bouche »; cf. éléments 257, 258.

31 囗 *wêi* « rond », « un enclos »; cf. élément 262.

32 土, 圡 *thù* « le sol »; cf. éléments 27, 28.

33 士 *ṣ̀ï* « un noble »; cf. élément 24.

34 夂 *cị̈* « venir par derrière »; cf. élément 69.

35 夊 *swēi* « marcher lentement »; cf. élément 70.

36 夕 *si* « le soir »; cf. élément 251.

37 大 *tá* « être grand »; cf. éléments 72, 185.

38 女 *nyụ̀* « une femme »; cf. élément 135.

39 子 *cọ̀* « un enfant »; cf. élément 142.

40 宀 *myên* « un toit »; cf. éléments 235, 234.

41 寸 *chwẹ́n* « un pouce, mesure »; cf. élément 181.

42 小 *syào* « être petit »; cf. élément 59.

43 尣, 尢 *wān* « un boiteux »; cf. éléments 74, 82.

44 尸 *ṣ̄ï* « un cadavre »; cf. élément 66.

45 屮 *chẹ́* « une pousse d'herbe »; cf. élément 222.

46 山 *ŝān* « les montagnes » ; cf. éléments 219, 220.
47 巛, 川 *ĉhwān* « un fleuve »; cf. élément 114.
48 工 *kōṅ* « un artisan »; cf. élément 29.
49 己 *kì* « soi-même »; cf. élément 105.
50 巾 *kīn* « un linge » ; cf. élément 237.
51 干 *kān* « un bouclier »; cf. élément 38.
52 幺 *yāo* « un objet ténu »; cf. élément 132.
53 广 *yèn* « un abri »; cf. élément 208.
54 廴 *yìn* « marcher à grands pas » ; cf. élément 327.
55 廾 *kòṅ* « les mains jointes »; cf. élément 185.
56 弋 *yí* « une flèche » ; cf. élément 209.
57 弓 *kōṅ* « un arc » ; cf. éléments 110, 126.
58 彐, 彑, ⺕ *kí* « la hure d'un porc » ; cf. éléments 139, 177.
59 彡 *ŝān* « des poils », « cheveux », « plumes » ; cf. élément 122.
60 彳 *ĉhị* « un pas du pied gauche »; cf. élément 325.

[quatre traits].

61 心, ⺗, 忄 *sīn* « le cœur »; cf. élément 102.
62 戈 *kwō* « une hallebarde » ; cf. élément 210.
63 戶 *hú* « une porte simple » ; cf. élément 202.
64 手, 扌 *ŝẹù* « la main » ; cf. élément 188.
65 支 *ĉị* « une branche » ; cf. élément 85.
66 攴, 攵 *phū* « frapper » ; cf. élément 177.
67 文 *wên* « des ornements » ; cf. élément 316.
68 斗 *tẹù* « un boisseau » ; cf. élément 52.

69 斤 *kīn* « une hache » ; cf. élément 204.

70 方 *fān* « un carré » ; cf. élément 160.

71 无, 旡 *wû* « ne pas » ; cf. élément 74.

72 日 *ẑị* « le soleil » ; cf. élément 289.

73 曰 *ywé* « parler » ; cf. élément 260.

74 月 *ywé* « la lune » ; cf. élément 250.

75 木 *mú* « du bois » ; cf. élément 86.

76 欠 *khyén* « manquer » ; cf. élément 104.

77 止 *cị* « s'arrêter » ; cf. élément 17.

78 歹, 歺 *tài* « le mal » ; cf. élément 319.

79 殳 *ŝû* « fustiger » ; cf. élément 150.

80 毋 *wû* « ne pas » ; cf. élément 136.

81 比 *pì* « comparer » ; cf. élément 61.

82 毛 *mâo* « des poils », « plumes » ; cf. élément 123.

83 氏 *ŝị* « une tribu », « famille » ; cf. élément 205.

84 气 *khí* « des vapeurs », « exhalaisons » ; cf. élément 104.

85 水, 氵, 氺 *ŝwèi* « de l'eau » ; cf. éléments 116, 120.

86 火, 灬 *hwò* « du feu » ; cf. élément 323.

87 爪, 爫 *cào* « les griffes d'un animal » ; cf. élément 186.

88 父 *fú* « le père » ; cf. élément 177.

89 爻 *hyâo* « action et réaction » ; cf. élément 55.

90 爿 *chyâṅ* « une planche », « un lit » ; cf. élément 93.

91 片 *phyén* « une pièce de bois », « une plaque » ; cf. élément 92.

92 牙 *yâ* « des dents entrecroisées » ; cf. élément 311.

93 牛, 牜 *nyęû* « un bœuf » ; cf. élément 48.

94 犬, 犭 *khywèn* « un chien » ; cf. élément 81.

[cinq traits]

95 玉, 王 *yụ́* « du jade » ; cf. éléments 34, 35, 36.

96 玄, 玄 *hywên* « le ciel noir bleu » ; cf. élément 132.

97 瓜 *kwā* « une courge » ; cf. élément 192.

98 瓦 *wà* « une tuile » ; cf. élément 313.

99 甘 *kān* « être doux », « sucré » ; cf. élément 261.

100 生 *ṣęṅ* « croître », « produire » ; cf. élément 227.

101 用 *yóṅ* « employer » ; cf. élément 285.

102 田 *thyên* « un champ » ; cf. éléments 293, 295, 296.

103 疋 *phi* « une pièce d'étoffe » ; cf. élément 19.

104 疒 *ni* « les maladies » ; cf. élément 94.

105 癶 *pó* « marcher » ; cf. élément 20.

106 白 *pâi* « être blanc » ; cf. élément 290.

107 皮 *phi* « du cuir » ; cf. élément 177.

108 皿 *miṅ* « une écuelle » ; cf. élément 304.

109 目, 罒 *mú* « l'œil » ; cf. élément 299.

110 矛 *męû* « une hallebarde à crocs » ; cf. élément 146.

111 矢 *ṣị* « une flèche » ; cf. élément 331.

112 石 *sị* « une pierre » ; cf. élément 207.

113 示, 礻 *ṣị́* « influences célestes » cf. élément 5.

114 禸 *żęù* « la piste d'un animal » ; cf. élément 243.

115 禾 *hwô* « les céréales » ; cf. élément 95.

116 穴, 𥤢 *hywé* « une caverne »; cf. élément 235.

117 立 *li* « se tenir debout »; cf. élément 1.

[six traits]

118 竹, ⺮ *cú* « des bambous »; cf. élément 85.

119 米 *mì* « du riz en grains »; cf. élément 96.

120 糸, 糹 *mí* « soie », « fil »; cf. élément 133.

121 缶 *fẹù* « un vase en poterie »; cf. élément 330.

122 网, 罒, 罓, 冈 *wàn* « un filet »; cf. élément 54.

123 羊, 𦍌 *yân* « un mouton »; cf. élément 42.

124 羽 *yù* « des ailes »; cf. élément 125.

125 老 *lào* « être vieux »; cf. élément 63.

126 而 *ộl* conjonction de liaison; cf. élément 315.

127 耒 *lèi* « une herse »; cf. élément 51.

128 耳 *ọ̀l* « l'oreille »; cf. élément 312.

129 聿 *yụ́* « écrire »; cf. élément 177.

130 肉, 月, ⺼ *żẹú* « de la chair »; cf. éléments 253, 56.

131 臣 *čhên* « un ministre »; cf. élément 216.

132 自 *cọ́* « une personne », « origine »; cf. élément 300.

133 至 *cị́* « atteindre »; cf. élément 310.

134 臼 *kyẹ́ú* « un mortier »; cf. éléments 228, 187.

135 舌 *šẹ̀* « la langue »; cf. élément 40.

136 舛 *čhwàn* « être opposé »; cf. élément 71.

137 舟 *čẹū* « une barque »; cf. élément 255.

138 艮 *kén* « être obstiné »; cf. élément 61.

139 色 *šę* « couleur »; cf. élément 60.

140 艸, 艹, 𦫳 *chào* « des herbes »; cf. élément 222.

141 虍 *hū* « rayures du tigre » ; cf. élément 320.

142 虫 *hwèi* « des vers », « insectes », « animaux inférieurs »; cf. élément 288.

143 血 *hywè* « du sang »; cf. élément 304.

144 行 *hīṅ* « marcher »; cf. élément 326.

145 衣, 衤, 𧘇 *yī* « les vêtements »; cf. élément 317.

146 襾, 覀, 西 *hyá* « un couvercle »; cf. éléments 278, 277, 280.

[sept traits].

147 見 *kyén* « voir »; cf. élément 299.

148 角 *kyáo* « une corne »; cf. élément 256.

149 言 *yên* « parler »; cf. élément 257.

150 谷 *kù* « une vallée profonde »; cf. élément 59.

151 豆 *tęú* « un vase pour servir la viande »; cf. élément 269.

152 豕 *šį* « un porc »; cf. éléments 173 à 176.

153 豸 *čį* « un félin »; cf. élément 172.

154 貝 *péi* « des cauris », « de la monnaie »; cf. élément 303.

155 赤 *čhį* « être rouge »; cf. élément 72.

156 走 *cęù* « marcher »; cf. élément 17.

157 足, 𧾷 *cû* « les pieds »; cf. élément 18.

158 身 *šēn* « le corps »; cf. élément 79.

159 車 *čhę* « une voiture »; cf. élément 297.

160 辛 *sīn* « être âcre », « aigre »; cf. élément 39.

161 辰 *čhên* « une femme enceinte », caractère cyclique ; cf. élément 65.

162 辵, 辶 *čhó* « s'arrêter en marchant »; cf. élément 17.

163 邑, 阝 *yi* « une ville »; cf. élément 262.

164 酉 *yẹù* « une amphore », caractère cyclique ; cf. élément 276.

165 釆 *pyén* « une piste d'animal » ; cf. élément 98.

166 里 *lì* « un hameau »; cf. élément 293.

[huit traits].

167 金 *kīn* « du métal »; cf. élément 57.

168 長, 镸 *čhân* « être long » ; cf. élément 124

169 門 *mẹn* « une porte » ; cf. élément 202.

170 阜, 阝 *fẹú* « un monticule » ; cf. élément 332.

171 隶 *tái* « saisir »; cf. élément 123.

172 隹 *čwēi* « un oiseau à queue courte »; cf. élément 328.

173 雨, 雨 *yụ̀* « la pluie »; cf. élément 120.

174 青, 靑 *chīn* « être vert », « bleu »; cf. élément 239.

175 非 *fēi* « ne pas être » ; cf. élément 10.

[neuf traits].

176 面, 靣 *myén* « la face » ; cf. élément 302.

177 革 *kệ* « écorcher », « destituer »; cf. élément 43.

178 韋 *wêi* « s'opposer », « cuir préparé »; cf. élément 71.

179 韭 *kyẹù* « un poireau »; cf. élément 11.

180 音 *yīn* « un son »; cf. élément 257.

181 頁 *hyé* « un homme », « une tête »; cf. élément 301.

182 風 *fōṅ* « le vent »; cf. élément 154.

183 飛 *fēi* « voler », « planer »; cf. élément 147.

184 食, 飠 *ṣ̄ṭ* « manger »; cf. élément 165.

185 首 *ṣẹ̀ù* « la tête »; cf. élément 121.

186 香 *hyāṅ* « un parfum »; cf. élément 95.

[dix traits]

187 馬 *mà* « un cheval »; cf. élément 168.

188 骨 *kǔ* « un os »; cf. élément 249.

189 高 *kāo* « être haut »; cf. élément 264.

190 髟 *pyāo* « des cheveux »; cf. élément 124.

191 鬥 *tẹ́ù* « se battre »; cf. élément 149.

192 鬯 *ċháṅ* « de la liqueur pour les sacrifices »; cf. élément 165.

193 鬲 *kẹ̀* « un chaudron à trois pieds »; cf. élément 242.

194 鬼 *kwèi* « un diable »; cf. élément 283.

[onze traits]

195 魚 *yṻ* « un poisson »; cf. élément 298.

196 鳥 *nyào* « un oiseau à queue longue »; cf. élément 169.

197 鹵 *lù* « des terrains salins »; cf. élément 120.

198 鹿 *lú* « un cerf »; élément 200.

199 麥 *mái* « de l'orge », « du blé »; cf. élément 56.

200 麻 *má* « du chanvre »; cf. élément 222.

[douze traits]

201 黃 *hwáṅ* « être jaune »; cf. élément 24.

202 黍 *šù* « du millet » ; cf. élément 95.

203 黑 *hēi* « être noir » ; cf. élément 323.

204 黹 *čị* « des broderies » ; cf. élément 237.

[treize traits]

205 黽 *mẹǹ* « un crapaud » ; cf. élément 113.

206 鼎 *tìǹ* « un trépied en bronze » ; cf. élément 93.

207 鼓 *kù* « un tambour » ; cf. élément 269.

208 鼠 *šù* « un rat » ; élément 229.

[quatorze traits]

209 鼻 *pí* « le nez » ; cf. élément 300.

210 齊 *chî* « l'égalité », « l'harmonie » ; cf. élément 318.

[quinze traits]

211 齒 *čhì* « les dents » ; cf. élément 221.

[seize traits]

212 龍 *lōǹ* « un dragon » ; cf. élément 254.

213 龜 *kwēi* « une tortue » ; cf. élément 113.

[dix-sept traits]

214 龠 *yáo* « une flûte de Pan » ; cf. élément 245.

TROISIÈME PARTIE

MORPHOLOGIE

Dérivation par variation du ton. — 265. — Les monosyllabes, invariables en principe (§ 6), subissent parfois des changements; la langue emploie ces changements pour noter des variations du sens. Les variations phoniques dont un monosyllabe est susceptible, sont peu nombreuses et peu profondes : modifié à la fois dans plusieurs de ses éléments, le monosyllabe deviendrait autre, la confusion serait à craindre. Le procédé des variations parallèles, phoniques et sémantiques, pour n'avoir pris un développement ni général ni systématique, est toutefois fréquent.

266. — Le changement de ton est très répandu comme moyen de dérivation. La première forme étant de sens actif, la forme au ton descendant indique quelquefois l'état, plus souvent elle est nom d'action ou nom d'agent. Le caractère n'est pas toujours le même pour les différents tons.

更 *kēṅ* « changer »
kéṅ « davantage »

觀 *kwān* « regarder »
kwán « vue », « observatoire »

去 *khyụ̄* « chasser »
khyụ́ « partir »

安 *ṅān* « la paix », « établir »

案 *ṅán* « une table », « ordre régulier »

按 *ṅán* « ordre régulier », « selon »

擔 *tān* « porter une charge »
tán « un fardeau »

當 *tāṅ* « équivaloir », « convenir »
táṅ « ce qui est convenable »

比 *pì* « comparer »
pí « semblable »

秉 *piṅ* « tenir en main »
柄 *píṅ* « le manche d'un objet »
拋 *phāo* « lancer »
礮 *pháo* « un canon »
磨 *mô* « aiguiser »
mó « une meule », « moudre »
分 *fẹn* « partager », « une partie »
fẹ̀n « la part de quelqu'un », « le devoir »
奉 *fòṅ* « recevoir d'un supérieur »
俸 *fóṅ* « la solde »
將 *cyāṅ* « prendre », « progresser »
cyáṅ « un général », « commander »
鑽 *cwān* « percer un trou »
cwán « un poinçon »
采, 採 *chài* « cueillir »
菜 *chái* « des légumes »
埽 *sào* « balayer »
sáo « un balai »
相 *syāṅ* « examiner », « considérer »
syáṅ « un ministre », « diriger »

稱 *chēṅ* « peser », « estimer »
稱, 秤 *čhéṅ* « une balance »
處 *čhù* « disposer »
čhú « une localité »
上 *šàṅ* « monter » (on dit aussi *šáṅ*).
šáṅ « le dessus »
使 *šị̀* « envoyer »
šị́ « un envoyé »
數 *šù* « compter »
šú « un nombre »
任 *žên* « porter un fardeau »
žén « une charge »
行 *hìṅ* « agir »
híṅ « action »
累 *lêi* « lier », « enfilade »
léi « embarras », « dépendance »
量 *lyâṅ* « mesurer »
lyáṅ « une mesure »
與 *yụ̀* « donner », « aider »
yụ́ « avoir part à »
聞 *wên* « entendre »
wén « la réputation »

267. — Fréquemment la forme au ton descendant répond simplement à un dérivé.

家 *kyā* « la famille »

嫁 *kyá* « se marier » (en parlant d'une femme)

假 *kyà* « être faux », « supposer »
kyá « un congé »

俱 *kyų̄* « tous ensemble »

具 *kyų́* « rassembler », « disposer »

冠 *kwān* « la tiare d'un noble »
kwán « imposer la tiare »

當 *tāṅ* « valoir », « faire face à »

擋 *táṅ* « arrêter »

倒 *tào* « renverser », « tomber »
táo « verser », « mettre sens dessus dessous »

聽 *thīṅ* « écouter »
thíṅ « obéir », « attendre »

難 *nán* « être difficile »
nán « détresse »

子 *cọ̀* « un fils »

字 *cọ́* « traiter en fils »

取 *chyụ̀* « prendre »

娶 *chyụ́* « prendre femme »

喪 *sāṅ* « être en deuil »
sáṅ « mourir », « perdre »

中 *ċōṅ* « le milieu »
ċóṅ « toucher la cible »

種 *ċòṅ* « des semences »
ċóṅ « semer »

少 *śào* « être peu nombreux »
śáo « jeune »

收 *śẹ̄u* « recueillir »

守 *śẹ̀u* « garder », « défendre »
śẹ́u « un préfet »

受 *śẹ́u* « recevoir »

授 *śẹ́u* « donner », « transmettre »

好 *hào* « être bon »
háo « aimer »

勞 *lâo* « prendre de la peine »
láo « remercier de la peine prise »

令 *lîṅ* « un serviteur »
líṅ « un ordre », « ordonner »

應 *yīṅ* « il est convenable »
yíṅ « répondre », « correspondre »

陰 *yīn* « obscur »

蔭 *yín* « de l'ombrage »

廕 *yín* « un abri »

隱 *yìn* « cacher »

王 *wâṅ* « un roi »
wáṅ « être roi »

爲 *wêi* « faire », « agir »
wéi « agir pour un motif »

Dérivation par aspiration de l'initiale. — 268. — Dans deux formes d'un mot, l'initiale aspirée du ton égal répond souvent à l'initiale sourde du ton descendant ou autre; il arrive que ces deux initiales proviennent l'une et l'autre d'anciennes initiales sonores.

騎 *khī* (*gī*) « monter à cheval »
kí (*gí*) « un cavalier »

彈 *thân* (*dān*) « décocher une flèche »
tán (*dán*) « la balle de l'arbalète »

駝 *thó* (*dō*) « porter sur le dos »

馱 *tó* (*dò*) « un fardeau porté sur le dos », « un animal de bât »

調 *thyâo* (*dyāo*) « accorder », « combiner »
tyáo (*dyáo*) « un air de musique »

田 *thyên* (*dyēn*) « un champ »

田, 佃 *tyén* (*dyén*) « cultiver »

平 *phīṅ* (*bīṅ*) « être uni », « être égal »
píṅ (*bíṅ*) « fixer le prix des denrées »

藏 *châṅ* (*jāṅ*)[1] « cacher »
cáṅ (*jáṅ*) « un dépôt »

盛 *ċhēṅ* (*żēṅ*) « emplir »
śéṅ (*żéṅ*) « être abondant »

陳 *ċhên* (*dyēn*) « ranger en ordre »

陣 *ċén* (*dyén*) « soldats rangés en ordre »

重 *ċhôṅ* (*dyōṅ*) « double »
ċóṅ (*dyóṅ*) « être pesant »

傳 *ċhwân* (*dywān*) « transmettre »
ċwán (*dywán*) « la tradition »

269. — L'opposition entre l'initiale aspirée et l'initiale sourde est parfois ancienne, sous une forme ou sous une autre.

大 *tá* (*dái*) « être grand »

太 *thái* (*thái*) « être grand, éminent »

泰 *thái* (*thái*) « être grand, prospère »

屏 *phīṅ* (*bīṅ*) « une cloison qui cache »
píṅ (*píṅ*) « un rempart », « défense »

篇 *phyēn* (*phyēn*) « tablettes liées ensemble »

編 *pyēn* (*pyēn*) « lier ensemble »

齊 *chī* (*jī*) « disposé en ordre »

劑 *cí* (*ci*) « combiner », « une dose de médecine »

1. *j* = sonore de *c*.

長 *ċhạṅ* (*dyāṅ*) « être long »
ċàṅ (*tyàṅ*) « grandir », « l'aîné »

償 *ċhâṅ* (*żāṅ*) « indemniser »

賞 *ṡàṅ* (*ṡàṅ*) « récompenser »

乘 *ċhĕṅ* (*ċhĕṅ*) « monter en voiture »
ṡĕṅ (*ċhĕṅ*, *żĕṅ*) « un véhicule »

270. — Dans d'autre cas, l'opposition des initiales, soit ancienne soit moderne, ne répond à aucune différence de sens; quelquefois l'aspirée, appartenant seulement à la langue vulgaire, semble insister sur le sens.

頂 *tiṅ* « le sommet », « très »
thiṅ « extrêmement »

奪 *twŏ*, *thwŏ* « prendre de force »

佩 *péi*, *phêi* « porter à la ceinture », « aimer », « goûter »

便 : 方便 *fāṅ-pyẹn* « commode », « facile »
便易 *phyên-yi* « à bon marché »

展 *càn*, *chạn* « déployer », « mettre en œuvre »

Autres oppositions de tons. — **271.** — Dans un petit nombre de couples, le ton ascendant semble indiquer activité ou insistance; voir deux exemples au § 269.

幾 *kī* « plusieurs »
kì « combien? »

強 *khyáṅ* « être fort, violent »
khyàṅ « contraindre », « s'efforcer »

那 *ná* « celui-là »
nà « lequel? »

槍 *chyāṅ* « un épieu », « une lance »

鎗 *chyāṅ* « une lance », « un fusil »

搶 *chyàṅ* « prendre par la force »

鮮 *syĕn* « être frais, récent »
syèn « être peu nombreux, rare »

272. — Dans un grand nombre de couples, l'un des termes est primitivement au ton rentrant et l'on observe alors quelques-unes des variations phoniques notées au § 87. Les mots au ton descendant sont souvent des dérivés; il n'apparaît pas de règle pour les autres.

讀 *tŭ, tú* « lire »
tęú « un membre de phrase »

北 *pĕ, pēi* « le nord »

背 *pēi* « tourner le dos »

暴 *pŭ, pú* « exposer au soleil »
páo « maltraiter »

復 *fŭ, fú* « revenir »
fęú, fú « de nouveau »

撒 *sǎ, sā* « semer », « répandre »

散 *sàn* « disperser », « se disperser »
sán « distribuer »

直 *cĭ, cį* « être direct », « être juste »

値 *cį* « valoir », « le prix »

著, 着 *cŏ, cŏ, cáo* « vêtir », « appliquer »

著 *cú* « manifeste », « manifester »

食 *sį, sį* « manger »
sǫ́ « nourriture », « nourrir »

植 *sĭ, sį* « une plante »

殖 *sĭ, sį* « cultiver », « faire croître »

植 *cį* « planter », « prendre racine »

說 *swĕ, swę* « dire »
swéi « exciter par la parole »

易 *yĭ, yi* « transformer »
yí « échanger », « troquer »

Autres modes de dérivation. — 273. — Les variations suivantes sont plus rares; toutefois des changements semblables ont déjà été notés dans l'étude des séries phoniques (§§ 184-197).

賈 *kù* « un marchand »
賈, 價 *kyá* « le prix d'un objet »

孤 *kū* « seul », « orphelin »
寡 *kwà* « seul », « veuve »

從 *cón* « ceux qui suivent »
són « les parents collatéraux »

爪 *cào* « griffe d'animal »
抓 *cwà* « griffer »

黏, 粘 *cạn* « coller (une affiche) »
nyên « être gluant »

生 *sēn* « naître »
姓 *sín* « le nom de famille »
性 *sín* « les qualités innées »

省 *sèn* « diminuer », « épargner »
sìn « examiner », « discerner »

撼 *hán* « agiter »
感 *kàn* « émouvoir »

降 *hyáň* « se soumettre »
kyáň « descendre », « faire tomber »

露 *lú* « la rosée »
lẹú « apparaître », « transpirer »

Il est donc établi qu'il existe des mots rapprochés par le sens, phoniquement voisins, distingués seulement par le ton, par l'initiale, par la finale et représentés soit par un seul caractère, soit par plusieurs caractères.

Un seul mot ayant deux sens opposés. — 274. — Un mode fréquent de dérivation sémantique est le suivant : un même mot exprime deux idées, qui sont opposées comme indiquant deux actions contraires ou complémentaires ; ce mot peut se présenter sous une seule forme phonique ou sous deux formes voisines ; il peut être traduit par un même caractère ou par deux caractères différents.

屆 *kú* « engager un ouvrier », « s'engager comme ouvrier »

當 *táň* « recevoir », « donner en gage »

貸 *tái* « emprunter », « prêter à intérêt »

稟 *piň* « informer un supérieur », « recevoir d'un supérieur »

賓 *pīn* « un hôte », « recevoir l'hospitalité »

擯, 儐 *pín* « donner l'hospitalité »

買 *mài* « acheter »

賣 *mái* « vendre »

明 *mīň* « être lumineux »

冥 *mīň* « être obscur »

奉 *fòň* « présenter à un supérieur », « recevoir d'un supérieur »

借 *cyé* « emprunter », « prêter »

贅 *cwéi* « emprunter », « prêter sur gage »

清 *chīň* « être limpide »

圊 *chīň* « des immondices »

承 *chêň* « offrir à un supérieur », « recevoir d'un supérieur »

受 *ṡẹú* « recevoir »

授 *ṡẹú* « donner »

學 *hywẹ́, hyáo* « apprendre »

斆 *hyáo* « enseigner »

教 *kyáo* « enseigner »

賃 *lin* « louer une maison », « recevoir », « donner en location »

亂 *lwán* « être troublé », « établir l'ordre »

傭 *yŏn* « louer » synonyme de *kú*.

Racines. — 275. — Une série de monosyllabes de constitution phonique analogue, de sens voisin, n'est autre chose qu'un groupe rattaché à une racine commune.

Racine *lwẹn*.

侖 *lwẹn* « s'appliquer aux livres fondamentaux », « mettre en ordre », « expliquer »

論 *lwẹn* « raconter », « exposer » *lwẹ́n* « disserter » (mettre de l'ordre dans les idées)

倫 *lwẹn* « le devoir » (l'ordre parmi les hommes)

掄 *lwẹn* « choisir », « ordonner »

綸 *lwẹn* « fils de soie mis ensemble », « arranger »

稐 *lwẹn* « une gerbe » (épis rangés ensemble)

輪 *lwẹn* « une roue et ses rais » (objet de forme régulière).

Ici la coïncidence phonique et sémantique est complète, d'autant plus sensible que le son *lwẹn* appartient à cette seule série.

Racine *hap*.

合 *hŏ* (*hap*), *hŏ* « accord », « union », de là au sens matériel :

盒 *hŏ* (*hap*), *hŏ* « une boîte » avec un couvercle qui s'adapte

匣 *hyă* (*hyap*), *hyá* « une boîte », « un coffre », « un étui »

莢 *kyă* (*kyap*), *kyá* « la gousse des pois », idée analogue

甲 *kyă* (*kyap*), *kyá* « la cuirasse » qui s'adapte au corps

陜 *hyă* (*hyap*), *hyâ* « passage étroit », « resserré »

佮 *kŏ* (*kap*), *kó* « s'associer », « un compagnon », idée d'union

鴿 *kŏ* (*kap*), *kō* « pigeons », « colombes » qui vivent en troupes

夾 *kyă* (*kyap*), *kyā* trois hommes ensemble ; « aider », « tenir des deux côtés », « double »

袷 *kyă* (*kyap*), *kyâ* « un habit doublé »

挾 *hyĕ* (*hyap*), *hyê* « tenir des deux côtés », « tenir sous les bras »

脅 *hyĕ* (*hyap*), *hyê* « côte », « côté », idée de rapprochement, d'union

押 *yă* (*yap*), *yā* « apposer un sceau », accord du sceau et de l'empreinte

壓 *yă* (*yap*), *yā* « comprimer »

Plus spécialement au sens figuré :

洽 *hyă* (*hyap*), *hyá* « en bonne intelligence »

協 *hyĕ* (*hyap*), *hyê* « agir d'accord »

噏 *hyĕ* (*hyap*), *hyé* « unir », « fermer »

恰 *khyă* (*khyap*), *khyá* « s'appliquer à », accord de l'esprit avec l'objet

愜 *khyĕ* (*khyap*), *khyé* « satisfait », « comblé », accord des faits et des désirs

Racine *hyụn*, *śwẹn*,

馴 *hyụ̂n*, *śwện* « cheval obéissant », « docile »

訓 *hyụ́n* « éduquer »

順 *śwẹ́n* « obéir », « suivre le courant »

Les sens sont bien liés ; pour le rapport phonique, cf. §§ 184 F), 186 D).

Racine *hwan*.

丸 *wân* (*hwân*) « une boulette », « une pilule »

完 *wân* (*hwân*) « complet », « finir » (un cycle achevé)

繯 *hywèn* « entourer d'une corde »

旋 *sywên* « se mouvoir en rond »

宣 *sywēn* « circuler »

圓 *ywên* « circulaire » — 垣 *ywên* « un mur d'enceinte »

Cf. §§ 184 E), F), 186 C), 188 B).

La racine suivante, sous des formes variées, présente deux séries A), B) de sens liés, comme il a été dit au § 274; une troisième série C) paraît s'y relier.

Racine *miṅ*.

A) 明 *mìṅ* « brillant », « clair », « comprendre »

名 *mìṅ* « le nom » (ce qui fait connaître)

銘 *mìṅ* « une inscription » qui fait connaître un fait

鳴 *mìṅ* « cri d'un oiseau, d'un animal » (qui révèle sa présence)

命 *mìṅ* « ordonner », manifester la volonté

B) 冥 *mìṅ* « obscur », « mystérieux »

黽 *mâṅ* « obscur », « secret »

蒙 *môṅ* « voiler »

幂 *mì* (*mik*), *mí* « voiler »

默 *mẹ̆* (*mẹk*), *mẹ́* « obscur », « silencieux »

墨 *mẹ̆* (*mẹk*), *mẹ́* « de l'encre »

暮 *mú* « le soleil couchant »

昧 *méi* « obscur »

煤 *mêi* « noir de fumée », « charbon »

C) 目 *mŭ* (*mok*), *mú* « les yeux », « regarder »

牧 *mŭ* (*mok*), *mú* « surveiller », « faire paître »

瞷 *mèṅ* « regarder »

矇 *môṅ* « vue trouble »

夢 *môṅ* « voir en rêve »

盲 *mêṅ* « aveugle »

覓 *mì* (*mik*), *mí* « chercher », c'est-à-dire chercher à voir

迷 *mî* « vue trouble », « hallucination »

寐 *méi* « dormir »

Les quatre mots suivants, s'il fallait les rattacher à cette série, formeraient une variante à finale dentale :

眠 *myên* « sombre », « fermer les yeux »

蔑 *myĕ* (*myat*), *myé* « œil fatigué », « détruire »

滅 *myĕ* (*myat*), *myé* « éteindre » 密 *mì* (*mit*) *mí* « secret »

276. — En prenant tous les mots d'un même son, indépendamment du ton, il est facile de former un petit nombre de séries qui comprennent tous les mots importants et auxquelles se rattachent quelques autres mots de son voisin ; chacune de ces séries peut provisoirement être regardée comme une famille naturelle. Ainsi, sous le son *ćeṅ*, on distingue : 貞 *ćēṅ* (*tyēṅ*) « ferme », « solide » ; 徵 *ćēṅ* (*tyēṅ*) « pronostic », « manifester » ; 正 *ćéṅ* (*ćéṅ*) « droit », « corriger » ; 爭 *ćēṅ* (*ćēṅ*) « tirer à soi » ; 烝 *ćēṅ* (*ćēṅ*) « vapeur ». La plupart des mots du son *ćeṅ*, quelques-uns se prononçant *ćhēṅ* (懲), *tēṅ* (燈), *śēṅ* (繩) peuvent être rapprochés de l'un de ces cinq chefs, être rangés dans l'une des cinq familles. Sous les sons *caṅ*, *śan*, *lwẹn* par exemple, on trouve encore moins de séries, ou de racines.

Dérivation par variation de l'accent. — **277.** — L'accentuation des mots complexes n'est pas la même pour les diverses catégories de mots (§§ 93 et suivants) ; un même mot, suivant la place de l'accent, est d'une catégorie ou d'une autre (§ 95) ; dans plusieurs cas, l'expression change de sens avec l'accentuation (§§ 92, 95, 103, 107).

QUATRIÈME PARTIE

SYNTAXE

CHAPITRE PREMIER

PRINCIPES

Fonctions grammaticales. — 278. — Les termes grammaticaux usuels seront provisoirement conservés jusqu'au § 282.

En principe, le monosyllabe est invariable et n'appartient à aucune catégorie grammaticale (§ 6); propre à remplir tout rôle, il prend une fonction en entrant dans une phrase, où il s'unit à d'autres monosyllabes soit directement en propositions, soit en mots complexes qui forment à leur tour des propositions.

279. — 雪 *sywè* « de la neige », est d'abord un nom; il devient verbe transitif: 雪冤 *sywè*-**ywēn** « obtenir redressement d'un tort », mot à mot « faire fondre comme neige — le ressentiment ».

過 *kwó* correspond à : un verbe transitif : 過河 *kwó*-**hô** « passer la rivière » ; — un verbe auxiliaire marquant le passé : 見過 **kyén**-*kwó* « avoir vu » ; — un verbe intransitif : 過後 **kwó**-*hẹú*, « après coup (après que — la chose est passée) » ; — une préposition : 過四五年的工夫 **kwó** **sọ́**-*wù*-**nyên**-*ti* **kōñ**-*fū* « après quatre ou cinq ans »; — un adverbe : 過多 *kwó-tō* « trop nombreux » (*kwó* « excéder ») ; — un nom : 小過 *syào-kwó* « de petites fautes » (*kwó* « transgresser »).

好 *hào* devient : un qualificatif : 好人 *hào-żên* « de braves gens » ; — un verbe adjectif : 這個好 *ċẹ-kó hào* « ceci est bon » ; — un nom : 好歹 *hào-tài* « le bien et le mal » ; — un verbe intransitif : 病好了 *pín hào-lyào* « la maladie est guérie (est améliorée) » ; — un verbe auxiliaire : 事情辦好了 *ṣị-chín pán-hào-lyào* « l'affaire est arrangée (a été traitée — mise en bon point) » ; — une conjonction : 給你錢好過年 *kèi-nì chyên hào kwó-nyên* « je te donne de l'argent pour passer le nouvel an » (*hào* « mettre en bon point, effectuer » = « afin de ») ; — un adverbe : 好熱 *hào-żẹ́* « très chaud ».

280. — Certains monosyllabes sont spécialisés dans une fonction au moyen d'une variation phonique (§§ 266-273) : 好酒 *háo-cyẹù* « aimer le vin », *háo* verbe transitif v. *hào* « être bon » ; 中 *ċòn* « toucher la cible » v. *ċōn* « le milieu ».

281. — D'autres monosyllabes sont affectés de préférence à une seule catégorie grammaticale ; ex. : noms concrets : 牛 *nyẹ́û* « des bœufs », 汗 *hán* « de la sueur » ; — noms abstraits : 德 *tẹ́* « la vertu », 有德 *yẹù-tẹ́* « avoir de la vertu », « être vertueux » ; comparez d'autres noms abstraits : 孝 *hyáo* « la piété filiale », 不孝 *pú-hyáo* « manquant de piété filiale », *pú* est la négation adverbiale, *hyáo* est donc verbe ; — pronoms : 我 *wò*, « je, moi » ; 這 *cẹ́* « ceci » ; 何 *hó* « quoi » ; — verbes : 有 *yẹù* « il y a » ; 打 *tà* « frapper » ; — adverbes : 再 *cái* « une seconde fois » ; 不 *pū*, *pú*, *pù* « ne pas » ; — conjonctions : 雖 *swēi* « quoique ».

La langue littéraire habituellement ne limite pas les mots à un seul rôle ; les expressions de cette origine pouvant être citées oralement, on rencontrera des monosyllabes dans des rôles anormaux, ainsi 九有 *kyeù-yeù* « les neuf provinces (possessions) ».

282. — Les mots complexes n'ont guère plus de fixité que les monosyllabes ; leur rôle ne résulte pas nécessairement de leur composition. Le nom reste souvent un nom : 木頭 *mú-theu* « du bois ». Mais : 笑話人 **syáo**-*hwá*-**žên** « se moquer de quelqu'un » ; **syáo**-*hwá*, ici verbe transitif, veut dire d'abord « des paroles plaisantes », 體面 **thì**-*myén*, deux noms, « fonds » et « surface », signifie « distingué », « être distingué » (adjectif). 四海 *só*-**hài** « les quatre mers », « le monde » d'où **só**-*hài* « être homme du monde, avoir de bonnes manières » (adjectif) avec changement d'accent. 公道 **kōn**-*táo* « public — principe », adjectif et nom, signifie « juste », est donc adjectif ; mais *kōn*-**táo** « les principes communs », « la morale usuelle ».

Les mots qui sont d'habitude adjectifs qualificatifs, deviennent facilement verbes ou noms : 明白 **mîn**-*pâi* « intelligent », aussi « comprendre » ; 便易 **phyên**-*yi* « à bon marché », adjectif, d'où « un marché avantageux », nom abstrait ; 大黃 **tái**-*hwân* « grand-jaune », deux adjectifs, d'où « de la rhubarbe », nom concret.

Le complexe verbal devient régulièrement substantif : 後悔 **heù**-*hwèi* « se repentir » et « le repentir » ; 商量 **šān**-*lyán* « délibérer » et « des délibérations » ; 舖蓋 **phū**-*kái* « étendre — couvrir », d'où « une couverture », nom concret.

Des propositions fragmentaires prennent le rôle d'un mot unique : 管事 *kwàn*-**ší** « s'occuper des affaires », (verbe et régime), d'où « l'intendant » ; — 看輕 *khán*-**khīn** « regarder-léger » devient verbe transitif « mépriser » : 看輕外人 *khán*-**khīn wái**-*žên* « mépriser les étrangers » ; — 小心 *syào*-**sīn** « resserrer son cœur », verbe et régime, signifie « prendre garde », et aussi « celui qui prend garde », « craintif »; prend un régime : 小心孩子 *syào*-**sīn hâi**-*cọ* « prendre garde à l'enfant »; — 心疼 *sīn*-**thêṅ** « le cœur est douloureux », sujet et prédicat, d'où 心疼錢 **sīn**-*thêṅ*-**chyên** « regarder à l'argent », verbe et régime.

Groupement des mots. — 283. — Dans la phrase orale, la fonction du mot est marquée par la place et par l'accent; quand la phrase est écrite, seule la position subsiste (§§ 9-19 sur la syntaxe; §§ 92-121 sur l'accentuation; §§ 132, 133). L'étude du groupement des mots, ordre et accent, est toute la syntaxe, puisque la dérivation a peu d'importance pratique (§§ 265-274). Le groupement correspond à deux séries de faits qui sont distingués dans d'autres langues, composition et syntaxe propre; ici les mêmes principes s'appliquent, qu'il s'agisse de former un mot complexe ou une proposition. Ex. : 紅事 **hôṅ**-*sị* « une noce » (mot complexe); 紅布 **hôṅ**-*pú* « de la toile rouge » (adjectif et nom); le qualificatif précède le qualifié et porte l'accent; cette dernière condition n'est toutefois pas absolue. — 他來 *thā*-**lâi** « il vient » (sujet et prédicat); le prédicat est le second et porte un accent fort. — 報讐 *páo*-**chẹû** « se venger » (prédicat et régime); 爲你 *wéi*-**nì** « pour toi » (prédicat et régime); 送信 *sóṅ*-**sín** « un courrier » (mot complexe, prédicat et régime); 點心 **tyèn**-*sīn* « une collation » (mot complexe, prédicat et régime); le régime est placé après et porte le plus souvent un accent fort.

Ces exemples montrent aussi que l'unité d'accent est la même pour des expressions telles que **hôṅ**-*sị* « une noce », *sóṅ*-**sín** « un courrier », qui désignent un seul objet, une seule personne, et pour *thā*-**lâi** « il vient », *wéi*-**nì** « pour toi », expressions composées où chaque terme peut être remplacé par divers autres analogues. Toutefois dans **tyèn**-*sīn* l'unité du mot est plus marquée grâce au déplacement de l'accent; certains mots flottent entre les deux accentuations. Il n'y a donc pas de démarcation nette entre les mots complexes et les groupes mobiles qui sont des propositions entières ou partielles. Bien plus, un même groupe peut jouer le rôle ou d'une proposition entière ou d'un complexe : 他來 *thā-lâi* « il vient » (proposition), 等他來 **tèn** *thā-lâi* « attendre sa venue, attendre qu'il vienne » : *thā-lâi* régime de *tèn*.

284. — Les deux signes de la fonction, place et accent, ne se prêtant qu'à un petit nombre de combinaisons, chaque type de groupement correspond à un grand nombre de fonctions grammaticales, c'est-à-dire à des rapports logiques très généraux. De là, deux conséquences, Pour comprendre, l'étranger ne peut se contenter de transposer les formules typiques du chinois, trop générales et trop vagues, il doit subdiviser chaque type en cas plus limités et plus précis, applications de la formule qui en voilent l'unité réelle. La généralité de la formule syntaxique permet souvent dans une phrase donnée d'attribuer indifféremment à un mot l'une de deux ou trois fonctions grammaticales diverses et de compenser cette première divergence grammaticale par une divergence corrélative dans d'autres termes du groupe, tout cela sans s'écarter du sens concret de la phrase : on verra plus d'un exemple de ce fait.

285. — Par suite de cette condition les termes de la grammaire européenne sont inapplicables : il n'y a ni déclinaison ni verbe là où il n'y a pas de formes. Seuls les rapports logiques fondamentaux et les fonctions grammaticales essentielles se retrouvent à la fois en chinois et dans les langues européennes.

Définitions : noms. — **286.** — Les **noms** concrets désignent les êtres vivants ou les objets inanimés ; les **noms** abstraits désignent les actes ou les états des êtres concrets, quand ces actes ou ces états sont exprimés à part des êtres concrets dont ils dépendent. Le nom concret ou abstrait représente l'idée générale sans aucune précision accessoire de nombre ou de sexe; le genre grammatical n'existe pas; la distinction entre les noms définis (avec l'article défini « le ») et indéfinis (avec « un », « du ») n'est pas notée dans le nom même.

Ex. : 馬 *mà* « un cheval », « des chevaux », « le cheval », « les chevaux » ; « l'étalon », « la jument », « le poulain », etc. 樹 *sú* « un arbre », « des arbres », « l'arbre », « les arbres ». 紅 *hôn* « l'objet rouge », « les objets rouges », « des objets rouges », « la rougeur », etc.

Prédicatifs. — **287.** — Les actes et les états exprimés concrètement, c'est-à-dire comme états d'un être subsistant, comme actes d'un être agissant, sont **prédicats** si l'on considère l'acte ou l'état, **épithètes** si l'on insiste sur l'être agissant ou subsistant. Les mots susceptibles d'être tantôt prédicats tantôt épithètes seront nommés **prédicatifs**; ils ne portent aucun indice de personne, nombre, temps, mode, voix, genre, degré. Les prédicatifs se divisent en prédicatifs de qualité et prédicatifs d'action; les premiers sont des **adjectifs** exprimant un état; les seconds sont ou **intransitifs** exprimant une action qui ne passe pas sur un patient, ou **transitifs** exprimant une action susceptible de s'exercer sur un objet. Ex. : 紅 *hôň* « rouge », « rouges », « plus rouge », « le plus rouge » ; « être rouge » (à toutes les personnes, tous les temps, tous les modes). 走 *cẹù* « marchant », « qui marche » ; « marcher » (à tous personnes, temps, modes); « la marche ». 打 *tà* « frappant », « qui frappe » ; « frappé », « qui est frappé » ; « frapper », « être frappé » (à tous personnes, temps, modes, voix); « le fait de frapper » ou « d'être frappé ».

Le patient ou objet s'appelle **régime**, le mot en fonction de régime correspond souvent aux compléments direct et indirect, de durée, etc. (§§ 453-460).

Particules. — **288.** — Les **particules** jouent le rôle d'auxiliaires occasionnels dans la **proposition**, jugement formulé par le rapprochement d'un nom **sujet** et d'un prédicat, ou dans la **phrase** formée de plusieurs propositions.

Objet absolu. — **289.** — Souvent la proposition contient un troisième élément, un nom délié de rapport direct soit avec le couple sujet-prédicat, soit avec l'élément sujet, soit avec l'élément prédicat. En raison de cette condition, cet élément est dit **objet absolu** (§ 15).

Valeur de la position. — **290.** — Dans le rapport de prédicat à régime, celui ci est postposé à celui-là (§ 14). Dans le rapport de **déterminant à déterminé**, le premier est antéposé au second (§ 12); entre deux noms ce rapport indique apposition, partitif, locatif, origine, possessif, temps, matière, qualité, etc. (§§ 295-338, etc.); entre deux prédicatifs, il marque les relations modalité-action, action-résultat, etc. (§§ 480 et suivants, 491 et suivants, 523 et suivants). S'il s'agit d'un nom et d'un prédicat, le nom antéposé exprime les circonstances, manière, mesure, matière, cause, lieu, époque, etc. (§§ 431, 437-450).

Il ne faut jamais perdre de vue que dans toute la syntaxe il s'agit de fonctions, non de catégories grammaticales fixes.

CHAPITRE II

LE NOM

291. — Dans les exemples qui suivent, l'accent est toujours noté; mais les règles d'accentuation ayant été indiquées aux §§ 92-120, ne seront rappelées et expliquées que quand il sera nécessaire. Sur le nom, voir § 286.

Nom monosyllabe. — **292.** — Le monosyllabe peut être uniquement (§ 281) ou primitivement un nom : 人 *żên* « un homme »; 道 *táo* « le chemin », « la raison »; 管 *kwàn* « un tube ».

Il peut être un prédicatif employé comme nom : 用 *yóṅ* « usage », d'abord « employer »; 葷 *hwēn* « des aliments savoureux », d'abord « être savoureux »; 夏熱秋凉 **hyá**-*żẹ́* **chyẹ̄ū**-*lyâṅ* « la chaleur de l'été, la fraîcheur de l'automne » (*żẹ́* « être chaud », *lyâṅ* « être frais »). Cet emploi est fréquent avec des noms de nombre formant des expressions consacrées : 三清 *sān*-**chīṅ** « les trois Purs », divinités taoïstes (*chīṅ* « être pur »); 五行 *wù*-**hîṅ** « les cinq éléments » (*hîṅ* « agir »).

Prédicatif avec déterminatif. — **293.** — Un prédicatif accompagné d'un déterminatif se transforme aussi en nom : 不是 **pû**-*ṣ́ị*

« une faute, un défaut (ne pas — être correct) »; 先生 **syēn**-*šēn* « un lettré, un maître (auparavant — naître) »; 這麼說 **čẹ**-*mō*-**šwẹ̄** « le fait de parler ainsi »; 規費 **kwēi**-*féi* « des dépenses régulières (règle — dépenser) »; 難受 **nân**-*šẹú* « un ennui, une souffrance (difficilement — supporter) ».

Redoublement. — 294. — Le monosyllabe redoublé est fréquent pour les noms de parenté (accent § 93); en composition il se simplifie, mais tous les noms de ce genre ne sont pas susceptibles d'entrer en composition de manière analogue : 哥哥 **kō**-*kō* « frère aîné »; 他哥 **thā**-*kō* « son frère aîné ». Dans 老老 **lào**-*lào* « grand'mère maternelle », 太太 **thái**-*thái* « une dame », le redoublement paraît avoir une valeur intensive (voir § 481). 回回 **hwêi**-*hwêi* « un musulman », est un mot d'origine contestée, peut-être étrangère. Des noms d'objets ont cette forme : 餑餑 **pō**-*pō* « un petit pain ».

Le redoublement sert pour des pluriels distributifs (même accent) : 天天 **thyēn**-*thyēn* « chaque jour »; 處處 **čhú**-*čhú* « chaque endroit, partout »; 件件 **kyén**-*kyén* « chaque objet, tous les objets »; 個個人 **kó**-*kó*-**žên** « chaque homme, tous les hommes ». — 元元 **ywên**-*ywên* (littéraire) « le peuple »; peut-être à rattacher au sens de *ywên* « tête », d'où « toutes les têtes », « tous les hommes ».

Apposition : synonymes. — 295. — Deux monosyllabes synonymes, ou à peu près synonymes, peuvent former un complexe désignant un seul objet (accent § 97): 皇帝 **hwân**-*tí* « l'empereur »; 道路 **táo**-*lú* « le chemin »; 臉面 **lyèn**-*myén* « le visage », sens dérivé « l'honneur »; 根本 *kēn*-**pèn** « l'origine (racine — origine) »; 故舊 **kú**-*kyẹú* « un vieil ami » (deux épithètes, « ancien — vieux »);

平安 *phîn-ñān* « la paix (uni — tranquille) », deux épithètes; 行爲 *hîn-wêi* « les actions » (deux transitifs, « agir — faire »); 告示 *káo-şí* « une proclamation » (deux transitifs, « avertir — donner des instructions »).

Le même procédé d'union s'applique à des complexes : 四鄰八家 *sọ-lîn-pā-kyā* « le quartier (les quatre voisins — les huit familles) »; 油嘴滑舌 *yęû-cwèi-hwâ-şệ* « un beau parleur (lèvres huilées — langue glissante) ».

296. — L'apposition est fréquente comme moyen syntaxique appliquant à un seul être deux noms qui le caractérisent; le premier mot plus précis définit le second plus général; 發瘧子那個病 *fā-yáo-cọ nà-kó-pîn* « la fièvre intermittente, cette maladie ».

Les cas les plus fréquents sont les suivants :

297. — 漢江 *hán kyāñ* « le fleuve Han »; 膠州 *kyào-cęū* « Kiao-tcheou », c'est-à-dire « le district de Kiao »; 江蘇省 *kyāñ-sū-sèñ* « la province du Kiang sou »; 康熙年 *khāñ-hī-nyên* « les années Khang-hi », ère désignée de ce nom (1662-1723); 章老爺 *cāñ-lào-yê* « M. Tchang »; 瓦字 *wà-cọ́* « le caractère *wà* ».

Dans ces exemples le nom propre précise le nom commun; la tournure inverse est inusitée sauf dans des expressions de langue littéraire : 帝堯 *tí-yáo* « Yao l'empereur »; 人家金孝可就於心無愧 *žên-kyā kīn-hyáo khó-cyęú yū-sīn wû-khwéi* « Kin Hiao, un homme, n'eut rien à se reprocher » (phrase de forme semi-littéraire).

Pronom et nom — **298.** — 他這個人 *thā cẹ́-kó žên* « lui, cet homme » (méprisant); 你老兄 *nì lào-hyōñ* « toi, mon frère aîné » (familier); 你兒我 *nì-ộl wò* « moi, ton fils »; 我這先生 *wò cẹ́-syēn-šēñ* « moi, un tel lettré » (un lettré remarquable). Même analyse pour la construction suivante : 送我件

逆的 **sóṅ-wò** *wú-nî-ti* « m'accuser de rébellion (envoyer au yamen — moi — un rebelle) ».

Objet mesuré et mesure. — 299. — Le nom de matière est général ; le nom de mesure le précise ; tous deux désignent le même objet. Voir §§ 419, etc. ; accent §§ 105, etc. : 三尺布 **sān-**chị**-pú** « trois pieds de toile ». L'inversion 白米一石 *pâi-*mì *yî-*tán « un picul de riz », insistant sur la mesure, est employée surtout dans les comptes, bordereaux, etc. (§ 423).

Spécification dans une catégorie. — 300. — Un grand nombre de noms complexes sont formés d'un nom de genre expliqué par un nom d'espèce antéposé (accent § 100) : 杏樹 **hîṅ**-*sú* « un abricotier » ; 桃樹 **thâo**-*sú* « un pêcher » (*sú* « arbre »). — 鯉魚 **lì**-*yû* « une carpe » ; 鱔魚 **ṣạn**-*yû* « une anguille » (*yû* « poisson »). — 匠人 **cyaṅ**-*żên* « un ouvrier » (*żên* « homme »).

D'autres complexes formés avec les mêmes finales entrent dans d'autres catégories : 民人 **mîn**-*żên* « un Chinois » (partitif, « un homme du peuple ») ; 病人 **pîṅ**-*żên* « un malade » (qualité, « maladie — homme ») ; 水手 **ṡwèi**-*ṣẹù* « un marinier » (appropriation, « eau — main ») ; 西瓜 **sī**-*kwā* « une pastèque » (origine, « ouest — courge »).

301. — Le mot *kyā* « famille » forme des complexes populaires analogues, qui sont souvent des pluriels ; mais il est parfois tout à fait dépourvu de sens : 船家 **chwân**-*kyā* « les bateliers » ; 仙家 **syēn**-*kyā* « un génie », « les génies » ; 俺家 **ṅān**-*kyā* « moi », ou « nous » ; 天家 **thyēn**-*kyā* « le jour » ; 孃家 **nyâṅ**-*kyā* « la famille de la femme » (*kyā* conserve ici son sens premier).

302. — Les mots *thẹû* « tête », « chef », *ộl* « enfant », *cọ* « fils », « produit », « objet » forment des séries analogues à celles du § précédent ; très souvent ces mots perdent leur sens et sont de simples terminaisons (accent §§ 100, 116) : 會頭 **hwéi**-*thẹû* « un chef d'assemblée » (le sens de *thęû* subsiste) ; mais 木頭 **mû**-*thęu* « du bois », 裏頭 **lì**-*thęu* « l'intérieur », etc.

303. — *ǫl* très employé dans la langue commune du nord forme souvent des diminutifs : 孩兒 **hâi**-*ǫl* « un petit enfant » v. 孩子 **hâi**-*cǫ* « un enfant » ; 皮兒 **phî**-*ǫl* « une pelure », « une pellicule » v. 皮 *phî*, « de la peau », « du cuir ». Souvent il semble destiné à arrondir un monosyllabe qui serait trop bref ou à marquer nettement la fin d'un complexe : 字 *cǫ́* = 字兒 **cǫ́**-*ǫl* « un caractère d'écriture » ; 尖兒 **cyēn**-*ǫl* « une pointe » (*cyēn* « pointu », prédicatif) ; 天老兒 **thyēn**-*lào*-*ǫ̀l* « un albinos (vieux de naissance) ».

304. — Dans 長子 **càn**-*cǫ̀* « fils aîné », 鷄子 **kī**-*cǫ̀* « un œuf de poule », *cǫ̀* garde son sens. Il transforme en noms des mots qui sont épithètes ou transitifs : 瞎子 **hyā**-*cǫ* « un aveugle » ; 被子 **péi**-*cǫ* « une couverture » (*péi* « couvrir »). Tantôt il peut se supprimer, tantôt il est indissolublement lié au mot principal ; l'usage décide : 金子 **kīn**-*cǫ* = 金 *kīn* « de l'or » ; mais : 銀子 **yîn**-*cǫ* « de l'argent » ; 白蛉子 *pâi*-**lîn**-*cǫ* « une petite mouche venimeuse » ; 法子 **fà**-*cǫ* « un moyen », « le moyen de » ; on dit aussi : 法兒 **fà**-*ǫl*, *ǫl* remplaçant *cǫ*, tandis que 法 *fà* veut dire « les lois ». De même 牛子 **nyęû**-*cǫ* « une tache sur l'œil » et 牛 *nyęû* « un bœuf ».

305. — En composition ces terminaisons disparaissent habituellement : 水銀 **ṡwèi**-*yîn* « du vif argent (liquide — argent) » ; 硬木 **yìn**-*mû* « du bois dur » (désignation de certains bois) ; mais 很硬木頭 *hèn*-**yìn**-**mû**-*thęu* « du bois très dur » ; 他兒 **thā**-*ǫ̀l* « son fils », mais 兒子 **ǫ̂l**-*cǫ* « un garçon ».

Rapprocher de ces séries les mots : 今兒個 **kīn**-*ǫl*-*kó* « aujourd'hui », 明兒個 **mîn**-*ǫl*-*kó* « demain », 昨兒個 **cô**-*ǫl*-*kó* « hier ».

Collectifs. — 306. — Des collectifs sont formés d'un mot général précisé par un nom apposé; ces expressions équivalent à des pluriels (accent §§ 100, 116). *Kyā* a parfois ce sens (§ 301). — 爾等 **ọḷ**-*tèṅ* « vous » (littéraire), 臣等 **ĉhên**-*tèṅ* « les ministres », de *tèṅ* « classe »; 弟輩 **tí**-*péi* « les frères cadets » (litt.), de *péi* « classe ».

大臣們 *tá*-**ĉhên**-*mẹ̀n* « les ministres », 他們 **thā**-*mẹ̀n* « eux », « elles »; 小的們 **syào**-*ti*-*mẹ̀n* « nous autres petites gens »; 這些個人們 **cẹ́**-*syē*-*kó*-**żên**-*mẹ̀n* « ces gens » (double marque du pluriel, *syē* § 355 et *mẹ̀n*) : *mẹ̀n*, marque usuelle du pluriel des noms de personnes. La formule est semblable à celle des exemples précédents, mais *mẹ̀n* ne se rencontre pas seul. Souvent il indique une collection d'hommes : 李四他們 **lì**-*sọ́* **thā**-*mẹ̀n*, « Li Seu, etc. », « Li Seu et sa bande ». *Tèṅ* a une valeur semblable.

匪類 **fèi**-*léi* « des vauriens », 蟲類 **ĉhôṅ**-*léi* « les insectes », « la vermine », de *léi* « espèce » : *léi* comporte toujours une idée de mépris.

Coordination conjonctive. — 307. — Deux monosyllabes de sens différent forment souvent un complexe dont le sens parfois direct, parfois dérivé, comprend ceux des composants (§ 11); entre ceux-ci on peut souvent mettre en français le mot « et » (accent §§ 96, 97, 101) : 父母 **fú**-*mù* « les parents » (« père » et « mère »); 山水 **šān**-*šwèi* « le paysage » (« montagnes » et « ruisseaux », énumération incomplète); 柱梁 **ĉú**-*lyâṅ* « les ministres » (« colonnes » et « poutres », sens dérivé).

Cette coordination n'est souvent qu'un procédé de syntaxe : 桌椅 *ĉwō*-**yì** « tables et chaises » (桌子 **ĉwō**-*cọ* « tables » et 椅子 **yì**-*cọ* « chaises »). — 骨肉 *kù*-**żẹú** « des os et de la viande » (*kù* pour 骨頭 **kù**-*thẹu* « des os »); mais avec un accent différent correspondant à un degré plus marqué d'union : 骨肉 **kŭ**-*žęü* « le corps ».

Le même procédé s'applique à des épithètes, deux qualités désignant un seul objet qui en est pourvu : 細辛 **sî**-*sīn* « l'asaret » (« fin » et « aigre ») ; 耿直 **kèn**-*čį* « la brusquerie des manières » (« ferme » et « droit »).

Formé de deux intransitifs ou transitifs, le nom complexe résume les actions successives et par dérivation dénomme un homme ou un objet : 起坐 **khì**-*cwó* « l'attitude », « la tenue » (« se lever » et « s'asseoir ») ; 裁縫 **châi**-*fôn* « un tailleur » (« couper » et « coudre ») ; 舖蓋 **phū**-*kái* « une couverture » (« étendre » et « couvrir »).

308. — La coordination conjonctive s'applique aussi soit à quatre monosyllabes, soit à deux mots déjà doubles, soit d'autre manière (accent §§ 94, 101) : 碗盞杯盤 **wàn** *càn pēi* **phân** « de la vaisselle (bols — tasses — gobelets — plateaux) » ; 笙管笛子 **šēn** *kwàn* **tî**-*cọ* « les divers instruments à vent » (*šēn* « orgue à bouche » — *kwàn* « chalumeau » — **tî**-*cọ* « flûte traversière ») ; 五湖四海 **wù**-*hû só*-**hài** « l'Empire (les cinq lacs — les quatre mers) ».

Coordination disjonctive. — **309.** — La coordination est disjonctive (§ 11) quand les termes composants sont alternatifs ; on peut les séparer en français par le mot « ou ». Ce genre de coordination se présente surtout avec des épithètes de sens opposé ; l'idée qui en résulte est une idée abstraite plus générale. L'accent est toujours sur le second terme : 尺丈 *čhį*-**čán** « la mesure d'un objet » (« pieds » ou « dizaines de pieds ») ; 長短 *chân*-**twàn** « la longueur » (« long » ou « court ») ; 青紅 *chīn*-**hôn** « la couleur », « la netteté » (« vert » ou « rouge ») ; 存亾 *chwện*-**wân** « l'état d'un bâtiment, d'une institution » (« être existant » ou « non existant »).

310. — Dans l'esprit du Chinois les deux mots restent indépendants avec leur valeur de prédicat (§§ 692 à 694) : 不管遠近 *pú*-**kwàn** *ywèn*-**kín** « ne pas s'inquiéter de la distance », veut dire exactement

« ne pas s'inquiéter si c'est loin ou près ». La même construction est usitée comme procédé syntaxique : 說不說 **śwẹ̄** *pú*-**śwẹ̄** « le fait de parler ou de ne pas parler » ; 在民在旗 *cái*-**mín** *cái*-**khí** « le fait d'être du peuple ou des bannières ».

Subordination. — 311. — Deux noms qui se suivent sont souvent dans un rapport de subordination, le premier précisant le second. Le premier peut être un nom de nombre ou un prédicatif sans que rien soit changé à l'essentiel de cette formule très générale. L'accentuation est variable; quand deux accentuations existent pour un même complexe, l'accent sur la syllabe moins importante correspond à un degré d'union plus marqué, à un sens dérivé (§§ 12, 290; accent §§ 98 à 101). Le premier terme indique le tout, le second la partie ; le premier terme marque le lieu, le second la personne ou l'objet qui est dans ce lieu; le premier terme exprime le possesseur, le second l'objet possédé. De même le premier terme désigne l'époque ou la durée, la mesure, la matière, la figure, l'usage, l'appropriation. Ces diverses relations existent entre des termes monosyllabes ou polysyllabes, formant des composés fixes ou occasionnels.

Partitif. — 312. — 房頂 **fâṅ**-*tìṅ* « le toit (maison — sommet) »; 駱駝毛 **ló**-*thó* **máo** « de la laine de chameau (chameau — poil) »; 我脚 **wò**-*kyào* « mon pied (moi — pied) »; 腿肚 **thwèi**-*tú* « le mollet (jambe — ventre) »; 松樹根子 **sōṅ**-*śú* **kēn**-*cọ* « une racine de pin (pin — racine) »; 驢首尾 **lyû** *śọ̀u*-**wèi** « une tête et une queue d'âne (âne — tête et queue) »; 野蠶絲粗細 **yè**-*chán*-**sō** *chū*-**sí** « l'épaisseur d'un fil de soie sauvage (sauvage — ver — soie — grossier ou ténu) ».

Locatif. — 313. — 東家 **tōṅ**-*kyā* « un maître de maison (orient — famille », sens dérivé); 前面 **chyén**-*myèn* « la face antérieure (le devant — face) »; 面前 **myèn**-*chyên* « devant la face

(face — le devant) »; 門外 **mện**-*wái* « hors de la porte (porte — le dehors) »; 大門外頭 *tá*-**mện wái**-*thẹu* « hors de la grande porte (grande porte — le dehors) »; 外間 **wại**-*kyēn* « l'appartement extérieur (le dehors — entrecolonnement) »; 官員裏頭 **kwān**-*ywên* **lì**-*thẹu* « parmi les mandarins (mandarins — le milieu) ». Ces noms locatifs placés après d'autres noms correspondent à nos prépositions locatives.

Origine. — 314. — 洋布 **yâṅ**-*pú* « de la toile européenne (océan — toile) »; 山裏紅 **šān**-*lì*-**hôṅ** « des azeroles (dans les montagnes — [fruits] rouges) »; 外國貨物 **wái**-*kwệ* **hwó**-*wú* « des marchandises étrangères (pays étrangers — marchandises) ».

Possessif. — 315. — 財主 **chāi**-*cù* « un homme riche (richesses — maître) »; 腦袋 **nào**-*tái* « la tête (cerveau — étui) »; 你書 **nì**-*šū* « ton livre (toi — livre) »; 他們兒女 **thā**-*mện ộl*-**nyụ̀** « leurs enfants (eux — fils et filles) ».

Le pronom en position de possessif correspond aux mots « mon », « ton », etc.; souvent dans le langage populaire le nom antécédent est répété par un pronom : 小孩兒他孃 **syào**-*hâi*-*ọl thā*-**nyâṅ** « la mère du petit garçon » (**syào**-*hâi*-*ọl* « petit garçon » — *thā* « lui » — *nyâṅ* « la mère »).

Temps. — 316. — 昔年 **sí**-*nyên* « autrefois (autrefois — années) »; 二月藍 **ọ̀l**-*ywé*-**lân** nom d'une fleur cultivée à Péking (« deuxième lune — bleu, indigo »); 秋波 **chyẹ̄u**-*pō* « de beaux yeux (automne — flots) », par dérivation; 正月初 **ċēṅ**-*ywé*-**ċhū** « le début de la première lune (première lune — début) ».

Matière. — 317. — 皮條 **phî**-*thyâo* « une courroie (cuir — lanière) »; 石女 **šị̂** *nyụ̀* « une femme stérile (pierre — femme) »; 石人 **šị̂**-*žên* « une statue de pierre (pierre — homme) »; 鐵杈

子 **thyè**-*čhā-cọ* « une fourche de fer »; 木頭桌椅 **mú**-*thẹu-čwō*-**yì** « des tables et des chaises de bois (en bois — tables et chaises) ».

Figure, convenance, etc. — 318. — 花布 **hwā**-*pú* « de la toile à ramages (fleurs — toile) »; 八卦錢 **pā**-*kwá*-**chyén** « une médaille ornée des pa-kwa (les pa-kwa — sapèque) »; 酒盃 **cyẹù**-*pēi* « un gobelet à vin (vin — gobelet) »; 念珠 **nyén**-*čū* « un chapelet (récitation — perles) »; 寒暑表 **hân**-*šù*-**pyào** « un thermomètre (froid ou chaud — index) »; 官衣裳 **kwān**-*yī*-**šān** « un uniforme (mandarin — vêtements) »; 三寸金蓮 *sān*-**chwẹ́n-kīn**-*lyén* « les petits pieds » des Chinoises (« trois pouces, mesure — lotus d'or»); 尺牘 **čhị**-*tú* « une lettre (un pied, mesure — tablette) ».

Qualité. — 319. — Si le premier terme exprime une qualité du second, il est soit un nom, soit un prédicatif; en pareil cas le prédicatif peut être pris soit comme épithète, soit comme nom d'état ou d'action : 本分 **pẹ̀n**-*fẹ́n* « un office », « un devoir (origine, d'où propre, personnel — part) »; 父母官 **fú**-*mù*-**kwān** « un mandarin local (père et mère, d'où paternel — mandarin) »; 虎狼性兒 **hù**-*lân*-**sín**-*ọl* « des instincts cruels (tigre et loup — instincts) ». La démarcation est peu nette entre cette nuance de composition et les précédentes.

320. — A la même catégorie se rattachent les expressions spécifiant le sexe : 兒狗 **ộl**-*kẹù* « un chien (garçon — chien) »; 母狗 **mù**-*kẹù* « une chienne (mère — chien) », 牻牛 **mân**-*nyẹû* « un jeune taureau (bœuf pie — bœuf) »; 子牛 **cọ̀**-*nyẹû* « une vache (des petits — bœuf) »; 公鴨 **kōn**-*yā* « un canard (un mâle — canard) »; 男鴨子 **nân**-*yā-cọ* « un canard (un mâle — canard) ».

321. — 長蟲 **čhân**-*čhôn* « un serpent (long — reptile) »;

黃帶子 **hwâṅ**-*tái cọ* « un membre de la famille impériale, jaune — ceinture) », par dérivation. Complexes occasionnels : 小馬 **syào**-*mà* « de petits chevaux »; 富貴人 **fú**-*kwéi*-**żên** « des gens riches » (**fú**-*kwéi* « riches » — *żên* « gens »); 古怪脾氣 **kù**-*kwái* **phî**-*khi* « un caractère bizarre » (**kù**-*kwái* « bizarre » — **phî**-*khi* « caractère »).

322. — 委員 **wèi**-*ywên* « un délégué officiel (déléguer, délégué — fonctionnaire) »; 算盤 **swán**-*phân* « un abaque (pour compter, nom d'action — plateau) »; 束脩 **ṡú**-*syẹū* « les honoraires d'un professeur (mise en paquet — viande) », sens dérivé; 處女 **ċhù** — *nyụ̀* « une jeune fille d'âge nubile (habitant à la maison — fille) ». La distinction entre le prédicatif intransitif, transitif ou nom d'action, résulte du sens et ne correspond à aucune diversité dans la formule. Autres exemples : 副指揮 **fú**-*ċị*-**hwēi** « un vice-commissaire de police » (*fú* « aidant », « aide » — **ċị**-*hwēi* « commissaire »); 推辭話 **thwēi**-*chộ*-*hwá* « des excuses » (**thwēi** *chộ* « s'excuser » — *hwá* « paroles »); 當十錢 *tāṅ*-**ṡị**-*chyên* « des sapèques valant 10 » (*tāṅ*-**ṡị** « valant 10 » — *chyên* « sapèques »); 辦事大臣 *pán*-**ṡị** *tá*-**ċhên** « agent politique » (*pán*-**ṡị** « traitant les affaires » — *tá*-**ċhên** « ministre »); 散碎銀兩 **sàn**-*swéi* **yîn**-*lyàṅ* « de l'argent en morceaux » (**sàn**-*swéi* « mis en morceaux » — **yîn**-*lyàṅ* « argent »).

323. — Les noms 處 *ċhú* « lieu », « endroit », 法 *fà* « moyen », 頭 *thẹû* « tête », accompagnés de qualificatifs forment des noms abstraits; ceux en 首 *ṡẹù* sont d'un emploi moins répandu. 好處 **hào**-*ċhú* « des avantages, un profit (bons — endroits) »; 用處 **yóṅ**-*ċhú* « l'usage (employer, emploi — côté, endroit) ». Dans le parler familier, la finale *ċhú* est souvent remplacée par le synonyme 地方 **tí**-*fāṅ* « endroit », mais on intercale la particule 的 *ti* : 好的

地方 *hào-ti tı-fān*, 用的地方 *yóṅ-ti tı-fāṅ* même sens que ci-dessus. — 辦法 *pán-fà* « un procédé (arranger, régler — moyen) »; 難受法 *nán-ṣẹú-fà* « souffrance (souffrir — manière) ». — 喫頭 *čhī-thẹu* « une chose bonne à manger, qualité de ce qui est bon à manger (manger — tête) »; 待頭 *tái-thẹu* « possibilité d'attendre, de rester (attendre — tête) ». — 走首 *cẹù-ṣẹù* « marche difficile (marcher — tête) »; 利害首 *lı-hái-ṣẹù* « une insolence extrême » (*lı-hái* « insolent, violent »). Ces expressions en *ṣẹù* prennent souvent une force exclamative : « quelle insolence! » Comme elles sont seulement de langue parlée, le caractère 首 y est douteux.

Quantité. — 324. — Les mots exprimant la quantité sont antéposés comme les qualificatifs et produisent des complexes fixes ou occasionnels. Ce procédé correspond soit à la composition de mots, soit à la formation de pluriels.

325. — Le nom 數 *ṣú* « un nombre », antéposé, forme un pluriel vague, avec le sens de « plusieurs », « quelques »(§ 412): 數日 *ṣú-ẓı̣* « quelques jours »; 數珠 *ṣú-čū* « un chapelet (plusieurs — perles, grains) », sens dérivé; 數十個 *ṣú-ṣı̣-kó* « quelques dizaines ». Placé après un nom de nombre ou de mesure, *ṣú* est coordonné et signifie « et quelques », « et plus », « environ » (§ 412) : 一萬數兩 *yı-wán-ṣú-lyàṅ* « plus de dix mille taëls (10.000 et quelques taëls) »; 兩數 *lyàṅ-ṣú* « un taël environ (taël et plus) ».

Le nom 半 *pán* « une demie » est employé de même: 半年 *pán-nyên* « une demi-année »; 半個日子 *pán-kó-ẓı̣-cọ* « une demi-journée »; 一年半 *yı-nyên-pán* « un an et demi ».

羣 *khyụ̂n* « une troupe », 衆 *čóṅ* « une pluralité », 庶 *ṣú* « le peuple, la multitude » se trouvent dans des expressions un peu littéraires avec l'idée de multiplicité: 羣臣 *khyụ̂n-čhên* « les ministres »; 庶士 *ṣú-ṣı̣* « les lettrés », et aussi « un lettré du commun » (voir

§ 327); 衆人 *čóṅ-żên* « la foule » (v. 不隨衆 *pú-swêi-čóṅ* « agir à sa mode (ne pas suivre — la multitude) ».

Généralité. — 326. — Le nom 凡 *fân* « la généralité », « le commun » apparaît comme antécédent d'un nom ou d'un terme équivalent : 凡夫 *fân-fū* « un homme du commun »; mais 凡人 *fân-żên* « tous les hommes »; 凡所有 *fân-sò-yẹù*, 凡有 *fân-yẹù* « toute chose », « tout le monde » (*fân* « tout » — *yẹù*, *sò-yẹù* « existant », d'où « tout ce qui existe »); 凡喫大煙的 *fân-čhḭ-tá-yēn-ti* « tous les fumeurs d'opium » (*čhḭ-tá-yēn-ti* « celui qui fume l'opium » équivaut à un nom). Divers composés de *fân* ont même emploi : 大凡世界上的人 *tá-fân ṡḭ-kydi-ṡáṅ-ti-żên* « tous les hommes qui sont sur terre » (*tá-fân* est antécédent de *żên* « les hommes »).

327. — Le mot 諸 *čū*, un peu littéraire, est antéposé au nom et signifie « tous »; il peut s'adjoindre à un collectif en *mẹn* (§ 306): 諸位 *čū-wéi* « tous ces messieurs »; 諸位先生們 *čū-wéi syēn-ṡēṅ-mẹn* « tous les lettrés ».

Le mot *čū* signifiant toute une classe d'hommes veut dire par extension le commun des hommes de cette classe, de là un homme du commun dans la dite classe (§ 325 庶 *ṡú*) : 諸子 *čū-cọ̀* « les fils », l'un parmi les fils qui n'ont pas de qualité distinctive, enfin « un fils d'une femme de second rang », par opposition à 嫡子 *tí-cọ̀* « fils de la femme de premier rang ».

Distributifs. — 328. — Les distributifs 每 *mèi* et 各 *kó* « chaque », « chacun » sont antéposés à un nom ou à un prédicat : 各人 *kó-żên* « chaque homme », « chacun »; la même expression a par extension pris le sens de 1° « tout seul », « séparément »; 2° « soi-même », « à part » (§ 395). 各管 *kó-kwàn* « chacun s'occupe de... »; 文武各官 *wên-wù-kó-kwān* « les fonctionnaires civils et militaires » (*wên* « civil » — *wù* « militaire » — *kó* « chaque » — *kwān* « mandarin »); dans cette tournure appartenant à la langue écrite des affaires, *kó* indique seulement pluralité. — 每事 *mèi-śị* « chaque affaire »; 每賞你們 **mèi śàn-nì**-*mện* « on donne à chacun de vous » (*mèi* « pour chacun » — *śàn* « on donne » — **nì**-*mện* « à vous »); 每逢閏月 **mèi-fôn żwện**-*ywé* « à chaque lune intercalaire » (*mèi* « chaque fois » — *fôn* « rencontrer » — **żwện**-*ywé* « la lune intercalaire »). *Mèi* est seul usité avec les noms de temps : 每年 **mèi**-*nyên* « chaque année ».

Totalité, multiplicité. — 329. — Un grand nombre de prédicatifs antéposés à des noms en fonction d'épithète indiquent la totalité avec des nuances diverses (voir § 580) : 全梨 **chywên**-*lî* « une poire entière » (*chywên* « être entier »); 一整天 **yī-cèn**-*thyēn* ou 整一天 **cèn**-*yi*-**thyēn** « un jour entier », « tout un jour » (*cèn* « être entier »); 滿地 **màn**-*tí* « tout le sol » (*màn* « être plein »); 渾身 **hwện**-*śēn* « tout le corps » (*hwện* « en bloc »); 大家 **tá**-*kyā* « toute la famille » (*tá* « être grand »); 普天下 **phù-thyēn**-*hyá* « tout l'empire » (*phù* « universel »); 遍[徧]街 **pyèn**-*kyāi* « toute la rue » (*pyèn* « faire le tour complet de »); 通身 **thōn**-*śēn* « tout le corps »(*thōn* « pénétrer »); 合[闔]府 **hô**-*fù* « toute la préfecture » (合 *hô* « unir »; 闔 pour 合); 多言 **tō**-*yên* « des paroles » (*tō* « être nombreux »), sens dérivé : « bavard ».

舉世 **kyụ̀**-*śị* « le monde entier » (*kyụ̀* « agir ensemble »); 列公 **lyé**-*kōn* « messieurs » (*lyé* « ranger en ordre »); 歷年 **lí**-*nyên* « plusieurs années » (*lí* « passer, se succéder »). Ces trois exemples sont plutôt littéraires.

若干的日子 *żó*-**kān**-*ti* **żị**-*cọ* « bien des jours » (*żó*-**kān**-*ti* « beaucoup »); 若干的蹧行糧食 *żó*-**kān**-*ti* **cāo**-*hîn*-**lyân**-*śị*

« on perd du grain en grande quantité »; 若干歲 *żó-kān-swéi* « tant ou tant d'années » (*żó-kān* sans *ti* et dans ce sens est littéraire); 若許銀兩 *żo-hyụ̀ yîn-lyàǹ* « tant de taëls » (*żó-hyụ̀* synonyme de *żó-kān*).

一總的人 *yī-còǹ-ti żên* « tous les hommes ». Pour cette expression et autres analogues, voir § 337.

Pluralité. — 330. — 些 *syē* « un peu », « quelques » et 幾 *kī* « quelques » forment des pluriels : 些錢 *syē-chyên* « quelques sapèques »; mais 些事 *syē-śị́* « une affaire de peu »; 幾年 *kī-nyên* « quelques années ».

L'emploi du mot *kī* est conforme aux règles des numératifs (§ 428); pour *kī* et *syē*, voir aussi § 355.

Nombres cardinaux. — 331. — Le numératif simple ou composé, mis directement devant le nom, forme avec lui un complexe soit occasionnel, soit fixe; si le nom porte l'accent, le nombre est de sens cardinal; si le nombre est accentué, il est ordinal (accent §§ 104, 107). Les règles spéciales aux numératifs sont réunies dans le chapitre V; les présents paragraphes (331 à 337) ne concernent que les rapports directs entre numératifs et noms.

Les noms complexes formés d'un numératif en fonction cardinale et d'un nom, sont consacrés par l'usage; tantôt le nombre prend une valeur vague et forme seulement un pluriel; tantôt il garde un sens précis et l'on peut énumérer exactement les termes de la série; tantôt l'expression a pris un sens dérivé : 百姓 *pô-sīǹ* « le peuple (cent — familles) »; 一差二錯 *yī-chā-ộl-chó* « une faute quelconque (une erreur ou deux fautes) »; 萬國 *wán-kwệ* « tous les États (dix mille — royaumes) »; 四書 *sọ́-śū* « les Quatre Livres » (les quatre classiques de l'école confucianiste); 三寶 *sān-pào* « les Trois Joyaux » (terme bouddhique, le Bouddha, le Dharma, le Sangha); 二十八宮 *ộl-śị̂-pā-kōǹ* « les 28 mansions lunaires »; 萬歲

*wán-***swéi** « l'empereur (dix mille — années) »; 千金 *chyēn-***kīn** « votre fille (mille poids d'or) ».

Complexes occasionnels : 十八省 *ṣị-***pā-ṡèṅ** « les 18 provinces » (de la Chine); 三省 *sān-***ṡèṅ** « les 3 provinces » (mantchoues).

Nombres ordinaux. — 332. — Le nombre est ordinal et accentué dans les dates et dans les expressions qui indiquent un rang : 光緒二年三月十一日 **kwāṅ**-*syú* **ọḷ**-*nyên* **sān**-*ywé ṣị*-**yī**-*żị* « le 11e jour de la 3e lune de la 2e année Kwang-siu » (5 avril 1876); 七爺 **chī**-*yê* « le 7e prince » (7e fils de l'empereur); 三等 **sān**-*tèṅ* « le troisième rang ».

老二 *lào*-**ọḷ** « le cadet », « toi cadet » (*lào* « vieux », par politesse — *ọ́ḷ* « 2e » ou « cadet »); de même : 其一.... 其二 *khî*-**yī**..... *khî*-**ọḷ** « le premier » (« d'abord ») — « le deuxième » (« en second lieu »); *khî* cf. § 364; 一來.... 二來 **yī**-*lái*... **ọḷ**-*lái* « premièrement — secondement » (« première — venue », etc.)

Dans la série ordinale on remplace habituellement le mot 一 *yī* « un » par 頭 *thẹû* « tête »; pour les dates, il existe des formules spéciales : 頭品 **thẹû**-*phìn* « la première classe officielle »; 元年 **ywên**-*nyên* « la première année d'une ère »; 正月 **ċēṅ**-*ywé* « la première lune de l'année »; 初一日 *ċhū*-**yī-żị** « le premier jour de la lune » (*ċhū* « début » — **yī**-*żị* « 1er jour »). Les premiers jours de la lune sont datés de manière analogue jusques et y compris 初十日 *ċhū*-**ṣị-żị** ou 初十 *ċhū*-**ṣị**, « le 10 de la lune ».

Autres emplois des nombres. — 333. — Divers nombres ou mots analogues sont employés dans des complexes fixes avec un sens rapproché de celui des mots « double », « triple », etc. ou des noms de fraction : 單數 **tān**-*ṡú* « un nombre impair »; 雙姓 **ṡwāṅ**-*sìṅ* « un nom double », nom de famille formé de deux caractères; 二藍

ọị-lân « du bleu marine (double — bleu) »; 三擡 **sān**-*thâi* « triple élévation » des caractère en haut de la colonne (« triple — élever »); 九泉 **kyẹù**-*chywên* « le hadès (neuvième assise — sources) », littéraire; 十全 **ṡị**-*chywên* « quelque chose qui est entier, parfait (dix, parfait — entier) ».

Le mot *yĭ*. — **334**. — *Yī*, *yi*, *yĭ*, a des emplois nombreux : 一旦 *yĭ*-**tán** « un matin » ou **yī**-*tán* « une seule matinée », sens indéfini ou sens numéral.

一般 *yī*-**pān**, 一樣 *yī*-**yáṅ** « la même sorte », d'où « égal », « semblable » comme prédicatif : 一般大 *yī*-**pān-tá** « également grand »; 一樣的話 *yī*-**yáṅ**-*ti*-**hwá** « des paroles semblables »; 大小都一樣 *tá-syào* **tū** *yī*-**yáṅ** « grands et petits, tous sont de même » (*yī*-**yáṅ** est prédicat). Par opposition : 衣裳兩樣 **yī**-*śāṅ lyàṅ*-**yáṅ** « les vêtements sont différents » (*lyàṅ*-**yáṅ** « deux espèces » est prédicat).

« Même » et « autre » sont encore rendus par d'autres mots : 同姓 *thôṅ*-**síṅ** « le même nom de famille »; 不同 *pú*-**thôṅ** « ne pas être semblable », « différer »; 別人 *pyê*-**żên** « un autre homme »; 別的 *pyê-ti* « quelque chose » ou « quelqu'un autre » sert de qualificatif ou de régime, *pyê* n'est jamais prédicat; 他人 **thā**-*żên* « autrui » (littéraire); 另一個人 **líṅ** *yĭ-kó*-**żên** « un autre (à part — un homme) ».

335. — Seul ou redoublé, *yi*, *yĭ* est distributif et vaut « un seul », « chacun séparément » : 一月三次 *yĭ*-**ywé** *sān*-**chọ́** « trois fois par mois (un mois — trois fois) »; 一第一年 *yĭ*-**tí** *yi*-**nyên** « année par année, chaque année à son tour (un tour — une année) »; 一步一步的 *yĭ*-**pū**-*yĭ*-**pū**-*ti* « pas à pas (un pas — un pas) ».

La répétition du complexe formé avec un numératif a de même une valeur distributive (§ 294) ; 四層四層的 *sộ-chĕn̂-sộ-chĕn̂-ti* « quatre couches par quatre couches ».

De l'opposition de *yī* .... *yī* résulte le sens de « l'un .... l'autre », « celui-ci .... celui-là » : 一個哭一個笑 ***yī**-kó* ***khū yī**-kó* ***syáo*** « celui-ci pleure, celui-là rit (un pleure — un rit) ».

Employé une seule fois, *yī*, *yí* prend quelquefois en langue parlée, souvent dans la langue des affaires, le sens d'un démonstratif, « ce », ou d'un article, « le » : 君臣一倫 ***kyụ̄n-ĉhén**-yí-**lwẹ́n*** « cette relation (la relation) du prince et du sujet » (*kyụ̄n-ĉhén* « prince et sujet » — *yí-**lwẹ́n*** « une relation »).

336. — Le mot *yī* indique aussi totalité : 一天 *yī-**thyēn*** « tout le jour » ; mais aussi *yí-**thyēn*** « un jour quelconque », ou ***yī**-thyēn* « un seul jour ». On complétera donc souvent l'expression pour écarter l'ambiguïté, par exemple : 一天到晚 *yī-**thyēn** táo-**wàn*** « tout le jour jusqu'au soir » ; 一輩子 *yī-**péi**-cọ*, 一生 *yī-**ŝēn̂*** « toute la vie » ; 一心 *yī-**sīn*** « de tout cœur ». Employé comme régime, ***yí**-kó* a parfois ce sens : 苦成了一個了 ***khù ĉhên̂**-lyào* ***yí**-kó* *lyào* « l'amertume, la douleur est au comble » (est devenue — ***yí**-kó* « une, complète, absolue ») ; mais cette tournure ne semble pas pékinoise.

337. — Avec différents noms ou prédicatifs pris comme noms, *yī* forme des complexes indiquant simultanéité, totalité, et qui sont employés comme déterminatifs du nom ou du prédicat (§§ 329, 447) : 一齊 *yī-**chí*** « tous ensemble (un seul — complet) » ; 一塊兒 *yī-**khwái**-ọḷ* « tous ensemble (un seul — morceau) » ; 一切 *yī-**chyé*** « tous (une seule — coupure) » ; 一似 *yī-**sộ*** « ressemblant (tout à fait — semblable) » ; 一定 *yī-**tín̂*** « certainement, fixé (tout à fait — fixé) ».

Séries de subordonnés. — 338. — Des exemples précédents (voir particulièrement §§ 295, 308, 312, 313, 314, 317 à 323, etc.) ont déjà montré que l'apposition, la coordination, la subordination s'appliquent à des noms complexes de diverses natures. Voici encore deux exemples de séries composées : 我黑皮襖 **wò hēi**-*phî*-**ñào** « ma robe de fourrure noire »; 偺們這城外頭八寶街路西裏 **càn**-*mẹn* *cẹ̀*-**chêñ** **wáì**-*thẹu* *pā*-**pào**-*kyāi* *lú*-**sī**-*lì* « à l'ouest du chemin sur la rue des Huit Joyaux, hors de notre ville murée (nous — cette — ville murée — dehors — huit — trésors — rue — chemin — ouest — dedans) ».

Prédicatifs avec régime. — 339. — Un prédicatif transitif suivi d'un régime joue le rôle d'un nom qui désigne soit une action ou un état, soit un agent (accent § 115) : 打扮兒 **tà**-*pán*-*ọḷ* « la manière de se mettre » (mais *tà*-**pán**-*ọḷ* « s'habiller, porter un costume) ».

Des complexes occasionnels de même formule sont d'un usage fréquent : 辦事不容易 *pán*-**ṡị̣** *pú*-**yôñ**-*yi* « il n'est pas facile de traiter les affaires » (*pán*-**ṡị̣** « le fait de traiter les affaires », complexe sujet); 不會蓋房 *pú*-**hwéi** *kái*-**fâñ** « il ne sait pas construire une maison » (*kái*-**fâñ** complexe régime).

340. — Les noms d'agent se présentent sous diverses formes ; la forme complète n'est autre qu'une formule relative (§§ 374, etc.) : 賣書的 *mái*-**ṡū**-*ti* « un libraire » (*mái*-*ti* « celui qui vend » — *ṡū* « des livres »). Fréquemment, et à peu près à volonté, on supprime le mot *ti* : *mái*-**ṡū**. Tous les complexes en *ti* correspondent à des prédicats usuels : *mái*-**ṡū** « vendre des livres ».

Les complexes fixes ont l'accent sur le verbe et n'ont pas la finale *ti* : 知府 **cị̄**-*fù* « un préfet » (*cị̄* « connaître » — *fù* « la préfecture »); 指南 **cị̀**-*nán* « une boussole (indiquer — sud) ».

Quelques mots se présentent sous les trois formes : 管事[的] **kwàn**-*ṡị*, *kwàn*-**ṡị̣**, *kwàn*-**ṡị̣**-*ti* « un intendant ».

Dérivation de sens. — 341. — Le sens dérivé est fréquent pour les complexes; des exemples ont déjà été vus. Les modes de dérivation ne diffèrent pas essentiellement de ce qu'ils sont dans d'autres langues, mais prennent un caractère spécial du fait que l'on passe du sens direct au sens dérivé sans qu'aucun suffixe, souvent sans qu'une marque quelconque indique la transition : 黃巾 **hwâṅ**-*kīn* « un turban jaune »; de là « les Turbans jaunes », rebelles qui portaient un tel signe de reconnaissance. Parfois l'accentuation indique le sens dérivé : 干戈 **kān**-*kwō* « la guerre » v. *kān*-**kwō** « des armes, boucliers et hallebardes » (§ 307); 公道 **kōṅ**-*táo* « juste, équitable » v. *kōṅ*-**táo** « la doctrine commune, le grand chemin » (§ 103). Un très grand nombre de dérivés s'appuient sur des allusions : 塵途 *chên*-**thû** « le monde », mot à mot « de la poussière », par rappel des idées bouddhiques.

Des prédicats entiers, ou des phrases plus complexes, peuvent avoir fonction de nom : 四不像 **sọ**-*pû-syáṅ* « le cervus davidii (quatre, de manière quadruple — dissemblable) »; parfois l'unité du mot est marquée par la finale 兒 *ọl* : **sọ**-*pû-syáṅ-ọl*. 老來紅 **lào**-*lâi*-**hôṅ** « une plante dont les feuilles deviennent rouges en vieillissant (vieillir — venir — rougir) », un prédicat et une proposition qui le modifie.

342. — Un des modes les plus usuels de dérivation transfère le nom d'un lieu à des personnes : 同窗 **thôṅ**-*chwâṅ* « des condisciples (la même — fenêtre) »; 妻室 **chī**-*sị* « une épouse (épouse — chambre) ». Beaucoup de titres officiels ou de courtoisie appartiennent à cette formation : 中堂 **cōṅ**-*tháṅ* « un grand secrétaire (centrale — salle) »; 閣下 **kô**-*hyá* « vous, Monsieur (une chambre élevée — au-dessous), donc « le bas de la chambre haute ».

Termes humbles et respectueux. — 343. — Un autre genre de dérivation applique divers qualificatifs aux deux premières personnes pronominales et les distingue par la dignité relative qui leur est attribuée. A la première personne conviennent les épithètes humbles, à la seconde les qualificatifs élogieux ou respectueux. Cette formation de possessifs s'applique surtout aux noms; parfois un déterminatif approprié est antéposé au prédicat.

草字 *chào*-**cọ** « mon nom personnel » (*chào* « herbe, sans valeur » — *cọ* « nom personnel »); 賤姓 *cyén*-**sīṅ** « mon nom de famille » (*cyên* « vil » — *siṅ* « nom de famille »); 敝處 *pí-***čhú** « mon lieu d'origine » (*pí* « vil » — *čhú* « localité »); 拙筆 *čwẹ-***pì** « mon pinceau » (*čwẹ* « maladroit » — *pì* « pinceau », littéraire); 寒舍 *hân-***śẹ́** « ma maison » (*hân* « froid » — *śẹ́* « maison », littéraire); 小號 *syào-***háo** « mon surnom » ou « mon enseigne » (*syào* « petit » — *háo* « surnom, enseigne »); 小的 *syào-ti* « moi (celui qui est petit) »; 愚者 **yû**-*čẹ̀* « moi (celui qui est stupide) », littéraire; 愚兄 *yû*-**hyōṅ** « moi, votre aîné » (*yû* « stupide » — *hyōṅ* « frère aîné », littéraire); 內人 *néi-***žên** « ma femme » (*néi* « l'intérieur » — *žên* « un homme, un être humain »); 家嚴 *kyā-***yên** « mon père » (*kyā* « famille » — *yên* « vénérable »); 舍兄 *śẹ́-***hyōṅ** « mon frère aîné » (*śẹ́* « maison » — *hyōṅ* « frère aîné »); 本府 **pẹ̀n**-*fù* « moi, préfet » (*pẹ̀n* « origine, la personne même » — *fù* « préfet », officiel).

貴幹 *kwéi-***kán** « votre profession » (*kwéi* « noble » — *kán* « profession »); 尊姓 *cwẹn-***síṅ** « votre nom de famille » (*cwẹn* « honorable » — *síṅ* « nom de famille »); 大名 *tá-***mîṅ** « votre nom officiel » (*tá* « grand » — *mîṅ* « nom officiel »); 寶號 *pào-***háo** « votre enseigne » (*pào* « un objet précieux » — *háo* « enseigne »); 台甫 *thâi-***fù** « votre nom personnel » (*thâi* « une estrade » — *fù* « nom personnel »); 令尊 *líṅ-***cwẹn** « votre père » (*líṅ* « respectable » — *cwẹn* « respectable »); 令兄 *líṅ-***hyōṅ** « votre frère aîné » (*líṅ* « respectable » — *hyōṅ* « frère aîné »); 老丈 *lào-***čáṅ** « vous, messieurs » (*lào* « vieux » — *čáṅ* « homme respectable »). *Lào* est employé dans des formules du genre de la suivante : 李老三 **lì** *lào-***sān** « Li San » (*lào* marque de politesse). 高壽 *kāo-***śẹú** « votre âge » (*kāo* « élevé » — *śẹú* « longévité ») c'est-à-dire « quel est votre âge »? A cette question on répond : 虛度.... *hyụ̄-tú*.... « j'ai tel âge » (*hyụ̄* « en vain » — *tú* « j'ai passé »); le mot humble est déterminatif du prédicat.

Les mêmes oppositions de dignité sont étendues à des noms et à des spécificatifs : 府上 *fù-šáṅ* « votre maison » (*fù* « un palais » — *šáṅ* « le haut, supérieur ») v. 舍下 *šẹ́-hyá* « ma maison » (*šẹ́* « une maison » — *hyá* « le bas, inférieur »); 位 *wéi*, spécificatif des personnes respectables, appliqué aux gens qui touchent mon interlocuteur (§ 425) v. 個 *kó*, spécificatif commun appliqué aux personnes de ma famille.

Complexes irrésolubles. — 344. — Divers complexes employés comme noms n'offrent pas de sens à l'analyse, soit que les caractères aient été changés ou soient seulement phonétiques, soit que la signification repose sur une liaison oubliée (§§ 143, 144, 341 ; accent §§ 95, 102) : 勾當 *kẹū-tāṅ* « une besogne, une affaire (attirer — s'acquitter de, correspondre) »; 羅鍋 *lô-kwō* « une bosse (filet, tissu clair — une marmite) »; 咕都 *kū-tū* « des boutons de fleur » (*kū* est purement phonique; *tū* est pris ici avec une valeur phonique). Il en est de même des mots transcrits des langues étrangères : 琉璃 *lyẹû-lî* et aussi 料離 *lyáo-lî* « du verre » (tiré du sanscrit); de là les composés de forme chinoise : 料器 *lyáo-khi* « des ustensiles de verre (verre — ustensile) »; 料珠 *lyáo-čū* « des perles de verre (verre — perles) ».

Noms propres. — 345. — Pour l'apposition du nom propre au nom commun, voir § 297.

Les noms géographiques sont tantôt des noms propres primitifs, tantôt des qualificatifs, tantôt des complexes de coordination conjonctive, tantôt des transcriptions : 漢 *hán* « Han » nom d'une rivière, nom propre primitif; 鄭 *čéṅ* « le pays de Tcheng » nom propre primitif; 五臺山 *wù-thâi-šān* « la montagne Wou-thai (aux cinq sommets) » nom descriptif; 順天府 **śwęn**-*thyōn*-**fù** « la préfecture de Chwęn-thien (qui se conforme au ciel) » nom symbolique; 江蘇省 **kyāṅ**-*sū*-**śèṅ** « la province du Kiang-sou » (des deux villes 江寧 **kyāṅ**-*nīṅ* « Nanking » et 蘇州 **sū**-*ċęū* « Sou-tcheou) »; 佛郎西 *fô*-**lâṅ**-*sī* « la France » (transcription complète); 法國 **fâ**-*kwę̂* « la France » (*fâ* abréviation de la transcription *fâ*-**lâṅ**-**sī** — *kwę̂* « pays »).

346. — Les noms des dynasties, des années de règne, des empereurs, des personnages canonisés sont des qualificatifs : 吳朝 **wû**-*ċhâo* « la dynastie des Wou » (qualificatif géographique); 明朝 **mîṅ**-*ċhâo* « la dynastie des Ming » (*mîṅ* « brillant », qualificatif symbolique); 玄宗 **hywên**-*cōṅ* « l'empereur Hiuen-tsong » (*hywên* « mystérieux » — *cōṅ* « ancêtre », qualificatif symbolique); 康熙 **khāṅ**-*hī*, nom des années 1662-1723 (qualificatif symbolique, *khāṅ* « tranquille et prospère » — *hī* « éclatant »); 文正公 **wên**-*ċèṅ*-**kōṅ** « le seigneur élégant » (*wên*) « droit » (*ċèṅ*), nom posthume fréquent.

347. — Un homme est désigné le plus souvent par son nom de famille et par un nom personnel. Les noms de famille, 姓 *sìṅ*, tous en un ou en deux caractères, sont au nombre de quatre cents environ : 趙 *ċào* « Tchao », 史 *sį̀* « Chi », 司馬 **sǭ**-*mà* « Seu-ma », 長孫 **ċàṅ**-*swęn* « Tchang-swen ».

348. — Le nom personnel 名 *mîṅ* suit le nom de famille, le rapport établi est partitif : 李白 **lì**-*pó* « Li Po » peut être interprété « Po de la famille Li ». Un homme a d'habitude plusieurs noms personnels : le postnom officiel, 名字 **mîṅ**-*cǫ̀* ou 官名 **kwān**-*mîṅ*, p. e. 白 *pó*, ou en deux caractères 道陵 *tào*-**lîṅ**, qui ne doit être employé que par des supérieurs; le surnom 字 *cǫ̀*, souvent confondu aujourd'hui avec le 號 *hào* : 太白 **thái**-*pó*, tseu de Li Po, 青蓮

chīn-*lyên*, son hao. Le surnom, tseu ou hao, peut seul être employé par des égaux et des inférieurs; souvent on n'emploie que le premier caractère en le faisant suivre d'un terme honorifique : p. e. 太翁 **thái**-*wōn* pour Thai-po.

Les postnom et surnoms sont aussi bien conçus comme en apposition au nom de famille : 李白 **lì**-*pó* « Li, celui qui s'appelle Po »; 柳柳州 **lyẹù lyẹù**-*çẹū* « Lieou, celui de Lieou-tcheou », désignation fréquente de 宗元 **lyẹù**-*cōn*-**ywên** « Lieou Tsong-yuen », originaire de Lieou-tcheou. Les épithètes sont souvent antéposées : 鐵拐李 **thyè**-*kwài*-**lì** « Li le boiteux, au bâton de fer » (*thyè* « fer » — *kwài* « boiteux) » v. 胡大力 **hû** *tá*-**lí** « Hou le fort ».

Le petit nom, 小名 **syào**-*mìn* ou nom de lait 嬭名 **nài**-*mìn*, 乳名 **žù**-*mìn*, consiste souvent en un numéro indiquant le rang dans la famille; l'aîné est appelé 大 *tá*, le second 二 *ọ́l*, etc.; les gens du commun n'ont pas d'autre nom personnel : 王三 **wân**-*sān* « Wang San » (le 3e); 方大 **fān**-*tá* « Fang Ta » (l'aîné).

349. — Quand le mot *sín* est employé à côté d'un nom, il est toujours placé le premier comme prédicat transitif, le nom étant régime : 姓賈 *sín*-**kyà** « il s'appelle Kia ».

350. — Le mot 氏 *ṣị* est toujours postposé : 徐丁氏 **syû tīn**-*ṣị* « Mme Siu née Ting »[1]; 管氏 **kwàn**-*ṣị* « le vénérable Kwan » (*kwàn* nom); 孟軻氏 **mén**-*khō*-**ṣị** « le vénérable Mencius » (*mén* nom, *khō* postnom).

On emploie aussi pour quelques sages et écrivains le titre honorifique 子 *cọ̀* postposé soit au nom, soit à un surnom : 孔子 **khòn**-

1. Les femmes, outre le sing et le chi, ont comme les hommes un ming-tseu, parfois un hao, mais ces noms ne sortent pas de la famille, sauf pour les femmes auteurs.

cọ « le sage Confucius » (*khòṅ* est le nom de famille); 老子 **lào**-*cọ* « Lao-tseu », c'est-à-dire le « Vieux Sage », simple désignation.

351. — Les titres postposés aux noms (§ 297) sont toujours employés quand on veut témoigner de la politesse : 王爺 **wâṅ**-*yê* « le Prince, Son Altesse, Votre Altesse (prince — aïeul) »; 侯爺 **hẹû**-*yê* « le marquis, M. le marquis » (*hẹû* « marquis »); 中堂 **čōṅ** *thâṅ* titre d'un grand secrétaire (§ 342); 大人 *tá*-**žên** (« grand — homme) Son Excellence, Votre Excellence », titre d'un tao-thai ou d'un fonctionnaire supérieur; 大老爺 **tá**-*lào*-**yê** (« grand — vieil — aïeul »), 老爺 **lào**-*yê* (« vieil aïeul »), titres inférieurs au précédent; 少爺 **šáo**-*yê* (« jeune — aïeul »), titre du fils d'un mandarin; 先生 **syēn**-*šēṅ* « Monsieur, maître (avant-né) » pour un lettré. 爺 *yê*, titre donné à quelqu'un qui n'est pas mandarin, mais qui est plus qu'un paysan : 王五爺 **wâṅ-wù**-*yê* « M. Wang, le 5e de la famille ». 生 *šēṅ* employé à peu près de même; 會首 **hwéi**-*šẹù* « président » (pour le chef d'une société); 師傅 **šī**-*fú* « maître » (pour un artisan, pour un bonze); 道爺 **táo**-*yê* « maître » (pour un tao-chi); 大把兒 *tá*-**pà**-*ọl* (pour un cocher); 掌船的 *čàṅ*-**čhwâṅ**-*ti* « patron » (d'une barque); 頭 *thẹû* « chef » (de valets officiels).

L'expression très polie **kô**-*hyá* (§ 342) ne préjuge pas la condition de l'interlocuteur; à la différence des précédentes, elle ne se joint pas à un nom propre.

CHAPITRE III

LE PRONOM

352. — Les mots qui jouent le rôle de pronoms, sont pour la plupart des noms fixes (§ 281), toujours déterminatifs ou régimes ; un petit nombre sont des prédicatifs pris comme pronoms. La syntaxe est celle du nom, sauf pour quelques détails.

Pronoms personnels. — 353. — 我 *wò* « moi, nous » ; 俺 *ṅān* « moi, nous » (populaire). Le collectif en *mẹn* (§ 306) a parfois le sens de « moi et lui, moi et eux, nous et eux » ; il est alors exclusif.

偺 *cân*, 咱 *cā* « moi », surtout employé dans le collectif : 偺們 **cân**-*mẹn* « nous » (toujours inclusif) c'est-à-dire « moi et vous ».

你 *nì* « toi » ; « vous » (pluriel). Le collectif en *mẹn* est un pluriel ordinaire ; *nì* s'adresse aux inférieurs ; envers un égal ou un supérieur, on préfère le titre précédé ou non du nom propre (§ 351).

他 *thā* « il, elle, eux » ; le collectif en *mẹn* a la valeur ordinaire ; *thā* s'applique aux choses moins souvent qu'aux hommes : 留他空着 *lyẹ́u*-**thā khōṅ**-*cǒ* « laisse-la vide » (il s'agit d'une tasse).

伊 *yī* « lui, elle », 伊等 **yī**-*tèṅ* « eux, elles » appartiennent à la langue des affaires.

La seconde personne a deux formes polies, l'une abrégée de l'autre ; elles ne prennent jamais le suffixe *mẹn* : 你納 **nì**-*ná*, 您 *nín* « vous » (de politesse).

354. — Pour l'apposition, voir § 298. La même formule est employée pour joindre un qualificatif à un pronom : 你老 *nì*-**lào** « toi, vieillard » (*lào* « vieux »). Comparez pour l'emploi de *lào*, § 343.

Entre deux pronoms, il n'y a pas coordination par juxtaposition.

Dans l'exemple ***lì-sǫ́ thā-mện*** du § 306, il y a à la fois apposition et coordination, ***thā-mện*** comprenant Li Seu et d'autres avec lui.

Dans les complexes de subordination, le pronom personnel est antécédent (§§ 311, etc.) : 他們誰 ***thā-mện śwêi*** « qui d'entre eux » (partitif); 你們三個人 ***nì-mện sān-kǫ́-żên*** « d'entre vous trois hommes » (partitif), la même formule signifie plus souvent « vous trois » (apposition); 我軍 ***wò-kyūn*** « notre armée » (possessif).

A l'égard du prédicat, le pronom personnel est sujet ou régime : 我打你 ***wò tà-nì*** « je vais te battre ».

L'emploi des noms et des titres pour la seconde et la troisième personne (§ 351), des mots humbles et respectueux pour la première et la seconde (§ 343) restreignent l'usage des pronoms personnels rendus encore plus rares par la suppression fréquente du sujet (§§ 683 et suivants).

Démonstratifs. — 355. — Les deux démonstratifs sont 這 *ćẹ́* pour les objets rapprochés, 那 *ná* pour les objets éloignés, la distinction de sens est bien plus nette qu'en français. Ces mots s'emploient comme sujets avec peu de prédicats : 這是 ***ćẹ́ sị***... « ceci est... », 那不算 ***ná pû-swán*** « cela ne passe pas pour, cela n'est pas... ».

Habituellement ces mots ne sont sujets, en tous cas ils ne sont régimes qu'avec l'adjonction de 個 *kó* ou d'un autre spécificatif (§§ 425, etc.; accent § 108) : 這個 ***ćẹ́-kó***, 這匹 ***ćẹ́-phì***, 這管 ***ćẹ́-kwàn***, etc. « ceci, ce-....ci »; 那個 ***ná-kó***, 那匹 ***ná-phì***, 那管 ***ná-kwàn***, etc. « cela, ce-....là ».

L'adjonction d'un nom de nombre définit ces mots et les met au singulier, au pluriel précis ou au pluriel vague : 這一個 ***ćẹ́-yī-kó*** (ou ***ćéī-kó***, § 108) « celui-ci, celle-ci » ; 這十張 ***ćẹ́-šị-ćāñ*** « ces dix-ci, ces dix feuilles-ci » ; 這幾個 (v. 匹, 管, 張) ***ćẹ́-kī-kó*** (v. *phì, kwàn, ćāñ*, etc.) « ceux-ci, celles-ci ». *Kī* comme les numératifs précis s'associe à tous les spécificatifs, 些 *syē* s'associe seulement à *kó* qui même disparaît : 這些個 *cẹ-syē-kó* « ceux-ci, celles-ci »; 這些老婆們 *cẹ-syē-lào-phó-mẹn* « ces femmes ».

356. — Les démonstratifs définis, singuliers ou pluriels, déterminent les noms que l'on veut nombrer; ils sont seuls employés pour la désignation des époques (jour, mois, année, fois); ils gardent ou perdent le spécificatif selon que les noms l'exigent (§§ 422, etc.) : 這一個人 *cẹ-yī-kó-žên* « cet homme-ci »; 那些個馬 *ná-syē-kó-mà* « ces chevaux-là »; 這幾匹馬 *cẹ-kī-phi-mà* « ces chevaux-ci »; 這些句 *cẹ-syē-kyụ* « ces phrases-ci »; 這一天 *cẹ-yi-thyēn*, 這一個日子 *cẹ-yī-kó-žị-cọ* « ce jour-ci »; 那一年 *ná-yi-nyên* « cette année-là ».

357. — Les démonstratifs indéfinis avec spécificatifs et les démonstratifs simples sont aussi antéposés aux noms; le spécificatif n'est pas obligatoire comme il l'est avec les noms de nombre : 這匹馬 *cẹ-phi-mà*, 這馬 *cẹ-mà* « ce cheval-ci » ou « ces chevaux-ci »; 那碗 *ná-wàn* « cette tasse-là » ou « ces tasses-là ».

358. — Le démonstratif simple forme avec divers noms des locutions très usitées : 這裏 *cẹ-lì*, 這兒 *cẹ-ọl* « ce lieu-ci, ici »; 那裏 *ná-lì*, 那兒 *ná-ọl* « ce lieu-là, là »; 這[那]咱 *cẹ-[ná-] cān* « ce moment-ci, maintenant » v. « ce moment-là, alors »; 這[那]樣 *cẹ-[ná-] yán* « cette manière-ci » v. « cette manière-là ». Ces mots sont employés comme noms.

這[那]麼 *cẹ-[ná-] mō* « cette manière-ci » v. « cette manière-là, alors ». Dans ce cas et dans quelques autres (§§ 397, 398), *mō* n'est plus qu'un suffixe. Ces expressions sont très usitées en divers rôles déterminatifs : 這麼好 *cẹ-mō-hào*, 那麼好 *ná-mō-hào* « tellement bon (bon à ce degré-ci ou à ce degré-là) »; 這麼[着] *cẹ-mo-[cǒ]*,

那麽[着] *ná-mo-[čó]* « alors, ainsi (de cette façon-ci, de cette façon-là) » ; *čó* voir § 656 ; 這麽様 *čẹ́-mō-yáṅ* « de cette sorte-ci, tel, semblable » ; 那麽個瞎打算 *ná-mō-kó hyā tà-swán* « un calcul aveugle de la sorte » (*ná-mō-kó* « tel, semblable »).

359. — Les expressions démonstratives sont souvent précédées du pronom personnel : 我這邊 *wò čẹ́-pyēn* « par devers moi (de ce côté qui est mien) » ; 他那本書 *thā ná-pẹ̀n-šū* « ce livre sien ».

360. — Les démonstratifs signifient souvent « celui-ci en question, celui-là dont on parle », donc « le même » rapproché, ou éloigné ; *čẹ́*..., *ná* opposés valent « l'un,... l'autre » : 這些年 *čẹ́-syē-nyên* « pendant ces mêmes années » ; 那一天 *ná-yi-thyēn* « ce même jour-là, le même jour ».

361. — Très souvent le démonstratif, surtout le démonstratif indéfini, et encore plus le démonstratif simple, s'affaiblit en un article : 這村裏 *čẹ́-chwẹ̄n-lì* « dans ce village » ou « dans le village » ; 那個先生說 *ná-kó-syēn-šēṅ šwẹ̄* « le lettré (ou ce lettré) dit ».

Le nom précisé par un membre qualificatif est souvent accompagné d'un tel démonstratif (§ 373) : 起身的那一天 *khì-šēn-ti ná-yi-thyēn* « le jour du départ (de partir — ce jour) ».

362. — 當 *tāṅ* « correspondre à », qualifiant un nom de temps, remplace un démonstratif : 當日 *tāṅ-žį* « ce jour-là même », ou « aujourd'hui même ».

該 *kāi* « convenable, propre » a un emploi semblable dans la langue des affaires, rarement en langue parlée ; ce mot ne peut être appliqué par un inférieur à un supérieur : 該地方 *kāi-tí-fāṅ* « cet endroit, l'endroit en question ». 所有 *sò-yẹù* « ce qui existe, existant » joue le même rôle, rarement en langue parlée : 所有章程 *sò-yẹù čāṅ-čhēṅ* « les règlements en question, ces règlements ».

Démonstratifs anciens. — 363. — Plusieurs démonstratifs de la langue écrite subsistent dans diverses expressions de la langue parlée ; 彼 *pì* et 此 *chọ̀* correspondent à 那 *nâ* et 這 *cẹ̀* ; 彼時 **pì**-*ṣị* « alors (ce moment-là) » ; 此處 **chọ̀**-*chú* « ici (cet endroit-ci) » ; 彼此 **pì**-*chọ̀* « réciproquement (celui-là — celui-ci) », cf. §§ 360 et 578; 如此 *żû*-**chọ̀** « tel, ainsi (semblable à — ceci) » ; 玆者 **cọ̄**-*cẹ̀* « maintenant » (*cọ̄* « ceci », à peu près synonyme de *chọ̀*).

364. — 其 *khî* n'est pas un démonstratif locatif, comme les précédents, mais distingue un objet en question : 其實 *khî*-**ṣị̂** « en fait (de cela — le fait, la vérité) » ; 其內 *khî*-**néi** « à l'intérieur (de cela — l'intérieur) » ; 其你們所欲的 **khî nì**-*mện sò*-**yụ̄**-*ti* « ce que vous avez envie de faire » (*khî* déterminatif de l'expression suivante mise en fonction de nom : **nì**-*mện* « par vous », *sò*-**yụ̄**-*ti* « désiré ») ; 言其我不會 **yên**-*khî* **wò**-*pû*-**hwéi** « c'est que je ne sais pas » (**yên**-*khî* « c'est que » m. à m. « dire ceci » ; *khî*, antécédent de **wò**-*pû*-**hwéi** faisant fonction de nom) ; 有其借錢就不如當當了 *yẹ̀u*-*khî* **cyé-chyên**, *cyẹú* **pû**-*żû* **táṅ-táṅ**-*lâ* « pour emprunter de l'argent, mieux vaut encore mettre au mont de piété » (*yẹ̀u*-*khî* « s'il y a ce fait », m. à m. « il y a ceci » ; *khî* antécédent du nom complexe *cyé*-**chyên**).

365. — 是 *ṣị* rappelle un objet mentionné : 於是 *yụ̄*-**ṣị̂** « alors (étant à — ceci) » ; 是以 **ṣị̂**-*yì* « pour cette raison (ceci — à cause de) » ; *ṣị* régime antéposé de *yì*.

斯 *sọ̄*, même sens, et plus rare : 於斯 *yụ̄*-**sọ̄** « ici, à ce point ».

Le démonstratif *cị̄*. **— 366.** — 之 *cị̄* rappelle un objet mentionné ; il est aussi un index grammatical ; à ce titre il rentre parmi les particules. C'est avec ces valeurs qu'il se trouve encore dans la langue parlée, presque uniquement comme régime d'un prédicat transitif, ou comme déterminatif d'un nom et précédé lui-même d'une expression déterminative : 不教民而用之 ***pú-kyáo-mîn ộl yóṅ-č̣ī*** « ne pas instruire le peuple et l'employer » (*č̣ī* régime de *yóṅ* représente *mîn* « le peuple » ; classique, Meng tseu) ; 爲之難 ***wệî-č̣ī nân*** « agir est difficile » (*č̣ī* régime de *wệî* « faire », sans antécédent, m. à m. « faire quelque chose » ; *č̣ī* précise le sens transitif de *wệî* ; classique, Lwẹn yu) ; 言之有理 ***yên-č̣ī yẹù-lì*** « vous avez raison » (« disant — quelque chose — il y a — raison » ; *č̣ī* a le même rôle que ci-dessus ; phrase usuelle).

367. — 一身之主 ***yī-ṡēn č̣ī-čù*** « le maître de tout le corps (tout le corps — quelqu'un, lui — maître) » ; ***yī-ṡēn*** est déterminatif par position, § 315 ; *č̣ī*, déterminatif par position, répète son antécédent. *Č̣ī* est compris comme une particule suffixe qui précise le rapport déterminatif, que le déterminant soit un nom ou un prédicatif épithète. L'exemple s'expliquera donc : ***yī-ṡēn-č̣ī*** « de tout le corps ». — 不良之意 ***pú-lyâṅ č̣ī-yí*** « un mauvais dessein » : ***pú-lyâṅ*** « mauvais », qualificatif par position, *č̣ī* précise le rapport. 不共戴天之仇 ***pú-kóṅ-tái-thyēn č̣ī-čhệû*** « une haine qui ne permet pas de vivre sous le même ciel » : ***pú-kóṅ-tái-thyēn*** « ne pas en commun porter le ciel » ; *č̣ī* indique le rapport de l'épithète et du mot *čhệû*, il montre aussi que *pú*, etc. forme une seule expression ; *č̣ī* est à la fois un relatif et une désinence : « une haine — qui — ne porte pas en commun le ciel ».

Le déterminatif *č̣ī* est très usité devant certains noms de temps et de lieu : 花之中 ***hwā-č̣ī-čōṅ*** « parmi les fleurs (fleurs — elles — milieu) » ; 天地之間 ***thyēn-tí-č̣ī-kyēn*** « entre ciel et terre (ciel — terre — eux — intervalle) » ; 引見之以後 ***yìn-kyén-č̣ī yì-hẹù*** « après l'audience » (***yìn-kyén*** « introduire voir », d'où « audience impériale » — *č̣ī* « cela » — ***yì-hẹù*** « après ».

Le démonstratif *čẹ̀*. — **368.** — 者 *čẹ̀* comme *č̣ī* (§ 367) est précédé directement d'un nom ou d'un prédicatif ; le rapport entre l'antécédent et *čẹ̀* est une apposition ; *čẹ̀* comme *č̣ī* indique la fin d'une expression, il fonctionne à la fois comme désinence et comme relatif. A la différence de *čï*, il n'est employé qu'en position absolue, comme sujet et comme régime ; il n'est que par exception déterminatif d'un nom : 政者正也 ***čén-cẹ čén yè*** « gouverner, c'est rendre droit »; *cẹ* « cela, le fait de », désinence qui insiste sur l'antécédent ; l'expression double ***čén-cẹ*** est sujet (classique, Lwẹn yu). 能者多事 ***nén-cẹ tō-ṣï*** « les gens capables ont beaucoup d'affaires » (proverbe ; ***nén*** qualifie *cẹ*, ***nén-cẹ*** sujet). 知德者鮮矣 ***čï-tẹ-cẹ syēn yì*** « ceux qui connaissent la vertu sont rares » (***čï-tẹ-cẹ*** « connaissant — vertu — ceux qui ») ; le prédicatif suivi du régime qualifie *cẹ* ; les trois mots ensemble sont un nom sujet du prédicat (classique, Lwẹn yu).

Cẹ devient déterminatif d'un nom, seulement quand le complexe fixe qu'il termine, devient lui-même déterminatif, ce qui arrive à des mots tels que 使者 ***ṣï-cẹ*** « l'ambassadeur », 宦者 ***hwán-cẹ*** « le fonctionnaire ».

En langue parlée, *cẹ* est usité dans quelques expressions fonctionnant comme déterminatifs de prédicat ; il insiste sur l'antécédent : 昔者 ***sī-cẹ*** « autrefois » (*sī* « autrefois) » ; 或者 ***hwẹ-cẹ*** « ou », « peut-être » (*hwẹ* même sens).

Le démonstratif *ti*. — **369.** — Les fonctions de *čï* et *cẹ* définies dans les §§ 366 à 368, sont remplies dans la langue parlée par le seul mot 的 *tí* ou *tī* enclitique (§ 116). Ce mot, simple index syntaxique, rend plus net le rapport déterminatif signifié par la position et marque la fin d'un complexe (cf. §§ 367, 368).

On trouve *ti* entre deux noms monosyllabes ; il est plus usuel entre monosyllabe et dissyllabe parce qu'il donne la carrure ; après un polysyllabe, il est fréquent comme désinence de l'expression déterminative. Dans une série de déterminatifs dépendant les uns des autres, il n'est pas répété entre chaque mot, il est habituel avant le dernier mot de la série et chaque fois que la dépendance de deux termes est moins serrée. Dans les exemples suivants, on verra que *ti* s'explique comme *čï* par « lui », « cela », « eux » en apposition avec l'antécédent et déterminant le conséquent ; *ti* est toujours enclitique de l'antécédent ; au contraire 他 *thā* dans le même rôle (§ 315) se rattache au conséquent et conserve plus que *ti* son sens et sa valeur phonique : 人的嘴 **žên**-*ti cwèi* « la bouche d'un homme (homme — lui — bouche) » ; 先生的話 **syēn**-*šēn-ti* **hwá** « les paroles du lettré » ; 我的衣裳 **wò**-*ti* **yī**-*šān* « mes vêtements » (*wò* « moi » — *ti* « lui », répétant l'antécédent — **yī**-*šān* « vêtements ») ; 格外的功勞 **kô**-*wái-ti* **kōn**-*lâo* « des mérites extraordinaires » (**kô**-*wái* « hors des règles » — *ti* « cela » — **kōn**-*lâo* « des mérites »). Beaucoup d'expressions de ce genre se traduisent par des adjectifs.

村裏南邊大池那邊兒的李三院子的那棵高松樹 **chwēn**-*lì*-**nân**-*pyēn tá*-**ċhį**-*ná*-**pyēn**-**ọl**-*ti* **lì**-*sān*-**ywén**-*cọ*-*ti ná*-**khwō**-**kāo**-**sōn**-*šú* « le grand pin du jardin de Li San, vers le (du côté du) grand étang au sud (du côté sud) du village ».

Après un nom terminé par *ti*, on ne répète pas ce mot pour marquer le déterminatif : 趕車的官帽 *kàn*-**ċhę**-*ti* **kwān**-*mào* « le chapeau officiel du cocher » (*kàn*-**ċhę**-*ti* « le cocher »).

370. — Après un déterminatif, *ti* remplace un nom déjà exprimé ; cette tournure est très usitée pour les noms de matière et d'origine, les possessifs, etc, 這杈子是鐵的 *cę*-**ċhā**-*cọ šį*-**thyè**-*ti* « ces fourches sont en fer » (*thyè-ti* « des fourches de fer », *ti* remplace *ċhā*-*cọ* sous-entendu, voir § 317) ; 木頭的那一把 **mú**-*thęu-ti* **ná**-*yi*-**pà** « celle en bois ». — 那管筆是我的 *ná*-**kwàn**-**pì** *šį*-**wò**-*ti* « ce pinceau est à moi » (*wò-ti* « mon pinceau », *ti* remplace *pì* sous-entendu, voir § 315).

371. — De même après un prédicatif, *ti* tient lieu d'un nom déjà exprimé ou facile à substituer ; il transforme le qualificatif en nom (§ 368) : 好的 *hào-ti* « les bons, ce qui est bon » (*ti* « ceux qui, ce qui », démonstratif vague) ; 哭的哭笑的笑 *khū-ti* **khū**, *syào*-*ti* **syáo** « les uns pleurent, les autres rient » (« ceux qui pleurent —

pleurent, etc. »; *khū-ti* nom d'agent); 一根綠帶子一根紅的 *yi*-**kēn-lyụ-tái**-*cọ* *yi*-**kēn-hôṅ**-*ti* « un ruban vert et un rouge » (*ti* remplace *tái-cọ*).

這個孩子聰明 *ċẹ-kó*-**hâi**-*cọ* **chōṅ**-*mîṅ* « cet enfant est éveillé »; 這個孩子是聰明的 *ċẹ-kó*-**hâi**-*cọ* *ṡị*-**chōṅ**-*mîṅ-ti* « cet enfant est un enfant éveillé » (*ti* à la place de **hâi**-*cọ*; **chōṅ**-*mîṅ* seul est prédicat; **chōṅ**-*mîṅ-ti* est un qualificatif devenu nom, condition nécessaire pour qu'il soit régime de *ṡị*, cf. § 570); 這個孩子是個聰明的 *ċẹ-kó*-**hâi**-*cọ* *ṡị-kó*-**chōṅ**-*mîṅ-ti*, sens très voisin, l'idée de « un enfant éveillé » est un peu plus précise.

Ti **relatif. — 372.** — Un prédicatif adjectif suivi de *ti* peut être antéposé à un nom (§ 367) et le qualifier comme ferait le prédicatif sans *ti*; cette formule équivaut à un terme relatif et comporte une nuance d'insistance : 好看的姑娘 **hào**-*khán-ti* **kū**-*nyâṅ* « une jolie fille » (beaucoup plus usité que **hào**·*khán*-**kū**-*nyâṅ*); 頂好的一個人 **tìṅ**-*hào-ti yi-kó*-**żên** « un homme qui est très bon » (plus fort que *yi-kó*-**tìṅ**-*hào*-**żên** « un homme très bon »).

373. — Le prédicatif, intransitif ou transitif, suivi de *ti*, est employé comme qualificatif ou relatif (§ 367) : 出來進去的人 **ċhū**-*lâi* **cín**-*khyụ-ti*-**żên** « des gens qui sortent et qui entrent » (*ti* forme le relatif des deux prédicatifs).

Souvent un démonstratif précède ou le terme relatif ou le nom et n'a pas plus de valeur que l'article français (§ 361) : 那些出來進去的人 **ná**-*syē* **ċhū**-*lâi* **cín**-*khyụ-ti*-**żên** « les gens qui sortent et qui entrent »; 出來進去的那些個人 **ċhū**-*lâi* **cín**-*khyụ-ti* **ná**-*syē-kó*-**żên**, même sens.

La formule relative d'un transitif sans régime exprimé est de sens passif : 說的話 *ṡwẹ-ti*-**hwá** « les paroles dites »; 他說的 *thā*-**ṡwẹ**-*ti* « son langage (par lui — ce qui est dit) »; toutefois au sens actif : 那麼說的 **ná**-*mō*-**ṡwẹ**-*ti* « celui qui parle ainsi ».

374. — Si le prédicatif relatif a un régime direct, il est naturellement de sens actif : 中用 *ċóṅ-yóṅ* « être capable (atteindre — l'usage) », *yóṅ* est régime ; 那匠人不中用 *ná-cyáṅ-żên pû-ċóṅ-yóṅ* « cet ouvrier n'est bon à rien » ; 是不中用的 *ṡį pû-ċóṅ-yóṅ-ti* même sens ; 中用的人 *ċóṅ-yóṅ-ti-żên* « des gens capables ».

A cette formation, se rattachent les noms d'agents en *ti* du § 340.

375. — La formule relative est susceptible de prendre déterminatifs, compléments, régimes suivant la construction directe (voir §§ 437, etc., 453, etc.) ; elle est employée soit indépendante, soit comme épithète (§§ 367, 368).

a) **Prédicatifs adjectifs.**

常有 *ċháṅ-yẹù* « être habituel (habituellement — exister) » ; 這件事常有 *cẹ́-kyén-ṡį ċháṅ-yẹù* « cette affaire est habituelle » ; 是常有的 *ṡį ċháṅ-yẹù-ti* « elle est habituelle » ; 常有的一件事 *ċháṅ-yẹù-ti yî-kyén-ṡį* « une affaire habituelle ».

膽子大 *tàn-cọ tá* « avoir du cœur (le fiel — est grand) » ; 那個人膽子大 *ná-kó-żên tàn-cọ tá* « cet homme a du courage » (*ná-kó-żên* est en position absolue, *tàn-cọ* sujet, *tá* prédicat) ; 是膽子大的 *ṡį tàn-cọ-tá-ti* « c'est un homme courageux » (cf. § 371) ; 膽子大的一個人 *tàn-cọ-tá-ti yî-kó-żên* « un homme qui est courageux » (*tá-ti* qualifiant *yî-kó-żên*, *tàn-cọ* est complément de *tá* : « grand en fait de fiel » ; voir §§ 437, etc.).

376. — *b*) **Prédicatifs intransitifs.**

早起來 *cào khì-lâi* « se lever de bonne heure (tôt — se lever) » ; 丫頭早起來 *yā-thẹu cào khì-lâi* « les servantes se lèvent de bonne heure » ; 丫頭是早起來的 *yā-thẹu ṡį cào-khì-lâi-ti* « les servantes sont des gens qui se lèvent de bonne heure » ;

早起來的丫頭 **cào-khì**-*lâi-ti* **yā**-*thęu* « des servantes qui se lèvent de bonne heure ».

377. — *c*) Prédicatifs transitifs.

他寫 *thā-syè* « il écrit » ou « écrit par lui (lui — écrire) », formule incomplète, l'actif ne se distingue pas du passif ; 他寫字 *thā-syè*-**cọ́** « il écrit des caractères » (*syè* est prédicat) ; 這字是他寫的 *cẹ́*-**cọ́** *śį thā*-**syè**-*ti* « ces caractères sont écrits par lui » ; 他寫的字 *thā*-**syè**-*ti-cọ́* « des caractères écrits par lui » (*syè-ti* est qualificatif). Une corrélation constante est établie par la langue entre les formules *syè*-**cọ́** **syè**-*ti-cọ́* où l'accent constitue la différence essentielle (§§ 379, 381, 453).

378. — Les divers compléments et régimes d'une proposition directe peuvent tour à tour en être extraits et être déterminés par le reste de la proposition devenu relatif ; dans l'une de ces formules, le prédicatif a la valeur passive notée aux §§ 373, 377.

那個人那一天送了貨 **ná**-*kó*-**żên** *ná-yi*-**thyēn** **sóṅ**-*lyào*-**hwó** « l'homme a apporté des marchandises l'autre jour » (construction directe).

那一天送貨的那個人 **ná**-*yi*-**thyēn** **sóṅ-hwó**-*ti* **ná**-*kó*-**żên** « l'homme qui a apporté des marchandises l'autre jour ».

那個人送貨的那一天 **ná**-*kó*-**żên** **sóṅ-hwó**-*ti* **ná**-*yi*-**thyēn** « le jour où l'homme a apporté des marchandises ».

那個人那一天送的貨 **ná**-*kó*-**żên** **ná**-*yi*-**thyēn** **sóṅ**-*ti*-**hwó** « les marchandises apportées par l'homme l'autre jour » (sens passif).

皇上賞了那個大臣一件黃馬褂 **hwâṅ**-*śáṅ* **śàṅ**-*lyào ná-kó*-**tá-chên** **yī**-*kyén*-**hwâṅ-mà**-*kwá* « l'empereur a donné à ce ministre un ma-kwa jaune » (construction directe).

賞那個大臣一件黃馬褂的那位皇上 **śàṅ**-*ná-kó*-**tá-chên** **yī**-*kyén*-**hwâṅ-mà**-*kwá-ti* *ná*-**wéi-hwâṅ**-*śáṅ* « l'empereur qui a donné un ma-kwa jaune à ce ministre ».

皇上賞一件黃馬褂的那個大臣 **hwâṅ**-*śâṅ* **śàṅ-yī**-*kyén*-**hwâṅ-mà**-*kwá-ti* *ná-kó*-**tá-ćhên** « le ministre à qui l'empereur a donné un ma-kwa jaune ».

皇上賞那個大臣的那一件黃馬褂 **hwâṅ**-*śâṅ* **śàṅ**-*ná-kó*-**tá-ćhên**-*ti* **ná-yī**-*kyén*-**hwâṅ-mà**-*kwá* « le ma-kwa jaune donné au ministre par l'empereur » (sens passif).

379. — Dans les formules relatives, les prédicats auxiliaires du parfait ou du passé disparaissent le plus souvent (§ 378), toutefois : 偺們逛過的名勝地方 **cân**-*mẹn* **kwâṅ**-*kwó-ti* **míṅ**-*śéṅ*-**tí**-*fāṅ* « les lieux célèbres que nous avons visités »; 放了賊的衙役 **fáṅ**-*lyào*-**cêī**-*ti* **yâ-yī** « le valet qui a laissé échapper des voleurs ».

Si *ti* doit suivre immédiatement *lyào*, il est supprimé souvent, la place du prédicatif marquant son rôle : 你跟了那位 **nì-kēn**-*lyào ná*-**wêī** « la personne que tu accompagnais »; mais : 漆了的 **chī**-*lyào-ti* « un objet verni ».

380. — Un prédicat transformé en relatif peut n'être pas simple, mais comprendre avec un prédicat principal des prédicats secondaires accompagnés de régimes : 跟我坐車來的那個人 *kēn*-**wò** *cwó*-**ćhẹ̄ lâī**-*ti ná-kó*-**żên** « l'homme qui est venu avec moi en voiture » (*kēn* « avec », m. à m. « en accompagnant »; *cwó* « en », m. à m. « assis dans »).

Les noms régimes de prédicats secondaires ne peuvent être extraits de la proposition directe pour être déterminés par le reste; la tournure relative n'étant plus possible, on emploie plusieurs propositions dont le lien est marqué par d'autres procédés : 我替那個人挨打了他就.... **wò** *thí-ná-kó*-**żên ṅâī-tà**-*lyào*, **thā** *cyẹú* .... « l'homme à la place de qui j'ai été battu », ... Les mots *ná-kó*-**żên** et *thā* désignent la même personne; mais la tournure relative n'est pas possible, puisque *ná-kó*-**żên** dépend d'un prédicat secondaire; le lien des deux propositions résulte de l'ordre et du mot *cyẹú*.

381. — Parfois dans la formule relative, le pronom *ti* ne suit pas le régime, mais est attiré entre le prédicat et le régime par une extension du rapport *syè-cọ́* **syè**-*ti-cọ́* (§ 377), cela surtout quand le régime est monosyllabe (voir §§ 385, 388) : 你是多咱起的身 **nì**-*ṡị* **tō**-*cān* **khì**-*ti*-**ṡēn** « quand es-tu parti ? (tu es — celui qui est parti quand) » : *khì*-**ṡēn** « lever son corps » = « partir ». On attendrait *khì*-**ṡēn**-*ti* formule usuelle, p. e. 起身的那客 *khì*-**ṡēn**-*ti nà*-**khó** « l'hôte qui est parti ».

382. — La formule relative comme régime du prédicat 是 *ṡị* « être », exprimé ou sous-entendu, est d'un très grand usage à la place du prédicat simple : 我是昨天來的 **wò**-*ṡị* **cô-thyēn** **lâi**-*ti* « je suis venu hier (je suis — celui qui est venu hier) » au lieu de 我昨天來了 **wò** **cô**-*thyēn* **lâi**-*lyào*; 誰寫的字 **ṡwêi**-*syè-ti-cọ́* « par qui sont écrits ces caractères (par qui écrits — caractères ?) » le sujet et le prédicat sont sous-entendus.

Fréquemment ce tour, *ṡị* non exprimé, donne de l'énergie à la phrase (§ 481) : 那薑怪辣的 *nà*-**kyāṅ** *kwái*-**lá**-*ti* « le gingembre est par trop âcre (un objet étonnamment âcre) » ; 不依他的罷 *pú*-**yī**-**thā**-*ti* **pá** « surtout ne pas lui laisser passer cela » (« il faut être », sous-entendu — « ne le tolérant pas », etc.).

383. — La formule relative suit parfois le nom qu'elle complète : 還有那做商人折了本的 **hwân**-*yọ̀u* *nà-có*-**ṡāṅ**-*żên* **ṡẹ́**-*lyào*-**pẹ̀n**-*ti* « il y a encore les marchands qui mangent leur capital » ; s'il s'agissait de désigner les marchands plutôt que de compléter l'idée, on dirait *nà* **ṡẹ́-pẹ̀n**-*ti* **ṡāṅ**-*żên*. 沒言答對的 *mèi*-**yên** *tā*-**twéi**-*ti* « n'avoir rien à répondre » (*tā*-**twéi**-*ti* « ce que l'on répond » suit le mot *yên* qu'il complète ; cf. § 722).

Nom verbal en *ti*. — **384.** — Le prédicatif suivi de *ti* a encore une valeur toute différente et désigne non plus la personne ou l'objet, mais l'état ou l'action ; il correspond à un nom verbal. Mais il n'est pas possible de tracer une limite absolue entre le présent emploi et le précédent.

Le nom verbal est souvent sujet d'un prédicat adjectif : 你說

的好 *ni-***šwẹ̄***-ti* **hào** « tu as bien parlé (de toi — le parler — est bon) »; l'adverbe français traduit le prédicat; 他昨天來的晚 *thā* **cô***-thyēn* **lâi***-ti* **wàn** « il est venu tard hier (de lui — hier — la venue — est tardive) ». Voir § 469.

385. — Antéposé à un prédicat, il est souvent complément de cause : 凍的抖擻 **tóṅ***-ti* **tò***-sò* « il tremble de froid (du fait d'avoir froid — trembler) »; 我疼的難受 *wò* **thêṅ***-ti* **nân***-ṣẹú* « je souffre de manière insupportable (moi — du fait de souffrir — cela est insupportable) ».

Dans ces exemples le nom verbal est intransitif; on le trouve même avec une valeur transitive, le régime suivant *ti* (§ 381) : 他母親管敎的他很嚴 **thā-mù***-chīn* **kwàn***-kyào-ti-***thā hèn-yên** « sa mère le tient très sévèrement (sa mère — le fait de diriger lui — est très sévère) ».

Les complexes formés avec *hwāṅ* « être affecté » sont très nombreux pour marquer une passion poussée jusqu'à la souffrance : 儽的人慌 *léi-ti-***žên** *hwāṅ* « cela éreinte les gens (du fait de fatiguer les gens — il y a maximum) ».

386. — Le nom verbal est fréquent comme déterminatif d'un autre nom; il comporte alors déterminatifs et régimes : 貴州苗子反叛殺了官商百姓們的那個謠言 **kwéi***-cẹū-***myâo***-cọ* **fàn***-phàn* **šā***-lyào-***kwān***-šāṅ-***pó-síṅ***-mẹn-ti* *ná-kó-***yâo-yên** « le bruit que les Miao-tseu, au Kwei-tcheou, se sont révoltés et ont massacré les mandarins, les marchands et le peuple » (« les Miao, au Kwei-tcheou.... et le peuple » : cette phrase est transformée par *ti* en un nom verbal qui détermine le mot **yâo***-yên*).

Cette tournure est très employée avec les noms de temps : 好的時候 **hào***-ti* **šẓ***-hẹú* « au temps de la prospérité (être bien, réussir — époque) »; 起身的日子 *khì-***šēn***-ti* **žẓ***-cọ* « le jour du départ ».

387. — Le nom verbal est quelquefois régime d'un verbe de mouvement : 我去趕他的 *wò-***khyṳ̀** *kàn-***thā***-ti* « je vais pour le poursuivre » (*kàn-***thā***-ti* « le fait de poursuivre lui » est régime de *khyṳ̀*) ; 你來看的 *nì-lâi* **khán***-ti* « viens voir ». Voir §§ 470, etc. Cette tournure est moins usitée que celle avec *lâi* ou *khyṳ̀* répété (§ 511).

388. — L'emploi suivant, en proposition locative, ne semble pas très répandu; il est trop idiomatique pour n'être pas noté : 包袱掉的河裏 *pāo-fû* **tyáo***-ti* **hô***-lì* « le paquet tomba dans le fleuve (du paquet — la chute — dans le fleuve) » : « la chute du paquet » est sujet, « dans le fleuve » prédicat. La même idée est exprimée par : 包袱掉了在河裏 *pāo-fû* **tyáo***-lyào cái-***hô***-lì* (**tyáo***-lyào* prédicat). 擡的他牀上去 **thâi***-ti-***thā** **chwân***-sán* **khyṳ̀** « portez-le sur le lit de planches » (pour la place du régime, cf. § 381).

389. — Parfois *ti* remplace *lyào*, surtout quand ce dernier mot devrait être plusieurs fois répété : 他把我救了又給的我盤纏 **thā** *pà-***wò** **kyẹù***-lyào*, **yẹù** **kèi***-ti-***wò** **phân***-chân* « il m'a sauvé et m'a donné mes frais de route » (*kèi-ti* au lieu de **kèi***-lyào*).

Ti **adverbial.** — **390.** — Enfin *ti* sert de terminaison à des complexes de valeur qualificative, descriptive ou autre; ces mots sont employés ou devant le prédicat comme déterminatifs ou quelquefois comme prédicats (§§ 382, 481, etc., 488; accent §§ 93, 94) : 跳跳蹿蹿的 **thyáo***-thyáo-cwān-***cwān***-ti* « en sautant »; 快快的 *khwài-***khwài***-ti* « très vite ». On trouve aussi, au lieu de *ti*, 兒 *ọḷ* et 兒的 *ọḷ-ti* : 快快兒 *khwài-***khwài***-ọḷ*, 快快兒的 *khwài-***khwài***-ọḷ-ti* « très vite »; 動不動兒的 **tóṅ***-pû-***tóṅ***-ọḷ-ti* « en toute occasion (qu'on bouge ou ne bouge pas) ».

En résumé *ti* est incorporant, indique la fin d'une expression qui joue le rôle d'un mot unique; habituellement il assigne à ce mot un rôle subordonné.

Relatif. — **391.** — 所 *sò* est le relatif de la langue écrite; en parlant on l'emploie parfois dans quelques-unes des constructions relatives des §§ 373 et suivants ; on le place immédiatement devant le prédicatif dont il est souvent régime. Cette tournure qui n'ajoute rien au sens, appartient au langage relevé : 他所犯的罪 **thā** *sò-***fán***-ti-***cwéi** « les fautes qu'il a commises » (comme *thā-***fán***-ti-cwéi*).

Ce mot a la même valeur dans quelques expressions consacrées : 所入 *sò-***żú** « le revenu » (*sò* « ce qui », sujet — *żú* « entrer »); 所在 *sò-***cái** « l'endroit, la place » (*sò* « là où », régime — *cái* « se trouver »).

Pronoms d'identité. — 392. — Le mot 己 *kì* indique une personne mentionnée peu auparavant, avec cette nuance qu'il s'agit de cette personne même et pas d'une autre. Il appartient surtout à la langue littéraire; oralement on l'entend comme régime, parfois comme possessif : 他是我知己的朋友 **thā**-*ṣį* **wò ċī-kì**-*ti* **phêṅ**-*yęù* « c'est mon ami intime (il est — de moi — connaissant moi-même — un ami) »; *kì* représente un pronom proche, *wò*, et non le sujet *thā*; il n'est pas réfléchi. 你安分守己 **nì** *ṅān-***fęn ṡęù-kì** « conduis-toi comme il faut (toi — établi dans ta condition — observe toi-même) »; le sens réfléchi résulte seulement de l'identité de *kì* régime avec le sujet. 己親 **kì**-*chīn* « sa propre famille (de la personne même — les parents) ».

393. — Habituellement on emploie le complexe 自己 *cọ-kì*, même sens que *kì*. Sur 自 *cọ*, voir §§ 576, 577. Ce complexe est employé comme sujet avec ou sans pronom personnel apposé, comme possessif, comme régime; il est soit exprimé une seule fois, soit répété : 自己不知道自己的毛病 *cọ-kì pú-***ċī-táo** *cọ-kì-ti-***māo-pín** « on ne connaît pas ses propres défauts » (*cọ-kì* comme sujet et comme possessif; comme sujet il pourrait être remplacé par 人 *żên*, « les hommes, on »); 正自己 **ċéṅ**-*cọ-kì* « se corriger soi-même » (*cọ-kì* régime); 我自己用 **wò** *cọ-kì-***yóṅ** « je m'en sers moi-même » (*cọ-kì* sujet avec *wò*, apposé); 自家打自家 *cọ-kyā* **tà**-*cọ-kyā* « se frapper soi-même » (*cọ-kyā* pour *cọ-kì*).

394. — Divers composés de 親 *chīn* « propre, personnel », tels que 親自 **chīn**-*cọ̀* « en personne », 親身 **chīn**-*sēn* « le propre corps », 親手 **chīn**-*sẹ̀u* « la propre main », sont employés avec le même sens en fonction de compléments du prédicat : 你親自去 **nì chīn**-*cọ̀* **khyụ̀** « vas-y en personne » ; 他親筆寫了 *thā* **chīn-pì syè**-*lyào* « il l'écrivit lui-même (de son propre pinceau) ».

395. — **Cọ̀**-*kì* prend aussi le sens de « à part soi, seul » : 人不送他他自己去 **żên**-*pû*-**sóṅ-thā**, **thā cọ̀**-*kì*-**khyụ̀** « on ne l'accompagne pas, il va tout seul ».

Le sens de « seul, à part, personnel », d'où « soi-même », existe aussi pour 各人 *kó*-**żên** « chacun » (§ 328) : 他各人去 **thā** *kó*-**żên khyụ̀** « il va tout seul » ; 各人過各人的 *kó*-**żên kwó** *kó*-**żên**-*ti* « chacun vit pour soi », c'est-à-dire « il n'y a pas indivision (chacun — passe les jours, vit — pour chacun) ». La valeur réfléchie de *kó*-**żên** résulte de l'identité entre *kó*-**żên** régime et sujet (§ 392). 你各人管各人 **nì** *kó*-**żên kwàn**-*kó*-**żên** « occupe-toi de toi-même » (§ 393).

Les deux complexes **cọ̀**-*kì* et *kó*-**żên** s'amalgament et ont le même emploi que chacun séparément : 給他各自 *kì*-**thā kó**-*cọ̀* « pour lui-même, pour lui spécialement ». De même 自己各[兒] **cọ̀**-*kì*-**kó**-*ọl*, 自各兒 *cọ̀*-**kó**-*ọl*, 各自己 **kó-cọ̀**-*kì*.

CHAPITRE IV

LES INTERROGATIFS ET INDÉFINIS

Sens interrogatif. — 396. — Les mots interrogatifs sont de diverses sortes. Les finales interrogatives seront étudiées avec les particules finales (§§ 671, 672, etc.); les initiales interrogatives avec les particules initiales (§§ 662, 663, 666, 667). Les interrogatifs qui suivent font partie intégrante de la proposition.

誰 *śwêi* (vulgaire *śêi*) « qui? » s'applique à une personne. 誰要去 **śwêi** *yáo*-**khyų́** « qui veut y aller? » (sujet); 誰造的 **śwêi**-*cáo-ti* « fabriqué par qui? » (complément du prédicat); 誰的筆 **śwêi**-*ti-pì* « à qui est le pinceau? » (possessif); 你是誰 **nì**-*śį*-**śwêi** « qui es-tu? » (*śwêi* régime); 他們誰 **thā**-*mę̂n*-**śwêi** « qui d'entre eux » (*śwêi* déterminé par un nom, partitif).

397. — 什麼 **śį**-*mō*, 甚麼 **śén**-*mō* « quoi? quel? ». Sur *mō*, voir §§ 358, 671. 看什[甚]麼 **khán**-**śį**-[**śén**-]*mō* « regarder quoi? » (régime); 爲什[甚]麼 **wéi**-*śį*-[*śén*-]*mō* ou *wéi*-**śį**-[**śén**-]*mō* « pourquoi? » (régime); 什[甚]麼東西 **śį**-[**śén**-]*mō*-**tōn**-**sī** « quel objet? » (déterminatif du nom); 什[甚]麼人 **śį**-[**śén**-]*mō*-**żên** « quel homme? » (déterminatif du nom).

398. — 怎 **cèn**-*mō* « comment? » : 怎麼樣 **cèn**-*mō*-**yán** « de quelle manière? » (déterminatif du nom); 怎麼個病 **cèn**-*mō-kó*-**pín** « quelle sorte de maladie? » (déterminatif du nom); 怎麼着 **cèn**-*mō*-**cô**, **cèn**-*mō*-**cáo** « comment? » (déterminatif du prédicat); 他怎麼不來 **thą** **cèn**-*mō* *pú*-**lâi** « comment ne vient-il pas? » (déterminatif du prédicat).

399. — 那 *nà* « lequel? » distinct du démonstratif *ná*, entre dans des formules semblables (§§ 355-358) : 那個人 **nà**-*kó*-**żên** « lequel homme? »; 那一管 **nà**-*yi*-**kwàn** « lequel (pinceau)? »; 那三輛 **nà**-*sān*-**lyán** « lesquelles trois voitures? »; 那裏 **nà**-*li*, 那兒 **nà**-*ǫl* « où? ».

400. — 幾 *kì* « combien de? (quel nombre) » distinct par le ton de l'indéfini *kī* (§ 330); l'emploi est conforme aux règles des numératifs (§ 428) : 幾文錢 **kì-***wên***-chyên** « combien de sapèques? »; 第幾天 *ti*-**kì-thyēn** « le quantième jour? »; 幾時 **kì**-*sį* « quand? (combien — temps) ».

401. — 多 *tō*, 多麼 **tō**-*mō* « combien? (quel degré) » : 多大 **tō-tá**, 多麼大 **tō**-*mō*-**tá** « combien grand? » (déterminatif du prédicat).

多少 **tō**-*šào* « combien? » (« beaucoup ou peu », complexe de coordination § 309); employé comme déterminatif des noms, ou comme régime : 多少魚 **tō**-*šào*-**yû̩** « combien de poissons? »; 他要多少 **thā**-*ydo* **tō**-*šào* « combien veut-il? ».

多咱 **tō**-*cān* « quand? (quelle — époque) »; 多會兒 **tō**-*hwéi-ǫl* « quand? (quel — moment) ».

402. — 何 *hô* « quoi? quel? » mot de la langue écrite, usité dans des expressions consacrées : 何如 **hô**-*žû*, 如何 **žû**-*hô* « comment? » (*hô* « quoi » — *žû* « semblable » : *hô*, déterminatif ou régime); 爲何 **wéi**-*hô* « pourquoi? » (régime); 何妨 *hô*-**fân** « quel empêchement » (*hô*, sujet — « empêcher »); 何處 *hô*-**chŭ** « où? » (« quel — endroit »; *hô*, déterminatif d'un nom); 何時 *hô*-**sį** « quand? (quel — temps) ».

403. — La proposition contenant un mot interrogatif peut ou n'avoir pas de finale ou prendre une finale exclamative telle que *nī* (§§ 673, 675, 676); jamais elle ne prend la finale interrogative 麽 *mō* (§ 671) : 何必叫着他 **hô**-*pi* **kyáo**-*cö*-**thā** « à quoi bon l'appeler? » (sans finale); 這個事情你知道麽。我何從知道呢 **cę**-*kó*-**sį**-*chìn* **nì**-**cį**-*tdo* **mō** — **wò hô**-*chôn* **cį**-*tdo* **nī** « Sais-tu cette affaire? D'où la saurais-je? » (première phrase interrogative à cause de *mō*; la seconde phrase renferme l'interrogatif *hô* et prend la finale *nī*).

Sens indéfini. — 404. — Les interrogatifs prennent le sens indéfini, plus souvent dans une proposition négative que dans une proposition affirmative : 想喫什麽 *syàn chī-śį-mō* « il a envie de manger quelque chose » ; 沒有什麽事 *mé-yeù śį-mō-śį* « il n'y a aucune affaire » ; 他不要什麽錢麽 *thā pú-yáo śį-mō-chyên mō* « ne veut-il aucun argent? » (*mō* finale interrogative, *śį-mō* est donc indéfini).

他不見誰 *thā pú-kyén-śwêi* « il ne voit personne » ; 你見了誰麽 *nì kyén-lyào-śwêi mō* « as-tu vu quelqu'un? » (*mō* interrogatif, *śwêi* indéfini) ; 誰不在誰門前過呢 *śwêi pú-cái-śwêi-mên-chyên kwó nī* « qui ne passe pas devant la porte de quelqu'un? » (le premier *śwêi* est interrogatif ; le second indéfini désigne une personne quelconque), sens : « qui n'a pas recours à autrui ? ».

他的學問不怎麽樣 *thā-ti-hyâo-wén pú-cèn-mō-yán* « sa science n'est pas considérable (n'est pas de n'importe quelle façon, n'est pas telle) ».

Plus souvent le sens indéfini résulte de la corrélation de deux propositions, ou de la valeur spéciale attribuée au mot indéfini par la construction : 多少呢得花錢 *tō-śào-nī, tèi hwā-chyên* « combien que ce soit, il faut dépenser » (*tō-śào* « combien? » ; le mot est souligné par la particule *nī*, cf. § 676). 他待誰就.... *thā tái-śwêi, cyeú* « s'il traite quelqu'un, alors.... » (deux propositions corrélatives).

405. — Souvent le mot indéfini est répété deux fois et désigne la seconde fois le même homme, objet, temps indéterminé que la première : 誰知道誰多喒死 *śwêi cī-táo śwêi tō-cān-sò* « qui sait quand il mourra » (le second *śwêi*, rendu par « il », représente la même personne quelconque que le premier) ; 他做什麽什麽不着 *thā có-śį-mō, śį-mō pú-cáo* « quoi qu'il fasse, rien ne réussit (il — fait — quelque chose — quelque chose — ne réussit pas) » ;

他說怎麼着就怎麼着了 *thā-***śwę̄ cèn***-mō-***cō***, cyęú* **cèn***-mō-***cō***-lá* « quoi qu'il conseille, on le fait » (« il — dit — comment — alors — on fait comment » ; le second **cèn***-mō-***cō** garde son sens indéfini, mais devient prédicat) ; 他多咱來多咱罵 *thā* **tō***·cān-***lâi, tō***-cān-***má** « chaque fois qu'il vient, il profère des injures (il — n'importe quand — vient — n'importe quand — injurie) ».

406. — L'idée de l'indéfini est souvent accentuée par un mot qui étend le prédicat, 也 *yè* « même », 都 *tū* « tout », 老是 **lào***-ṣị* « avec persistance », etc. ; l'indéfini est alors mis en position absolue : 誰也知道 **śwêi** *yè* **cị***-tào* « n'importe qui le sait, tout le monde le sait » ; 誰勸他他老是不聽 *śwêi* **khywén-thā**, *thā* **lào***·ṣị pú-***thīn** « qui que ce soit qui le conseille, il n'écoute absolument pas » (*śwêi* « n'importe qui »).

京裏什麼也有賣的 **kīn***-lì* **śị***-mō* **yè***-yęù-***mái***-ti* « à Péking on vend de tout » (« à la capitale — n'importe quoi — même — il y a — vendeurs » ; **śị***-mō* régime de *mái-ti* « ceux qui vendent », est mis en position absolue) ; 百什麼也沒有 **pài-śị***-mō* **yè***-mę́-***yęù** « il n'y a rien de rien (de cent — n'importe quoi — même — il n'y a pas) ».

他說的話那一句也有滋味 *thā-***śwę̄***-ti-***hwá, nà***-yī-***kyụ̀ yè***-yęù-***cọ̄***-wéi* « dans son langage toute phrase a de la saveur (n'importe quelle phrase — même.... » etc.).

怎麼着也得去 **cèn***-mō-***cō yè-tèi-khyụ̀** « à toute force il faut y aller (d'une manière quelconque — même.... » etc.).

多咱也是這樣 **tō***·cān* **yè***-ṣị-***cę́-yán** « c'est toujours ainsi (n'importe quand — même... » etc.) ; 多難辦的事他都會辦 **tō nân***-pán-ti-***śị**, *thā* **tū hwéi***-pán* « si difficiles que soient les affaires, il sait toujours les régler (combien difficiles à traiter ..... tout.... » etc.).

他來幾回也別放他進來 *thā-***lâi kì-hwêi, yè** *pyê-***fán-thā cín***-lâi* « si souvent qu'il vienne, ne le laisse pas entrer (lui — venir — combien de — fois — même.... » etc.). Pour les antécédents 不論 *pû-lwện* et autres analogues, voir § 639.

407. — 誰 *śwêi* et 什麼 *śḷ-mō* répétés, savoir *śwêi-śwêi, śḷ-mō-śḷ-mō* signifient « quelqu'un, quelque chose, un tel » : 誰誰有這樣不好誰誰有那樣毛病 *śwêi-śwêi yẹù cẹ́-yáṅ-pû-hào, śwêi-śwêi yẹù ná-yáṅ-mâo-píṅ* « un tel a ce défaut-ci, un tel a ce vice-là » ; 有什麼什麼事兒 *yẹù śḷ-mō-śḷ-mō-śḷ-ọl* « il y a telle ou telle affaire ».

Autres mots indéfinis. — **408.** — 某人 *mẹù-żên* « un tel », 某年 *mẹù-nyên* « telle année ».

有人說 *yẹù-żên-śwẹ̄* « on dit (il y a — des gens — dire) ».

沒人 *mèi-żên* « personne (il n'y a pas — homme) » ; 沒東西 *mèi-tōṅ-sī* « rien, il n'y a rien (il n'y a pas — objet) ».

莫 *mó* « rien », littéraire; usité dans quelques expressions (§§ 433, 485, 664) : 人莫知其子之惡 *żên mó-cḷ khî-cọ̀-cḷ-ṅó* « on ne connaît pas la malice de son propre fils (des hommes — personne — sait, etc. » ; proverbe) ; 貧莫與富鬬 *phîn mó yù-fû tẹù* « le pauvre ne doit pas lutter avec le riche (le pauvre — en rien — avec — le riche — lutter » ; proverbe).

CHAPITRE V

LES NOMS DE NOMBRE ET DE MESURE
LES SPÉCIFICATIFS

Nombres simples. — **409.** — 一, 壹 *yī, yî, yí* « un » ; 二, 貳 *ọl* « deux » ; 三, 參 *sān* « trois » ; 四, 肆 *sọ́* « quatre » ;

五, 伍 *wù* « cinq »; 六, 陸 *lyẹú* « six »; 七, 柒 *chī* « sept »; 八, 捌 *pā, pâ* « huit »; 九, 玖 *kyẹù* « neuf »; 十, 拾 *ṣ̣ị* « dix »; 百 *pài, pô* « cent »; 千 *chyēn* « mille »; 萬 *wán* « dix mille ».

Pour chaque nombre, le premier caractère est la forme usuelle, le second est la forme majuscule usitée dans les contrats pour obvier aux falsifications.

410. — Deux nombres juxtaposés peuvent être disjoints; c'est le cas habituel pour deux nombres voisins, si rien n'indique une relation spéciale : 七八個人 **chī-pā**-*kọ́*-**żên** « sept ou huit hommes » (« ou » non exprimé); 三五天 *sān*-**wù**-*thyēn* « quelques jours » (« trois ou cinq jours », « ou » non exprimé).

411. — La simple juxtaposition peut indiquer les chiffres sur lesquels porte une opération arithmétique : 九九二銀子 **kyẹù**-*kyẹù*-**ọ̄ḷ** **yîn**-*cọ* « de l'argent à 992 millièmes de titre »; 九九法 **kyẹù**-*kyẹù*-**fâ** « la table de multiplication (9 fois 9) »; 三七着分 **sān-chī**-*čáo* **fẹ̄n** « partager à trois-sept (3/10 + 7/10) »; 九五折扣 **kyẹù-wù** **čệ**-*khẹú* « escompte de 5 0/0 (à 95 centièmes — réduire) »; 三七二十一 **sān·chī, ọ̄ḷ**-*ṣ̣ị*-**yī** « trois fois sept vingt-et-un ».

Nombres complexes. — **412.** — Pour les nombres complexes, deux principes entrent en jeu : 1° un nom d'unité simple devant les nombres *ṣ̣ị, pài, chyēn, wán* est multiplicateur; 2° un nombre plus faible après les mêmes nombres s'ajoute (accent § 104) : 十一 *ṣ̣ị*-**yī** « onze (10 + 1) »; 二十 **ọ̄ḷ**-*ṣ̣ị* « vingt (2 fois 10) »; 四千 **sọ́**-*chyēn* « quatre mille (4 fois 1000) »; 五萬 **wù**-*wán* « 50.000 (5 fois 10.000) »; 六萬七千八百九十一 **lyẹù**-*wán* **chī**-*chyēn* **pā**-*pài* **kyẹù**-*ṣ̣ị*-**yī** « 67.891 ».

On dit souvent 一十 **yī**-*ṣ̣ị* « dix (1 fois 10) »; et toujours 一百

yī-pài « cent (un cent) »; 一千 ***yī-chyēn*** « mille (un mille) »; 一萬 ***yī-wán*** « dix mille (une myriade) ».

Les nombres au-dessus de *wán* « dix mille » sont formés par multiples de dix mille; les nombres inférieurs s'ajoutent aux dizaines de mille d'après la formule ordinaire : 三萬 ***sān-wán*** « 30.000 (3.0000) »; [一] 十萬 ***yī-ṣ̌ị-wán*** ou ***ṣ̌ị-wán*** « 100.000 (10.0000) »; 一百萬 ***yī-pài-wán*** « 1.000.000 (100.0000) »; 一千萬 ***yī-chyēn-wán*** « 10.000.000 (1000.0000) »; 一萬萬 ***yī-wán-wán*** ou 萬萬 ***wán-wán*** « 100.000.000 (1.0000.0000) »; 三千八百九十三萬六千七百二十三 ***sān-chyēn pā-pài kyẹù-ṣ̌ị-sān-wán lyẹù-chyēn chī-pài ọḷ-ṣ̌ị-sān*** « 38.936.723 (3893.6723) ».

On compte aussi par 兆 *čáo* « millions » : 三百五十兆 ***sān-pài wù-ṣ̌ị-čáo*** « 350 millions ».

413. — Les unités inférieures qui suivent les ***wán-wán*** « centaines de millions » ou les *čáo* « millions », en sont séparées par le mot 零 *lìn* « fraction, surplus » : 三萬萬零五千萬 ***sān-wán-wán lìn wù-chyēn-wán*** « 350 millions (3.0000.0000 + 5000.0000) »; 一十三兆零四十萬 ***yī-ṣ̌ị-sān-čáo lìn sọ́-ṣ̌ị-wán*** « 13.400.000 (13 millions + 40.0000) ».

Dans tout nombre inférieur à ***yī-wán-wán***, chaque tranche manquante est remplacée par *lìn* s'il y a des unités d'ordre inférieur exprimées; mais les unités les plus faibles du nombre, lorsqu'elles sont absentes (derniers zéros à droite) ne sont pas représentées : 二萬零五百 ***ọḷ-wán lìn wù-pài*** « 20.500 (2.0500) ».

Si plusieurs tranches successives manquent à l'intérieur du nombre, *lìn* est répété pour chaque tranche quand on parle avec précision, pour un calcul; mais on n'use pas toujours d'une pareille exactitude : 一千零零四 ***yī-chyēn lìn-lìn-sọ́*** ou 一千零四 ***yī-chyēn lìn-sọ́*** « 1004 ».

Des unités d'un ordre quelconque étant les dernières exprimées, on ne met pas leur nom si le nom des unités immédiatement supérieures est donné : 二百四 *ọḷ-pài-sọ́* « 240 » (« dix », non exprimé) ; 二千四 *ọḷ-chyēn-sọ́* « 2400 » (« cent », non exprimé). Mais si le mot *lìṅ* est intercalé, il vaut mieux exprimer le nom des unités suivantes : 七千零八十 **chī**-*chyēn lìṅ* **pā**-*ṣḷ* « 7080 » ; 七千零八 **chī**-*chyēn lìṅ*-**pā** ou 七千零零八 **chī**-*chyēn lìṅ-lìṅ*-**pā** « 7008 ».

L'emploi de *lìṅ* et la suppression du nom des dernières unités sont spéciaux à la langue parlée.

414. — 兩 *lyàṅ* « deux poids égaux », est employé pour 二 *ọḷ* « deux » avec les spécificatifs (§ 425), les noms de temps, divers noms de mesure. Il n'entre jamais en composition avec d'autres nombres, sauf avec *wán* : 兩萬 **lyàṅ**-*wán* ou 二萬 *ọḷ-wán* « 20.000 » ; 兩年 **lyàṅ**-*nyên* « deux ans » ; 兩歲 ou 二歲 **lyàṅ**-*swéi* ou *ọḷ-swéi* « deux ans » (d'âge) ; 兩天 **lyàṅ**-*thyēn* « deux jours » ; 兩下鐘 **lyàṅ**-*hyá-cōṅ* ou 兩點鐘 **lyàṅ**-*tyèn-cōṅ* « deux heures » ; 兩丈 **lyàṅ**-*cáṅ* « deux dizaines de pieds » ; 兩石 **lyàṅ**-*tán* « deux piculs » ; 兩頃 **lyàṅ**-*khìṅ* « deux khing de terre » ; 兩弓 **lyàṅ**-*kōṅ* « deux arcs agraires » ; 兩步 **lyàṅ**-*pú* « deux pas agraires » ; 兩吊 **lyàṅ**-*tyáo* « deux tiao de sapèques » ; 兩布袋 **lyàṅ**-*pú-tái* « deux sacs » ; 兩碗 **lyàṅ**-*wàn* « deux bols ». *Lyàṅ*, dans les dialectes de l'ouest, est beaucoup moins fréquent qu'au nord.

Noms de mesure. — **415.** — Les noms de mesure sont uniformes, mais la valeur des mesures varie avec les localités et les corporations :

Mesures linéaires : 丈 *cáṅ* « 10 pieds » ; 尺 *chị̀* « 1 pied » (0^{m},358, convention franco-chinoise) ; 寸 *chwẹ́n* « 1/10 pied » ; 分 *fẹn* « 1/100 pied ».

Les subdivisions légales sont toutes décimales (釐 *lî* « 1/1000 »,

毫 *hâo*, 絲 *sọ*, 忽 *hū*, 微 *wēi*, 纖 *syẹn*, etc.); les mêmes noms, *fẹn* et au-dessous, s'appliquent aux sous-multiples des mesures de superficie et de poids.

Mesures itinéraires : 弓 *kōṅ* « 5 pieds » (1m,79); 里 *lì* « 360 kong » (644 m., souvent 550 m. ou moins).

Mesures de superficie : 步 *pú* « 1 kong carré »; 畝 *mẹù* « 1 arpent », rectangle de 240×1 kong (7 ares); 頃 *khìṅ* « 100 meou ».

Mesures de poids : 擔 ou 石 *tán* « 1 picul », 100 livres; 斤 *kīn* « 1 livre (catty) » = 16 tls (604 gr. 53); 兩 *lyàṅ* « 1 once (taël) » (3 gr. 783, convention franco-chinoise); 錢 *chyên* « 1/10 once (mace) »; 分 *fẹn* « 1/100 once (candareen) », etc.

Mesures de capacité : 石 *ṣ̀ṭ* « 10 boisseaux »; 斛 *hû* « 5 boisseaux »; 斗 *tẹù* « 1 boisseau » (10 l. 31); 升 *sēṅ* « 1/10 boisseau »; 合 *hó* « 1/100 boisseau »; 勺 *ṣâo* « 1/1000 boisseau ». La série des sous-multiples décimaux continue avec des noms spéciaux jusqu'au 禾 *hwô* 15e à partir du boisseau.

Monnaies : 錢 *chyên* « 1 sapèque (cash) », pièce ronde percée d'un trou carré, faite d'un alliage variable de cuivre, zinc et plomb; 吊 *tyào*, 貫 *kwán*, 串 *chwán*, ou 千 *chyēn* « 1 ligature », formée en théorie de 1000 sapèques, pratiquement le nombre varie suivant les localités; 百 *pài* « 1/10 de ligature »; 十 *ṣ̀ṭ* « 1/100 de ligature ».

Mesures de temps : 月 *ywè* « 1 lunaison ou lune », de 30 jours 大盡 *tá-cín*, ou de 29 jours 小盡 *syào-cín*; 時辰 *ṣ̀ṭ-chèn* « 1 heure » (chinoise = 2 h. européennes); 小時 *syào-ṣ̀ṭ* « 1 heure » (européenne); de deux heures européennes contenues dans l'heure chinoise, la première est dite 初 *chū* (p. e. 卯初 *mào-chū*), la seconde 正 *cèṅ* (p. e. 卯正 *mào-cèṅ*); 刻 *khó* « un quart d'heure »,

1/8 de l'heure chinoise; 分 *fẹn* « 1 minute », 1/15 du kho; 秒 *myào* « 1 seconde », 1/60 de la minute.

Fractions. — 416. — Si le dénominateur n'est pas indiqué, le mot 分 *fẹn* « partie » veut dire « 1/10 »; synonyme 成 *chên* (accent § 105) : 五分 **wù**-*fẹn* « 5/10, demie, à demi »; 十分 **ṡị**-*fẹn* « le total, en tout, parfaitement »; 十二成 **ṡị**-**ọḷ**-*chên* « plus que parfait ».

Fractions non décimales : 三分之一 **sān**-*fẹn*-*ċị*-**yī** « un tiers » (« de trois parties une », § 367); 三停兒有一停兒 **sān**-*thîn*-*ọḷ* **yẹù yī**-*thîn*-*ọḷ* « un tiers (sur trois parties il y en a une) ». Pour l'emploi de 半 *pán* « demie », voir §§ 325, 412.

Intérêts. — 417. — Pour le titre de l'argent, le nombre des sapèques à la ligature, l'escompte, etc., l'expression est rapportée soit à 1000, soit à 100, soit à 10; voir § 411.

La mention de l'intérêt se fait soit en comptant le 分 *fẹn* (sous-multiples 釐 *lī*, 毫 *hâo*, etc.) pour 1/10 comme ci-dessus (§ 416), soit en le rapportant au taël (§ 415) ce qui le réduit à 1/100; la seconde méthode, celle du Code, est répandue dans la Chine occidentale, la première est plus usuelle dans le nord : il y a donc ambiguïté. L'intérêt est souvent stipulé par mois, l'année commerciale étant souvent de dix mois; l'intérêt maximum autorisé est de 30 % par an : 三分利 **sān**-*fẹn*-*lí* « intérêt de 30 % » (1er système); 四釐五 **sọ́**-*lī*-**wù** « 4,5 % » (1er système); 每月二分 **mèi**-*ywè* **ọḷ**-*fẹn* « 2 % par mois » (2e système); 加一利 *kyā*-**yī**-*lí* « intérêt à 10 % par mois (ajouter — un [dixième] — intérêt) »; 值百抽五 *ċị*-**pô** *chẹū*-**wù** « 5 % ad valorem (valant — 100 — prélever — 5) », langue officielle.

Multiples. — 418. — 多一半 **tō**-*yī*-**pán** « le double (en plus — la moitié) »; somme finale : 2 **a** = **a** + **a**; en plus de la quantité primitive a, la moitié du total, soit a. 少一半 *sào-yi-pán* « moitié en moins » : la quantité primitive 2 a diminuée de la moitié a, reste a. 多一倍 **tō-yi-péi,** 加倍 **kyā-***péi* « le double » ; la quantité initiale a augmentée d'une quantité égale, 倍, soit a + a = 2 a ; 多兩倍 **tō-***lyàn***-péi** « le triple », c'est-à-dire a + 2 a ; 倍二爲四 *péi-ọl wêi-sọ́* « le double de 2 est 4 » (semi-littéraire).

Nombres et mesures. — **419.** — Le nom de nombre se joint directement au nom de mesure, au mot « fois » 次 *chọ́*, 回 *hwêi*, 番 *fān*, 遍 *pyén*, 磨 *mó*, � *thán*, et autres mots analogues. Si dans une mesure complexe il manque un ordre d'unités, on insère le mot *lîn* (§ 413) ; des unités n'ayant pas de nom exprimé sont de l'ordre inférieur à celles qui précèdent immédiatement (§ 413 ; accent § 105) : 二斤 *ọl-***kīn** « deux livres » ; 三斤零五錢 *sān-***kīn** *lîn wù-***chyên** « 3 livres 5/10 d'once » ; 一吊零八十 (ou 零八) *yī-tyáo lîn* **pā-***sị* (ou *lîn-***pā**) « 1 tiao 80 sapèques » ; 一吊八 **yī-***tyáo-***pā** « 1 tiao 800 sapèques ». 丈一 *cán-***yī** « onze pieds » (c'est-à-dire « 10 pieds + 1 pied » ; § 325 *sú*). Le nombre *yī* est parfois supprimé aussi devant les spécificatifs (§ 426).

Prennent un spécificatif les noms suivants : 十個錢 **sị***-kó-***chyên** ou 十文錢 *sị-***wên-chyên** « dix sapèques » (10 pièces) ; 兩個月 **lyàn***-kó-***ywé** « deux mois » ; 四個日子 **sọ́***-kó-***zị***-cọ* « quatre jours » ; 六個時辰 **lyeū***-kó-***sị***-chên* « six heures ».

Pour le complexe nom de mesure et nom de matière, voir § 299.

420. — Tout nom désignant une quantité peut être employé comme nom de mesure et directement rapproché du nom de nombre, même s'il prend d'habitude un spécificatif (§ 422) : 一碗飯 *yī-***wàn-fán** « un bol de riz » v. 一個碗 **yī***-kó-***wàn** « une tasse » ;

一很小勺兒蜂蜜 *yi-hèn-syào-śáo-ọl fōn-mí* « une très petite cuiller de miel » v. 一把勺兒 *yi-pà-śâo-ọl* « une cuiller »; 一廠木頭 *yi-chàn-mū-thẹu* « tout un chantier de bois »; 一山死屍 *yi-śān-sọ̀-śị* « une montagne de cadavres »; 兩點鐘 *lyàn-tyèn-čōn* « deux heures européennes (deux — points, coups — cloche) »; 一回酒 *yi-hwêi-cyẹù* « une fois de vin, un coup de vin ».

La distinction n'est pas nette entre ces mesures vagues et les spécificatifs (§ 422). Le même mot peut être l'un ou l'autre : 一口水 *yi-khẹù-śwèi* « une gorgée d'eau » (*khẹù* « bouche »); 一口棺材 *yi-khẹù-kwān-châi* « un cercueil » (*khẹù* spécificatif). Le même mot peut à la fois préciser la dimension comme une mesure et la nature comme un spécificatif : 一所房子 *yi-sò-fân-cọ* « une maison entière »; 一間房子 *yi-kyēn-fân-cọ* « une maison, une travée de maison ».

421. — Emploi analogue des mots suivants : 這種行止 *cẹ́-čòn-hín-cị* « cette conduite » (*čòn* = « race, sorte »); 那等事 *nà-tèn-śị* « cette sorte d'affaires » (*tèn* = « degré »); 兩樣洋布 *lyàn-yán-yân-pú* « deux espèces de cotonnades étrangères » (*yán* = « modèle »); 三品鮮菓 *sān-phìn-syēn-kwò* « trois sortes de ruits frais » (*phìn* = « classe »); 這宗瞎東西 *cẹ́-cōn-hyā-tōn-si* « espèce d'aveugles ! » (*cōn* = « famille, classe »).

Spécificatifs. — 422. — En général le nom d'un objet susceptible de mesure ou de compte n'est pas rapproché directement du nom de nombre : on intercale un nom de mesure ou un spécificatif. Le spécificatif est obligatoire avec les noms de nombre, facultatif avec les démonstratifs (§ 357; accent § 106).

Le rôle du spécificatif est double. En disant 三頭牛 *sān-thẹû-nyẹû* « trois bœufs » (« trois — tête — bœuf », comparez trois têtes de bétail), on indique que dans l'espèce bœuf on compte les individus. Le nom représente le concept sans l'individualiser, *nyęû* = « bœuf » ou « bœufs »; le spécificatif individualise, permet de compter, comme le nom de mesure ajoute à l'idée de matière la notion de quantité. Il y a donc ressemblance entre les noms de mesure (§ 420) et les spécificatifs. 這水 **ċę-ŝwèi** « cette eau » : elle n'est spécifiée ni comme nature ni comme quantité; 這樣水 **ċę-yáṅ-ŝwèi** « cette sorte d'eau », 這杯水 **ċę-pēi-ŝwèi** « cette coupe d'eau » : l'eau est spécifiée soit par nature, soit par quantité. 這尾魚 **ċę-wèi-yû** « ce poisson, ces poissons » : dans l'espèce poisson, on spécifie un ou plusieurs individus, *wèi* indique cette nuance.

D'autre part le spécificatif détermine le nom, chaque spécificatif étant attaché à certaines catégories précises ou vagues, simples ou non (§ 425). Tous les spécificatifs sont des noms primitifs ou verbaux; ils varient un peu d'un dialecte à l'autre. Plusieurs spécificatifs peuvent convenir au même nom : 一條魚 *yi*-**thyâo-yû** v. 一尾魚 *yi*-**wèi-yû** « un poisson ». Souvent le spécificatif ajoute une idée : 一棵花 *yi*-**khwō-hwā** « un pied de fleur »; 一朶花 *yi*-**twò-hwā** « une fleur (fleur coupée, ou bouton) ».

423. — Lorsque le nombre et le nom forment une expression consacrée, le spécificatif se met avant le nombre : 一部四書 *yi*-**pú-sǫ́-ŝū** « un exemplaire des Quatre Livres » v. 四部書 *sǫ́-pú-ŝū* « quatre volumes »; 這個五倫 **ċę**-*kó*-**wù-lwęn** « ces cinq relations sociales ».

Le nombre avec le spécificatif se met après le nom, quand on insiste sur le nombre (§ 299) : 哥兒三哥兒倆 *kō-ǫl* **sā** *kō-ǫl* **lyà** « ou trois frères ou deux frères » (*lyà*, voir § 426).

424. — Les spécificatifs et noms de mesure placés après les noms forment des collectifs : 馬匹 **mà**-*phì* « des (les) chevaux » (*phì* spécificatif); 鹽斤 **yên**-*kīn* « du sel » (*kīn* poids); 菓品 **kwò**-*phìn* « différents desserts » (*phìn* « sorte, genre »).

Principaux spécificatifs. — 425.

串 *ĉhwán* « enfilade »	一串朝珠 *yī-ĉhwán-ĉháo-ĉū* un collier officiel; 一串經 *yī-ĉhwán-kīṅ* un service de prières
乘 *ṡéṅ* (« attelage ») véhicules	一乘轎 *yī-ṡéṅ-kyáo* une chaise à porteurs
付 *fú* (« remettre ») médicaments, lunettes	一付藥 *yī-fú-yáo* une dose de médecine
件 *kyén* (« article ») vêtements, affaires, etc.	一件文書 *yī-kyén-wên-ṡū* une dépêche
位 *wéi* (« place ») personnes respectables, etc.	一位老爺 *yī-wéi-lào-yê* un monsieur; 一位礮 *yī-wéi-phāo* un canon
個, 箇, 个 *kó* (« article ») spécificatif vague, employé faute d'autre	一箇月 *yī-kó-ywé* une lunaison
刀 *tāo* (« couper, coupure »)	一刀肉 *yī-tāo-żẹú* 5 livres de viande; 一刀紙 *yī-tāo-ĉị* une rame de papier
副 *fú* (« proportionner ») assortiment	一副碗 *yī-fú-wàn* un service de bols
劑 *cí* (« combiner ») dose	一劑藥 *yī-cí-yáo* un médicament
匹 *phì* (« compagnon ») chevaux, mules	一匹騾子 *yī-phì-lwó-cọ* une mule
卷 *kywén* (« rouleau ») livres, chapitres.	一卷書 *yī-kywén-ṡū* un chapitre, un ouvrage en un chapitre
叉 *ĉhā* (« fourches ») sièges	一叉椅子 *yī-ĉhā-yì-cọ* une chaise

口 *khẹù* (« bouche ») hommes, porcs, divers instruments	一口刀 *yi-khẹù-tāo* un sabre; 一口鍋 *yi-khẹù-kwō* un chaudron; 一口印 *yi-khẹù-yin* un sceau
句 *kyụ́* « parole », « phrase »	一句話 *yi-kyụ́-hwá* un mot, une phrase
名 *mìṅ* (« nom ») hommes	一名秀才 *yi mìṅ-syẹú-chái* un bachelier
堵 *tù* « mur »	一堵墻 *yi-tù-chyáṅ* un mur
塊 *khwái* « fragment »	一塊墨 *yi-khwái-mẹ̀* un pain d'encre; 一塊印 *yi-khwái-yin* l'empreinte d'un sceau
場 *ċháṅ* (« aire ») période	一場雨 *yi-ċháṅ yụ̀* une période de pluie; 一場氣 *yi-ċháṅ-khí* un accès de colère
套 *tháo*, 套子 *tháo-cọ* « enveloppe »	一套書 *yi-tháo-šū* une enveloppe de livres (plusieurs volumes); 一套子推辭話 *yi-tháo-cọ-thwēi-chọ̀-hwá* une kyrielle d'excuses
子兒 *cọ̀-ọḷ* (« graine »)	一子兒掛麵 *yi-cọ̀-ọḷ-kwá-myèn* un paquet de vermicelle
封 *fōṅ* (« sceller ») lettres	一封信 *yi-fōṅ-sin* une lettre
尊 *cwẹ̄n* (« respectable ») idoles, canons	一尊佛爺 *yi-cwẹ̄n-fô-yè* un bouddha
對 *twéi* (« couple ») objets assortis	一對鴿子 *yi-twéi-kō-cọ* une paire de pigeons
尾 *wèi* (« queue ») poissons	一尾鯉魚 *yi-wèi-lì-yụ̂* une carpe

席 *sī* (« natte ») assortiment	一席傢伙 *yi-sī-kyā-hwò* un service de vaisselle
幅 *fú* (« lé ») étoffes, dessins, bandes	一幅地圖 *yi-fú-ti-thû* une carte géographique
床 *čhwân* (« lit ») literie	一床氈條 *yi-čhwân-čạn-thyâo* un feutre de lit
座 *cwó* (« base ») bâtiments, montagnes	一座樓 *yi-cwó-lẹû* un bâtiment à étage
張 *čān* (« étendre ») feuilles, meubles, instruments	一張桌子 *yi-čān-čwō-cọ* une table; 一張篦子 *yi-čān-pi-cọ* un peigne fin
房 *fân* (« maison »)	一房媳婦兒 *yi-fân-sī-fú-ọl* une épouse
扇 *ṣán* (« éventail ») objets mobiles	兩扇磨 *lyàn-ṣán-mó* une paire de meules; 一扇門 *yi-ṣán-mện* un battant de porte
所 *sò* (« localité ») maisons entières	一所房子 *yi-sò-fân-cọ* une maison de plusieurs bâtiments
把 *pà* (« poignée ») objets à manche, etc.	一把扇子 *yi-pà-ṣán-cọ* un éventail; 一把椅子 *yi-pà-yi-cọ* une chaise; 一把火 *yi-pà-hwò* un incendie
掛 *kwá* (« suspendre ») objets pendants, etc.	一掛辮繩 *yi-kwá-pyēn-ṣên* un cordonnet pour lier le bout de la natte
捧 *phòn* (« tenir à deux mains »)	一捧笙 *yi-phòn-ṣēn* un cheng ou orgue à bouche
支 *čī* (« branche »)	一支兵 *yi-čī-pīn* un corps de troupes

文 *wên* (« ornement »)	一文錢 *yi-wên-chyên* une sapèque
方 *fāṅ* (« carré ») briques, pierres	一方磚 *yi-fāṅ-ċwān* une brique
本 *pẹn* (« tronc ») objets cylindriques	一本書 *yi-pẹn-šū* un fascicule, un volume
朶 *twò* « fleur »	一朶花 *yi-twò-hwā* une fleur, un bouton de fleur
枝 *ċī* (« branche ») objets allongés	一枝花 *yi-ċī-hwā* une fleur coupée
枚 *mêi* (« tronc ») arbres, monnaies, clous, etc.	一枚菓子 *yi-mêi-kwò-cọ* un fruit
架 *kyá* (« charpente ») poutres, machines, faucons, etc.	一架鐘 *yi-kyá-ċōṅ* une cloche
桌 *ċwō* (« table ») meubles	一桌櫃子 *yi-ċwō-kwéi-cọ* une armoire
根 *kēn* (« racine ») objets allongés	一根筷子 *yi-kēn-khwái-cọ* un bâtonnet
條 *thyâo*, 條子 *thyâo-cọ* (« baguette ») objets allongés	一條路 *yi-thyâo-lú* un chemin; 一條蛇 *yi-thyâo-šẹ* un serpent; 一條炕 *yi-thyâo-kháṅ* un khang; 兩條腿 *lyàṅ-thyâo-thwèi* deux jambes; 一條狗 *yi-thyâo-kẹù* un chien; 一條子罪 *yi-thyâo-cọ-cwéi* une faute
桿 *kān* (« perche ») objets allongés	一桿笛 *yi-kān-tî* une flûte traversière

棵 *khwō* (*hwàn*, *khwàn* « bois coupé ») arbres et plantes	一棵菊花 *yi khwō-kyụ̀-hwā* un pied de chrysanthème
樁 *ċwān* (« pieu ») affaires	一樁事情 *yi-ċwān-ṣị-chîn* une affaire
欵 *khwàn* (« article »)	一欵事 *yi-khwàn-ṣị* une affaire
溜 *lyẹū* (« glisser »)	一溜房子 *yi-lyẹū-fân-cọ* une rangée de maisons; 一溜烟 *yi-lyẹū-yēn* une traînée de fumée
炷 *ċù* (« chandelle »)	一炷香 *yi ċù-hyān* un bâton d'encens
片 *phyèn* (« plaque ») morceaux, étendues	一片雲彩 *yi-phyèn-yụ̂n-chài* un nuage
疋 *phì* « pièce d'étoffe »	一疋紬子 *yi-phì-ċhẹû-cọ* une pièce de soie
盞 *càn* (« coupe »)	一盞燈 *yi-càn-tēn* une lampe
盤 *phân* (« plateau ») objets plats, etc.	一盤磨 *yi-phân mó* une meule; 一盤棋 *yi-phân-khî* une partie d'échecs.
眼 *yèn* (« œil »)	一眼井 *yi-yèn-cìn* un puits
端 *twān* (« principe »)	一端道理 *yi twān-táo-lì* une doctrine
竿 *kān* (« perche »)	一竿竹 *yi-kān-ċû* une perche de bambou
管 *kwàn* (« tube »)	一管筆 *yi-kwàn-pì* un pinceau
篇 *phyēn*, 篇子 *phyēn-cọ* (« lamelles de bambou ») pages	一篇文章 *yi-phyēn-wên-ċān* une composition en prose, pour les examens; 一篇書 *yi-phyen-ṣū* une page d'un livre; 一篇子好話 *yi-phyēn cọ-hào-hwá* un sermon, des conseils

簡 *kyèn* (« pièce écrite »)	一簡缺 *yi-kyèn-khywē* une charge vacante
統 *thòn* (« un ensemble »)	一統石碑 *yi-thòn-sị-pēi* une stèle
綹 *lyẹù* (« 10 fils à tisser »)	一綹線 *yi-lyẹù-syẹn* un fil
股 *kù*, 股兒 *kù-ọḷ* (« cuisse, part ») objets ayant une direction	一股泉 *yi-kù-chywên* une source; 一股道 *yi-kù-táo* un chemin
臺 *thâi* « estrade »	一臺戲 *yi-thâi-hi* une représentation théâtrale
舖 *phū* (« étendue ») lits	一舖炕 *yi-phū-khán* un khang
處 *chú* (« localité ») maisons, domaines	一處宅子 *yi-chú cʻâi-cọ* une propriété
衚 *chòn* (« être d'accord »)	一衚牌 *yi-chòn-phâi* un jeu de cartes
袋 *tái* (« sac ») les pipes que l'on fumé	一袋煙 *yi-tái-yēn* une pipe de tabac
員 *ywên* « officier »	一員官 *yi-ywèn-kwān* un mandarin
貼 *thyē* (« coller »)	一貼膏藥 *yi-thyē-kāo-yáo* un emplâtre
趟 *thán* (« rangées »)	一趟街 *yi-thán-kyāi* une rue
路 *lú* (« chemin »)	一路牆 *yi-lú-chyân* un mur
身 *sēn* (« corps ») costumes complets	一身皮襖 *yi-sēn-phi-ǹào* une robe fourrée
軸 *cú*, *cẹú* « rouleau »	一軸畫 *yi-cẹú-hwá* une peinture
輛 *lyán* « voiture »	一輛車 *yi-lyán-chẹ̄* une voiture

通 *thōṅ* (« pénétrer »)	一通鼓 *yi-thōṅ-kù* un roulement de tambour
道 *táo* (« ligne ») objets allongés, documents officiels, etc.	一道電光 *yi-táo-tyén-kwāṅ* un éclair ; 一道衙門 *yi-táo-yá-mẹn* un yamen ; 一道上諭 *yi-táo-śáṅ yụ́* un décret impérial
部 *pú* (« classe ») ouvrages entiers	一部書 *yi-pú śū* un ouvrage
門 *mẹn* (« porte »)	一門礮 *yi-mẹn-pháo* un canon
闔 *hó* (« battant de porte ») portes	一闔門 *yi-hó-mẹn* une porte
陣 *čén*, 陣子 *čén-cọ* (« rangée »)	一陣煙 *yi-čén-yēn* une bouffée de fumée ; 一陣子雨 *yi-čén-cọ-yụ̀* une rafale de pluie
隻 *čị* « objets isolés »	一隻腿 *yi-čị-thwèi* une jambe ; 一隻牛 *yi-čị-nyẹ́ụ* un bœuf ; 一隻船 *yi-čị-čhwán* un bateau
雙 *śwāṅ* « paires »	一雙鞋 *yi-śwāṅ-hyâi* une paire de souliers
面 *myén* (« surface ») lits, gongs, etc.	一面鑼 *yi-myén-lô* un gong ; 一面枷 *yi-myén-kyā* une cangue
頂 *tìṅ* (« sommet ») chapeaux, etc.	一頂轎子 *yi-tìṅ-kyáo-cọ* une chaise à porteurs
頓 *twẹ́n* « série »	一頓飯 *yi-twẹ́n-fán* un repas ; 一頓罵 *yi-twẹ́n-má* une bordée d'injures

領 *lìṅ* (« collet ») pièces de linge, etc.	一領席 *yi-lìṅ-sî* une natte
頭 *thẹû* (« tête ») bœufs, ânes, etc.	一頭騾子 *yi-thẹû-lwô-cọ* une mule
顆 *khwò* (« petite tête ») perles, etc.	一顆印 *yi-khwò-yin* un sceau
首 *śẹù* (« tête ») poésies	一首詩 *yi-śẹù-śị* une pièce de vers
齣 *chû* « acte » ou « pièce »	一齣戲 *yi-chû-hi* une pièce de théâtre

426. — 倆 *lyà* vaut **lyàṅ**-*kó*; *sā* écrit 三 vaut **sān**-*kó* : 倆人 *lyà*-**żên**, 兩個人 **lyàṅ**-*kó*-**żên** « deux hommes »; 三人 *sā*-**żên**, 三個人 **sān**-*kó*-**żên** « trois hommes ».

一 *yi* est souvent omis devant *kó* et même devant les autres spécificatifs, surtout après les prédicats 是 *śị* « être », 有 *yẹù* « y avoir » : 他是個外國人 **thā** *śị-kó*-**wâi**-*kwẹ*-**żên** « c'est un étranger »; 有部書 **yẹù**-*pú*-**śū** « il y a un ouvrage ».

Nombres ordinaux. — **427**. — Les nombres ordinaux sont formés par le mot 第 *tí* « série » préposé aux cardinaux; « deux » se dit toujours 二 *ọḷ*; souvent au lieu de 第一 *tí*-**yī** « premier », on dit 頭一 **thẹû**-*yī*. L'expression ainsi formée est antéposée soit au nom directement, soit au spécificatif. Voir aussi § 332 (accent § 104) : 頭一天 **thẹû**-*yī*-**thyēn** « le premier jour »; 第二天 *tí-ọḷ*-**thyēn** « le second jour, le lendemain »; 第三匹馬 *tí*-**sān**-*phì*-**mà** « le troisième cheval ».

Devant un prédicat ou une proposition, ces expressions sont adverbes : 第一 *tí*-**yī** « primo », 第二 *tí*-**ọḷ** « secundo », etc.

Kì et *kī*. — **428.** — 幾 *kì* « combien », *kī* « quelques » remplacent exactement un nom de nombre (§§ 330, 332, 355, 419, 422, 427) : 幾管筆 **kì**-*kwàn*-**pì** « combien de pinceaux? » 幾年 *kì*-**nyên** « combien d'années? » 第幾個月 *tí*-**kì**-*kó*-**ywé** « le quantième mois? » 第幾次 *tí*-**kì**-**chó** « la quantième fois? » 初幾 *chū*-**kì** « le quantième du mois? » 幾十個 **kì**-*ṣ̂ị*-*kó* « combien de dizaines? » **kī**-*ṣ̂ị*-*kó* « quelques dizaines »; 十幾個 *ṣ̂ị*-**kì**-*kó* « dix et combien? » *ṣ̂ị*-**kī**-*kó* « dix et quelques ».

Approximation, excès, etc. — 429. — 四十來個 **só**-*ṣ̂ị*-*lâi*-*kó* « une quarantaine environ » (§ 657 ; voir aussi § 325 *ṣú*); 六年多 **lyeù**-*nyên*-**tō** « plus de six ans » (*tō* « plus » déterminé par l'antécédent); 多買一斤 **tō**-*mài*-*yi*-**kīn** « acheter une livre en plus » (*tō* détermine le prédicat); 少給五錢 **ṣào**-*kèi*-**wù**-**chyên** « donner cinq sapèques de moins »; 多有是錯的 **tō**-*yeù* *ṣ̂ị*-**chó**-*ti* « la plupart sont erronés (en grand nombre existant — ils sont — erronés) ». Mais 一年以裏 *yi*-**nyên**-*yì*-**lì** « moins d'un an (à l'intérieur d'un an) », 少 n'étant pas usité avec un déterminatif numérique; 不彀五石 *pú*-**keù**-*wù*-**tán** « moins de cinq piculs (pas suffisant — cinq piculs) »; 不到一年 *pú*-**táo** *yi* **nyên** « moins d'un an ».

Divers emplois du nom de nombre. — 430. — Comme qualificatif, § 333.

Devant un prédicat, le nom de nombre indique répétition, division : 再三辭謝 **cái**-*sān* **chó**-*syé* « refuser et remercier deux et trois fois » (*cái* « deux fois », *sān* « trois fois »); 千刀萬剮 **chyēn**-*tāo* **wán**-*kwà* « couper en mille morceaux, déchiqueter en dix mille lambeaux »; 萬不能 **wán**-*pú*-**nêṅ** « c'est absolument impossible (dix mille fois on ne peut) ».

En pareil emploi 一 (toujours *yī*) signifie « une fois, une seule fois », d'où « dès que » : 一看 *yī-khán* « sitôt en voyant » ; 一明 *yī-mín* « dès l'aube (sitôt-clair) ».

Comme prédicats, les noms de nombre sont rares en langue parlée : 一之 *yī-ǒī* « unifier [l'empire] » (classique) ; 六之 *lyçú-ǒī* « sextupler » (littéraire) ; 佐貳 *có-ǒl* « magistrat adjoint » (de *ǒl* « deux, doubler, aider »).

CHAPITRE VI

LE PRÉDICATIF

Sujet et prédicat. — 431. — Sur le prédicatif, voir § 287. Les caractères du prédicat subsistent quand ce mot est pris soit comme épithète (§ 466), soit comme nom verbal (§§ 292, 293, 467, 468, etc.) : 花香 *hwā* **hyāń** « les fleurs sont parfumées » ; 馬跑 *mà* **phào** « les chevaux galopent » ; 我用 *wò* **yóń** « j'emploie ». Les prédicats *hyāń*, *phào*, *yóń* notent l'état ou l'action des êtres *hwā*, *mà*, *wò*, acte ou état posé comme réel ; les prédicats sont accentués (§ 120).

喜歡花香 **hī**-*hwān* **hwā**-*hyāń* « aimer le parfum des fleurs » ; 馬跑很快 **MÀ phào** *hèn*-**khwáí** « les chevaux courent très vite (la course des chevaux — est très rapide) » ; 不是我用 **pû**-*ší* **wò**-*yóń* « ce n'est pas moi qui m'en sers (pas être — de moi emploi) ». *Hyāń*, *phào*, *yóń* ne notent plus des actions présentes, réelles, mais des actes ou états conçus, ce sont des noms abstraits ; l'accent est habituellement sur le déterminatif antéposé (§ 98).

Un simple déplacement d'accent fait du nom un prédicat : le rapport sujet-prédicat n'est qu'un cas spécial du rapport déterminant-déterminé (§ 290).

432. — Le sujet n'est pas partie essentielle de la proposition, souvent complète avec un simple prédicat; même le jugement formé ne se concevant pas sans sujet, le sujet peut pourtant n'être pas formulé; bien plus il ne reçoit aucune précision et n'atteint pas le seuil de la pensée. La traduction ne saurait rendre ce mode d'expression puisque notre verbe par sa terminaison personnelle renferme un sujet : 好 *hào* « bien! c'est bien! cela vaut mieux »; 走 *cọ̀u* « va-t-en! » ou « marchons! il marche »; 殺 *šā* « tue! tuez! tuons! il tue, il a tué, il a été tué » : selon les circonstances.

Négation. — **433.** — La négation est antéposée au prédicat et fait corps avec lui : 不 *pû*, *pú*, *pū*, *pù*, exprime la disconvenance du sujet et du prédicat sans aucune idée accessoire (accent § 116) : 不得 *pú-tệ* « on ne peut pas »; 不要 *pû-yáo* « je ne veux pas, il ne faut pas ».

Le prédicat négatif reçoit parfois une négation : 也不好也不不好 **yè** *pú*-**hào, yè pû**-*pú*-**hào** « ce n'est ni mal ni pas mal, ni mal ni bien ».

Pú ne se joint qu'aux prédicatifs; dans les autres cas on emploie des noms ou des prédicatifs négatifs : 莫 *mó*, 沒 *mẹ́*, 無 *wû* (§§ 408, 435, 632). Dans 不法 *pú*-**fâ** « sans loi, en violant les lois », 不日 *pû*-**ẑị** « sans jour fixé, dans peu de temps », *fâ* et *ẑị* sont pris comme prédicats : *fâ* « observer la loi », *ẑị* « tenir compte du jour ».

434. — 别 *pyê* « séparer » est la négation de l'impératif; synonyme 不要 *pû*-**yáo** « il ne faut pas » : 别去 *pyê*-**khyụ̄**, 不要去 *pû*-**yáo-khyụ̄** « n'y va pas ».

休 *hyẹū* « cesser » est semi-littéraire : 休入惡人之道 *hyẹū*-**ẑû** **ṅó**-*ẑên*-*cị*-**táo** « ne t'engage pas dans la voie des méchants » (*hyẹū*-**ẑû** « garde-toi d'entrer »).

Rarement *pú* prend le sens de *pyê* : 不怕 *pû*-**phá** « n'aie pas peur ».

435. — 沒 *mę́* sert de négation spéciale à 有 *yęù* « il y a, il existe »; 沒有 *mę́-yęù* et son équivalent 沒 *mèi, méi* « il n'y a pas » sont d'une part prédicats, d'autre part négations du passé avec tous les prédicats intransitifs et transitifs (§ 539) : 沒有錢 *mę́-yęù-chyên* « il n'y a pas d'argent » ; 沒有來 *mę́-yęù-lâi*, 沒來 *mèi-lâi* « on n'est pas venu ».

沒 signifie d'abord « disparaître », il est alors souvent prononcé *mú* : 沒了我三吊錢 *mú-lyào-wò sān-tyáo-chyên* « il m'a disparu trois tiao ».

436. — 未 *wéi* est plutôt littéraire : 未爲不可 *wéi-wêi pú-khò* « ce n'est pas impossible, il n'y a rien qui ne soit admissible ».

Pour 非 *fēi*, voir § 632.

Compléments : manière. — **437.** — Les compléments sont les noms antéposés au prédicat en qualité de déterminatifs (§ 290, accent § 112). Les plus intimement unis au prédicat expriment les idées de manière, mesure, matière, etc. ; plusieurs compléments de cette nature sont rarement joints au même prédicat : 路過 *lú-kwó* « dépasser un endroit, passer par (en chemin — passer) » ; 甘心願意 *kān-sīn ywén-yí* « consentir, accepter (de bon cœur — consentir) » ; 他們不住口的說了半天話 *thā-mẹn pú-čú-khẹ̀u-ti šwę̄-lyào pán-thyēn-hwá* « ils causèrent longtemps sans s'arrêter » (*pú-čú-khẹ̀u-ti* « n'arrêtant pas la bouche », formule équivalant à un nom, complément de *šwę̄*).

Comparaison. — **438.** — 箭直 *cyén-čí* « droit comme flèche (flèche — droit) », « certain » ; 狼心狗肺竟想禍害人 *lân-sīn kẹ̀u-féi kín-syàn hwó-hái-žên* « comme une brute il ne songe qu'à nuire à autrui (cœur de loup — poumon de chien — seulement — pense — nuire — les gens) ».

Superlatif. — **439.** — 頂不好 ***tìn*** (*thìn*) *pú*-***hào*** « détestable (sommet — pas bon) »; 十分恐懼 ***ṡį***-*fęn* ***khòn***-*kyų* « craindre extrêmement (en totalité — craindre) ». Voir § 485.

Mesure. — **440.** — 萬里長城 *wán*-***lì***-*ċhán*-***ċhên*** « la Grande Muraille (dix mille — li — longue — muraille) » : tournure usitée quand le prédicatif est épithète.

Matière. — **441.** — 皮輓的 ***phî***-*mān*-*ti* « couvert en peau (peau — couvert) ».

Cause. — **442.** — Les compléments exprimant cause, origine, instrument, sujet sont souvent antéposés à ceux des §§ ci-dessus : 他爹氣死了 *thā*-***tyē*** ***khí***-***sọ***-*lyào* « son père est mort de colère (colère — être mort) »; 豐功偉業名垂後世 ***fōn*** *kōn* ***wèi***-*yé* ***mîn*** ***ċhwêi***-***hẹú***-*ṡį* « en raison de ses services extraordinaires son nom ira à la postérité (abondants — mérites — extraordinaires — services — nom — descendre — postérieures — générations) ».

Origine. — **443.** — 衙門裏送了 ***yâ***-*mẹn*-***lì*** ***sóṅ***-*lyào* « du yamen on a envoyé »; 窰出的煤 ***yâo***-*ċhū*-*ti* ***mêi*** « le charbon qui vient des mines (mines — sorti — charbon) ». Comparer ***yâo***-*ċhū*-***mêi*** « les mines produisent le charbon » : le rapport ***yâo***-*ċhū* est le même dans les deux cas.

Instrument, agent. — **444.** — 火鍊 ***hwò***-*lyén* « purifier au feu (feu — purifier) »; 蜂作的蜜 ***fōṅ***-*có*-*ti*-***mí*** « le miel fait par les abeilles ». Comparer ***fōṅ*** *có*-***mí*** « les abeilles font le miel »; le rapport ***fōṅ***-*có* est le même des deux côtés.

Sujet. — **445.** — 雪白 *sywè* ***pâi*** « la neige est blanche »; rapport : substance-attribut, la qualité étant partie de la substance, le nom de substance est antéposé; rapprocher § 438. 小閨女們都裹脚 *syào*-***kwēi***-*nyų*-*mẹn* ***tū*** ***kwò***-***kyào*** « toutes les petites filles ont les pieds bandés (les petites filles — en totalité — bander — pieds »); non pas : « les petites filles bandent leurs pieds », mais : « les petites filles (sont) pieds bandés »; *syào*-**kwēi**-*nyù* est vraiment sujet et non pas agent.

Lieu, époque. — 446. — Les compléments de lieu et d'époque sont traités comme ceux des §§ 442-445, à moins qu'ils ne soient eux-mêmes indissolublement liés au prédicatif; un complément monosyllabe tend à faire corps avec le prédicatif : 後悔 **hẹú**-*hwèi* « se repentir (après — repentir) »; 家走 **kyā**-*cẹù* « aller à la maison ».

Leur place à l'égard des compléments §§ 442-445 dépend du sens : 黑家各處打更 **hēi**-*kyā* *kó*-**chú** *tà*-**kīn** « la nuit partout on bat les veilles (nuit — chaque endroit, etc.) »; 口外冬天天冷 *khẹù*-**wái** **tōn**-*thyēn* **thyēn-lèn** « en Mongolie l'hiver il fait froid (Mongolie — l'hiver, etc.) ».

這窰每天出煤一千筐子 *cẹ̀* **yâo** *mèi*-**thyēn** **chū-mêi** *yi*-**chyēn-khwān**-*cọ* « de cette fosse on tire chaque jour mille corbeilles de charbon (cette fosse — chaque jour — sortir — charbon — mille corbeilles) ». A cette phrase, on peut ajouter un nom d'agent, p. e. 他們 **thā**-*mẹn*, « eux », en trois positions : **thā**-*mẹn* *cẹ̀*-**yâo** *mèi*-**thyēn** *chū*-**mêi** *yi*-**chyēn-khwān**-*cọ*; *cẹ̀*-**yâo** **thā**-*mẹn* *mèi*-**thyēn**, etc.; *cẹ̀*-**yâo** *mèi*-**thyēn** **thā**-*mẹn*, etc.

Compléments divers. — 447. — Pour compléments peuvent être tenus un grand nombre de termes qui expriment le temps, les phases d'une action, la durée, la répétition, l'ordre, le lieu, la limitation, l'extension, etc.; ils correspondent souvent à des adverbes français.

Noms verbaux : 早 *cào* « tôt »; 纔 *châi* « tout récemment »; 竟 *kìn*, 究竟 **kyẹú**-*kìn* « en définitive »; 終久 **cōn**-*kyẹù* « à la longue »; 就 *cyẹú* « aussitôt (à l'approche, à la rencontre) »; 不斷 *pú*-**twán**, 不斷的 *pú*-**twán**-*ti* « sans cesser ».

還 *hwán* « encore, en outre (de retour) » : 還沒錢 **hwán** *mèi*-**chyên** « en outre il n'y a pas d'argent ».

生 *sēn* « inopinément (inexpérimenté, inconnu, inopiné) »; 生生

兒的 *sęn-sēn-ǫl-ti*, id. : 生敢檯摃 **sēn kàn** *thâi*-**kān** « voilà qu'il ose se quereller »; 生生兒的他發了財了 *sęn*-**sēn**-*ǫl-ti thā* **fā**-*lyào*-**châi**-*lyào* « mais voilà qu'il s'est enrichi ».

一共 *yī*-**kón**, 共總 **kón**-*còn*, 統共 **thòn**-*kón*, 合起來 **hô**-*khī-lâi* « en somme »; 大家一齊動手 **tá**-*kyā yī*-**chî tón-sẹù** « tout le monde met la main au travail » (*yī*-**chî** « tous en un bloc », cf. § 337).

Deux noms opposés : 橫竪 **hên**-*sú* « transversal ou vertical », 反正 **fàn**-*cén* « envers ou endroit » = « de toutes façons, absolument ». 上下 **sán**-*hyá* « haut ou bas » = « plus ou moins, environ ».

Noms en *ti*, etc. : 但但的 *tán*-**tán**-*ti*, 獨獨的 *tû*-**tû**-*ti* « seulement »; 他獨自各兒看家 **thā tû**-*cọ*-**kó**-*ǫl* **khán-kyā** « lui seulement (lui seul) garde la maison ».

Autres noms : 先 *syēn*, 先頭 *syēn-thẹu* « auparavant »; 頭裏 **thẹû**-*lì* « d'abord »; 時候 **sî**-*hẹú* « à l'époque de » : 他來的時候 *thā* **lâi**-*ti* **sî**-*hẹú* « au moment de sa venue, quand il vient ».

Nom qualifié : 改日 **kài**-*zị* « un autre jour (changé — jour) ».

448. — Les noms verbaux compléments, tels que ceux qui ont été cités, peuvent presque toujours être expliqués avec d'autres valeurs grammaticales (§ 581) : 他倒撒謊 *thā* **tào** *sā*-**hwàn** « au contraire, il ment » (*tào* « au contraire », complément ; ou « en retournant, renversant l'idée précédente », prédicat secondaire).

我斷不肯 **wò twán** *pú*-**khèn** « je ne consens certes pas »; *twán* « de manière décidée », complément. Ou : *twán* « il est décidé, je décide », *pú*-**khèn** « ne pas consentir »; *pú*-**khèn** devient régime de *twán* prédicat principal. Cette explication est appuyée par la formule suivante : 斷乎不能脫生 **twán**-*hû pú*-**nên thwō-sēn** « il est absolument impossible que l'on se réincarne » (*twán* « il est décidé », *hû* antécédent du régime, *pú*-**nên thwō**-*sēn* régime). Toutefois la prononciation fait plutôt de ***twán-hù*** un complément de *pú*-***nén*** (§§ 571, 584, 617).

Compléments de mode. — 449. — Quelques particules indiquant une modalité, extension, conjonction, doute, etc. sont en rôle de complément antéposées au prédicat ou mises en tête de la proposition.

明早再走 ***mín***-*cào* ***cái ceù*** « demain matin on repartira » (*cái* « de nouveau » devant le prédicat); 再好 *cái*-***hào*** « c'est meilleur (encore — être bon) ».

他又哀告 ***thā*** *yeú* ***nāi-káo*** « il supplia encore » (*yeú* « de nouveau » devant le prédicat); 傘也是我的 ***sàn yè***-*sį*-***wò***-*ti* « le parapluie est aussi à moi » (*yè* « aussi, même », devant le prédicat).

且說偺們怎麼辦 ***chyè***-*swę* ***cán***-*mėn* ***cèn***-*mō*-***pán*** « voyons, comment régler l'affaire? » (***chyè***-*swę* « en outre dire », *chyè* exprime extension; en tête de la proposition). Comparer 況說 ***khwán***-*swę*; ces complexes, en raison du second terme, peuvent être mis au nombre des auxiliaires incidents (§ 581). 我幷且不知道 ***wò pín***-*chyè* *pú*-***cī-táo*** « je ne sais absolument rien » (***pín***-*chyè* « bien plus, tout-à-fait » marque extension; placé devant le prédicat); 況且是別人 ***khwán***-*chyè* *sį*-***pyê***-*žên* « à plus forte raison est-ce ainsi pour les autres » (« bien plus — être — les autres hommes »; ***khwán***-*chyè* indiquant extension; en tête de la proposition). Comparer 尙且 ***sán***-*chyè*, 而且 ***ǭ***-*chyè*. 何況窮人啊 ***hô***-*khwán* ***khyôn***-*žên* *ā* « combien plus les pauvres! » (***hô***-*khwán* « comment — encore plus », formule exclamative indiquant extension).

倘有別人 ***thàn*** *yeù*-***pyê***-*žên* « s'il y a quelque autre personne » (*thàn* « si, peut-être », exprime supposition; placé en tête de la proposition); 苟不學 ***keù*** *pú*-***hyâo*** « si l'on étudie pas » (*keù* synonyme de *thàn*, littéraire).

這辦法雖好 *cę*-***pán***-*fà* ***swēī-hào*** « cet arrangement peut être bon, mais .... » (*swēī* exprime une concession, « à la vérité, bien que »; placé devant le prédicat).

Durée, fréquence. — 450. — Le nom de temps placé avant le prédicat (voir § 446) peut indiquer la durée, la fréquence; mais souvent, l'idée de mesure dominant, le nom de durée est mis en régime (§§ 458, 459) ; 整天不做別的 **cèn**-*thyēn* *pú*-**có-pyé**-*ti* « tout le jour il ne fait pas autre chose »; 我屢次告訴他 *wò* **lyụ̀**-*chọ́* **káo**-*sú*-**thā** « je lui ai dit souvent ».

Objet absolu. — 451. — Un complément ou un régime important est souvent tiré de sa place et mis en tête; un nom sans rapport simple avec les divers membres de la proposition peut occuper la même position (§§ 15, 289). Le nom dans ce rôle porte un accent fort (§ 120); il exprime souvent le sujet psychologique, différent du sujet grammatical. Il peut y avoir plusieurs objets absolus.

蓋房總得 .... **kái-fân** **còn**-*tèi* .... « pour construire une maison, il faut absolument .... »; *kái*-**fân**, prédicat + régime; complexe, objet absolu et sujet psychologique.

你這饝饝怎麼頭上有紅點兒 **nì** *cẹ́*-**mō**-*mō* **cèn**-*mō* **thệu**-*sân* **yẹ̀u-hôn-tyèn**-*ọḷ* « ces gâteaux que tu tiens, comment ont-ils des points rouges au bout (de toi — ces — gâteaux — comment — au bout — y avoir — des points rouges) » ; **nì** *cẹ́*-**mọ̄**-*mō*, locatif en position absolue et sujet psychologique.

擔子一頭輕一頭重 **tán**-*cọ* *yi*-**thệu** **khīn**, *yi*-**thệu** **cón** « la charge est mal équilibrée » (« la charge — un bout — est léger — un bout — est lourd) » ; *tán-cọ*, déterminatif partitif, marqué comme objet absolu, non par changement de position, mais par un accent fort, est sujet psychologique.

那些淫詞小說一句兒也不要看他 **ná**-*syē* **yîn-chọ́** **syào**-**śwẹ̄**, **yī-kyụ̀**-*ọḷ* **yè** *pú-yáo*-**khán-thā** « ces chansons licencieuses et ces romans, il n'en faut pas lire même une phrase »; **ná**-*syē* **yîn-chọ́ syào-śwẹ̄**, régime en position absolue, est le sujet psychologique; répété par *thā* à la place régulière du régime.

這個事兒慢慢的人們都知道了 **cẹ́**-*kó*-**śị**-*ọḷ* *mán*-

mán-*ti* **žên**-*mẹn* **tū**-**ćị-tāo**-*lyào* « cette affaire, peu à peu tout le monde l'a sue » ; (**ćẹ**-*kó*-**šị**-*ọl*, régime en position absolue et sujet psychologique ; *mán*-**mán**-*ti*, complément en position absolue).

你這是不要臉 **nì** *ćẹ*-*šị* *pŭ*-**yáo**-**lyèn** « de ta part c'est trop d'effronterie (toi — ceci — est — ne pas vouloir honneur) » ; *nì* objet absolu, sujet psychologique.

452. — Dans une proposition négative accentuée par la particule 也 *yè* « même », le régime est toujours en position absolue : 那些個蠻子一句也不懂得 **ná**-*syē*-*kó* **mán**-*cọ* **yī**-*kyụ́* **yè** *pú*-**tòn**-*tẹ* « ces méridionaux ne comprennent même pas une phrase (ces méridionaux — une phrase — même — ne comprennent pas) ».

Régimes : patient ou but. — 453. — Les régimes sont les noms postposés au prédicat (§§ 14, 287, 290), liés avec lui par diverses relations (accent § 113).

Après un prédicat transitif, le régime exprime le patient ou le but : 看書 *khán*-**šū** « regarder un livre, lire » ; 趕集 *kàn*-**cí** « aller au marché » (*kàn* « atteindre »). Pour la formule 看的書 **khán**-*ti* *šū* cf. §§ 373, 377.

Régime double : patient et but. — 454. — Avec les prédicats d'attribution, le régime est souvent double, le premier marque le but (indirect, sorte de locatif, § 455) ; le second, le patient (direct § 453, mesure de l'activité § 458) ; l'un ou l'autre peut manquer : 送他信 *sóṅ*-**thā** *sín* « porte-lui des lettres » (« à lui », but — « des lettres », patient) ; 送他 *sóṅ*-**thā** « porte-les-lui » (régime direct non exprimé) ; 送信 *sóṅ*-**sín** « porte les lettres » (régime indirect non exprimé).

可憐我一個大 *khò*-**lyên**-**wò** *yi*-*kó*-**tá** « fais-moi l'aumône d'une sapèque (pitoyable, avoir pitié — moi — une sapèque) », « moi », but de l'aumône, « une sapèque », régime direct, mesure de l'aumône.

Régime locatif. — 455. — Les prédicats de position ou de mouvement prennent souvent le nom de lieu comme régime; le lieu est le but ou l'origine du mouvement : 在家 *cái-***kyā** « être à la maison »; 坐堂 *cwó-***thâṅ** « siéger (s'asseoir — salle) »; 走路 *cẹ̀u-***lū̃** « faire route (marcher — chemin) », de même avec 跑 *phào* « courir ». 到京 *táo-***kīṅ** « arriver à la capitale », de même 至 *cị* « arriver », 往 *wàṅ* « aller ». 上山 *śàṅ-***śān** « monter sur la montagne »; 下油鍋 *hyá-***yệu**-*kwō* « tomber dans la chaudière d'huile »; 下馬 *hyá-***mà** « descendre de cheval »; 回鄉 *hwèi-***hyāṅ** « rentrer dans son village »; 還陽 *hwân-***yâṅ** « revenir à la lumière »; 赴席 *fú-***sí** « aller à un festin (aller à — une natte) »; 進城 *cín-***ċhêṅ** « entrer en ville »; 出外 *ċhū-***wái** « sortir à l'extérieur »; 出城 *ċhū-***ċhêṅ** « sortir de la ville »; 醒酒 *sìṅ-***cyẹ̀u** « s'éveiller de l'ivresse »; 落個餓死 **láo**-*kó-ṅó-***sọ̀** « en venir à mourir de faim (tomber — une mort de faim) »; 眠花臥柳 *myên-***hwā** *ṅó-***lyẹ̀u** « dormir parmi les fleurs et coucher sous les saules (passer ses nuits dans des maisons de joie) »; 送他城裏 *sóṅ-***thā ċhêṅ**-*lì* « l'accompagner à la ville » (double régime).

On trouve souvent aussi le locatif complément (§ 446).

Régime : attribut. — 456. — Avec les prédicats 是 *sị* « être », 成 *ċhêṅ* « devenir », etc., le régime correspond à l'attribut : 爲官 *wêi-***kwān**, 作官 *có-***kwān** « être mandarin » (*wêi* est plus littéraire); 成灰 *ċhêṅ-***hwēi** « tomber en cendre (devenir — cendre) ».

Régime : résultat. — 457. — Le résultat de l'action peut être mis en régime; c'est un locatif psychologique : 輸個精光 **śū**-*kó-***cīṅ-kwāṅ** « il a perdu tout son bien (perdre — jusqu'à nudité entière) ».

Régime : mesure. — 458. — Après un prédicat de qualité, le régime indique soit la mesure, soit l'excès de dimension d'un objet sur un autre, ce qui est encore une mesure : 高三丈 **kāo**-*sān*-**ćáň** « cela a trente pieds de haut (est haut — 30 pieds) »; la proposition peut être analysée aussi : « hauteur », sujet — « 30 pieds », prédicat; 長五尺 **ćháň** *wù*-**ćhł** « cela a trois pieds de long », ou « cela a trois pieds de plus en longueur » : le bon sens seul décide.

Par suite un nom mis après un prédicat adjectif donne le sens du comparatif : 好一點兒 **hào** *yi*-**tyèn**-*ọl*, ou 好些兒 **hào** *syē*-*ọl* « cela est bon — un peu, dans la mesure d'un peu », donc « cela est meilleur »; 便易多 **pyén**-*yi* **tō** « à bien meilleur marché (bon marché — beaucoup) »; 他家一年窮着一年的 **thā**-*kyā* *yi*-**nyên** **khyôň**-*ćò* *yi*-**nyên**-*ti* « ils sont plus pauvres d'année en année » (**thā**-*kyā* « eux — une année — sont pauvres — *yi*-**nyén**-*ti* « une année », régime marquant la mesure).

Régime : durée. — 459. — La durée, la fréquence, étant mesures de l'action, sont également mises en régime : 找人來替幾天 **ćào-żên**-*lâi* **thí**-*kì*-**ṭhyēn** « chercher quelqu'un pour remplacer pendant quelques jours »; 我說過數次 **wò-śwę**-*kwó* **śú-chộ** « je l'ai dit plusieurs fois »; 他去三天一趟 *thā*-**khyụ̈** *sān*-**thyēn** *yi*-**tháň** « il y va tous les trois jours (il y va — trois jours — une fois) ».

Si un transitif a régime direct et régime de durée, les deux régimes sont dans l'ordre indiqué : 我等着你這三天 *wò* **tèň**-*ćó*-**nì** *ćę*-**sān-thyēn** « je t'ai attendu ces trois jours ». Souvent la durée est rapportée au régime direct en position de déterminatif : 我敲了半天門 (ou 半天的門) *wò* **kyáo**-*lyào* **pán**-*thyēn*-**mẹn** (ou **pán**-*thyēn*-*ti*-**mẹn**) « j'ai frappé à la porte un bon bout de temps (j'ai frappé une porte d'une demi-journée) ».

Mesure spéciale de l'action. — 460. — L'action peut être mesurée par un régime qui est tantôt un mot spécial, tantôt le prédicat même répété. Cette tournure est fréquente pour les prédicats comportant durée ou répétition. Si le régime de mesure est le même mot que le prédicat, il se forme ainsi un prédicat complexe auquel le régime direct est postposé (§ 519) : 我打他一頓 *wò* **tà-thā** *yi*-**twę̄n** « je lui donnerai une volée (moi — frapper lui — une volée) »; 刷一刷車 **śwā**-*yi-śwā*-**čhę̄** « brosser la voiture ».

Le mot *yi* peut être remplacé par un autre nombre : 打個嘴巴揉三揉 **tà**-*kó*-**cwèi**-*pā*, **żę̂u**-*sān*-**żę̂u** « donner un soufflet, puis flatter trois fois de la main » (proverbe).

Quand le prédicat répété est dissyllabique, on supprime le mot *yi*; le langage ordinaire le supprime même avec les monosyllabes : 遛打遛打 **lyę̂u**-*tà*-**lyę̂u**-*tà* « se promener »; 瞧瞧 **chyâo**-*chyâo* « regarder ».

Agent postposé. — 461. — On entend souvent un prédicat intransitif antéposé au nom d'agent, qui n'est alors qu'une précision accessoire marquant la mesure, la nature, le résultat du fait constaté d'abord (§§ 457-460). Cette formule convient naturellement à un sujet non connu à l'avance et qui prend en français l'article indéfini. Le sujet postposé prend l'accent du régime (§ 113), mais il ne se confond pas avec un régime puisqu'il ne peut être mis en avant avec l'antécédent *pà* (§ 595) : 來了客人 **lâi**-*lyào* **khó**-*żên* « il y a là des visiteurs ». On annonce : « il y a là », ensuite seulement on détermine qui est là. On dit dans le même sens : 有客人來了 **yęù-khó**-*żên* **lâi**-*lyào*, *yęù* donnant l'indétermination marquée plus haut par la construction; mais : 客人來了 **khó**-*żên* **lâi**-*lyào* « les visiteurs sont venus » (il s'agit d'hôtes attendus). A la question « est-il venu quelqu'un? » on répondra [有]一位客人來了 **yęù**-*yi*-**wéi**-**khó**-*żên* **lâi**-*lyào* ou *yi*-**wéi-khó**-*żên* **lâi**-*lyào* « un visiteur est venu »; le nom d'agent étant déjà un peu déterminé par la question n'est pas postposé.

他們來了幾個人 **thā**-*męn* **lâi**-*lyào* **kì**-*kó*-**żên** « à combien d'hommes sont-ils venus? (eux — être venus — combien d'hommes) ». Il y a ici deux noms d'agent, le second peut être rapproché d'un régime de mesure. 退了色 *thwéi-lyào-sệ* (ou *sài*) « la couleur s'est effacée (reculer — couleur) » ; « couleur » précise le fait de recul, diminution. 露出胳膊脖子來 *lẹû-chū-kō-pẹ́ pô-cọ lâi* « il dépasse un bras et un cou » (*kō-pẹ́ pô-cọ* sujet double occupe la place du régime inséré, § 510). »

462. — La même construction s'applique à l'expression des faits physiques et météorologiques, le vent, la pluie étant considérés comme résultats; toutefois les mots « vent, pluie » ne sont pas des régimes ordinaires (§ 461) : 淋雨 *lîn-yụ̀* « la pluie ruisselle (ruisseler — pluie) »; 打雷 *tà-lêi* « il tonne (frapper — tonnerre) »; 颳起風來 *kwā-khì-fōn-lâi* « le vent commence à souffler » (*kwā* « souffler », *khì-lâi* « débuter », *fōn* « vent », sujet inséré à la place du régime); 封河 *fōn-hô* « le fleuve se prend (fermer — fleuve) »; 凍冰 *tón-pīn* « il gèle (geler — glace) »; 流水 *lyẹû-swèi* « il coule de l'eau (couler — eau) ».

天不下雨 *thyēn pû-hyá-yụ̀* « le ciel ne donne pas de pluie (ciel — pas — tomber — pluie »; *thyēn* est locatif d'origine § 446).

Le prédicat *yẹ̀u*. — **463.** — Même formule pour le prédicat 有 *yẹ̀u* « il existe », l'être existant n'étant pas regardé comme un agent, du moins pour son existence, et n'étant défini que plus tard. Comme aux §§ précédents, l'antécédent *pà* ne peut être employé : 有一家死了人 *yẹ̀u-yi-kyā sọ̀-lyào-żên* « il y avait une famille où il mourut quelqu'un (exister — famille — être mort — homme) »; la famille d'abord indéfinie est déterminée ensuite par les mots *sọ̀-lyào-żên*.

山上有雪 *sān-śán yẹ̀u-sywè* « sur les montagnes il y a de la neige » (« de la montagne le dessus », locatif — « exister — neige »); 我有錢 *wò-yẹ̀u-chyên* « j'ai de l'argent » (« pour moi — exister — argent »; *wò* est locatif psychologique, *yẹ̀u-chyên* signifie « j'ai, nous avons, il a de l'argent » si le locatif est implicite).

Prédicat principal et prédicats secondaires. — 464. — Quand plusieurs prédicats se suivent, les premiers précisent le dernier, en ajoutant à la qualité ou à l'action du prédicat principal l'indication d'une qualité annexe ou d'une action antérieure ou modale (§ 290). Il est souvent difficile de déterminer si le complexe formé est occasionnel ou fixe : 天氣凉快 **thyēn-**_khí_ **lyâṅ-khwâi** « le temps est frais » (complexe fixe; _lyâṅ_ « être frais », _khwái_ « être alerte »); 不要輕看人 _pû_**-yáo khīṅ-**_khán_**-żên** « il ne faut pas mépriser autrui » (_khīṅ_ « légèrement », _khán_ « regarder »); 我得去 _wò_ **tèi-khyụ̂** « il faut que j'aille » (« devoir — aller »; **tèi** « devoir » indique la modalité de _khyụ́_ « aller »).

465. — Des prédicats peuvent être formés de plus de deux termes ou de termes déjà complexes : 笑着說 **syáo-**_cò_ **św ẹ̄** « dire en riant » (**syáo-**_cŏ_ « rire », à l'aspect imparfait, § 525 — _św ẹ̄_ « dire »); 他連着叫了好幾聲 _thā_ **lyên-**_cŏ_ **kyáo-**_lyào_ **hào-**_kī_**-śēṅ** « il a appelé plusieurs fois de suite » (« lui — de manière continue — a appelé — un bon nombre de sons »; **lyên-**_cŏ_ prédicat modal, **kyáo-**_lyào_ etc. prédicat principal avec régime); 他學了官話回來了 _thā_**-hyâo-**_lyào_**-kwān-hwá, hwêi-lâi-**_lyào_ « ayant appris le kwan-hwa il est revenu » (**hyâo-**_lyào_**-kwān-hwá** prédicat secondaire avec régime; les prédicats sont dans l'ordre chronologique); 萬不敢不口供 **wán** _pú_**-kàn** _pú_**-khẹ̀u-kōṅ** « on n'oserait certes pas ne pas témoigner » (prédicat secondaire _kàn_, prédicat principal _kōṅ_, chacun avec négation et complément); 都是硬木正明徹亮 **tū-**_ṣị_ **yíṅ-mù, ċéṅ-**_mīṅ_ **ċhẹ́-**_lyáṅ_ « tout est en bois dur, bien clair et bien brillant » (**ċéṅ-**_mīṅ_, **ċhẹ́-**_lyáṅ_, deux prédicats indiquant deux qualités; chacun d'eux est formé d'un prédicat principal et d'un secondaire).

Épithète. — 466. — Placé devant un nom, le prédicatif devient épithète (§ 287). Voir des exemples aux §§ 321, 322, 372 et suivants. Autres exemples : 光着脚 **kwāṅ-**_cŏ_**-kyào** « les pieds nus » (***kwān-čó***, qualificatif complexe); 那兒坐着那一位 ***ná-ọl-cwó-čó ná-yi-wéi*** « le monsieur qui est assis là » (***cwó-čó*** « assis », qualificatif avec un complément).

Nom verbal. — 467. — Le prédicatif est employé comme nom (§§ 292, 293, 339, 340). Tantôt il désigne un objet, un état, il est alors susceptible d'entrer dans toutes les combinaisons où entrerait un autre nom : 有些陪送還有些體己 ***yẹù*** *syē* ***phêi****-sóṅ*, ***hwân*** *yẹù syē* ***thì-kì*** « elle avait un trousseau et un pécule » (***phêi-sóṅ***, prédicatif complexe; ***thì-kì***, prédicatif avec régime; les deux noms verbaux sont en position de régime); 服了幾年苦 ***fû****-lyào kì-****nyên-khù*** « il s'est donné du mal pendant quelques années » (« avoir supporté — de quelques années — l'amertume »; nom verbal avec un déterminatif et mis en régime); 你們這一來 ***nì****-mẹn* ***čẹ****-yi-****lâi*** « quand vous êtes venu cette fois » (« de vous — cette — venue »; *lâi* nom verbal avec déterminatif et employé comme complément).

468. — Quand le prédicatif désigne un fait concret (§§ 293, 339), il peut encore jouer les rôles du nom, complément, régime, déterminatif, mais il est construit avec les mots dépendants selon les formules qui conviennent au prédicat. Comparer les deux phrases suivantes : 他這些陪送 ***thā*** *čẹ-syē-****phêi****-sóṅ* « son trousseau que voici » (emploi comme nom avec démonstratif et signe du pluriel); 我這次陪送他不要緊 *wò čẹ-****chọ́ phêi****-sóṅ-****thā*** *pú-****yáo-kìn*** « le fait que je l'ai reconduit cette fois, n'a pas d'importance » (le sujet *wò čẹ-chọ́* ***phêi****-sóṅ-****thā*** indique un fait concret, c'est une proposition comprenant compléments et régime, § 681). 有志不在年高 *yẹù-****čị*** *pú-****câi-nyên-kāo*** « pour avoir une ligne de conduite il n'est pas besoin d'être d'âge mûr » (« avoir volonté — ne consiste pas en — les années être élevées »; prédicatif sujet, prédicatif régime, l'un comprend un régime, l'autre un complément-sujet).

Souvent le prédicatif exprimant un fait concret est terminé par le mot *ti*, indispensable si ce prédicatif détermine un nom (§§ 384-388); parfois un pareil prédicat est introduit par *kó* comme un nom : 說

個不下了 *śwẹ̄-kó pú-hyá-lyào* « on dit [la pluie] ne tombe plus » (« dire — un — cela ne tombe plus », prédicat pris comme nom).

L'emploi comme nom verbal est la base de tout emploi du prédicatif; il en explique également l'usage comme épithète (§ 466), comme prédicat secondaire (§§ 464, 465), comme prédicat principal (§§ 431, 432).

Nom verbal sujet. — 469. — Le nom verbal est souvent sujet d'un prédicat adjectif (§ 384) : 太爺待百姓們好 *thái-yê tái-pó-śīn-mện hào* « le sous-préfet traite bien le peuple » (« le sous-préfet traite le peuple » : sujet — « être bien », prédicat); 辦不周道 *pán pú-čẹū-táo* « l'affaire est mal réglée » (« le règlement », sujet — « pas être parfait »).

看不公這個事 *khán-pú-kōn-čẹ́-kó-śị́* « on ne trouve pas cette affaire juste » (*khán-pú-kōn* « le fait de regarder — n'être pas juste », d'où « on ne trouve pas juste » ; *čẹ́-kó-śị́*, régime de *khán-pú-kōn*). La construction directe serait : *khán* « on trouve » — *čẹ́ kó-śị́* « cette affaire » — *pú-kōn* « pas être juste ». Mais il y a attraction des deux prédicats, par analogie des formules §§ 493 à 505; *pú-kōn* peut donc être interprété comme un transitif (§ 505).

把那包袱捆的緊綁綁的 *pà-ná pāo-fû khwẹ̀n-ti kìn-pān-pàn-ti* « lie-moi ce paquet bien serré (prendre ce paquet — liant — être bien serré) ». Le nom verbal *khwẹ̀n-ti* est sujet de l'intensif, § 488; mais en même temps il a la valeur logique d'un impératif.

Nom verbal régime. — 470. — Le nom verbal est fréquent comme régime des prédicats *lâi*, *khyụ́* et de divers prédicats d'état : 我再過去謝步 *wò cái kwó-khyụ́ syé-pū* « alors je passerai vous remercier » (*syé-pū* « remercier de la démarche », régime de *kwó-khyụ́*; cf. §§ 387, 455) ; on peut aussi analyser *kwó-khyụ́* prédicat secondaire, *syé-pū* prédicat principal. 這句不好懂 *čẹ́-kyụ̄ pú-hào-tòn* « cette phrase n'est pas facile à comprendre » (« cette phrase — n'est pas bonne — pour le comprendre », nom de résultat ou de mesure, §§ 457, 458) ; 難說 *nán-śwẹ̄* « cela est difficile à dire » (*śwẹ̄*, nom verbal de mesure, § 458).

471. — Avec 受 *šọ̀u* « recevoir », 挨 *ṅāi* « porter », 被 *péi* « porter (un vêtement) », « être couvert », ce dernier plus littéraire, etc., le nom verbal est postposé comme régime, l'expression totale vaut un passif : 受賞 *šọ̀u-šàṅ* « recevoir une récompense, être récompensé; 挨罰 *ṅāi-fá* « être puni » ; 他挨了多少打 *thā ṅāi-lyào tō-šào-tà* « combien de fois a-t-il été battu? (il a supporté — combien — fait d'être frappé) ».

被革了 *péi-kệ-lyào* « il a été dégradé » ; 被告 *péi-kào* « l'accusé » (« supportant — accusation » ; l'accentuation différente et l'emploi de *lyào* marquent un degré différent de composition) ; 我被了他害了 *wò péi-lyào thā-hái-lyào* « j'ai été lésé par lui » (« j'ai supporté — le détriment de lui, provenant de lui ». Voir § 682).

蒙上憲委派 *môṅ šàṅ-hyén wèi-phái* « j'ai été délégué par mes supérieurs » (« j'ai reçu — des supérieurs — la délégation ». Voir §§ 594, 682, 721).

Nom verbal apposé. — **472.** — Le nom verbal apposé à un nom lui sert d'explication (§ 383) : 飯吃衣服穿 *fán-ċhī yī-fû-ċhwān* « du riz à manger, des vêtements à mettre (du riz — quelque chose que l'on mange — des vêtements — quelque chose que l'on met) »; 給酒喝了 *kèi-cyẹ̀u hō-lyào* « donne du vin à boire » (*hō-lyào* potentiel, quelque chose à boire, régime en apposition au régime *cyẹ̀u*; on peut expliquer aussi *cyẹ̀u* comme régime de *kèi* et régime de *hō-lyào*, §§ 721, 722).

Caractère indéfini du prédicat : personne et nombre. — **473.** — Le prédicatif essentiellement indéfini (§ 287) présente un sens brut susceptible de nombreuses modalités : 不要去 *pŭ-yáo-khyụ̀* « il ne faut pas y aller » (sans sujet), « je ne veux, tu » etc. « ils ne veulent pas y aller » ; 我[們]不要去 *wò [-mện] pŭ-yáo-khyụ̀* « je ne veux (nous ne voulons) pas y aller » ; 你[們], 偺們, 他[們]不要去 *nì [-mện], cān-mện, thā [-mện] pŭ-yáo-khyụ̀*

« tu (vous), nous deux, il (ils) ne veulent pas » etc.; 都不要去 **tū** *pú*-**yáo**-**khyụ̆** « personne ne veut y aller (tous — pas vouloir aller) »; le même prédicat convient à tous les cas.

Indéfini quant au temps. — 474. — 他[現在]發瘧子 *thā* [**hyén**-*cái*] **fā**-**yáo**-*cọ* « [maintenant] il a la fièvre » (*fā* présent); 昨天發一場瘧子 **có**-*thyēn* **fā** *yi*-**chân**-**yáo**-*cọ* « hier il avait, il a eu un accès de fièvre » (état terminé, *fā* parfait); 這幾天發瘧子 *cẹ́*-*kī*-**thyēn** **fā**-**yáo**-*cọ* « ces jours-ci il a la fièvre » (état qui dure); 明天發瘧子 **mîn**-*thyēn* *fā*-**yáo**-*cọ* « demain il aura la fièvre » (futur).

Indéfini quant au mode. — 475. — 怕他跑沒了 *phá*-*thā* **phào**-**mû**-*lyào* « j'ai peur qu'il s'enfuie » (*phá* « je crains », assertion : indicatif); 怕我連你也賺了 **phá** *wò lyên*-**nì yè** **ċwán**-*lyào* « prends garde que je ne t'attrape aussi » (*phá*, impératif); 我眼裏流血死了 *wò* **yèn**-*li* **lyẹû**-**hywè** **sọ̀**-*lyào*, mot à mot : « je meurs en pleurant du sang »; le sens est : « que je pleure du sang et que je meure » (optatif après une proposition conditionnelle); 喫了飯 **ċhị̄**-*lyào*-**fán** « il a dîné » (assertion : indicatif), « s'il a dîné, quand il a dîné » (conditionnel avec une assertion à la suite).

Indéfini quant à la voix, etc. — 476. — 今天人少了 **kīn**-*thyēn* **żên** **ṡào**-*lyào* « aujourd'hui il y a peu de monde » (**ṡào**-*lyào* « sont peu », prédicat adjectif); 一天比一天少了 *yi*-**thyēn** *pì*-*yi*-**thyēn** **ṡào**-*lyào* « ils diminuent de jour en jour » (**ṡào**-*lyào* « devenir moindre », intransitif).

遠着 **ywèn**-*có* « de loin, étant loin » (prédicat adjectif); 遠着他 **ywèn**-*có*-**thā** « je le fuis, je l'écarte » (transitif).

這是做賊的殺了 **cẹ́**-*sị* **có**-**cêi**-*ti* **ṡā**-*lyào* « c'est un voleur qui a été décapité » (**ṡā**-*lyào* intransitif ou passif); 有做賊

的殺了他 *yęü-có-cêl-ti* **śā**-*lyào*-**thā** « des voleurs l'ont tué » (**śā**-*lyào* transitif).

求閣下給我說個情饒了我罷 ***khyęû-kô**-hyá ki*-**wò śwę̄**-*kó*-**chîn**, **żâo**-*lyào*-**wò pá** « je vous prie d'intercéder pour moi pour qu'ils me pardonnent » (« prier — monsieur — pour moi — dire sentiment — pardonnez — moi » — finale; *żâo* « pardonner », l'intercesseur fait pardonner par autrui, *żâo* est un causatif); 饒了我 **żâo**-*lyào*-**wò** « il m'a fait grâce » (transitif).

Indéfini quant au degré. — 477. — 這兩匹馬白的老實 *cę̀*-**lyàn**-*phì*-**mà pâl**-*ti* **lào-śį** « de ces deux chevaux le blanc est le plus doux » (**lào**-*śį* prédicat adjectif, exprime le comparatif).

Indéfini quant à la catégorie grammaticale. — 478. — La limite entre nom et prédicat est très vague (§§ 279, 281, 282, 292, 293, 339, 340, 384 à 388, 467 à 472). Exemples de noms devenant prédicats : 沒怎麽他 **mèl-cèn**-*mō*-**thā** « il ne lui fit aucun reproche » (« ne pas avoir — dit comment — à lui »; **cèn**-*mō* interrogatif, § 398, pris comme transitif); 凍木了 **tón-mū**-*lyào* « être engourdi par le froid » (*mú* « bois » devient prédicat intransitif); 魚肉良善 **yû**-*żęú*-**lyân**-*śán* « ils maltraitent les braves gens » (*yû* « poisson », *żęú* « chair » devient transitif, « traiter comme chair et poisson »).

Prédicats complexes. — 479. — Bien que la distinction des prédicats d'état et prédicats d'action soit fuyante (§ 476), on peut cependant la conserver pour les prédicats complexes, les seconds formant des séries moins nombreuses et plus riches que les premiers. On n'oubliera pas que la distinction des uns et des autres est toujours en fait une distinction de rôle et non de nature. Il n'y a pas lieu de s'occuper des prédicats complexes occasionnels, puisque leur formation correspond à l'union des propositions (§§ 691 etc.).

Prédicats adjectifs. — 480. — 卑賤 **pī**-*cyén* « être vil » (deux adjectifs); 容易 **yôn**-*yi* « être facile » (« supporter — être facile », transitif + adjectif); 謙遜 **khyēn**-*swẹn* « être humble » (« être humble — céder », adjectif + transitif); 糊塗 **hû**-*thû* « être bête » (deux noms, « de la colle — de la boue »); 大樣 **tá**-*yáṅ* « être dédaigneux » (« grande manière », épithète et nom); 翠藍 *chwéi*-**lân** « être bleu vif » (« martin-pêcheur — être bleu », nom complément et adjectif); 翻開 **fān**-*khāi* « être bouillant à gros bouillons » (deux intransitifs, « retourner — bouillir ») (accent § 103).

Intensifs. — 481. — La répétition de l'adjectif forme un intensif; le prédicat composé se redouble mot par mot. Habituellement l'intensif se termine par *ti* et se construit en conséquence; toutefois ces formes servent aussi de prédicat (cf. § 382; accent, §§ 93, 94) : 小小的一個孩子 *syào*-**syào**-*ti yī*-*kó*-**hâi**-*cọ* « un tout petit enfant » (intensif qualificatif); 官坐堂威威烈烈的 **kwān** *cwó*-**thâṅ**, **wēi**-*wēi*-*lyé*-**lyé**-*ti* « le magistrat siège avec une grande majesté » (« le magistrat — siéger salle — être très majestueux »; **wēi**-*wēi*-*lyé*-**lyé**-*ti*, intensif prédicat); 安安穩穩的睡覺 **ṅān**-*ṅān*-*wèn*-**wèn**-*ti* **śwéi-kyáo** « dormir paisiblement » (intensif complément); 眼淚汪汪 **yèn**-*léi* **wāṅ**-*wāṅ* « pleurer abondamment » (« les larmes — sont abondantes »; **wāṅ**-*wāṅ*, intensif prédicat).

482. — Divers prédicats secondaires antéposés à d'autres prédicats forment aussi des intensifs, les uns sont employés de préférence avec *ti*, les autres se trouvent sans *ti*. Beaucoup de ces intensifs sont des complexes consacrés : 他渾身湛紫 *thā* **hwẹn**-*śēn* **ćán-cọ̀** « tout son corps est livide » (*ćán*-**cọ̀** « intense — violet », prédicat); 這杏彤紅的了 *cẹ́*-**hîṅ** **thôṅ-hôṅ**-*ti*-*lyào* « ces abricots sont tout rouges » (**thôṅ**-*hôṅ*-*ti* « rouge-rouge », prédicat); 那紙是瞟白 *ná*-**cì̩** *śị* **phyáo-pâi** « ce papier-là est très blanc » (*phyáo*-**pâi** « sécher — blanc », intensif régime sans *ti*); 湛綠的大襖 **ćán-lyụ̀**-*ti* *tá*-**ṅào** « une grande robe vert vif » (*ćán*-**lyụ̀**-*ti* « intense — vert », intensif qualificatif).

483. — D'autres prédicats d'intensité sont d'un emploi général; ils prennent la terminaison *ti* suivant les règles habituelles : 山水很好 **ṡān**-*ṡwèi hèn*-**hào** « le paysage est très beau » (*hèn*-**hào** « très — beau », prédicat); 他很會做飯 *thā* **hèn**-**hwéi** *có*-**fán** « il sait très bien faire la cuisine » (**hèn**-*hwéi* « très — savoir », prédicat).

甚細的一根綫 *ṡén*-**sí**-*ti yi*-**kēn**-**syén** « un fil très fin » (*ṡén*-**sí**-*ti* « très — fin », qualificatif); 大高 *tá*-**kāo** « très haut (grand — haut) »; 好多 *hào*-**tō** « très nombreux (bon — nombreux »); 老大半天 **lào**-*tá pân*-**thyēn** « une grande demi-journée, un bon bout de temps » (**lào**-*tá* « vieux — grand) »; 至聖 *çị*-**ṡén** « très saint (suprême — saint) »; 最好 *cwéi*-**hào** « très bon (extrêmement bon) »; 絶大 *cywê*-**tá** « très grand (discontinu — grand) ».

484. — 利害 **lí**-*hái* « être violent, redoutable, extrême » est très usité comme intensif : 他歡喜的利害 *thā*-*hwān*-**hī**-*ti* **lí**-**hái** « il est très content » (« lui — joyeux » — marque du participe — « être extrême » ; le prédicat « être extrême », déterminé par **hwān**-*hī*-*ti*).

Même explication pour : 熱的了不得 **żẹ́**-*ti* **lyào**-*pú*-**tệ** « extrêmement chaud » (**lyào**-*pú*-**tệ** « ne pas tolérer, intolérable », prédicat); on écrit aussi 了不的 **lyào**-*pú*-*ti*; 貴的很 *kwéi*-*ti*-**hèn** « extrêmement cher » (*hèn* prédicat); 笨的 (ou 得) 緊 *pẹ́n*-*ti* (ou *tệ*)-**kìn** « très stupide » (*kìn* « strict », prédicat). Ces formes sont primitivement très énergiques.

485. — Des intensifs sont formés au moyen de noms compléments; pour le sens, voir §§ 482, 483; voir aussi §§ 439 et 480 : 烏黑 *wū*-**hēi** « très noir (comme corbeau — être noir) ».

麽大的功勞 *mō*-**tá**-*ti* **kōn**-*lâo* « un mérite très grand ». A rapprocher de la formule littéraire 罪莫大於.... **cwéi** *mó*-**tá**-*yū*.... « le plus grand des crimes, c'est de (en fait de crimes — rien — être grand — auprès de ....) »; d'où *mó*, et par abus *mō* écrit 麼, est devenu intensif.

Intensifs vulgaires. — 486. — 蔫巴 **nyēn**-*pā* « tout-à-fait flétri »; 澁巴 **sɿ**-*pā* « très âpre ».

Intensifs de comparaison. — 487. — Formules analogues aux précédentes : 那一個更不好 **nă**-*yɿ*-*kó* **kéṅ**-*pú*-**hào** « celui-là est pire » (*kéṅ* « plus »; prédicat secondaire + adjectif); 這辦法更盡善盡美了 *cè*-**pán**-*fà* **kéṅ** **cɿn**-**ṡạn** **cɿn**-**mèi**-*lá* « cet arrangement est encore plus parfait » (*kéṅ* « plus », *cin* « au plus haut degré », deux prédicats secondaires antéposés à l'adjectif double); 更躭悞事兒 **kéṅ** **tān**-*wú*-**ṡɿ**-*ọl* « cela retarde davantage les affaires » (prédicat secondaire + transitif).

還享福 **hwân** *hyàṅ*-**fû** « il est plus heureux » (« encore — jouir — bonheur »; *hwân* prédicat secondaire); 太多了 **thái**-**tō**-*lá* « c'est trop » (« trop — beaucoup »; *thái* prédicat secondaire).

財心過大 **châi**-*sin* *kwó*-**tá** « il est par trop rapace » (« rapacité — excédant — est grande »; *kwó* prédicat secondaire) »; 他過於体 *thā* **kwó**-*yū*-**pẹn** « il est par trop borné » (*kwó* « dépasser » — *yū* littéraire, marque le régime — *pẹn* « balourdise »). L'analyse exacte est oubliée et **kwó**-*yū* est synonyme de *kwó* « excéder », d'où 過於的 **kwó**-*yū*-*ti* « excédant, avec excès »: 你譏誚的他太過於了 *nì* **kī**-*chyáo*-*ti*-**thā** *thái*-**kwó**-**yū**-*lá* « tu l'as par trop tourné en ridicule » (« toi — ridiculisant lui — trop excéder »; *thái* prédicat secondaire, *kwó*-**yū** prédicat principal).

功勞越多越好 **kōṅ**-*láo* *ywé*-**tō** *ywé*-**hào** « plus on a de mérite, mieux cela vaut » (*ywé* « dépassant, plus »); 出產的越

發多了 *čhū-čhàn-ti* **ywé-fā-tō-lyào** « la production est d'autant plus considérable » (**ywé**-*fā* « d'autant plus »).

Intensifs descriptifs. — **488.** — D'autres intensifs (§ 390) sont formés d'un premier caractère prédicatif ou non, qui donne le sens, et d'un second caractère redoublé ajoutant parfois quelque chose au premier, parfois dépourvu de signification ; aussi la graphie du second couple est souvent variable ; le premier caractère de ce couple est privé d'accent et prononcé presque toujours au ton égal (cf. § 95). Ces formules, toujours terminées par *ti*, servent d'épithète, de prédicat secondaire, de prédicat principal (cf. § 482) : 凉嗽嗽的 **lyâṅ**-*sẹū*-**sẹû**-*ti* « assez frais » (*lyâṅ* « être frais », prédicat; *sẹú* « tousser », semble ici dépourvu de sens); 結實實的 **kyē**-*ṣ̀ị*-**ṣ̀ị**-*ti* « très solide, très vert », cf. **kyē**-*ṣ̀ị* « être solide ».

活跳跳的個牛 **hwô**-*thyāo*-**thyáo**-*ti* *kó*-**nyẹû** « un bœuf tout plein de vie » (*hwô* « vivre », *thyáo* « palpiter, sauter », idée annexe; intensif épithète); 我眼睁睁的看見了 *wò* **yèn**-*čēṅ*-**čēṅ**-*ti* **khán-kyén**-*lyào* « j'ai vu, de mes yeux vu » (**yèn**-*čēṅ*-**čēṅ**-*ti* intensif formé d'un nom *yèn* « œil », et d'un prédicat *čēṅ* « ouvrir les yeux »; prédicat secondaire ou complément); 腦袋上禿光光的了 **nào-tái**-*ṣ̀áṅ* **thū**-*kwāṅ*-**kwāṅ**-*ti*-*lyào* « il a le haut de la tête tout dégarni » (*thū* « chauve », *kwāṅ* « brillant », prédicat); 多咱也是響凉凉的 **tō**-*cān* **yè**-*ṣ̀ị* **hyàṅ**-*lyāṅ*-**lyâṅ**-*ti* « c'est toujours sonore » (intensif régime de *ṣ̀ị*).

489. — Quelques intensifs descriptifs souvent pris comme prédicats sont formés d'un mot répété et détourné parfois de son sens : 威風凜凜 **wēi**-*fōṅ* **lìn-lìn** « sa majesté est terrible » (**lìn**-*lìn*, de *lìn* « être froid, trembler de peur », est ici prédicat); la même phrase est aussi comprise comme nom et apposition : « un air de grande majesté »; 漏的水汪汪的 *lẹú-ti*-**ṣ̀wèi** *wāṅ*-**wāṅ**-*ti* « l'eau coule à flots par la toiture » (« l'eau qui coule par la toiture — très abondant »; *wāṅ*-**wāṅ**-*ti* prédicat).

Onomatopées. — 490. — Ces mots parfois monosyllabes, parfois formés d'une syllabe répétée, parfois de plusieurs syllabes, sont traités comme les intensifs descriptifs; les syllabes composantes sont dites au ton égal (accent § 95) : 噹的一聲 **tāṅ**-*ti yi*-**šēṅ** « un tic-tac » (*tāṅ* onomatopée, épithète); 哈哈大笑 *hā*-**hā** *tá*-**syáo** « rire à grand bruit » (*hā*-**hā** complément); 笑嘻嘻 **syáo**-*hī*-**hī** « rire aux éclats » (*hī*-**hī** régime).

棍子棒子咕痛咕痛和搥牛也似的一路子好打 **kwẹn**-*cọ* **páṅ**-*cọ*, *khū*-**thōṅ** *khū*-**thōṅ**, *hwó* **chwêi-nyẹū** *yè*-**sọ́**-*ti*, *yi*-**lū**-*cọ* *hào*-**tà** « à coups de bâton, à coups de massue, pan, pan, comme on frappe un bœuf, on lui donna une bonne râclée ». Ces membres de phrase séparés par des virgules sont comme autant de propositions qui expliquent la principale *yi*-**lū**-*cọ* *hào*-**tà**; l'onomatopée *khū*-**thōṅ** *khū*-**thōṅ** forme donc une sorte de prédicat secondaire.

Prédicats d'action. — 491. — Aux diverses formules des prédicats correspondent des formules différentes pour le parfait et le potentiel. Cf. aussi §§ 526 à 535; accent, §§ 110, 111.

A) Les prédicats composants sont coordonnés; ils énoncent soit la même action, soit deux actions simultanées ou successives. L'accent est tantôt sur le premier prédicat, tantôt sur le second : 哄騙 **hòṅ**-*phyén* « duper » (deux synonymes); 料理 *lyáo*-**lì** « traiter, régler » (deux synonymes); 管教 **kwàn**-*kyáo* « éduquer » (« s'occuper de — instruire », actes simultanés); 過繼 **kwó**-*kí* « être adopté » (« passer en adoption, passer — succéder », actes successifs).

Parfait : 哄騙了 **hòṅ**-*phyén*-*lyào*.

Potentiel affirmatif, 1re forme : 哄騙了[了] **hòṅ**-*phyén*-*lyào*-(*lá*); 2e forme : 哄騙得[了] **hòṅ**-*phyén*-*tệ*-[*lá*].

Potentiel négatif, 1re forme : 哄騙不了 **hòṅ**-*phyén*-*pú*-**lyào**; 2e forme : 哄騙不得[了] **hòṅ**-*phyén*-*pú*-**tệ**-[*lá*].

Régime postposé : 哄騙[了]他 *hòn-phyén-*[*lyào*]-**thā**.

Le *tẹ* du potentiel est souvent écrit *ti* 的.

492. — B). Le premier prédicat est accentué et seul pleinement significatif; le second note une catégorie très générale d'action; très petit nombre de séries.

懂得 **tòn**-*tẹ* « comprendre »; 認得 **žén**-*tẹ* « connaître » (*tẹ* « percevoir »).

蹧行 **cāo**-*hìn* « ruiner, gâter, calomnier, gaspiller »; 放行 **fán**-*hìn* « délivrer, relâcher » (*hìn* « agir »).

試巴 **ṣị**-*pā* « essayer »; 檯巴 **thâi**-*pā* « porter sur l'épaule » (*pā* simple son, vulgaire).

Parfait : 懂得了 **tòn-tẹ-lyào**.

Potentiel affirmatif : 懂得了[了] **tòn**-*tẹ*-**lyào**-[*lá*].

Potentiel négatif : 懂得不了 **tòn**-*tẹ-pú*-**lyào**.

Régime postposé : 懂得[了]這個 **tòn**-*tẹ*-[*lyào*]-**ċẹ**-*kó*.

493. — C). Le premier prédicat, subordonné, indique le moyen, la modalité, le second le résultat, l'action même; l'accent est habituellement sur le second : 活長 *hwó*-**ċhán** « vivre longtemps (vivre — durer) »; 孿蔫巴 *lyáo*-**nyēn**-*pā* « se gâter » (*lyáo* « conserver » — **nyēn**-*pā* « être fané »); 嚇跑 *hyá*-**phào** « s'enfuir de peur (avoir peur — courir) »; 預備妥當 **yụ**-*péi*-**thwò**-*tán* « préparer convenablement (préparer — être convenable) ».

Parfait : 嚇跑了 *hyá*-**phào**-*lyào*.

Potentiel affirmatif, 1re forme : 嚇跑了[了] *hyá*-**phào-lyào**-[*lá*]; 2e forme : 嚇跑得[了] *hyá*-**phào-tẹ**-[*lá*].

Potentiel négatif, 2e forme : 嚇跑不得 *hyá*-**phào**-*pú*-**tẹ**; 3e forme : 嚇不跑[了] **hyá**-*pú*-**phào**-[*lá*].

Régime postposé : 嚇跑[了]他 *hyá*-**phào**-[*lyào*]-**thā**.

Le négatif simple est peu usité, quand le second élément est adjectif; plutôt que *pú*-**šāo-hôṅ**, on dit 燒不紅 **šāo**-*pú*-**hôṅ**, la force potentielle de cette formule étant alors oubliée (§ 469).

Le second prédicat prend exceptionnellement un complément : 喝了個頂醉 **hō**-*lyào*-*kó*-**tìṅ-cwéi** « il est complètement ivre (avoir bu — un sommet — être ivre) » ; le complément *tìṅ* reçoit le spécificatif (§§ 457, 522).

494. — D) La présente classe, section de la précédente, groupe des seconds prédicats très usités; les séries sont donc très fournies. Pour le négatif simple, voir § 493 à la fin.

清 *čhīṅ* « être net, vide » : 花清 *hwā*-**chīṅ** « dépenser totalement ».

淨 *cíṅ* « être propre, vide » : 洗淨 *sì*-**cíṅ** « laver proprement » ; 喫淨 *čhį*-**cíṅ** « manger tout ».

495. — 眞 *čēn* « être vrai, exact » : 看眞 *khán*-**čēn** « voir exactement ».

差 *chā* « se tromper » : 走差 *cẹù*-**čhā** « se tromper de chemin ».

錯 *chó* « se tromper » : 說錯 *šwẹ̄*-**chó** « se tromper en parlant » ; 辦錯 *pán*-**chó** « mal régler une affaire ». On dit 錯認 ou 認錯 *chó*-**žén** ou *žén*-**chó** « reconnaître à faux quelqu'un ».

496. — 中 *čōṅ* (*čóṅ* « atteindre ») : 研中 *yèn*-**čōṅ** « broyer complètement ».

成 *čhêṅ* « aboutir » : 商量成 **šāṅ**-*lyâṅ*-**čhêṅ** « aboutir par délibération ».

好 *hào* « venir à bien » : 治好 *čį*-**hào** « guérir (traiter — être bien) ».

497. — 彀 *kẹú* « suffire » : 喝彀 *hō*-**kẹú** « boire suffisamment ».

飽 *pào* « être rassasié » : 笑飽 *syáo*-**pào** « rire son soûl ».

498. — 完 *wân* « finir » : 說完 *śwę̄-wân* « finir de parler ».

盡 *cìn* « épuiser, finir » : 使盡 *sị-cìn* « se servir jusqu'au bout ».

499. — 定 *tìn* « fixer » ; 講定 *kyàn-tìn* « déclarer de manière ferme ».

500. — 透 *thęú* « pénétrer » : 濕透 *sį-thęú* « être percé d'humidité » ; 猜透 *chāi-thęú* « deviner ».

501. — 動 *tón* « mouvoir, émouvoir » ; 挪動 *nó-tón* « déplacer » ; 求動 *khyęû-tón* « émouvoir par des prières ».

倒 *tào* « renverser » : 打倒 *tà-tào* « renverser d'un coup ».

掉 *tyáo* « tomber » : 摔掉 *śwài-tyáo* « laisser tomber » ; 洗掉 *sì-tyáo* « faire partir en lavant ».

502. — 壞 *hwái* « détruire » : 碰壞 *phén-hwái* « briser en heurtant » ; 鬧壞 *náo-hwái* « troubler, rompre une affaire ».

破 *phó* « briser » : 磨破 *mó-phó* « user par frottement ».

503. — 迭 *tyê* « avoir place » : 流迭 *lyęû-tyê* « avoir de la place pour couler » ; 喫迭 *chị-tyê* « prendre le temps de manger ».

504. — 到 *táo* « arriver, aboutir » : 走到 *cęù-táo* « arriver en marchant » ; 花到 *hwā-táo* « dépenser jusqu'au bout ».

及 *kí* « atteindre, réussir à » : 趕及 *kàn-kí* « atteindre, rattraper » ; 信及 *sín-kí* « réussir à croire ».

505. — Parfait : 說完了 *śwę̄-wân-lyào.*

Potentiel affirmatif, 1re forme : 說完了[了] *śwę̄-wân-lyào-[lá]* ; 2e forme : 說完得[了] *śwę̄-wân-tę̄-[lá]* ; 3e forme : 說得完 *śwę̄-tę̄-wân*.

Potentiel négatif, 2e forme : 說完不得 *śwẹ*-**wân**-*pú*-**tệ**; 3e forme : 說不完[了] *śwẹ*-*pú*-**wân**-[*lá*].

Régime postposé : 散完了心 *sàn*-**wân**-*lyào*-**sīn** « avoir fini de se distraire ».

506. — E) Cette classe diffère de la précédente par l'accent du premier prédicat; elle comprend quatre prédicats de sens divers et quelques prédicats de mouvement. Pour la valeur souvent atténuée du potentiel, voir § 493.

死 *sọ* « mourir, tuer » : 淹死 **yēn**-*sọ* « noyer »; 窮死 **khyôṅ**-*sọ* « mourir de pauvreté ».

見 *kyén* « voir, percevoir » : 望見 **wáṅ**-*kyén* « voir de loin »; 聞見 **wên**-*kyẹn* « sentir, flairer ».

開 *khāị* « ouvrir, séparer, espacer, débuter » : 開開 **khāi**-*khāi* « ouvrir (une porte) »; 剌開 **lā**-*khāi* « ouvrir (un abcès) »; 颳開 **kwā**-*khāi* « (le vent) disperse en soufflant »; 躺開 **thàṅ**-*khāi* « avoir la place de s'étendre »; 罵開 **má**-*khāi* « commencer à dire des injures ».

着 *ćó*, *ćáo* indique l'action ou l'état pris intégralement jusqu'au résultat : 找着 **ćào**-*ćó* « trouver » (« chercher » + résultat); 凍着 **tóṅ**-*có* « être pris de froid » (« geler» + résultat) ; 買不着 **mài**-*pú*-**ćáo** « ne pas réussir à acheter » (courir en vain les magasins).

507. — 上 *śáṅ* indique direction ascendante, contact, suite, etc. : 蓋上 **kái**-*śáṅ* « couvrir »; 貼上 **thyē**-*śáṅ* « coller, afficher »; 連上 **lyên**-*śáṅ* « rattacher »; 趕上 **kàn**-*śáṅ* « atteindre ».

下 *hyá* direction descendante, « déposer, cacher » : 坐下 **cwó**-*hyá* « s'asseoir »; 積下 **cī**-*hyá* « amasser »; 瞞下 **mân**-*hyá* « dissimuler ».

過 *kwó* « passer, dépasser » ; 瞞過 **mân**-*kwó* « se cacher de quelqu'un »; 敵過 **tî**-*kwó* « surpasser quelqu'un ».

回 *hwêi* « retourner » : 攆回 **nyèn**-*hwêi* « renvoyer quelqu'un ».

住 *cú* « arrêter, s'arrêter » : 站住 **cán**-*cú* « se tenir debout en place » ; 綑住 **khwèn**-*cú* « fixer en liant » ; 忍耐住 **žèn**-*nái*-**cú** « supporter, souffrir avec patience ».

508. — Parfait : 看見了 **khán**-*kyén*-*lyào*.

Potentiel affirmatif, 1re forme : 看見了[了] **khán**-*kyén*-**lyào**-[*lá*]; 3e forme : 看得見 **khán**-*tẹ*-**kyén**.

Potentiel négatif, 3e forme : 看不見[了] **khán**-*pû*-**kyén**-[*lá*].

Régime postposé : 看不見他 **khán**-*pû*-**kyén**-*thā*; toutefois avec un régime habituel : 放心不下 **fán**-**sīn**-*pû*-**hyá** « on ne peut être tranquille » (prédicat **fán**-*hyá*, régime inséré).

509. — F) Le second prédicat, 來 *lâi* ou 去 *khyụ́*, indique la direction du mouvement exprimé par le premier ; *lâi* « venir » marque direction vers la personne qui parle, vers le moment présent, *khyụ́* « aller » est l'opposé. Accent sur le premier prédicat.

進來 **cín**-*lâi* « entrer, en se rapprochant » ; 進 **cín**-*khyụ́* « entrer, en s'éloignant » ; 拿來 **nâ**-*lâi* « apporter » ; 拿去 **nâ**-*khyụ́* « emporter ».

Parfait : *a*) 進去了 **cín**-*khyụ́*-*lyào* ; *b*) 拿了去了 **nâ**-*lyào*-**khyụ̄**-*lyào* ; *c*) 拿了去 **nâ**-*lyào*-**khyụ̄**. 跑去 **phào**-*khyụ́* « s'enfuir », 刷去 **šwā**-*khyụ́* « enlever en brossant » ont les trois formes. Ces trois formes ne sont pas également usitées pour tous les prédicats; la préférence pour l'une ou l'autre semble échapper à toute règle; dans les propositions hypothétiques, on trouve surtout le parfait *c*) qui est usité aussi en proposition principale : 鋸了去纔好 **kyụ̄**-*lyào*-

khyų̂, *chài*-**hào** « si on la scie, ce sera bien », mais **kyų̂**-*lyào*-**khyų̂** « scie-la ».

Potentiel affirmatif, 1re forme *a*), *b*), *c*) comme au parfait, usage irrégulier : 進去了 **cɪn**-*khyų́*-*lyào* ; 拿了去了 **ná**-*lyào*-**khyų̂**-*lyào* ; 拿了去 **ná**-*lyào*-**khyų̂** ; 3e forme : 過得去 **kwó**-*tę̂*-**khyų̂** « on peut passer ».

Potentiel négatif, 1re forme : 拿不了去 **ná**-*pú*-**lyào**-**khyų̂** ; 2e forme : 拿去不得 **ná**-*khyų́*-*pú*-**tę̂** (rare); 3e forme : 過不去 **kwó**-*pú*-**khyų̂** « on ne peut passer ».

Régime inséré. — 510. — Cette diversité des formules du parfait et du potentiel montre que la composition est moins serrée dans cette classe; on le voit encore à la place du régime avec un premier prédicat transitif : 拿這本書去 **ná**-*cę̀*-**pę̀n**-**šū**-*khyų́* « emporte ce livre (tenant ce livre — va) »; 送信來了 **sóṅ**-**sɪn**-*lâi*-*lyào* « il a apporté des lettres (portant des lettres — il est venu) ». Exceptionnellement la construction est différente : 過不去河 **kwó**-*pú*-**khyų̂**-**hô** « on ne peut passer la rivière ».

Si la négation doit être insérée, le régime est souvent mis en objet absolu : 這箱挪不來 *cę̀*-**syāṅ** **nô**-*pú*-**lâi** « on ne peut transporter ici cette caisse ».

511. — *Lâi* et *khyų́* paraissent aussi pour indiquer le mouvement de translation qui précède une action; ils sont alors souvent exprimés avant et après l'autre prédicat (cf. § 387) : 你去請他 *nì* **khyų̂** **chìṅ**-**thā** « va l'inviter » ; 我去趕他去 *wò* *khyų́* **kàn**-**thā** **khyų̂** « je vais pour le poursuivre »; 你來找來 *nì* *lâi* **cào**-**lâi** « viens ici chercher ».

Khyų́ exprimé seulement à la fin est ambigu : 請他去 *chìṅ*-**thā** *khyų́* « prie-le d'y aller » (*thā* régime de *chìṅ* et sujet de *khyų́*); ou : « va le prier », formule synonyme de *khyų́* **chìṅ**-**thā**-**khyų̂** ou *khyų́* **chìṅ**-**thā**-*ti*.

Les mêmes prédicats peuvent être pléonastiques après des prédicats de mouvement : 他打發我來 *thā* **tà**-*fā*-**wò**-*lâi* « il m'envoie (il envoie — moi — venir) ».

Les composés de *lâi* et *khyú* sont employés aussi comme prédicats indépendants : 拿凉水過來 **ná-lyân**-*šwèi*-**kwó**-*lâi* « apporte de l'eau fraîche » (deux prédicats, *ná* « tenir », § 588; **kwó**-*lâi* « venir de ce côté »; si **ná**-*kwó*-**lâi** était prédicat composé, la place du régime serait autre, § 517).

512. — G) Le second prédicat est un composé de *lâi* ou de *khyú*, cas spécial de la classe F. 上來 (v. 去) **šàn**-*lâi* (v. *khyú*) « monter vers cet endroit-ci » (v. « là »); 下來 (v. 去) **hyá**-*lâi* (v. *khyú*) « descendre vers ce point-ci » (v. « là »); ex. : 爬上來 **phâ-šàn**-*lâi* « grimper vers celui qui parle »; 吞下去 **thwēn-hyá**-*khyú* « engloutir ».

513. — 回來 (v. 去) **hwêi**-*lâi* (v. *khyú*) « revenir » (v. « retourner »); ex. : 領回來 **lìn-hwêi**-*lâi* « ramener »; 賣回去 **mái-hwêi**-*khyú* « revendre au premier propriétaire ».

514. — 過來 (v. 去) **kwó**-*lâi* (v. *khyú*) « passer de ce côté » (v. « de cet autre »); ex. : 甦醒過來 **sū**-*sìn*-**kwó**-*lâi* « reprendre connaissance »; 勸過去 **khywén**-**kwó**-*khyú* « dissuader ».

515. — 進來 (v. 去) **cín**-*lâi* (v. *khyú*) « entrer » en venant vers moi (v. en s'éloignant); 出來 (v. 去) **čhū**-*lâi* (v. *khyú*) « sortir » dans un sens ou dans l'autre; ex. : 推進來 **thwēi-cín**-*lâi* « pousser quelqu'un dans l'intérieur, vers moi »; 露出來 **lèu-čhū**-*lâi* « apparaître à découvert »; 攆出去 **nyèn**-**čhū**-*khyú* « chasser dehors ».

516. — Parfait : 露出來了 **lèu**-*čhū*-**lâi**-*lyào*.

POTENTIEL AFFIRMATIF, 1re forme : 露出來了[了] **lęū**-*chū*-**lâi**-*lyào*-[*lá*]; 3e forme : 露得出來 **lęū**-*tę*-**ċhū**-*lâi*.

POTENTIEL NÉGATIF, 3e forme : 露不出來[了] **lęū**-*pú*-**ċhū**-*lâi*-[*lá*].

Régime inséré. — 517. — 露出事來 **lęū-ċhū-şį**-*lâi* « on laisse transpirer l'affaire »; 露不出事來 **lęū**-*pú*-**ċhū-şį**-*lâi* « on ne peut laisser transpirer l'affaire », construction analogue à celle du § 510 pour la classe F); ces complexes sont donc formés d'un prédicat transitif **lęū**-*ċhū* et d'un autre prédicat, *lâi* ou *khyų́*. On trouve occasionnellement ces prédicats transitifs seuls, sans prédicat complémentaire : 他拿出個小匣子打開 *thā*-**nâ**-*ċhū*-*kó*-**syào**-**hyá**-*cọ* **tà**-*khāi* « il tire une cassette et l'ouvre » (le prédicat complet serait **nâ**-**ċhū**-*lâi*).

Exceptionnellement le régime direct est postposé : 刨出來了些個舊花甎 **phâo-ċhū**-*lâi*-*lyào* **syē**-*kó*-**kyęū-hwā-ċwān** « on a déterré quelques vieilles briques à moulures ».

Le régime de mesure est postposé, mais le régime locatif est inséré : 扔下海去 **żêṅ**-*hyá*-**hàï**-*khyų́* « jeter dans la mer »; 把倉房裏的米偷出來了好幾布袋 **pà** **chāṅ**-*fâṅ*-*lì*-*ti*-**mì**. **thęū-ċhū**-*lâi*-*lyào* **hào**-*kï*-**pú**-*tái* « on a volé bien des sacs de riz du grenier public » (le régime direct est **chāṅ**-*fâṅ*-*lì*-*ti*-**mì** introduit par l'antécédent *pà* ; **hào**-*kï*-**pú**-*tái* postposé est régime de mesure).

518. — H) Les prédicats terminés en 起來 **khì**-*lâi* « élever, se lever, débuter » se rattachent à la classe G), mais forment un potentiel négatif spécial : 立起來 **lí-khī**-*lâi* « se dresser, ériger »; 熱起來 **żę́-khī**-*lâi* « commencer à avoir chaud, s'échauffer »; 你拏起書來 **nì-nâ**-*khī*-**ṡū**-*lâi* « tu commences à prendre un livre, dès que tu prends un livre »; 馬尾兒穿豆腐提不起來 **mà**-*wèi*-*ọl* **ċhwān-tęū**-*fù*, **thî**-*pú*-**khī**-*lâi* « un crin de cheval passé à travers un fromage de haricot ne peut le soulever » (proverbe).

Le potentiel spécial est : 買不起 **màì-pú-khì** « n'avoir pas de quoi acheter » ; 惹不起 **żę̀-pú-khì** « ne pas oser exciter » ; 瞧不起 **chyâo-pú-khì** « ne pouvoir regarder, mépriser ». Ces formes indiquent une insuffisance de moyens, une différence de niveau, d'où résulte l'impossibilité.

Le régime est inséré, sauf au potentiel négatif spécial : 害起怕來 **hài-khì-phá-lâi** « commencer à avoir peur » (*hái* « ressentir », *phá* « de la crainte ») ; 念不起書 **nyén-pú-khì-śū** « ne pouvoir étudier » (*nyén* « étudier », *śū* « les livres »).

519. — I) Le prédicat se prend lui-même comme régime, l'expression formée comporte à son tour un régime (§ 460 ; accent §§ 93, 94).

Parfait : 刷了刷 **śwā-lyào-śwā**.

Passé négatif : 沒有刷 **mę-yęù-śwā**.

Potentiel affirmatif, 1re forme : 刷了[了] **śwā-lyào-[lá]** ; 2e forme : 刷得[了] **śwā-tę̀-[lá]**.

Potentiel négatif, 1re forme : 刷不了 **śwā-pú-lyào** ; 2e forme 刷不得[了] **śwā-pú-tę̀-[lá]**.

Régime postposé : 算了算賬 **swán-lyào-swán-ċán** « avoir fait le compte ».

Quelquefois le régime spécial d'action est complété par la terminaison 兒 *ǫl* : 緩一緩兒 **hwàn-yi-hwàn-ǫl** « tarder, aller doucement ».

520. — J) Le prédicat a un régime habituel et est parfois encore suceptible de prendre un autre régime (accent § 113) : 報讐 **páo-ċhęû** « se venger (répondre à l'inimitié) ».

Parfait : 報了讐了 **páo-lyào-ċhęû-lyào**.

Potentiel affirmatif, 1re forme : 報了讐了 **páo-lyào-ċhęû-lyào** ; 2e forme : 報得讐[了] **páo-tę̀-ċhęû-[lá]**.

Potentiel négatif, 1re forme : 報不了讐 **páo**-*pú*-**lyào**-**čhęû** ; 2e forme : 報不得讐 **páo**-*pú*-**tę̂**-**čhęû**.

Les prédicats qui prennent un second régime offrent un degré de composition plus marqué, ainsi que l'indique la place de *lyào* : 得罪了他了 *tę̂*-**cwéi**-*lyào*-**thā**-*lá* « tu l'as offensé » (*tę̂* prédicat, *cwéi* régime habituel).

521 — K) Le prédicat est précédé d'un complément habituel ; les formules pour le parfait, le potentiel, le régime sont celles du prédicat simple (accent § 112) : 賄買 **hwéi**-*mài* « corrompre (avec des présents — acheter) » ; 勾引 **kęū**-*yìn* « embaucher (comme avec un crochet — attirer) ».

522. — Il existe des formules mixtes entre diverses classes : 報報讐 **páo**-*páo*-**čhęû** « se venger » (classes I, J) ; 感恩不盡 **kàn**-**ṅēn**-*pú*-**cín** « ne pouvoir être assez reconnaissant » (*kàn*-**ṅēn** « ressentir un bienfait », classe J ; *cín*, classe D) ; 看住戲 **khán**-*čú*-**hí** « prendre racine en regardant la comédie » (*čú*, classe E ; *khán*-**hí** « regarder la comédie », peut être mis dans la classe J ; noter que le régime est rejeté à la fin) ; 睡不着覺了 **śwéi**-*pú*-**čáo**-**kyáo**-*lá* « ne pas pouvoir dormir » (*kyáo* « un somme », régime habituel ; classes J et E).

Parfois le régime habituel reçoit un qualificatif (§ 493 à la fin) : 睡個安生覺 **śwéi**-*kó*-**ṅān**-*śēn*-**kyáo** « dormir d'un sommeil paisible » (**ṅān**-*śēn* qualifie *kyáo*).

Prédicats auxiliaires. — **523.** — Des prédicats susceptibles d'avoir le rôle principal occupent souvent une place secondaire (§§ 464, 465) soit qu'ils modifient directement un prédicat principal (auxiliaires adverbes § 524), soit qu'ils restent indépendants (auxiliaires incidents § 581), ou qu'ils introduisent un nom, une proposition (auxiliaires antécédents § 586 et auxiliaires conséquents § 654).

Auxiliaires adverbes. — 524. — Ces prédicats s'unissent le plus souvent directement au prédicat principal, qui porte habituellement l'accent (§ 111) ; si la formule résultante est au moins trisyllabique, il se développe souvent un accent secondaire. La plupart des auxiliaires adverbes sont antéposés (§§ 464, 465), mais quelques-uns des plus importants sont postposés (§§ 525 à 541).

L'aspect imparfait. — 525. — 着 *cŏ* (*cáo*, quand il est accentué) postposé, indique une action non achevée, un état durable ; prédicat principal, *cáo* signifie mise en activité d'un agent ; dans l'un et l'autre emploi, il note l'action même, indépendante du résultat ; il correspond donc aux formes telles que présent de durée, imparfait, participe présent, etc. Voir §§ 506 et 591.

着火 *cáo*-**hwò** « cela flambe (mise en action — feu) », cf. § 462 ; 火着 **hwò cáo** « le feu flambe (le feu — est en action) » ; 病着人 **píṅ** *cáo*-**żên** « la maladie attaque les hommes (maladie — agir — hommes) ».

磁盆金盆多着 **chộ**-*phện* **kīn**-*phện* **tō**-*cŏ* « les vases de porcelaine, les vases de métal sont nombreux » (état actuel) ; 快着 **khwái**-*cŏ* « rapide, rapidement » (état durable) ; 坐着 **cwó**-*cŏ* « être assis » v. 坐下 **cwó**-*hyá* « s'asseoir » (§ 507) ; 小心着 **syào-sīn**-*cŏ* « prenez garde » (*cŏ* état habituel ; l'impératif résulte du contexte ; le prédicat auxiliaire est postposé au régime) ; 我還養活着你 *wò* **hwân yàṅ-hwô**-*cŏ*-**nì** « je te soignerai encore » (le futur résulte du contexte ; *cŏ* action durable) ; 臥着個兎子 **wó**-*cŏ*-*kó*-**thù**-*cọ* « un lièvre était couché » (cf. § 461) ; 走着走着 **cọ̀u**-*cŏ* **cọ̀u**-*cŏ* « à force de marcher (en marchant — en marchant) », état durable.

L'aspect parfait. — 526. — 了 *lyào* (souvent *lá* quand il ne porte pas l'accent) « achever, cesser » est parfois prédicat principal ; plus souvent auxiliaire adverbe postposé, il marque alors le parfait, c'est-à-dire le résultat d'une action achevée.

了局 *lyào*-**kyû** « en finir (achever-affaire) ».

喝彀了 **hō-kęû**-*lyào* « nous n'avons plus soif » (« nous avons assez bu », résultat d'une action achevée) ; 頭髮白了 **thęû**-*fà* **pâi**-*lyào* « ses cheveux ont blanchi » (résultat d'une action achevée) ; 冰冷的了 **pīṅ-lèṅ**-*ti-lyào* « cela est devenu froid comme glace » (le prédicat principal est un intensif, §§ 482, 485) ; 客人來了 **khó**-*żên* **lâi**-*lyào* « les invités sont ici » (« ils sont venus », parfait, donc « ils sont ici ») ; 不如把他埋了 *pú*-**żû** *pà*-**thā** **mâi**-*lyào* « il vaut mieux l'enterrer » (**mâi**-*lyào* « enterrer de façon que ce soit chose faite »).

527. — 多喒也不去了 **tō**-*cān* **yè** *pú*-**khyû**-*lyào* (*lá*) « je n'irai plus jamais » (*pú*-**khyû** « je ne vais pas » ; *lyào* fait de ce négatif indéfini une affaire terminée : « je n'y vais plus, je n'irai plus, je ne puis plus y aller », cette formule est donc le parfait du prédicat négatif, et non la négation appliquée au parfait) ; 沒有了 *mę́*-**yęù**-*lá* « il n'y en a plus » (**mę́**-*yęù* « il n'y en a pas » — *lá*, parfait, même remarque).

528. — Une action achevée appartenant naturellement au passé, la même formule indique le passé regardé à la fois comme parfait : 你就睡着了 **nì** *cyęú* **śwéi**-*cô*-**lyào** « alors tu dors déjà » (**śwéi**-*cô* « tu dors », imparfait ; *lyào*, c'est chose faite).

他就睡着了。睡着睡着覺忽然醒了 **thā** *cyęú* **śwéi**-*cô-lyào* ; **śwéi**-*cô* **śwéi**-*cô*-**kyáo**, **hū**-*żân* **sìṅ**-*lyào* « alors il s'endormit ; comme il dormait, tout d'un coup il s'éveilla » (**śwéi**-*cô* dormir, *lyào* en fait un parfait et un passé, deux nuances ici inséparables — *sìṅ* « s'éveiller », même remarque — *śwéi*-**kyáo** « dormir », action durable, sens imparfait ; l'adjonction de *cô* et la répétition accentuent le sens imparfait) ; 睡了一覺 **śwéi**-*lyào* *yī*-**kyáo** « il a fait un somme » (*lyào*, sens parfait).

529. — Après un impératif, *lyào* a un sens atténué ; il accentue l'ordre puisque l'action est énoncée comme devant être déjà terminée :

別打了 *pyê* **tà**-*lyào* « ne frappe pas »; 你合我說了實話 **nì** *hô*-**wò** **ṡwẹ̄**-*lyào* **ṡị̄**-**hwá** « dis-moi la vérité ». Ces deux phrases sont plus énergiques que sans *lyào*.

530. — *Lyào*, *lá* finale de proposition, cf. § 677. Prédicats complexes, cf. §§ 491 et suivants. Ajouté à d'autres auxiliaires, *lyào* garde son sens : 不用等着了 *pû*-**yóṅ** **tèṅ**-*cô*-*lyào* « inutile d'attendre davantage » (**tèṅ**-*cô* « attendre », sens imparfait ; *lyào* marque achèvement, indiqué en français par « plus »); 嘗過了 **ċhâṅ**-**kwó**-*lyào* « je l'ai goûté » (*kwó* passé, *lyào* parfait ; § 537).

531. — Le parfait n'est pas nécessaire dans les propositions subordonnées (§ 646), le prédicat indéterminé n'y reçoit souvent de précision que de la proposition principale : 他要是不跑我就打了他了 **thā** *yáo*-*ṡị* *pú*-**phào**, *wò* *cyẹ́u* **tà**-*lyào*-**thā**-*lá* « s'il n'avait pas fui, je l'aurais battu » (*pú*-**phào** « ne fuyant pas », action logiquement antérieure à celle de « frapper », aspect indéterminé).

他昨兒要來了我就不去了 **thā** *cô*-*ọl* *yáo* **lâi**-*lyào*, *wò* *cyẹ́u* *pú*-**khyụ̀**-*lyào* « s'il était venu hier, je n'y serais pas allé ». Les deux propositions étant dominées par *yáo*, des deux côtés « peut-être », *lyào* produit le parfait de la formule hypothétique : « lui hier peut-être — étant venu » — conclusion — « le fait de moi n'y pas aller » = fait accompli; mais le parfait pour le prédicat *lâi* est superflu. Il n'y a d'ailleurs ici ni un passé, ni un parfait vrai, la formule hypothétique, comme le conditionnel français, niant le fait qu'elle semble affirmer. Même explication pour la proposition suivante : 他爺爺要是不死了 .... **thā**-*yê*-*yê* *yáo*-*ṡị* *pú*-**sọ̀**-*lyào* .... « si son grand'père n'était pas mort .... »

L'aspect potentiel. — 532. — Le potentiel exprime l'action ou l'état comme possible, facile, convenable.

Affirmatif : 1re forme, 喫 **ċhị̄**-*lyào* (jamais **ċhị̄**-*lá*), 喫了了 **ċhị̄**-**lyào**-*lá* « on peut manger, cela peut se manger » ; 2e forme, 喫得[了] **ċhị̄**-**tệ**-[*lá*] même sens.

Négatif : 1re forme, 喫不了[了] **ċhị̄**-*pú*-**lyào**-[*lá*] « ne pas pouvoir manger, ne pouvoir se manger » ; 2e forme, 喫不得[了] *chī-pú-tẹ-*[*ld*] même sens.

得 *tẹ* signifiant « réussir, pouvoir » (§ 557) les secondes formes s'analysent facilement ; le mot 的 *tī*, mis souvent pour *tẹ* est difficile à expliquer. 了 *lyào* souvent répété, et même ajouté à *tẹ*, veut dire « achever » (§ 526) : l'action de manger se termine, v. ne se termine pas ; une chose impossible ne va pas jusqu'à l'accomplissement ; il y a donc liaison entre l'aspect parfait et l'aspect potentiel. Dans ce dernier emploi, *lyào* est plus fortement accentué.

533. — Prédicats complexes, voir §§ 491 et suivants. La formule 過得去 **kwó**-*tẹ*-**khyṳ́** « on peut passer » (§ 509) et les formules analogues s'expliquent : « pour ce qui est de passer — on peut — aller » ; au négatif 過不去 **kwó**-*pû*-**khyṳ́** « on ne peut passer » vaut : « pour ce qui est de passer — on ne va pas » ; l'idée d'impossibilité résulte de l'opposition entre l'affirmatif spécial *kwó* et le négatif général *pû*-**khyṳ́**.

534. — Le potentiel est ou transitif ou intransitif, il ne s'applique qu'aux prédicats d'action et ne se combine pas avec d'autres aspects : 富不了他 **fú**-*pú*-**lyào-thā** « cela ne peut l'enrichir » (*fú*, épithète devenue un transitif) ; 那官司了不了 *ná*-**kwān**-*sọ* **lyào**-*pú*-**lyào** « ce procès ne peut se terminer » (**lyào**-*pú*-**lyào** potentiel intransitif de *lyào* « achever »).

La 1re forme du potentiel affirmatif s'entend rarement à Péking. Pour le potentiel négatif, une nuance de sens distingue la 1re forme de la 2e, celle-ci marquant une disconvenance d'ordre moral : 說不得 **śwẹ̄**-*pú*-**tẹ** « cela ne se dit pas, on ne parle pas ainsi » ; 買不得 **màì**-*pú*-**tẹ** « on ne peut acheter cela, cela ne vaut rien, c'est trop cher. » L'autre forme marque une impossibilité tenant aux circonstances extérieures : 說不了。我得自己去一盪 **śwẹ̄**-*pú*-**lyào** ; *wò*-*tèi* **cọ́**-*kì* *khyṳ́* *yī*-**thán** « cela ne peut s'expliquer (c'est trop compliqué), il faut que j'y aille moi-même » ; 了不了 **lyào**-*pú*-**lyào** « on ne peut résoudre cette difficulté, la question est insoluble. »

Pour le potentiel négatif en *pú-khì*, voir § 518. Les autres potentiels négatifs, formés en insérant 不 *pú* entre les éléments du prédicat, ont un sens qui répond à celui de leurs composants.

535. — Le potentiel est employé dans des formules de souhait : 我恨不得打死他 *wò-hén-pú-tệ tà-sọ̀-thā* « si je pouvais l'assommer (moi — ne pouvoir avoir horreur — du fait d'assommer lui ») ; 巴不得去 *pā-pú-tệ-khyụ̀* « si je pouvais y aller » (*pā-pú-tệ* « je ne puis aspirer », ou exclamatif, § 475, « ne puis-je aspirer — à aller ») ; 求之不得 *khyệu-cį̄-pú-tệ* « si je pouvais » (« cherchant cela — ne pas obtenir » ; comparer à *pā-pú-tệ*).

能 *nêǹ* « être capable de » donne une formule analogue : 恨不能到了 *hén-pú-nêǹ táo-lyào* « si l'on pouvait être arrivé (ne pouvoir être contrarié — d'être arrivé ») ; 恨不能的死了 *hén-pú-nêǹ-ti sọ̀-lyào* « je voudrais être mort » (*hén-pú-nêǹ* incorporé en un mot, sert de complément, § 447).

536. — 來 *lâi* est rare à la place de *lyào* du parfait (§ 526) comme du potentiel (§ 532) : 不是做不來的事 *pû-sį̀ có-pú-lâi-ti-sį̀* « ce n'est pas une chose impossible à faire » (*có-pú-lâi* v. *có-pú-lyào*). Voir § 541.

L'aspect passé. — **537** — 過 *kwó* « passer », postposé au prédicat principal, forme un passé indéfini qui n'admet pour le temps qu'un complément vague ; employé avec des prédicats d'action de toutes formes, il prend la négation 沒 *mèi*, *mêi*, 沒有 *mé-yẹ̀u* : 你看過史記麽。沒看過 *nì khán-kwó sį̀-kí mō* ? *mêi-khán-kwó* « as-tu lu le Chi-ki ? je ne l'ai pas lu » ; 領教過你的脾氣了 *lìǹ-kyáo-kwó nì-ti phî-khí lá* « j'ai expérimenté ton mauvais caractère » (*lìǹ-kyáo*, prédicat et régime = « recevoir les instructions », devient prédicat transitif : « faire l'expérience de » ; prend l'auxiliaire *kwó* et un régime ; *lá* finale, § 677).

538. — Le passé se trouve dans les propositions subordonnées, il y prend parfois la négation indéterminée *pú* attirée par l'hypothétique 要是 *yáo-ṣị* (§ 531) : 他要是沒去過你就領他去 **thā** *yáo-ṣị* **mêi-khyụ̈**-*kwó*, **nì** *cyẹú* **lìǹ-thā** *khyụ́* « s'il n'y est pas allé, conduis-le » ; 人要是不經練過就不知道那個難處 **żên yáo**-*ṣị pú*-**kīǹ-lyén**-*kwó*, *cyẹú pú*-**čị-táo**-*ná-kó*-**nân-čhŭ** « si on n'a pas expérimenté, on ne sait pas les difficultés ».

539. — Au sens premier, 沒 *mèi*, *mêi*, 沒有 **mẹ́**-*yẹù* « il n'y a pas » (§ 435) nie l'existence d'un objet ou d'un fait : 老爺沒在家 *lào*-**yê mêi**-*cái*-**kyā** « mon maître n'est pas à la maison » (*mêi* « il n'y a pas » — *cdi*-**kyā** « le fait d'être à la maison ») ; 他要沒死了 **thā** *ydo* **mêi-sọ̀**-*lyào* .... « s'il n'est pas mort (s'il n'y a pas — le fait d'être mort) ».

Habituellement ce mot nie au passé ; susceptible de détermination précise, ce passé est rendu indéfini par *kwó* (§ 537) ; il n'admet pas souvent *lyào* : 他昨天沒去 *thā* **cô**-*thyēn* **mêi-khyụ̈** « il n'y est pas allé hier ».

540. — Comparer la formule suivante où *yẹù* exprime l'existence présente d'un objet résultant de l'action du premier prédicat : 立有批單 **lí**-*yẹù*-**phī**-*tān* « il a été dressé un acte » (*lí* « ayant dressé » — *yẹù* « il existe » — **phī**-*tān* « un acte » ; **phī**-*tān*, régime des deux prédicats, n'est pas dans le même rapport avec *lí* transitif et avec *yẹù* § 463 ; langue semi-littéraire).

541. — 來着 **lâi**-*čó* se rattache à *lái* signalé au § 536 et se place à la fin de la proposition, après le régime, pour marquer un passé imparfait, durable : 那兒住着幹甚麼來着 **ná**-*ọl* **čù**-*čó*, **kán-šén**-*mō*-**lâi**-*čó* « quand vous habitiez-là, que faisiez-vous ? » (**čù**-*čó* indique seulement la durée ; **kán-lâi**-*čó* marque une durée corrélative aujourd'hui achevée).

542. — 已 *yì*, 業 *yé*, 已經 **yì**-*kīǹ*, 業已 *yé*-**yì** viennent du langage littéraire et sont employés presque toujours avec un auxiliaire postposé ; ces mots avec le sens de « déjà », peuvent être expliqués comme noms verbaux compléments (§ 448) : 船主業報官了 ***ċhwân**-ċù* ***yé páo-kwān**-lá* « le patron du bateau a avisé les autorités » ; 大事已妥了 ***tá**-ṣị* ***yì thwò**-lyào* « les fiançailles sont déjà conclues » ; 已經過去的事 ***yì**-kīn* ***kwó**-khyụ́-ti-**ṣị́*** « une affaire qui est passée ».

543. — 不曾 *pú-**chên***, 未曾 *wéi-**chên***, d'origine littéraire, se trouvent avec ou sans auxiliaire postposé ; le sens passé est souvent atténué : 俺倆未曾見過面 *ňān-**lyà*** *wéi-**chên*** ***kyén** kwó-**myén*** « nous ne nous sommes encore jamais vus » (*wéi **chên*** « pas encore ») ; 並不曾有兩股水 ***pín*** *pú-**chên** yẹ̀u* ***lyàn**-kù-**ṡwèi*** « il n'y a absolument pas deux cours d'eau ».

544. — 既 *kí* « achever » note l'antériorité logique (§ 625) : 命運既有窮通事業亦分難易 ***mín**-yụ́n* ***kí**-yẹ̀u* ***khyôn-thōn***, ***ṣị**-yé yi-**fẹn nân-yí*** « suivant que la chance est bonne ou mauvaise, les affaires se font facilement ou difficilement (la chance — déjà existant, dès qu'il y a — malchance ou réussite, etc) ».

L'aspect futur. — 545. — Les auxiliaires de cette valeur sont tous antéposés et se rapprochent des compléments verbaux (§§ 447, 448) ; inégalement usités, ils sont bien plus souvent laissés de côté que les auxiliaires de l'imparfait, du parfait, du potentiel.

將 *cyāň* « avancer » appartient à la langue ancienne et indique le futur proche : 將要開的時候 ***cyāň**-yáo-**khāi**-ti **ṣị**-hẹú* « au moment où les fleurs vont s'ouvrir » (*cyāň* et *yáo*, § 550, deux auxiliaires du futur) ; 欽限將滿 ***khín**-hyén cyāň-**màn*** « la durée de la mission est bientôt achevée » (littéraire).

546. — 就 *cyẹú* « s'approcher » en langue classique, est très employé en parlant pour indiquer le futur proche : 我就去 ***wò*** *cyẹú* ***khyụ̀*** « je vais y aller, j'y vais » ; 往下就沒喫喝 *wàn-**hyá** cyẹú* ***mèi-ċhị-hō*** « à l'avenir nous n'aurons plus de vivres. »

547. — 待 *tái* « attendre » marque intention : 我待要說他幾句 *wò* **tái**-*yáo*-**šwẹ̄**·**thā** *kī*-**kyụ̀** « je vais lui faire quelques reproches » (*tái* et *yáo*, § 550, auxiliaires du futur).

Devoir, convenir. — **548.** — 必 *pí* ou *pī*, indiquant certitude, nécessité, corrobore l'affirmation du futur : 務必早些兒來 **wū**·*pí* **cào**-*syē*-*ọl* **lâi** « il faut absolument venir de meilleure heure » (*wú* « s'appliquer à » renforce *pí*) ; 必有重賞 **pí** *yẹ̀u* *ċóṅ*-**šàṅ** « il y aura une grosse récompense » ; 他未必信 *thā* **wéi**-*pī*-**sín** « il n'est pas sûr qu'il croie (lui — ne pas — croire certainement) ».

549. — 上司未嘗寬免 **šáṅ**-*sọ̄* **wéi** *ċhâṅ* **khwān**-*myèn* « il n'est pas probable que les supérieurs pardonnent » ; 他未嘗不回來 *thā* **wéi**-*ċhâṅ* *pú*-**hwêi**-*lâi* « peut-être ne reviendra-t-il pas ». *Pú* pléonastique avec **wéi**-*ċhâṅ* déjà négatif ; **wéi**-*ċhâṅ* vaut **wéi**-*pī*, bien que *ċhâṅ* indique d'abord le passé.

550 — 要 *yáo* marque besoin, devoir, volonté, puis futur : 凡事要實 *fân*-**šị̀** *yáo*-**šị̂** « en toute affaire il est besoin de sincérité » ; 孝順父母須要盡心竭力 **hyáo**-*šwẹ́n* **fū**-**mù**, **syụ̄**·*yáo* **cín**-**sīn** **kyê**-**lī** « dans la piété filiale il faut faire tout le possible » (« respecter — parents — il faut », devoir moral — « épuiser — cœur — épuiser — forces » ; *syụ̄* renforce *yáo*) ; 先要告訴我 **syēn** *yáo* **káo**-*sú*-**wò** « tu dois d'abord m'avertir » (« il faut », devoir résultant d'un ordre) ; 我也要去 *wò* **yè**·*yáo*-**khyụ̀** « je veux aussi y aller ; » 我將來必要還淸 *wó* **cyāṅ**-*lâi* **pī**-*yáo* **hwân**-**chīṅ** « je te rembourserai plus tard » (*pī*-*yáo* marque le futur) ; 大雁往南飛就要冷 *tá*-**yén** *wàṅ*-**nân** **fēi**, *cyẹ́u* *yạo*-**lèṅ** « quand les oies sauvages volent vers le sud, il va faire froid ».

551. — 得 *tèi* exprime la convenance logique, la nécessité d'une conclusion : 要不是你我就得死了 *yáo* **pû**-*ṡị*-**nì**, *wò cyẹú* **tèi**-**sọ̀**-*lyào* « sans toi, je serais mort » ; 我必得去 *wò* **pí**-*tèi*-**khyụ̆** « il faut que j'y aille » (*pí* renforce *tèi*, d'où obligation) ; 必定得打你 **pí**-*tín tèi*-**tà**-**nì** « certainement on te battra » (*tèi* pour le futur).

552. — 該 *kāi* est employé pour l'obligation d'un débiteur, puis pour toute obligation : 該錢 *kāi*-**chyên** « devoir de l'argent » ; 該知道這孝順的理 **kāi**-**čị̄**-*táo čẹ́*-**hyáo**-**ṡwẹ́n**-*ti*-**lì** « il faut connaître ce principe de la piété filiale ».

553. — 應 *yīṅ* « il convient », rare seul, forme des complexes très usités, 應當 **yīṅ**-*tāṅ*, 應須 **yīṅ**-*syụ̆*, etc. : 自應問他 *cọ́*-**yīṅ wén**-**thā** « il y a lieu de lui demander » (*cọ́*, § 576) ; 是我本分上應該做的 *ṡị wò*-**pẹ̀n**-*fẹ́n*-*ṡáṅ* **yīṅ**-*kāi*-**có**-*ti* « c'est mon devoir (être — sur mon devoir — ce qui doit être fait) ».

554. — 當 *tāṅ*, prédicat principal, signifie « équivaloir, correspondre, tenir lieu de, être capable » ; comme auxiliaire, il veut dire « cela correspond, cela convient » : 當十錢 **tāṅ**-*ṡị*-**chyên** « une sapèque marquée dix (valant dix — sapèque) » ; 當兵 *tāṅ*-**pīṅ** « être soldat » (« faire fonction de ») ; 把這農桑當一件極要緊的事 **pà**-*čẹ́*-**nôṅ**-*sāṅ* **tāṅ** *yí*-*kyén* **kí**-*yáo*-**kìn**-*ti*-**ṡị** « on considère l'agriculture et la sériciculture comme des choses extrêmement importantes » (*tāṅ* « tenir pour ») ; 我聽見風門子響只當有人 *wò* **thīṅ**-*kyén* **fōṅ**-*mện*-*cọ* **hyàṅ**, **čị**-*tāṅ yẹ̀u*-**żên** « en entendant du bruit à la porte extérieure, je me suis imaginé qu'il y avait quelqu'un » (**čị**-*tāṅ* « prendre seulement pour, croire seulement que... »).

當和美弟兄 **tāṅ hwô**-*mèi ti*-**hyōṅ** « il convient d'être

d'accord avec ses frères » ; 該當的 **kāi**-*tāṅ-ti* « un devoir (ce qui est obligatoire et convenable) ».

Pouvoir, convenir. — 555. — 可 *khò* signifie « convenir » : 可身子的衣裳 **khò-ṡēn**-*cọ-ti* **yī**-*ṡāṅ* « des habits qui vont bien » (*khò*-**ṡēn**-*cọ-ti* « convenant au corps ») ; 可着炕 **khò**-*cò*-**khāṅ** « approprier au khang, prendre mesure sur le khang ».

Comme auxiliaires, *khò* et 可以 *khò*-**yì** (*yì* « employer, il y a emploi », § 590) indiquent toutes les nuances de convenance depuis l'éventualité jusqu'à l'obligation : 可以 *khò*-**yì** « c'est passable, c'est convenable, cela va bien, j'y consens » (« il convient — être employé », d'où « il convient ») ; 他去不了你可以去 *thā* **khyụ̀**-*pú*-**lyào, nì** *khò*-**yì-khyụ̀** « s'il ne peut y aller, tu pourrais bien y aller » (*khò*-**yì**, prédicat auxiliaire comme *khò* ; ou *khò*-**yì** prédicat adjectif, *khyụ̀* régime indiquant mesure, § 470).

可買的東西 *khò*-**mài**-*ti*-**tōṅ**-*sī* « des objets qui valent la peine d'être achetés » (« pouvant être achetés », formule d'épithète très usitée § 375) ; 可見少年人是不穿紬帛的了 *khò*-**kyén ṡáo-nyên**-*żên ṡị pú*-**chwān-chẹû-pó**-*ti-lá* « cela montre que les hommes dans la force de l'âge ne portaient pas d'habits de soie » (*khò*-**kyén** « il peut apparaître que »).

不可粉飾 *pú*-**khò-fẹ̀n**-*ṡị* « vous ne réussirez pas à jeter de la poudre aux yeux » (« à farder ») ; 可疼死我了 *khò* **thêṅ**-*sọ̀*-**wò** *lá* « c'est à me faire mourir de douleur » (*khò* « possibilité » — **thêṅ**-*sọ̀* « tuer de douleur », etc.) ; 冤家可解不可結 **ywēn**-*kyā khò*-**kyài**, *pú-khò*-**kyē** « il faut dénouer les inimitiés et n'en pas contracter » (*khò*, *pú*-**khò** suivis de transitifs).

556. — 便 *pyén* « il est commode, avantageux » est usité surtout au négatif ; sens voisin de *pú*-**khò** : 不便請見 *pú*-**pyén** *chìṅ*-**kyén** « on ne peut convenablement demander à le voir » (semi-littéraire).

557. — 得 *tẹ* qui forme le potentiel (§§ 532 et suivants) est parfois antéposé : 不得不搬家 *pú-tẹ pú*-**pān-kyā** « on ne peut se dispenser de déménager » (*pú*-**tẹ** *pú* « on ne peut ne pas »).

558. — 寧 *nîn* joint souvent à 可 *khò* indique préférence ; on l'entend rarement dans la tournure classique 與其 .... 寧可 **yṳ̀**-*khî* .... **nîn**-*khò* « plutôt que de .... il vaut mieux » (**yṳ̀**-*khî* « à la place de ceci »..... **nîn**-*khò* « de préférence il est convenable »). La formule usuelle est la suivante : 寧可餓死我也不做賊 **nîn**-*khò* **ńó**-*sọ*, *wò* **yè** *pú*-**có-cêi** « j'aime mieux mourir de faim que de me faire voleur (préférablement — mourir de faim — moi même alors — ne pas être voleur ») ; 寧減十年壽別受老來貧 **nîn-kyèn-ṡị**-*nyèn* **ṡẹû**, *pyê*-**ṡẹû** **lào**-*lâi*-**phîn** « mieux vaudrait se voir retrancher dix ans de vie que de supporter la pauvreté dans la vieillesse (préférablement — diminuer — dix ans de vie — il ne faut pas — supporter — venue dans la vieillesse — pauvreté »).

Suffire, pouvoir. — 559. — 足 *cú* « suffire » est semi-littéraire ; il sert souvent de prédicat à toute une proposition antécédente prise comme sujet, parfois résumée en un démonstratif : 這足見是 *cẹ́ cú*-**kyén** *ṡị* « cela suffit à montrer que » ; 一面之詞不足為憑 **yî**-*myén*-*cị*-**chộ**, *pú*-**cû** *wéi*-**phîn** « les déclarations d'une partie ne peuvent faire preuve » ; 實不足以服其心 *ṡị pú-cú*-**yì** **fû**-*khî*-**sīn** « vraiment il n'y a pas de quoi convaincre sa raison » (*pú-cú*-**yì** « pas suffire », *fû* « soumettre » ; *cú*-**yì**, cf. *khò*-**yì** § 555).

Pouvoir, être capable de. — 560. — Le pouvoir physique, la capacité sont exprimés par 能 *nên* ; l'habileté résultant de l'étude, de l'habitude est indiquée par 會 *hwéi* : 他會畫畫 *thā hwéi* **hwá**-*hwá* « il sait dessiner ».

他不能辦事 *thā pú*-**nên** **pán-ṡị** « il n'est pas capable de

traiter les affaires » ; 聲音不能大 **ṡēṅ**-*yīn pŭ*-**nêṅ tá** « le son ne peut être fort » ; 人心方纔能勾好哩 **żên**-*sīn* **fāṅ**-*chái* **nêṅ**-*kęú* **hào** *lī* « alors le cœur de l'homme pourra être bon » (**nêṅ**-*kęú* = **nêṅ** « être capable de, réussir »).

Consentir. — 561. — 肯 *khèn* « consentir » s'atténue jusqu'au sens d'éventualité fréquente : 我不肯喫虧 *wò pŭ*-**khèn ċhī**-**khwēi** « je ne veux pas supporter de dommage » ; 這個孩子太肯罵人 *ċę*-*kó* **hâi**-*cọ thái*-**khèn má**-**żên** « ce garçon a par trop l'habitude d'injurier les gens ».

Être tenu pour, apparaître. — 562. — 算 *swán* « compter » est fréquent dans le sens de « compter pour, être tenu pour », par atténuation « être » : 算卦 *swán*-**kwá** « calculer les sorts » (« compter » — les kwa, trigrammes).

他算個財主 *thā* **swán**-*kó*-**châi**-**ċù** « il passe pour un homme riche » ; 這筆不算強 *ċę*-**pì** *pŭ*-**swán**-**khyâṅ** « ce pinceau n'est pas bon » (*swán* auxiliaire, *khyâṅ* prédicat principal).

563. — 顯 *hyèn* « être manifeste » est employé en diverses formules, souvent avec sens atténué : 那顯着太作氣 *ná* **hyèn**-*ċô thái* **cŏ**-*khí* « cela a l'air trop mesquin » (**hyèn**-*ċô* « paraître », *thái* **cŏ**-*khí* « être trop mesquin »).

河裏的水顯長 **hô**-*lì*-*ti*-**ṡwèi** *hyèn*-**càṅ** « l'eau du fleuve monte » (*hyèn* « se manifester » — *càṅ* « croître ») ; 這麼大煤火也顯不出煖和來 *ċę*-*mō*-**tá**-**mêi**-*hwò* **yè hyèn**-*pŭ ċhū*-**nwàn**-*hwô*-**lâi** « avec un si grand feu de houille, on ne sent pas qu'il fasse plus doux (un si grand feu de houille — même — ne peut pas manifester — tiédeur) ».

564. — 見 *kyén* « voir, paraître, percevoir », soit prédicat principal, soit auxiliaire, arrive à constater un résultat et à noter le parfait : 喫了藥就見功 **ċhī**-*lyào*-**yáo**, *cyęú* **kyén**-**kōṅ** « après avoir pris le remède, il y eut de l'effet » (*kyén* « voir », prédicat principal — *kŏn* « effet », régime) ; **他這三年見老** *thā cẹ-***sān**-*nyên* **kyén-lào** « ces trois années-ci il a vieilli » (*kyén* « apparaître » — *lào* « être vieux » ; de là parfait, « il a vieilli »).

565. — Le même auxiliaire prend aussi une valeur spéciale de potentiel intransitif : **這柴火不見燒** *cẹ-***chāi**-*hwò pŭ*-**kyén-śāo** « ce combustible ne brûle pas bien, ne peut brûler » (*pŭ*-**kyén** « ne pas percevoir, ne pas supporter » — *śāo* « être brûlé » ; cf. § 471).

Être. — **566.** — **是** *śị* signifie d'abord « être bien, être vrai » et a pour opposé **非** *fēi* : **是了** **śị**-*lá* « c'est bien, c'est cela » ; **你說的是** *nì*-**śwẹ**-*ti* **śị** « tu as raison » (« ce que tu dis » — *śị* « est exact ») ; **是非** *śị*-**fēi** « raison ou tort, bien ou mal ».

567. — Il s'affaiblit le plus souvent jusqu'à marquer seulement l'identité de deux noms, ou d'un nom et d'un mot comparable au nom ; *śị* est alors prédicat et le nom suivant régime : **這是槃柴** **cẹ**-*śị* **phī**-*chāi* « c'est du bois à brûler » ; **那個東西是個香爐** **ná**-*kó*-**tōn**-*sī* *śị*-*kó*-**hyān-lû** « cet objet est un brûle-parfum » (*yī*, « un » souvent omis après *śị*, § 426).

568. — Dans cet emploi il est plus fréquent que le mot « être » en français : **我來是有件事** *wò*-**lâi**, *śị yẹ̀u-kyén*-**śị** « si je viens, c'est que j'ai une affaire » (pratiquement *śị* insiste sur le prédicat *yẹ̀u*) ; **弄來弄去是弄壞了** **nón**-*lâi* **nón**-*khyụ́ śị* **nón**-*hwái-lá* « à force de manier l'objet en tous sens, on le cassa » (« maniant par ci — maniant par là — c'est », insistant sur le prédicat — « avoir cassé ») ; **聽見說是您沒在家** **thīn**-*kyén*-**śwẹ** *śị* **nîn** **mêi**-*cái*-**kyā** « j'ai entendu dire que vous n'étiez pas à la maison » (« j'ai entendu dire — être — vous — n'être pas », etc. ; *śị* équivaut à « que »).

569. — Postposé, *śị* complète un prédicat secondaire ou un nom ; les expressions ainsi formées, synonymes du premier élément, jouent le rôle de complément (§§ 447 à 449) : **凡是念書的** **fân**-*śị*

nyén-šū-ti « tous les lettrés » (***fān****-šį*=*fān*, § 326); 你既是說出來了 *nì* ***kī****-šį* ***šwę̄****-čhū-****lâi****-lyào* « .... puisque tu l'as dit..... » (***kī****-šį*=*kí*, § 625).

570. — Entre un sujet et un prédicat il n'y a pas place pour le mot *šį* : 這個秀才窮 *čę́-kó-****syęù****-chāi* ***khyôn*** « ce bachelier est pauvre » (*khyôn* « être pauvre », prédicat); 那根帶子是紅的 *nà-****kēn-tái****-cǫ šį-****hôn****-ti* « ce ruban est un ruban rouge » (***hôn****-ti*, nom verbal, régime de *šį*).

Toutefois dans quelques formules, *šį* insiste sur le prédicat qu'il précède : 喫一口是細甜 ***čhī****-yí-****khęù***, *šį sí-****thyên*** « si on le goûte, on le trouve très sucré » (*šį* « c'est » — *sí-****thyên***, peut-être pour *sí-****thyên****-ti* « un objet sucré »); 好看是好看 *hào-****khán***, *šį hào-****khán*** « pour être joli, c'est joli ».

571. — 然 *žą̂n* est employé comme *šį* (§ 569); 爾 *ǫ̀l* se trouve quelquefois pour *žą̂n* : 偶爾之間 ***ńęù****-ǫ̀l-čį̄-****kyēn***, 偶然 ***ńęù****-žą̂n* « soudainement (soudain — étant ainsi) »; 既然 ***kī****-žą̂n* « puisque » (*kí*, § 625).

天然 ***thyēn****-žą̂n* « naturellement » (nom complément — *žą̂n* « étant ainsi »); 一目了然 ***yī****-mú* ***lyào****-žą̂n* « c'est évident d'un coup d'œil »; 我也是一概茫然 *wò* ***yè****-šį yī-kái* ***mân****-žą̂n* « je suis aussi totalement déconcerté » (***mân****-žą̂n*, prédicat principal).

然後 ***žą̂n****-hęù* « ensuite » (« étant ainsi — après, après ce qui est ainsi »; dans cette expression paraît le sens premier de *žą̂n*).

Pour l'analyse des complexes 斷乎 ***twán****-hū* « absolument », 倘乎 ***thàn****-hū* « si », 庶乎 ***šū****-hū* « approximativement », voir § 448.

572. — 爲 *wêi* est semi-littéraire dans le sens de « être, faire »; en général il prend un nom comme régime, mais il est parfois auxiliaire adverbe : 竈王爺爲一家之主 *cáo-wáñ-yê-wêi* **yī-kyā**-*cī*-**cù** « l'esprit du foyer est le maître de toute la maison »; 便爲不孝了 **pyén** *wêi pû*-**hyáo** *lá* « c'est là n'être pas un fils respectueux » (*pyén* « alors » — *wêi* « être » — *pû*-**hyáo** « n'être pas respectueux » — *lá* finale); 為官 *wêi*-**kwān** ou 做官 *có*-**kwān** « être mandarin »; 爲大 *wèi*-**tá** « être grand » (classique).

L'aspect d'activité répétée. — 573. — 打 *tà*, signifiant non seulement « frapper », mais « agir physiquement », est très fréquent comme prédicat principal : 打草 *tà*-**chào** « couper de l'herbe, faire de l'herbe »; 打水 *tà*-**śwèi** « puiser de l'eau »; 打官司 *tà*-**kwān**-*sō* « faire un procès ».

574. — Comme auxiliaire adverbe, *tà* marque une activité persistante : 掃掃 **sào**-*sào* « balayer », 打掃 **tà**-*sào* « balayer »; 撈 *lâo* « plonger dans l'eau », 打撈 **tà**-*lâo* « plonger à plusieurs reprises, fouiller dans l'eau »; 聽 *thīñ* « écouter », 打聽 **tà**-*thīñ* « s'informer (écouter de droite et de gauche) ».

L'aspect transitif. — 575. — 給 *kì* « agir pour, à la place de » comme auxiliaire adverbe, indique que l'action est faite par le sujet pour une autre personne; 代 *tái* a même sens et même emploi : 你給寫這封信罷 *nì kì*-**syè** *cẹ*-**fōñ-sīn** *pá* « écris donc cette lettre pour moi » (ou « pour lui », d'après le contexte; on entend souvent une formule plus complète *kì*-**thā** *syè*, *kì*-**wò** *syè*, § 618); 別把這個事兒給洩漏了 **pyê** *pà-cẹ-kó*-**śī**-*ọl* **kì-syé-lẹù** *lá* « n'allez pas m'ébruiter cette affaire » (*kì*-**syé**-*lẹú* « ébruiter pour moi, en ce qui me concerne »).

L'aspect moyen et réfléchi. — 576. — 自 *cọ* indique origine, spontanéité, insiste sur la part prise par le sujet à l'acte : 自鳴鐘 *cọ*-**mīñ**-*cōñ* « une horloge (étant cause, spontanément — chantant — cloche, une cloche qui sonne d'elle-même) »; 辛酸自知 *sīn-*

swān *cǫ́-*__*ċī̜*__ « il connaît l'affliction » (*cǫ́* « spontanément », sans autre action extérieure, sens atténué comme il arrive au moyen); 人自然知道 *żên* **cǫ́**-*żą̂n* **ċī̜**-*táo* « les gens le savent naturellement » (**cǫ́**-*żą̂n* « d'eux-mêmes », sans qu'on le dise; comparer à la phrase précédente); 我自有道理 *wò* **cǫ́**-*yęù*-**táo**-*lì* « j'ai mon idée » (*cǫ́* « spontanément, par moi-même »).

577. — Insistant sur l'acte du sujet, *cǫ́* correspond souvent à l'idée du réfléchi : 人人自織自穿 **żên**-*żên* *cǫ́*-**ċī̜** *cǫ́*-**ċhwān** « tous les hommes, tissant, se vêtent eux-mêmes » (*cǫ́* est réfléchi dans *cǫ́*-**ċhwān**, moyen dans *cǫ́*-**ċī̜**).

Dans 自己 **cǫ́**-*kì* (§ 393) « prenant pour origine — la personne même », *cǫ́* est prédicat, *kì* régime; accent modifié par l'usage fréquent.

L'aspect réciproque. — 578. — 相 *syāṅ* et 互相 **hú**-*syāṅ* expriment la réciprocité; le complexe 彼此 **pì**-*chọ̀* (§ 363) employé dans le même sens est complément : 文官相見彼此打一躬 **wên**-*kwān* **syāṅ**-*kyén*, **pì**-*chọ̀* **tà**-*yi*-**kōṅ** « quand des mandarins civils se rencontrent, ils se saluent » (**syāṅ**-*kyén* « réciproquement voir »; **pì**-*chọ̀* « l'un l'autre »); 他們倆互相辦事 **thā**-*mę̂n* **lyà** **hú**-*syāṅ* **pán-ṡī̜** « ils font les affaires l'un de l'autre ».

有事相議 *yęù*-**ṡī̜** *syāṅ*-**yî** « il y a une affaire à discuter » (*syāṅ* « réciproquement », sens atténué).

L'aspect de limitation. — 579. — Divers prédicats auxiliaires antéposés au prédicat en limitent le sens; presque indépendants ils se rapprochent soit des auxiliaires incidents (§ 581), soit des noms verbaux compléments (§§ 447, 448); accent moyen ou fort. Voir aussi § 636.

但有一樣 **tán** *yęù* *yī*-**yáṅ** « il y a seulement une espèce » (*tán* « seulement »); 不但爲這個 *pû*-**tán** *wéi*-**cę́**-*kó* « ce n'est pas seulement pour ceci » (*pû*-**tán** prédicat auxiliaire, *wéi* « c'est pour », prédicat principal).

這個孩子淨撒謊 *cẹ-kó*-**hâi**-*cọ* **cíṅ** *sā*-**hwàṅ** « cet enfant ne fait que mentir » (*cíṅ* « purement, seulement »).

只剩了一篇 **cį̀ ṡéṅ**-*lyào yí*-**phyēn** « il ne reste qu'une page, qu'un chapitre » (*cį̀* « seulement »); 你止知其外 *nì* **cį̀-cī** *khi*-**wái** « tu ne connais que la surface de l'affaire » (« toi — seulement — savoir — de cela l'extérieur » ; *cį̀* « s'arrêter, pas davantage », comparer *cį̀* de l'exemple précédent).

這不過是謡言 *cẹ́* **pû**-*kwó* *ṡį́*-**yâo-yên** « ce ne sont que de faux bruits » (**pû**-*kwó* « ne pas dépasser, seulement », accent déplacé).

L'aspect de totalité. — 580. — Divers mots indiquant totalité sont auxiliaires adverbes; l'idée de totalité s'applique ou au sujet, ou au régime, ou ni à l'un ni à l'autre (cf. §§ 329, 337, 447, 448; accent, voir § 579) : 我都忘了 *wò* **tū wâṅ**-*lyào* « j'ai tout oublié » (« moi — totalement — avoir oublié » ; *tū* s'applique au régime non exprimé); 管事的們都來了 *kwàn*-**ṡį**-*ti-mẹn* **tū lâi**-*lyào* « tous les intéressés sont ici » (« les traitants l'affaire — en totalité — sont venus » ; *tū* s'applique au sujet); 到處都有神 *táo*-**chú tū** *yẹ̀u*-**ṡên** « partout il y a des esprits » (« allant — un endroit quelconque — en tout — il y a — des esprits » ; *tū* est une circonstance du prédicat).

人們全說 **żên**-*mẹn* **chywên ṡwẹ̄** « tout le monde dit » (*chywên* « en totalité » s'applique au sujet); 我全不管 *wò* **chywên** *pú*-**kwàn** « je ne m'occupe de rien » (*chywên* s'applique au régime non exprimé).

死生皆有命 **sọ-ṡēṅ kyāi** *yẹ̀u*-**míṅ** « la mort et la vie dépendent du destin » (« pour la mort et la vie » — *kyāi* « en tout » — « il y a destin »); 所辦的事件均甚妥當 *sò*-**pán**-*ti* **ṡį**-*kyén*, **kyūn** *ṡén*-**thwò-táṅ** « toutes les affaires traitées sont réglées de manière très convenable (pour les affaires traitées — en totalité — être très convenable) »; 俱是一樣的飯食 **kyū**-*ṡį* **yī**-*yáṅ-ti* **fán**-*ṡį* « pour tous même nourriture » (cf. § 569); 俱都來了

kyṳ-*tū* **lâi**-*lyào* « tous sont ici »; 他們盡都走了 **thā**-*mȩn* **cīn**-*tū* **cȩù**-*lyào* « ils sont tous partis »; 囫圇吞下去 **hū**-*lwȩ̄n* **thwȩ̄n**-*hyá*-**khyṳ** « avaler tout entier » (**hū**-*lwȩ̄n* « intégralement; total »).

Auxiliaires incidents. — 581. — L'auxiliaire incident étant un prédicat secondaire (§ 464) est toujours antéposé, soit en tête de la proposition, soit plus près du prédicat; gardant son indépendance, il porte un accent séparé; il peut être simple, ou complexe, accompagné d'un auxiliaire adverbe, d'un régime, même d'un sujet. Très souvent l'auxiliaire incident joue le rôle d'un complément (§§ 447, 448, 449), p. e. 就 *cyȩú* « aussitôt », 還 *hwân* « encore, de plus », les complexes en *ṡí*, 光是 **kwāṅ**-*ṡí*, 淨是 **cīṅ**-*ṡí* « seulement », les complexes en 然 *żȩ̂n*, 果然 **kwò**-*żȩ̂n* « en fait ». Certains incidents complexes sont indissolubles; d'autres, nombreux, n'ont pas ce caractère et sont de vraies propositions.

582. — 可巧一出門就碰見他 *khò*-**khyào**, *yī*-**ĉhū**-**mȩ̂n**, *cyȩú* **phéṅ**-*kyén*-**thā** « par bonheur aussitôt en sortant, je le rencontre » (*khò*-**khyào** « habile, chanceux », prédicat auxiliaire employé comme incident).

末了他再說別的 **mó**·*lyào thā cái*-**ṡwȩ̄**-**pyê**-*ti* « en dernier il dit le reste » (**mó**-*lyào* « ayant fini »; complexe indissoluble, *mó* ne se rencontrant pas ailleurs avec force de prédicat; sert de complément). Ce même prédicat apparaît comme qualificatif : 末了那一天 **mó**-*lyào* **ná**-*yī*-**thyēn** « le dernier jour ». Fréquemment par redoublement ou adjonction de finale, il devient un nom : 末末了 **mó**-*mó*-**lyào**, 末末了兒 **mó**-*mó* **lyào**-*ȩ̣l* « enfin, à la fin ».

到底沒聞明白 *táo*-**tì** *méi*-**wén**-**mīṅ**-*pâi* « en fin de compte on n'a pas de réponse nette » (*táo*-**tì** « arrivant au fond »); 你往後

大了 *nì wàn-hẹū* **tá**-*lyào* « plus tard tu auras grandi » (*wàn-hẹū* « allant vers les temps ultérieurs, désormais, ensuite »; complément de temps); 如今又改了規矩 *źû*-**kīn** *yẹú* **kài**-*lyào*-**kwēi-kyụ̀** « maintenant on a encore changé la coutume » (*źû*-**kīn** « arrivant à maintenant », complexe indissoluble, *źû* n'étant plus usité dans ce sens; complément de temps).

沒錢無奈得要飯喫 *mèi*-**chyên**, **wû**-*nái* **tèi** *yáo*-**fán ċhị** « si l'on n'a pas d'argent, il faut bien mendier » (**wû**-*nái*, complexe indissoluble, « n'ayant pas moyen, par force »; *nái* signifie « se servir, moyen dont on se sert »; 奈何 *nái*-**hô** « employer quoi? pour quoi? »; ces expressions semi-littéraires ont perdu leur sens analytique et signifient à peu près « par force, faute d'autre moyen »; elles sont déformées de différentes façons : 無的奈 *wû-ti*-**nái**, 無奈何 *wû*-**nái**-*hô*, 沒奈何 *mẹ*-**nái**-*hô*, etc.).

583. — 工夫不大我就回來 **kōn**-*fū* *pû*-**tá**, *wò cyẹú* **hwêi**-*lâi* « dans un instant je reviens » (**kōn**-*fū* *pû*-**tá**, « le temps n'est pas grand », proposition équivalant à un complément; comparer 這三五天我就回來 *ċẹ-sān*-**wù**-*thyēn* *wò cyẹú* **hwêi**-*lâi* « je reviendrai dans quelques jours d'ici », *ċẹ-sān*-**wù**-*thyēn*, nom complément); 電線差不多通行天下 **tyén**-*syén* **ċhā**-*pû*-**tō** **thōn**-*hîn*-**thyēn**-*hyá* « le télégraphe pénètre à peu près dans tout l'empire » (**ċhā**-*pû*-**tō** « différant peu », prédicat auxiliaire complément).

584. — 船幾乎就沒翻了 **ċhwân** **kī**-*hû* *cyẹú* *mèi*-**fān**-*lyào* « il s'en est fallu de peu que le bateau ne chavirât » (**kī**-*hû* « approchant » — *cyẹú*, etc., « mais — n'a pas chaviré »; **kī**-*hû* complexe indissoluble « cela approche de », prédicat auquel manque le régime (cf. § 448), pris comme complément; par redoublement il devient une sorte de nom dont la valeur analytique est oubliée : 幾幾乎 **kī**-*kī*-*hû*); 我見他做的那詩也不見其太好 *wò*-**kyén** **thā**-*có-ti-ná*-**śī**, **yè**-*pû*-**kyén**-*khî* *thái*-**hào** « je trouve qu'il n'a pas trop bien fait ces vers » (*yè-pû-***kyén**-*khî* « aussi je ne vois pas de ces vers » — *thâi-***hào** « le être très bons »; **yè-***pû* **kyén**-*khi* complexe indissoluble, modifiant *thâi-***hào** qui est le véritable prédicat, en atténue le sens; le changement de valeur grammaticale est marqué par la prononciation qui glisse sur *yè pû-***kyén**-*khî*).

以前他和我說過 *yì-***chyén** *thā hwó-***wò** **šwẹ**-*kwó* « il m'a dit cela jadis » (*yì-***chyén** « prenant auparavant, considérant le temps antérieur »). Les expressions formées avec *yì*, 以先 *yì-***syēn** « auparavant », 以後 *yì-***hẹú** « à l'avenir », 以來 *yì-***lâi** « depuis lors », 以外 *yì-***wâi** « au dehors, en outre », s'expliquent de manière analogue; elles deviennent de véritables noms et prennent des déterminatifs antéposés soit directement, soit avec 之 *cī* (§ 367) ou 的 *ti* intercalé (§ 386) : 他走了以後 *thā* **cẹù**-*lyào yì-***hẹú** « après son départ (lui être parti — après) »; 景祐以降 **kìn**-*yẹú yì*-**kyáṅ** « après la période King-yeou » (*yì* « prenant », *kyáṅ* « le temps qui descend, qui suit »; littéraire).

Auxiliaires incidents conjonctifs. — 585. — Les auxiliaires incidents marquent souvent la liaison de deux propositions, correspondant ainsi aux conjonctions : ainsi 還 *hwân* « encore, de plus », 便 *pyén* « à l'occasion, alors ». Comme on le voit, le rôle conjonctif n'est pas essentiel aux mots.

Ces incidents conjonctifs peuvent être classés en trois catégories :

A) 倒 *tào* « au contraire », m. à m. « en renversant [l'assertion précédente] », 還 *hwân* « de plus, encore », 就 *cyẹú* « en conséquence », etc., supposent une proposition précédente, mais ne la rappellent pas directement; ils prennent place soit à l'intérieur, soit en tête de la proposition qu'ils relient à la première. A cette classe appartiennent encore des mots à finale 是 *šį* (§ 569) et des mots à finale 然 *žạn* (§ 571). Voir §§ 707, 708.

B) 而 *ộl* « et alors, et cependant », m. à m. « les choses étant ainsi », 以 *yì* « pour ce motif » m. à m. « usant de ce qui est dit plus haut » (§ 590) rappellent la proposition précédente, la prenant comme auxiliaire ou comme régime implicite; par ce mécanisme, ils sont intermédiaires entre deux propositions. Voir § 709.

C) La dernière classe comprend des complexes tels que 因此 *yīn*-**chọ̀** « c'est pourquoi », formés d'un prédicat et d'un pronom régime : celui-ci rappelle explicitement la proposition qui précède. Voir § 710.

Auxiliaires antécédents. — 586. — L'auxiliaire antécédent introduit le nom ou la proposition qu'il a pour régime, spécifie le lien existant entre ce régime et le prédicat principal; à l'égard de celui-ci, l'auxiliaire antécédent est plus indépendant que l'auxiliaire incident (§ 581), il forme toujours avec son régime une proposition auxiliaire distincte (§ 699 et suivants).

Instrumental. — 587. — 用 *yóṅ* « se servir », 使 *sị* « employer », 拿 *ná* ou 拿着 **ná**-*ċó* « saisir », 把 *pà* « tenir » indiquent l'instrument, la matière : 用甎蓋房 *yóṅ*-**ċwān** *kái-fáṅ* « bâtir une maison avec des briques (se servant de — briques — construire — maison) »; 使木頭打桌子 *sị*-**mù**-*thẹu tà*-**ċwō**-*cọ* « faire une table avec du bois »; 拿着兵器打仗 **ná**-*ċó*-**pīṅ**-*khi tà*-**ċáṅ** « combattre avec des armes »; 把脚踢手 *pà*-**kyào** *thi*-**šẹù** « se frapper la main avec le pied ».

588. — *Ná*, **ná**-*ċó* indiquent parfois le régime direct : 拿書看一看 *ná*-**šū** **khán**-*yī*-**khán** « regarder un livre (saisissant — livre — regarder) ».

589. — 以 *yì* « employer » a le sens instrumental, surtout avec des mots abstraits pour régime; la proposition dont *yì* est le prédicat, tantôt précède, tantôt suit la principale : 以慈愛待兒女 *yì*-**chộ**-*ṅái tái*-**ộl-nyụ̀** « traiter ses enfants avec tendresse »; 是以 **šị**-*yì*

« en raison de cela », 所以 *sò-yì* « en raison de quoi, c'est pourquoi » (*yì* postposé au régime, tournure antique); 以我的愚見 *yì-wò-ti yû-kyén* « à mon humble avis » (*yì* « considérant »).

590. — Dans le langage lettré, *yì* reçoit divers sens dérivés : 差之毫釐謬以千里 *chā-cī háo-lî, myeú yì-chyēn-lì* « avec un écart infime, on se trompe enfin de mille li » (proverbe; « divergeant.... — se tromper — mille li »; *yì* indique mesure); 難以定案 *nân yì tín-ńán* « il est difficile de décider le litige » (*tín-ńán*, nom verbal, spécifie ou mesure le prédicat, cf. § 470; *yì* annonce le régime; cf. aussi § 555).

以惡易好 *yì-ńó yí hào* « changer le bien en mal » (« prenant — le mal — remplacer le bien »; expression proverbiale); 以此為例 *yì-chò wêi-lí* « faire de ceci un précédent » (*yì-chò* « prenant ceci », *yì* annonce un régime direct : « faire ceci règlement »); 如以為可 *zû yì-wêi-khò* « si vous trouvez cela convenable » (*yì-wêi* « penser », mot-à-mot *yì* « prenant cela » régime implicite — *wêi* « en faire, le considérer comme »); 以公事而論 *yì-kōń-sí ôl-lwén* « discuter [une affaire] officiellement » (*yì* « en qualité de » — *kōń-sí* « affaire publique »).

不許殺害萬物以圖滋味 *pú-hyù sā-hái-wán-wú, yì-thû-cō-wēi* « ne tuez pas les êtres vivants pour satisfaire votre gourmandise » (*pú-hyù* « il n'est pas permis »; avec *yì* sans régime, on peut substituer le pronom 之 *cī* : *yì-cī* « au moyen de cela, par là », d'où le sens de « pour »; § 585 B). Voir § 584 pour les expressions 以來 *yì-lâi*, 以前 *yì-chyên*, etc.

591. — 着 *cáo* (§ 525) indique la mise en acte, donc l'usage : 菜得着鹽 *chái, tèi cáo-yên* « dans les mets il faut mettre du sel »; 着鉋子推推 *cáo-páo-cò thwēi-thwēi* « raboter au rabot » (*cáo* « employer »).

592. — L'agent, instrument de l'action, est souvent introduit par *čáo* : 要着先生知道了 *yáo čáo-***syēn***-šēn* **čį-táo***-lyào* « si le maître l'apprend »; 把他那褂子着火燒了個大窟窿 *pà-***thā***-ná-***kwá***-cọ* *čáo-***hwò** **šāo***-lyào-kó* **tá-khū-lōn** « le feu a fait un grand trou à sa robe » (« prenant — sa robe — employant — le feu — avoir brûlé — un grand trou » ; *kwá-cọ* annoncé par *pà* est par le sens régime direct de **šāo***-lyào* ; *hwò*, nom d'agent, est introduit par *čáo*, instrumental remplaçant le sujet français ; **khū***-lōn* en position de régime est nom de mesure).

Instrumental, passif, causatif. — **593.** — Cette formule correspond souvent au passif avec « par »; mais le prédicat n'est en réalité ni passif ni actif : 猫着廚子打死了 **māo** *čáo* **čhú***-cọ* **tà-sọ***-lyào* « le chat a été assommé par le cuisinier ».

Formule analogue : 你教他罵的不輕 *nì kyáo-***thā** **má***-ti* *pú-***khīn** « tu as été injurié par lui grièvement » (*kyáo* « instruire, faire que » = *čáo*); Formules différentes de sens analogue, § 471.

594. — Les prédicats *čáo, kyáo*, etc. conservent souvent plus de valeur et signifient « faire, laisser »; 令 *lín* « ordonner », littéraire, a toujours ce sens (voir § 682) : 着先生生氣 *čáo-***syēn***-šēn* **šēn-khí** « mettre le maître en colère (faire que — le maître — soit en colère) »; 我不着你白去 *wò pú-čáo-***nì pâi-khyụ̀** « je ne te laisserai pas y aller pour rien » (*čáo* « laisser »).

船主答應呌他去了 **čhwân***-čù* **tā***-yín kyáo-***thā khyụ̀***-lyào* « le capitaine consentit et le laissa aller » (*kyáo* « laisser »); 可惜教他失望 *khò-***sí** *kyáo-***thā šį-wán** « quel malheur de le désappointer » (*khò-***sí** « il est regrettable » — *kyáo-***thā** « faire lui » — *šį-***wán** « perdre son espoir »).

自己少喫儘父母喫 *cọ-kì* **šào čhį**, *čìn* **fú***-mù* **čhį** « manger moins eux-mêmes et faire manger leurs parents » (*čìn* « laisser, faire »); 有了錢儘着你爹孃花 **yẹ̀ù***-lyào-***chyên**, **čìn***-čó nì-***tyē-nyân hwā** « s'il y a de l'argent, fais-le dépenser par tes parents » (**čìn***-čó* « faire que »).

令人器重他 *lìn*-**żên khí**-*cón*-**thā** « il se fait admirer (faire que — les gens — admirent — lui) » ; 讓他回去 *żán*-**thā hwêi**-*khyų́* « fais-le retirer » (*żán* « faire que »).

Accusatif. — 595. — *Ná*, § 588 ; *yi*, § 590 ; 把 *pà* « saisir », « tenir » introduit très souvent le régime direct ou accusatif ; 將 *cyāñ*, même sens, est semi-littéraire ; 摸着 **māo**-*có* « tâter, prendre », est vulgaire ; 官兒摸着他媳婦兒斷給 **kwān**-*ọl* **māo**-*cô*-**thā**-**sī**-*fú*-*ọl* **twán**-*kèi*..... « le mandarin adjugea sa femme à..... (prenant sa femme adjugea.....) » ; 把那倆橘子就弔下來了 *pà na*-**lyà**-**kyų̂**-*cọ cyẹú* **tyáo**-*hyá*-**lâi**-*lá* « il laissa tomber les deux oranges » ; 瞎子把前邊兒的事兒說了 **hyā**-*cọ pà* **chyên**-*pyēn*-*ọl*-*ti*-**ṡį**-*ọl* **ṡwẹ̄**-*lyào* « l'aveugle raconta les faits précédents » ; 將他稟控 *cyāñ*-**thā pìn**-**khóñ** « il l'accusa en justice » ; 又把他爹死了 **yẹú** *pà*-**thā**-**tyē sọ̀**-*lyào* « de plus son père mourut » (*pà* introduit le sujet, tournure étrange ; cf. § 461).

Ablatif. — 596. — 由 *yẹû*, toujours semi-littéraire, indique la provenance, il correspond donc à l'ablatif du temps et du lieu, et aussi à l'instrumental : 由幾時 *yẹû*-**kì**-*ṡį* « depuis quelle époque ? » ; 由上海來 *yẹû*-**ṡáñ**-*hài* **lâi** « venir de Chang-hai » ; 由水路走 *yẹû*-**ṡwèi**-*lú* **cẹù** « faire route par eau » ; 由領事官知會大人 *yẹû*-**lìñ**-*ṡį*-*kwān* **cį**-*hwéi*-*tá*-**żên** « le consul informera Votre Excellence » (semi-littéraire ; § 686).

597. — 起 *khì* « lever, débuter », semi-littéraire, marque l'ablatif : 起車上卸下來 *khì*-**chẹ̄**-*ṡáñ* **syé**-*hyá*-**lâi** « décharger les marchandises de la voiture ».

598. — Le point de départ dans l'espace est exprimé par 從 *chôñ* « suivre, provenir » ; 自 *cọ́* « avoir origine » est synonyme de *chôñ*, mais plus rare; 打 *tà* « agir » et 隔 *kyē* « être séparé » sont vulgaires, les caractères employés sont douteux; 上 *śàn*, *śán*, qui indique le mouvement vers, et 在 *cái*, marquant le lieu sans mouvement, sont par abus pris pour prédicats de l'ablatif : 自 這 兒 *cọ́-ċẹ́-ọ̀l* « à partir d'ici »; 從 上 頭 *chôn-śàn-thẹu* « depuis le haut »; 打 那 裏 *tà-nà-lì* « d'où? »; 隔 (結) 京 裏 *kyē* (*kyē*)-*kīn-lì* « depuis Péking ».

上 外 頭 來 了 *śàn-wái-thẹu lâi-lyào* « il vient de l'étranger »; 他 是 在 那 裏 來 的 *thā-śị cái-nà-lì lâi-tị* « d'où est-il venu? ».

599. — 離 *lì*, 離 着 *lì-ċó* « être distant de » indique la distance sans mouvement : 離 城 裏 不 遠 *lì-ċhên-lì pú-ywèn* « à peu de distance de la ville (de — la ville — pas loin) ».

600. — Les auxiliaires *chôn*, *tà*, *kyē*, *cái* expriment l'idée de « par, à travers », rendue aussi par des mots signifiant « passer, marcher », etc. : 打 後 門 兒 出 去 *tà-hẹú-mện-ọ̀l ċhū-khyụ́* « sortir par la porte de derrière »; 隔 着 窗 戶 *kyē-ċó-ċhwān-hú* « par la fenêtre »; 在 火 裏 過 去 *cái-hwò-lì kwó-khyụ́* « passer à travers le feu ».

順 着 御 路 *śwẹn-ċó yụ́-lú* « par la route impériale » (*śwẹn* « suivre »); 過 北 橋 *kwó-pēi-khyâo* « par le pont du nord » (*kwó* « passer »).

601. — Les mêmes antécédents servent pour le temps. 自 *cọ́* est fréquent dans cet emploi, ainsi que ses composés 自 從 *cọ́-chôn*, 自 打 *cọ́-tà* : 從 前 年 *chôn-chyên-nyên* « depuis l'avant-dernière année »; 從 他 死 了 *chôn-thā-sọ̀-lyào* « depuis sa mort » (*thā-sọ̀-lyào* « il est mort », proposition régime); 自 八 月 *cọ́-pā-ywé* « depuis la huitième lune »; 自 小 *cọ́ syào* « depuis son enfance (depuis — être petit) ».

602. — 隔 *kyĕ* « être séparé, il y a intervalle » s'applique soit au passé, soit au futur, soit à un intervalle périodique : 隔五天 *kyĕ*-**wù**·*thyēn* « à intervalle de cinq jours, tous les cinq jours » ; 隔三年 *kyĕ*-**sān-nyén** « dans trois ans » ou « il y a trois ans ».

Illatif. — 603. — Le point d'arrivée est exprimé par les auxiliaires 到 *táo* « arriver », souvent postposé au prédicat principal; 上 *sàṅ* ou *sáṅ* « monter »; 趕 ou 赶 *kàn* « atteindre »; 往 *wàṅ* « aller vers ». La direction est marquée par 上 *sàṅ* ou *sáṅ*, 往 *wàṅ*, 向 ou 嚮 *hyáṅ* « être tourné vers », 朝 *ċhâo* même sens, 衝 *ċhōṅ*, 衝着 **ċhōṅ**-*ċó* « heurter », 看 *khán* « regarder », 望 *wáṅ*, 望着 **wáṅ**-*ċó* « regarder », 照着 **ċáo**-*ċó* « regarder », 對着 **twéi**-*ċó* « faire face à », 在 *cái* prédicat du locatif sans mouvement est abusivement employé avec l'idée de mouvement. 至 *cí* « aller vers », 之 *cī* « aller » sont semi-littéraires, le dernier est rare.

他倒在地下 *thā* **tào** *cái-tí-hyá* « il tomba à terre » ; 看那裏 *khán*-**nà**-*li* « dans quelle direction? (regardant où?) » ; 望羊肉回回是一氣 *wáṅ*-**yâṅ**-*żęú*-**hwêi**-*hwêi sí* **yī**-*khí* « ce sont les mêmes que les musulmans marchands de moutons » (*wáṅ* « à, avec »,... — *sí* **yī**-*khí* « sont une seule espèce ») ; 望着這一個咱就是一摑子 **wáṅ**-*ċó*-**ċę́**-*yi*-*kó*, **phâ**, **cyęú**-*sí*-*yi*-**kwāi**-*cọ* « à celui-ci, crac, un soufflet »; 照着他腦袋砍了一刀 **ċáo**-*ċó*-**thā-nào**-*tái* **khàn**-*lyào*-*yi*-**tāo** « il lui donna un coup de sabre sur la tête (vers sa tête — il coupa — un sabre) » ; 對他說話 *twéi*-**thā** *swę̄*-**hwá** « causer avec lui » (*twéi* direction); 對着面兒 **twéi**-*ċó*-**myén**-*ọl* « en face » ; 衝南 *ċhōṅ*-**nân**, 朝南 *ċhâo*-**nân**, 往南 *wàṅ*-**nân** « vers le sud » ; 向陽 *hyáṅ*-**yâṅ** « exposé au soleil » ; 到城

裏 *táo-ċhêṅ-li* « jusqu'à la ville »; 上河間去 *ṡàṅ-hô-kyēn* **khyṳ** « aller à Ho-kien »; 往天津 *wàṅ*-**thyēn**-*cin* « jusqu'à Thien-tsin, vers Thien-tsin »; 他趕集去了 *thā kàn*-**cî khyṳ**-*lyào* « il est allé au marché »; 行至葛沽 **hîṅ** *cį*-**kō**-*kū* « arriver à Ko-kou »; 卷六之八 **kywén lyeû**-*cį*-**pā** « livres 6 à 8 ».

604. — Divers composés de 至 *cį* marquent le locatif psychologique, c'est-à-dire le passage à une idée nouvelle, le résultat : 至於走獸 **cį**-*yṻ* **ceû**-*ṡeú* « quant aux quadrupèdes »; 甚至成了仇 **ṡén**-*cį* **ċhêṅ**-*lyào*-**ċheû** « si bien qu'il en résulte une inimitié » (*ṡén* « en fin de compte, comme comble » — *cį* « jusqu'à » — **ċhêṅ**-*lyào*-**ċheû** « compléter inimitié »).

605. — 及 *kî* « atteindre » est semi-littéraire comme locatif psychologique : 不肯接見及不設法彈押 *pú*-**khèn cyē**-*kyén kî pú*-**ṡé-fá thân**-*yā* « ils ne veulent pas recevoir (les étrangers) et ils ne prennent pas de mesures pour réprimer » (*kî* « jusqu'au point, aussi bien que, et »); 及至一查 **kî**-*cį yī*-**ċhâ** « dès qu'on fit l'enquête (arrivé à — une fois — enquérir) »; 及至於別的 **kî**-*cį*-*yū*-**pyê**-*ti* « quant au reste ».

Illatif et locatif de temps. — **606.** — Plusieurs antécédents des §§ 603 à 605 s'appliquent au temps; 至 *cį* est fréquent dans cet emploi : 自古及今 *cọ*-**kù** *ki*-**kīn** « depuis jadis jusqu'à présent »; 至今 *cį*-**kīn** « jusqu'à présent »; 到明天 *táo*-**mîṅ**-*thyēn* « jusqu'à demain »; 到了時候 **táo**-*lyào*-**ṡî**-*heú* « quand le temps sera (fut) venu (arrivé à — l'époque) »; 等到下月 **tèṅ**-*táo* **hyá**-*ywé* « jusqu'au mois prochain »; 趕明年春天 *kàn* **mîṅ**-*nyên* **ċhwēn**-*thyēn* « au printemps prochain »; 趕前四天船到了 **kàn chyên**-*sọ*-**thyēn ċhwân táo**-*lyào* « lorsque le bateau arriva, il y a quatre jours » (*kàn* a pour régime la proposition qui suit).

607. — 等 *tèn*, 等着 **tèn**-*cǒ* « attendre », 待 *tái* « attendre », 過 *kwó* « passer » indiquent un fait postérieur à un fait présent, ou déjà énoncé : 過三天 *kwó*-**sān**-*thyēn* « dans trois jours », ou « trois jours après »; 等在京裏 **tèn** *cái*-**kīn**-*lì* « quand je serai à Péking » (« attendant — être à Péking »; *cái*-**kīn**-*lì*, proposition régime); 待幾年 *tái*-**kǐ**-*nyên* « dans quelques années », ou « au bout de quelques années »; 俟定案 *sọ́*-**tín**-**ńán** « quand l'affaire sera jugée » (*sọ́* « attendre », semi-littéraire).

608. — 臨 *lîn* « approcher » marque imminence ; 臨死的時候 *lîn*-**sọ̀**-*ti* **ṡị**-*hẹú* « sur le point de mourir ».

609. — 有 *yẹù* « il existe » marque le temps, le plus souvent le passé : 有三點鐘 *yẹù*-**sān**-**tyèn**-*tchōng* « il est trois heures »; 有一天 *yẹù*- *yi*-**thyēn** « un jour, jadis »; 有十五年 *yẹù*-**sị**-**wù**-*nyên* « il y a quinze ans ».

610. — La coïncidence est exprimée par des prédicats signifiant « correspondre, rencontrer » : 逢作會的日子 **fôn** *có*-**hwéi**-*ti* **żị**-*cọ* « aux jours d'assemblée (rencontrant — de faire assemblée — les jours) »; 逢幾 *fôn*-**kì** « à quels quantièmes? »; 當着熱天 **tāṅ**-*có*-**żẹ́**-*thyēn* « quand le temps est chaud (correspondant au — temps chaud) »; 方今 *fāṅ*-**kīn** « maintenant » (*fāṅ* « correspondre exactement »); 就此 *cyẹú*-**chọ̀** « pour le moment » (« approchant de ceci », semi-littéraire); 會天暑 *hwéi*-*thyēn*-**ṡù** « à l'époque des chaleurs » (*hwéi* « rencontrer », semi-littéraire); 遇有用的時候 **yụ́**-*yẹù*-**yóṅ**-*ti*-**ṡị**-*hẹú* « s'il y a besoin, quand il y aura besoin » (**yụ́** « rencontrant » — **ṡị**-*hẹú* « le moment »).

611. — Quelques-uns de ces mots sont parfois pris au sens locatif propre : 當中 *tāṅ*-**cōṅ** « au milieu (correspondant au milieu) »; 逢

州逢縣 *fòn-ċęū fòn-hyén* « dans chaque tcheou et dans chaque hien ».

Locatif. — 612. — L'antécédent le plus usité est 在 *cái* « être » (locatif), « être dans l'espace », souvent prédicat principal : 他在家不在 *thā cái-kyā pú-cái*, 他在不在 *thā cái pú-cái* « est-il à la maison ? » ; 父母還在着 *fú-mù hwán cái-ċó* « ses parents sont encore vivants » (*cái* « être dans l'espace, exister présentement »).

在屋裏看書 *cái-wū-lì khán-ṡū* « étudier dans la chambre » (*cái* « étant dans .... ») ; 在樹上 *cái-ṡú-ṡán* « sur l'arbre, après l'arbre ».

613. — Ce prédicat est également pris au sens du temps et au sens psychologique : 榮行準在明日 *yóṅ-hiṅ ċwę̀n cái-míṅ-ẓị* « votre départ aura lieu certainement demain » ; 我正在喫飯 *wò ċéṅ cái-ċhị-fán* « je suis occupé à manger » (*cái* « être présentement à » — *ċhị-fán* « le fait de manger »).

在我的意思看 *cái-wò-ti-yí-sọ khán* « à mon avis » ; 謀事在人 *mọ́ú-ṡị́ cái-żên* « combiner les affaires dépend de l'homme » (*cái* « être dans, reposer en ») ; 在舍親不能歸本 *cái-ṡẹ́-chīn pú-nêṅ kwēi-pẹ̀n* « mon parent ne peut rendre le capital » (« en ce qui concerne mon parent », *cái* indique l'agent, § 686).

614. — Divers antécédents précisent le locatif : 沿途 *yên-thû* « le long de la route » (semi-littéraire, *yên* « suivre le cours ») ; 圍着村子 *wêi-ċó-chwę̄n-cọ* « autour du village » (*wêi* « entourer ») ; 挨着牆 *ṅāi-ċó-chyâṅ* « près du mur, contre le mur » (*ṅāi* « être contigu ») ; 挨着班兒 *ṅāi-ċó-pān-ọl* « en ordre » ou « suivant l'ordre » ; 靠北山 *khào-pēi-ṡān* « contre le mur du nord » (*khào* « appuyé contre ») ; 貼着牆根 *thyē-ċó-chyâṅ-kēn* « au pied du mur » (*thyē* « être collé »).

Locatif, ablatif, illatif, datif. — 615. — 於 *yü̜* semi-littéraire, indique toute position locale, sans mouvement, avec mouvement vers ou de provenance; il est employé pour le locatif de temps et le locatif psychologique, d'où résultent des applications variées. 乎 *hû*, plus ancien, est encore employé avec un sens analogue dans quelques expressions. *Yü̜* est souvent, *hû* est toujours, postposé au prédicat principal.

於心不安 *yü̜*-**sīn** *pú*-**ñān** « en mon cœur je ne suis pas tranquille » (locatif); 於春天的時節 *yü̜*-**ċhwēn**-*thyēn-ti* **ṡị**-*cyé* « au printemps » (locatif de temps); 衣飯出於地畝 **yī**-*fán* **ċhū** *yü̜*-**tí**-*mèu* « les vêtements et les aliments proviennent des champs » (*yü̜* ablatif); 已至於京 **yì ċị** *yü̜*-**kīñ** « il est arrivé à la capitale » (locatif sans mouvement); 於兩國商民均有利益 *yü̜-lyàñ*-**kwệ**-**ṡāñ**-*mîn* **kyün** *yèu*-**lí**-*yi* « il y aura avantage pour les commerçants des deux pays » (*yü̜* « pour », locatif psychologique ou datif); 於敝國制度不能周知 *yü̜*-**pí**-*kwệ*-**ċị**-*tú* *pú*-**nêñ** **ċẹū**-**ċị** « il ne peut connaître à fond les lois de mon pays » (*yü̜* « quant à », locatif psychologique, équivaut ici à un régime direct).

616. — 强於和油房裏倒撥兒 **khyâñ**-*yü̜* *hwô*-**yẹû**-**fâñ**-*li* **tào**-*pō*-*ọl* « cela vaut mieux que faire avec l'huilerie des affaires à la charge » (**khyâñ**-*yü̜* « bon auprès de, relativement à », donc « meilleur que »; formule valant un comparatif); 憎於人 **cēñ** *yü̜*-**żên** « être haï par les gens » (« être odieux — aux — hommes », formule valant un passif; littéraire).

617. — 學校之事在乎做教官的教導 **hywệ**-*hyáo*-*ċị*-**ṡị** **cái**-*hū* *có*-**kyáo**-**kwān**-*ti* **kyáo**-**táo** « le service des écoles repose sur les instructions des fonctionnaires enseignants » (**cái**-*hū* « résider dans, consister dans »); 好歹總在乎各人 **hào**-**tài** **còñ** *cái-hū*-**kó**-*żên* « la situation dépend absolument de chacun » (**cái**-*hū* « résider en »); 似乎不甚公平 **sọ́**-*hū* **pú**-**ṡén**-**kōñ**-**phîn** « peut-être n'est-ce pas très juste » (*sọ́* « ressembler » — *hū* « à » — *pú*-**ṡén**-**kōñ**-**phîñ** « ne pas être très juste »; cf. § 448).

Datif. — 618. — 給 *kèi* « donner » exprime le complément indirect; il est tantôt antéposé, tantôt postposé au prédicat principal. Dans le sens de « pour », il est habituellement prononcé *kì* et antéposé ; 給窮人飯 *kèi* **khyôṅ**-*żên* **fán** « donner du riz aux pauvres » (*kèi* « donner »).

給大人謝步 *kèi-tá*-**żên** *syé*-**pú** « je remercie V. E. de sa démarche » (*kèi* « à »); 交給船主 **kyāo** *kèi*-**ċhwân**-*ċù* « remettre au patron du bateau » (*kèi* « à »).

給他們寫帖兒 *kì*-**thā**-*mẹn* **syè-thyē**-*ọl* « écrire pour eux un contrat » (*kì* « pour », cf. § 575).

Causal. — 619. — 因 *yīn* « construire sur, s'appuyer sur » exprime la cause et prend pour régime plus souvent une proposition qu'un nom : 因此 *yīn*-**chọ̀** « pour cette raison » (« s'appuyant sur — ceci »); 因想 *yīn*-**syàṅ** « comme il pense que » (*yīn* « parce que »); 因着做買賣纔有了來往 **yīn**-*ċó có*-**mài**-**mái**, **chái** **yẹù**-*lyào* **lâi-wàṅ** « parce qu'ils font le commerce, ils ont eu des relations ».

因為那一案 **yīn**-*wéi ná-yī*-**ṅán** « à cause de ce litige » (**yīn**-*wéi* = *yīn*; voir § 620); 因為沒下雨的緣故 **yīn**-*wéi méi*-**hyá**-**yụ̀**-*ti*-**ywên**-*kú* « parce qu il n'a pas plu » (**yīn**-*wéi* « pour » — **ywên**-*kú* « la cause »); 我因為是你的大伯不得不勸你 *wò*-**yīn**-*wéi ṡí*-**nì**-*ti-tá*-**pài**, *pú*-**tệ** *pú*-**khywén-nì** « comme je suis ton oncle, je ne puis ne pas te donner des conseils ».

620. — 為 *wéi* indique soit la cause, soit le but; il est tantôt prédicat principal, tantôt auxiliaire antécédent soit d'un nom soit d'une proposition : 人是爲己的多 **żên** *ṡí wéi*-**kì**-*ti* **tō** « les hommes sont égoïstes pour la plupart » (*wéi*-**kì**-*ti* « étant pour soi-même »); 都只爲喫飯穿衣 **tū**-**ċì**-*wéi ċhī*-**fán** *ċhwān*-**yī** « tout cela a seulement pour but de se nourrir et de se vêtir » (*wéi* « avoir pour but »); 為着甚麼要緊啊 **wéi**-*cŏ* **śén**-*mō*-**yáo**-*kin* **ā** « cela est pour quelle nécessité? »; 人為財死 *żên* *wéi*-**chái** **sọ̀** « les hommes meurent pour les richesses ».

621. — Au lieu de *wéi*, on entend souvent le potentiel 為得 **wéi**-*tẹ̀* ou 爲的 *wéi-ti* postposé au prédicat principal et habituellement antécédent d'une proposition : 都是為的你 **tū**-*śị wéi-ti*-**nì** « tout cela est à propos de toi »; 念書為的求功名 *nyén*-**śū** *wéi-ti khyẹú*-**kōṅ**-*míṅ* « on étudie pour obtenir les honneurs » (*wéi-ti* « afin de »; on peut analyser : *nyén*-**śū** « étudier » — *wéi-ti* « c'est pour », prédicat principal, etc.); 爲得是好歸還 **wéi**-*tẹ̀-śị* **hào** **kwēi**-*hwán* « afin de restituer » (**wéi**-*tẹ̀-śị* « afin de » — *hào* « bien, faciliter » — **kwēi**-*hwán* « restituer »).

622. — 省得 **śèṅ**-*tẹ̀* ou 省的 *śèṅ-ti*, potentiel de *śèṅ*, est de sens opposé ; sens primitif « épargner » : 你捎這衣裳去就省得我家走了 *nì* **śāo**-*cẹ̀*-**yī**-*śāṅ*-**khyụ̀**, *cyẹú* **śèṅ**-*tẹ̀* *wò* **kyā**-*cẹ̀u-lyào* « emporte ces vêtements afin que je ne retourne pas à la maison » (*cyẹú* **śèṅ**-*tẹ̀* « alors cela peut épargner », en réalité prédicat principal).

623. — Quelques autres prédicats sont pris comme auxiliaires dans le même sens et également postposés au prédicat principal : 那繩子扣兒務必要勒死了看晃蕩開 *ná*-**śéṅ**-*cọ*-**khẹū**-*ọ̣l*, **wú**-*pi*-**yáo** **léi**-**sọ̀**-*lyào*, *khán* **hwàṅ**-*táṅ*-**khāi** « il faut absolument que le nœud soit très serré, de peur que les secousses ne le relâchent » (*khán* « regarder, faire attention que »).

該快些兒走恐怕關了城門 *kāi* **khwái**-*sye ọl* **cẹ̀u**, **khòṅ**-*phá* **kwān**-*lyào*-**chêṅ**-*mện* « il faut marcher un peu plus vite, de peur que les portes de la ville ne soient fermées » (**khòṅ**-*phá* « craindre »).

拿棉花揎磁實了別叫他搖晃 *ná*-**myên**-*hwā* **sywēn**-**chộ** **śị**-*lyào*, *pyê-kyáo*-**thā** **yáo**-*hwàṅ* « caler solidement les porcelaines avec du coton pour qu'elles ne bougent pas » (*pyé*-**kyáo** « il ne faut pas faire que.... »).

免的他常常衡行霸道 *myèn-ti thā* **chân**-*chán* **hên**-*hin* **pá**-*tdo* « de façon qu'il ne tyrannise pas toujours les gens » (*myèn-ti* « pouvoir éviter »).

Myèn est fréquent dans le parler semi-littéraire : **設法彈押免生事端** *sẹ*-**fá thân**-*yā*, *myèn* **šēn-šị**-*twān* « trouver les moyens de réprimer pour qu'il ne se produise pas d'affaire » (*myèn* « éviter »); **如何辦理方免彼此爭論** *žû*-**hô**-**pán**-*li*, *fāṅ*-**myèn** **pì**-*chọ* **cēṅ**-*lwẹn* « comment régler l'affaire pour qu'il n'y ait pas de contestation » (*fāṅ*-**myèn** « alors éviter »).

624. — Divers prédicats indiquant le résultat ou le but sont synonymes de **wéi**-*tẹ* et postposés de même : **你忙嗽喫了飯好去上學的** *nì* **máṅ**-*lā* **chị**-*lyào*-**fán**, **hào**-*khyụ* *šàṅ*-**hyáo**-*ti* « mange vite pour aller à l'école » (*hào* « faciliter, réaliser »).

你明天過來以便同走 *nì* **míṅ**-*thyēn* **kwó**-*lái*, *yì*-**pyén** **thôṅ**-**cẹù** « viens ici demain pour que nous partions ensemble » (*yì*-**pyén** « par là faciliter », semi-littéraire, cf. §§ 556, 590).

指教俾伊有所遵循 **cị**-*kydo*, **pì** *yī yẹù sò*-**cwẹn**-*syịn* « donner des instructions pour qu'il ait une ligne de conduite » (*pì* « effectuer », semi-littéraire).

不按照章程致被碰壞 *pú*-**nán**-*cáo*-**cāṅ**-*chêṅ*, **cị** *péi*-**phêṅ**-*hwái* « il ne s'est pas conformé aux règlements, de sorte qu'il a subi des avaries par une collision » (*cị* « réaliser », semi-littéraire); **恐才不勝任必致貽笑大方** *khòṅ* **chái** *pú*-**šén**-**žén**, *pí*-*cị yî*-**syáo** **tá**-*fāṅ* « je crains que mes talents soient inférieurs à ma charge, si bien que je prêterai à rire aux habiles ».

625. — **既** *kí* (§ 544) est souvent entendu comme antécédent indiquant le motif : **事情既已經壞到這個分兒上了難以再好了** **šị**-*chiṅ kí* **yì**-*kīṅ* **hwâi** *táo*-**cẹ**-*kó*-**fẹn**-*ọl*-**šáṅ** *lá*, *náṅ*-

yi cdi **hào**-*lyào* « puisque l'affaire en est venue à ce point, il est difficile de la rarranger » (*kí* « puisque »); 他旣是着看 *thā* **kí**-*şị* **ċáo khán** « puisqu'il permet d'aller voir ».

Corrélatif. — 626. — L'idée de conformité est exprimée par des prédicats de sens divers : 按理說 *ṅán*-**lì śwẹ̄** « parler d'après la raison » (*ṅán* « s'appuyer sur »); 按着私交情 **ṅán**-*ċó* **sọ̄-kyāo**-*chîṅ* « d'après nos relations privées »; 按照條約 **ṅán**-*ċáo* **thyâo**-*ywẹ́* « conformément au traité »; 按月 *ṅán*-**ywé** « par mois (se basant sur le mois) ».

攄船戶禀 *kyụ́*-**ċhwân**-*hú*-**pìṅ** « d'après la supplique du patron de la barque » (*kyụ́* « s'appuyer sur », semi-littéraire); 憑着規矩 **phîṅ**-*ċó*-**kwēi**-*kyụ̀* « d'après la règle » (*phîṅ* « s'appuyer sur »); 依我看着 *yī*-**wò-khán**-*ċó* « à mon avis (se confier — de moi — la vue) »; 因時 *yīn*-**şî** « suivant l'époque, les circonstances » (*yīn* « s'appuyer sur », semi-littéraire).

隨你的便 **swêi**-*nì*-*ti*-**pyén** « à ta guise (suivre ta commodité »); 由各人便 *yẹû*-**kó**-*żên*-**pyén** « selon le bon plaisir de chacun » (*yẹû* « dépendre de »); 他願意就這銀數兒辦 *thā* **ywén**-*yi* **cyẹú**-*ċẹ́*-**yîn-śù**-*ọl* **pán** « il veut traiter à ce prix » (*cyẹú* « s'approcher »).

照樣兒 *ċáo*-**yáṅ**-*ọl* « d'après le modèle » (*ċáo* « éclairer, s'éclairer »); 看光景 *khán*-**kwāṅ**-*kìṅ* « d'après les circonstances » (*khán* « regarder »).

Conjonctif. — 627. — 同 *thôṅ* « rassembler » et plusieurs autres prédicats analogues indiquent réunion : 你同他一塊兒去 *nì thôṅ*-**thā** *yī*-**khwái**-*ọl* **khyụ́** « va avec lui » (« avec lui — ensemble »; *thôṅ* « avec »); 我同他講明白 *wò thôṅ*-**thā kyàṅ-mîṅ**-*pâi* « je lui expliquerai » (*thôṅ* « avec, à »); 同着幾

位到西山去了 **thôṅ**-*cô-kï*-**wéi**-*táo*-**sī-ṡān khyụ̈**-*lyào* « je suis allé aux Si-chan avec quelques personnes ».

你去合他說 *nì* **khyụ̈** *hô*-**thā ṡwẹ** « va lui dire » (*hô* « réunir, avec, à »); 我不和他同事兒 **wò** *pú-hwô*-**thā** *thôṅ*-**ṡị**-*ọl* « je n'ai pas d'affaire en commun avec lui » (*hwô* « s'accorder », d'où « avec »; *thôṅ*, prédicat transitif; *pú*, négation antéposée à l'antécédent; *hwô* 和 est souvent prononcé *hān* à Péking); 感動天和地 **kàn**-*tóṅ*-**thyēn** *hwô*-**tí** « émouvoir le ciel et la terre » (*hwô* « avec, et »); 別會他鬧 *pyê hwéi*-**thā náo** « ne te querelle pas avec lui » (*hwéi* « réunir, avec »).

628. — 跟 *kēn* « suivre, 隨同 **swêi**-*thôṅ*, même sens, marquent la supériorité de la personne régime; 領 *lìṅ* « conduire » exprime la nuance opposée : 我可以派兩個武弁帶領二十名兵丁 *wò* **khò**-*yì* **phái**-*lyàṅ-kó*·**wù**·*pyén* **tái**·*lìṅ*-**ọ́l**-*ṡị-mîṅ*-**pīṅ**-*tīṅ* « je puis envoyer deux officiers avec vingt soldats » (**tái**-*lìṅ* « conduire, avec », semi-littéraire); 他跟着您那位貴鄉親出城 *thā* **kēn**-*cô* **nîn** *ná*-**wéi**·*kwéi*-**hyāṅ**-*chīn* *chū*-**chêṅ** « il sortira de la ville avec votre parent » (**kēn**-*cô* « suivre un supérieur »).

629. — 帶 *tái* « porter », 連 *lyên* « joindre ensemble » signifient « et, y compris » : 連我還有五個人 *lyên*-**wò hwân**-*yẹ̀u* **wù**-*kó*-**żên** « y compris moi, il y a encore cinq personnes »; 連房子帶地都輸淨了 *lyên*-**fâṅ**-*cọ tái*-**tí tū ṡū**-*cíṅ*-*lyào* « sa maison et ses terres, il a tout perdu au jeu » (*lyên*, *tái* « y compris, y compris », « et.... et »).

630. — 與 *yụ̀* « avoir en commun, partager » appartient à la langue écrite, mais est encore employé en parler vulgaire : 人與人不同 **żên** *yụ̀*-**żên** *pú*-**thôṅ** « les hommes ne se ressemblent pas (les hommes — avec les hommes, aux hommes — ne sont pas semblables) » ; 與我也很方便了 *yụ̀-***wò** *yè hèn-***fāṅ***-pyén-lá* « ce sera aussi très commode pour moi » (*yụ̀* « avec, à, pour »); 神佛降禍與你 ***ṡên***-*fô kyáṅ*-**hwó** *yụ̀*-**nì** « les esprits et les bouddhas t'enverront des fléaux » (« faire descendre — fléaux — à — toi » ; *yụ̀* « à », postposé au prédicat principal).

與其我和他爭長競短的厮吵何如我一個不理他 **yụ̀**-*khî wò hwô*-**thā ċēṅ**-*ċháṅ-kiṅ*-**twàn**-*ti* **sọ̄**-*ċhào*, **hô**-*żú wò* **yī**-*kó pú*-**lì-thā** « plutôt que de crier et de me quereller avec lui à tout propos, ne vaut-il pas mieux que moi je ne fasse pas attention à lui? » (**yụ̀**-*khî* « à la place de cela »; toute la proposition qui suit *wò*, jusqu'à **ṡọ̄**-*ċhào*, a *khî* pour déterminatif).

Substitutif. — 631. — L'idée de substitution est rendue par divers auxiliaires : 誰也替不了誰 **ṡwêi** *yè* **thí**-*pú*-**lyào-ṡwêi** « personne ne peut remplacer autrui »; 我代你寫一會 *wò tái*-**nì syè**-*yī*-**hwéi** « j'écrirai un instant à ta place » (*tái* « remplacer »); 他替我做了活 *thā thí*-**wò có**-*lyào*-**hwô** « il a travaillé à ma place » (*thí* « remplacer »); 替你娶妻 *thí*-**nì chyụ̀-chī** « pour toi ils ont choisi une épouse » (*thí* « pour »); 請代爲辦理 **chìṅ tái**-*wéi*-**pán**-*li* « je vous prie de traiter l'affaire à ma place » (**tái**-*wéi* « agir en remplaçant », *tái* adverbe, cf. § 575) ; 你倆輪着班兒打更 *nì*-**lyà lwện**-*ċô*-**pān**-*ọl tà*-**kīṅ** « vous deux, battez les veilles à tour de rôle » (**lwện**-*ċô* « tourner, remplacer », *pān-ọl* « la liste »).

Privatif, etc. — 632. — La privation est exprimée par un prédicat négatif : 沒本事發不了財 *mèi*-**pẹ̀n**-*ṡị*, **fā**-*pú*-**lyào-châi** « sans talent, on ne peut s'enrichir » (*mèi* « il n'y a pas, sans ») ; 這個活非他做不了 *ċẹ́-kó*-**hwô**, *fēi*-**thā**, **có**-*pú*-**lyào** « ce travail ne peut se faire sans lui » (*fēi*-**thā** « si ce n'est lui »); 非有

學問的人不能辨道理 *fēi-yęù-hyáo-wén-ti-žên, pú-nên-pyén-táo-lì* « sinon avec des gens instruits, on ne peut discuter les doctrines » (*fēi* « si ce n'est »); 無不相同 *wû pú-syān-thôn* « il n'y a pas de différence » (*wû* « il n'y a pas », opposé de 有 *yęù*, semi-littéraire ; *pú-syān-thôn* « pas semblable, dissemblable », régime).

633. — 有 *yęù*, posant l'existence d'un objet, est parfois auxiliaire : 有十丈高 *yęù šį-càn kāo* (« la tour) a cent pieds de haut » (cf. § 458); 有錢買得鬼上樹 *yęù-chyên, màì-tę-kwèi-sàn-šū* « avec de l'argent, on peut faire monter le diable aux arbres » (*yęù* « ayant, avec » — *màì-tę* « on peut acheter » — *kwèi*, etc. « les diables monter aux arbres »).

634. — 除 *chû* « retrancher, exclure » et divers prédicats analogues indiquent exception : 他除了織布不會做別的活 *thā, chû-lyào cį-pū, pú-hwéi có pyé-ti-hwô* « excepté tisser la toile, il ne sait faire d'autre ouvrage » (*chû-lyào* « si l'on exclut, excepté »); 除張先生之外 *chû-cān-syēn-sēn cį-wáì* « à l'exception de M. Tchang » (« excluant M. Tchang » — *cį-wáì* « en dehors de cela » ; *chû... wáì*, formule semi-littéraire); 想着過好日子除非了勤謹不行 *syàn-cò kwó-hào-žį-cọ, chû-fēi-lyào-khîn-kìn, pú-hîn* « si l'on veut vivre à l'aise, cela ne se peut à moins d'activité » (« si l'on exclut l'activité » ; *chû* « exclure », *fēi*, « annuler »).

錯打不行 *chó-tà, pú-hîn* « il faut le battre » (« à moins de le battre, cela n'est pas possible » ; *chó* « différer »); 離了念書他都不管 *lî-lyào-nyén-šū, thā tū pú-kwàn* « en dehors de l'étude, il ne s'occupe de rien » (*lî* « écarter, excepter »); 這個孩子非離了抱着不睡覺 *cę-kó-hâi-cọ, fēi-lî-lyào-pāo-cò, pú-šwéi-

kyáo « cet enfant ne dort que si on le porte » (*fēi* « annuler », *lì* « écarter » ; *fēi-lì* « à moins que »).

635. — 放着 **fán**-*cŏ* « laisser de côté, mépriser » introduit le régime d'un prédicat négatif dans une tournure d'opposition : 放着兒狗你不脫生你爲甚麼脫生個母狗呢 **fán** *cŏ-ọl-kẹù nì pú*-**thāo**-*ṡēn*, *nì* **wéi**-*ṡén-mō* **thāo**-*ṡēn-kó*-**mù**-*kẹù* **nī** « si tu ne veux pas renaître chien, pourquoi donc veux-tu renaître chienne? (méprisant — un chien — toi — pas renaître, etc) ».

Limitatif. — 636. — Les prédicats limitatifs qui servent d'adverbes (§ 579), sont aussi soit antécédents soit prédicats principaux : 但他不信 *tán*-**thā** *pú*-**sín** « lui seul ne croit pas » (*tán* « seulement, limiter » ; *thā*, régime) ; 不但他不如意 *pú*-**tán-thā** *pú*-**żû**-**yí** « ce n'est pas seulement lui qui est mécontent » ; 不光飛的住窩 *pú*-**kwān-fēi**-*ti* **ćú**-**wó** « il n'y a pas que les volatiles qui vivent dans des nids » (*fēi-ti*, régime de *pú*-**kwān**) ; 不光這個 *pú*-**kwān**-*ćẹ́-kó* « il n'y a pas que cela » (*kwān*, prédicat principal) ; 他糊弄我不只一次了 *thā*-**hû**-*nón*-**wò**, *pú-ćị-yı*-**chọ́** *lá* « il m'a trompé plus d'une fois » (« lui — tromper — moi — pas limiter — une fois » ; *pú*-**ćị** prédicat principal) ; 只倆人管事 *ćị*-**lyà**-*żėn* **kwàn**-**ṡí** « il n'y a que deux hommes qui s'occupent de leurs affaires » (**lyà**-*żėn*, régime de *ćị*) ; 獨他說不行 *tú*-**thā** **ṡwẹ̄** *pú*-**hín** « lui seul dit que cela ne va pas ».

Extensif. — 637. — 盡 *cín* (§ 580) « user totalement » se trouve comme antécédent, semi-littéraire : 盡人皆有 *cín*-**żėn** **kyāi** *yẹ̀u* « tous les hommes ont.... » (*cín*-**żėn** « en totalisant les hommes » — *kyāi* « en totalité » — *yẹ̀u* « il y a.... »).

Déclaratif. — 638. — Les prédicats suivants, conformément à leur sens premier, introduisent l'objet du discours : 論人的德行 *lwẹ́n*-**żên**-*ti*-*tẹ́*-*hín* « pour parler de la valeur d'un homme, quant à la valeur d'un homme »; 說俊也不算俊 *śwẹ-cyụ̄n yè pú-swán-cyụ̄n* « pour être joli, il ne passe pas pour joli » (*śwẹ-cyụ̄n* « si on le dit joli »); 要論草木 *ydo-lwẹ́n-chào-mú* « quant aux végétaux »; 論斤 *lwẹ̀n-kīn* « à la livre (en parlant de la livre) ».

639. — Avec la négation, ces antécédents et d'autres analogues donnent une valeur indéfinie à leur régime : 他不拘做什麽買賣都順當 *thā, pú-kyụ̄ có-śị-mō-mài-mái, tū śwẹ́n-tān* « quelque commerce qu'il fasse, tout lui réussit » (*pú-kyụ̄* « ne pas s'attacher à, n'importe »); 無論誰勸他 *wû-lwẹ́n śwêi-khywén-thā* « qui que ce soit qui le réprimande » (*wû-lwẹ́n* « sans distinction, n'importe »); 這句話不管在那裏也說的了 *ċẹ-kyụ́-hwá, pú-kwàn cái-nà-li, yè śwẹ̄-tī-lá* « cette phrase peut s'employer n'importe où » (*pú-kwàn* « ne pas s'inquiéter de »); 任憑他怎麽說我也不答應 *żén-phīn thā-cèn-mō-śwẹ̄, wò yè pú-tā-yín* « quoiqu'il dise, je ne répondrai pas » (*żén-phīn* « librement s'appuyer, choisir à son gré, n'importe »).

640. — 拿着 *ná-cô* « prendre », 看 *khán* « regarder, trouver » servent d'antécédents dans un sens voisin de *lwẹ́n* : 拿着你個念書人可爲什麽不幹正經的呢 *ná-cô-nì kó-nyén-śū-żèn, khó-wéi-śi-mō pú-kán-cén-kīn-ti nī* « toi, un lettré, pourquoi fais-tu des choses malhonnêtes? » (*ná-cô* « prenant » introduit le sujet); 看他那動作兒不大合局面 *khán-thā-ná-tón-cô-ọl pú-tá-hô-kyụ̂-myén* « sa conduite n'est pas tout à fait correcte » (*khán* « si l'on regarde » introduit le sujet).

Comparatif. — **641.** — La comparaison est marquée par divers prédicats mis soit en position principale, soit en position secondaire : 福如東海長流水壽比南山不老松 *fû żū-tōn-hài chán-lyẹ́u-śwèi, śẹū pì-nân-śān pú-lào-sōn* « que votre bonheur soit comme les flots intarissables de la mer orientale et votre âge comme les pins immortels des montagnes du sud » (*żū, pì,* « être comme », prédicats principaux; littéraire); 一家子譬如一棵樹 *yi-kyā-cọ* **phì**-*žû-yi-khwō*-**šû** « une famille est comme un arbre » (*phí* « comparer », *žû* « être comme »); 這魔鬼就比方做賊的 *ċẹ*-**mô**-*kwèi, cyẹ́u* **pì**-*fāṅ*-**có-cêi**-*ti* « le démon ressemble à un voleur » (*pì* « être comme », *fāṅ* « comparer, correspondre »); 着比我這麼做好不好 **ċâo**-*pì wò* **ċẹ́**-*mō*-**có, hào** *pú*-**hào** « si j'agis ainsi, sera-ce bien ou mal? » (**ċâo**-*pì* « si par exemple »); 天氣和中國的彷彿 **thyēn**-*khi hwó*-**ċōṅ**-*kwẹ-ti* **fàṅ**-*fû* « le climat ressemble à celui de la Chine » (**fàṅ**-*fû* « imiter, être semblable »).

642. — 這塊布比那一塊强 **ċẹ**-*khwái*-**pù** *pì*-**ṇá**-*yi*-**khwái khyâṅ** « ce morceau de toile est meilleur que l'autre » (*pì* « comparer, que »); 他一天比着一天的不好 *thā yi*-**thyēn pì**-*ċó-yi*-**thyēn**-*ti, pú*-**hào** « il est plus mal de jour en jour » (« un jour comparé à un jour) »; 一句說的得當强似一百句說的不得當 **yī**-*kyụ́* **šwẹ**-*ti tẹ*-**táṅ**, **khyâṅ**-*sọ́ yi*-**pàì**-*kyụ́* **šwẹ**-*ti pú-tẹ*-**táṅ** « une phrase dite à propos vaut mieux que cent phrases mal placées » (*khyâṅ* « est bonne » — *sọ́* « comparée à »; *sọ́* postposé forme complexe avec le prédicat principal); 他一年好似一年的 *thā yi*-**nyên hào**-*sọ́-yi*-**nyên**-*ti* « il est de mieux en mieux chaque année »; 懶兄弟强如好朋友 **lái-hyōṅ**-*ti* **khyâṅ**-*žû*-**hào-phêṅ**-*yẹ̀u* « un mauvais frère vaut mieux qu'un bon ami » (proverbe; *žû* « être comme, que »); 他這話好像一鍋粥也似的 *thā ċẹ́*-**hwá** *hào*-**syáṅ**-*yi-kwō*-**ċẹū** *yè*-**sọ́**-*ti* « son discours ressemble à une marmite de bouillie, est diffus » (*hào*-**syáṅ** « juste ressembler, comme »; *yè*-**sọ́**-*ti* « semblable »); 如同歇着一樣 **žû**-*thôṅ* **hyē**-*ċò* **yī**-*yàṅ* « c'est comme un repos » (**žû**-*thôṅ* « comme »; **yī**-*yàṅ* « être semblable »); 較蘇松稍遠 *kyào*-**sū**-

sōn *śdo*-**ywèn** « plus éloigné que Sou-tcheou et Song-kiang » (*kydo* « comparer » ; langue des affaires).

643. — Plusieurs prédicats négatifs servent pour la comparaison d'infériorité : 你沒有他明白 *nì* **mẹ́**-*yẹù thā*-**mín**-*pâi* « tu n'es pas si intelligent que lui » (**mẹ́**-*yẹù* indique l'inégalité des deux termes *nì* et *thā*; **mín**-*pâi*, prédicat principal) ; 這張字兒不像你寫的那麼好 *ċẹ̀*-**ċān-cọ́**-*ọl pú*-**syán** **nì-syè**-*ti* **ná**-*mō*-**hào** « cette page est moins bien écrite que celle que tu as écrite » (*pú*-**syán** « pas comme » ; **ná**-*mō*-**hào** « être si bien ») ; 那把刀子不跟這把好 *ná*-**pà-tāo**-*cọ pú*-**kēn**-*ċẹ̀*-**pà hào** « ce couteau-là ne vaut pas celui-ci » ; 他一天不如一天 *thā yí* **thyēn** *pú*-**żû**-*yí*-**thyēn** « il va plus mal de jour en jour ».

Le prédicat *żû*. — **644.** — 如 *żû* : voir §§ 641, 643. En prédicat principal : 如了願 **żû**-*lyào*-**ywén** « cela est conforme à mes désirs ».

Le négatif *pú*-**żû**, souvent lu **pû**-*żú*, le sens analytique étant oublié, signifie « ne pas valoir » : 人若是不和睦宗族便連狗也不如了 **żên**, **żó**-*śị pú*-**hwô**-*mú*-**cōn**-*cú*, *pyén lyên*-**kẹù yè** *pú*-**żû**-*lyào* « si les hommes ne sont pas d'accord avec leurs proches, alors ils deviennent inférieurs aux chiens » ; 罵他不如拿理去和他說的 **má**-*thā pú*-**żû** *ná*-**lì**-*khyụ́ hwô*-**thā-śwẹ̄**-*ti* « mieux vaut le raisonner que lui dire des injures (dire des injures ne vaut pas raisonner) ».

那如 **nà**-*żú*, interrogatif, a une valeur analogue : 那如我不念書做了莊家好啊 **nà**-*żú wò*-*pú*-**nyén-śū**, **có**-*lyào*-**ċwān**-*kyā* **hào** *ā* « ah ! si je n'avais pas étudié et si seulement j'avais travaillé la terre » (« ne vaut-il pas mieux — moi — pas étudier — avoir fait culture » ; *hào* « cela est bien » renforce l'idée de **nà**-*żú*).

Le prédicat *phá*. — **645.** — 那怕 **nà**-*phá* « comment craindre, craindrais-je », 不怕 *pú-phá* ou **pû·phá** « je ne crains pas » sont calqués sur **nà**-*żû*, **pû**-*żû* : 那怕多受點兒辛苦呢也願意 **nà**-*phá* **tō**-*śęú*-**tyèn**·*ǫl*-**sīn**·*khù* **nī**, *yè* **ywén**·*yí* « dussé-je peiner davantage, j'y consens (craindrais-je — davantage supporter amertume — même [alors] — je consens) »; 不怕千里萬里我也去找他的 **pû**·*phá* **chyēn**·*lì* **wán**·*lì*, *wò yè* **khyų̂ càothā**·*ti* « fût-ce à mille ou dix mille li, j'irai le chercher ».

Hypothétique. — 646. — Enfin *żû* « comme » indique aussi hypothèse; voir sur *lyào* et *kwó* §§ 531, 538 : 如有虧空等事保人一律攤賠 **żû**-*yęù*-**khwēī**-*khōn* **tèn**·*śį*, **pào**·*żên* **yī**-*lyų́* **thān**-*phêi* « s'il y a faillite ou autre chose semblable, les répondants tous ensemble indemniseront » (*żû* « étant comme »); 如果他死了何不給我個信兒呢 **żû**-*kwò* *thā*-**sǫ**-*lyào*, **hô** *pú*·**kèi**-**wò** *kó*-**sín**·*ǫl* **nī** « s'il est mort, pourquoi ne m'en donne-t-on pas nouvelle? » (**żû**·*kwò* « si en effet »); 假如他要欺負你 **kyà**-*żû* *thā-yáo* **khī**·*fú*-**nì** « s'il veut te vexer.... » (*kyà* « emprunter [une assertion] » — *żû* « être comme »; d'où « supposé que »).

647. — 若 *żó*, *żáo* a le même sens premier que *żû* ; il est beaucoup plus fréquent comme hypothétique : 愚見若此 **yų̂**-*kyén* *żó*-**chǫ̀** « mon humble avis est tel » (« est comme — ceci »; semi-littéraire). 若領事官强令該船主實不足以 *żó* **lìn**-*śį*-**kwān** **khyàn**-*lín*-*kāi*-**chwân**-**cù**, **śį** *pú*-**cû**-*yì*.... « si le consul contraint le capitaine du bateau, il ne réussira vraiment pas à... »; 如若完清稅項 **żû**-*żó* **wân**·**chīn**-**śwéi**-*hyán* « si l'on acquitte les droits »; 若着我脫生個狗 **żó** *cô wò* **thāo**·*śēn*-*kó*-**kęù** « si je renais comme chien »; 若是糧食來的不多自然行市往上長 **żó**-*śį* **lyán**·*śį* **lâi**-*ti*-*pú*-**tō**, **cǫ́**-*żân* **hân**·*śį* *wàn* **śán** **càn** « si les grains arrivent en petite quantité, naturellement les cours montent »; 閣下若是不忙 ***kô-hyá žó-śí pú-mâň*** « si Monsieur n'est pas pressé »; 要是行好就能得好 ***yáo-śí hîň-hào, cyęú nêň-tę-hào*** « si on fait le bien, alors on peut réussir » (*yáo* prononciation vulgaire de *žó, žáo*, caractère emprunté); 要不是說和了他就得跑了 *yáo-pû-śí swę-**hwô**-lyào, thā cyęú* ***tèi-phào**-lyào* « si l'on n'avait pas conclu un accord, il aurait dû fuir » (négation insérée dans l'antécédent); 他要是不死 *thā* ***yáo**-śí pú-**sò*** « s'il ne meurt pas .... »; 設若這四家保人內中有兩家 ***śę**-žó cę-**sǫ**-kyā-**pào**-žên **néi**-côň yęù-**lyàň**-**kyā*** « supposé que sur ces quatre répondants il y en ait deux .... » (*śę* « établir, supposer » — *žó* « comme si », d'où « supposé que »); 倘若雇不着船 ***thàň**-žó **kú**-pú-čáo-**čhwân*** « si on ne peut louer un bateau » (*thàň* « peut-être » — *žó* « si »).

648. — 使 *śį* « faire que », d'où « supposer », introduit des propositions hypothétiques : 假使他要這麼問你可怎麽說呢 ***kyà**-śį thā yáo **cę**-mō **wén**, **nì** khò **cèň**-mō **śwę nī*** « supposé qu'il t'interroge ainsi, que répondras-tu? »; 設使這個事兒要在你自己身上 ***śę**-śį **cę**-kǒ-**śį**-ǫl yáo **cái**-nì-**cǫ** kì-**śēn**-śáň* « supposé que cette affaire repose sur toi-même ».

649. — La condition suffisante est exprimée par des auxiliaires renfermant un prédicat limitatif : 但凡有錢那有不還賬的呢 ***tán**-fán yęù-**chyên**, **nà**-yęù pú-**hwân**-**cáň**-tí **nī*** « pour peu que l'on ait de l'argent, comment ne pas payer ses dettes? » (*tán*, limitatif — *fán* « en général », d'où « à la seule condition de »); 但只騰下點空兒來我不能不去 ***tán**-cį **thêň**-hyá-**tyèn-khōň**-ǫl-lái, **wò** pú-**nêň** pú-**khyų*** « pourvu que je trouve le loisir, j'irai certainement » (*tán* et *cį*, limitatifs, d'où « si seulement »); 你只用他我管保錯不了 *nì cį-**yóň-thā**, wò-**kwàn**-pào* *chó-pú-lyào* « si seulement tu l'emploies, je garantis qu'il ne peut y avoir de mécompte ».

Concessif. — 650. — 只 *cị* marque aussi que l'on reconnaît un fait : 只管吩咐 *cị-kwàn fẹn-fú* « veuillez seulement ordonner » (*cị-kwàn* a son sens direct, « s'occuper seulement »); 他只管是個秀才學問有限 *thā cị-kwàn sị-kó-syẹū-châi, hywẹ-wén yẹù-hyén* « bien qu'il soit bachelier, son savoir est modeste » (*cị-kwàn* « s'occuper seulement de ce fait qu'il est bachelier »).

651. — Par une liaison analogue, 就 *cyẹú* « atteindre, profiter de », 卽 *cí* « approcher » fournissent des concessifs : 你就是不願意也得將就着點兒 *nì cyẹú-sị pú-ywén-yí, yè tèi cyān-cyẹū-cô tyèn-ọl* « même si tu ne le désires pas, il faut bien en prendre ton parti » (*cyẹū-sị* « usant de » ou « posé ce point que .... »); 就打着你這喒忙 *cyẹú-tà-cô nì cẹ-cān mân* « admettons que tu sois occupé à présent, quand tu serais occupé à présent » (*cyẹú-tà-cô* « usant de et façonnant, posant que »); 卽便借給你也不過是 *cí-pyén cyé-kèi-nì, yè pú-kwó sị* .... « même s'il te prête, cela ne dépassera pas .... » (*cí* « arrivant à » — *pyén* « trouvant convenable », § 556).

652. — 雖 *swēi* « à la vérité » (§ 449) est habituellement un concessif : 雖說我沒念過書 *swēi-swẹ wò méi-nyén-kwó-sū* « bien que je n'aie pas étudié » (*swēi-swẹ* « à la vérité dire, quoique »); 俺們雖然是親戚成年也來往不着 *nān-mẹn swēi-żán sị-chīn-chī, chên-nyên yè lâi-wàn-pú-câo* « quoique nous soyons parents, durant toute l'année nous n'avons pas de rapports ensemble ».

653. — 縱 *cón* « laisser libre, permettre », 讓 *żán* « céder, admettre » servent aussi de concessifs; *żán* est de la langue parlée, caractère douteux : 予縱不得大葬 *yù cón-pú-tẹ-tá-cán*

« quand même je n'aurais pas de somptueuses funérailles » (*cón* « j'admets que »; classique); 咱大煙的縱然他父母停了牀他還得要過癮 *ĉhęū-tá-yēn-ti, cóṅ-ẓ̂ân thā-fū-mù thíṅ-lyào-ĉhwâṉ, thā hwân tèi-yáo kwó-yìn* « les fumeurs d'opium, leurs parents fussent-ils étendus morts sur le lit de parade, il faut qu'ils satisfassent leur passion » (縱然 *cóṅ-ẓ̂ân* « quand même »); 我讓替他費了心他還說我不好 *wò ẑáṅ thí-thā féi-lyào-sīn, thā hwân śwę̣-wò pú-hào* « j'ai eu beau me donner de la peine pour lui, il dit du mal de moi » (*ẑáṅ* « j'admets que, bien que », *hwân* « et encore »).

Auxiliaires conséquents. — 654. — L'auxiliaire conséquent est rare; il introduit un nom qui lui sert de complément antéposé.

655. — Quelques illatifs sont précédés du nom d'un point cardinal, parfois ils sont doublés d'un antécédent : 後日就要北上 *hęū-ẑị cyęū yáo pēi-śáṅ* « après demain je partirai pour le nord » (conséquent seul); 往西南上走 *wàṅ sī-nân-śáṅ cęù* « marcher vers le sud-ouest » (antécédent et conséquent); 正中南向 *céṅ-ĉōṅ nân-hyáṅ* « en plein milieu, tourné vers le sud » (littéraire).

656. — 着 *ĉó*, indiquant état, présence, sert d'auxiliaire conséquent au locatif; il est ou seul, ou doublé d'un antécédent : 跑到門兒着 *phào táo-męn-ọḷ-ĉó* « courir à la porte » (antécédent et conséquent); 那桊籬着 *ná-ĉáî-lî-ĉó* « devant la haie » (conséquent seul); 一第一年着 *yī-tí yi-nyên-ĉó* « année par année » (« un tour — une année » — *ĉó*, marque d'état).

Le prédicat *lâi*. — **657.** — 來 *lâi* « venir » est employé dans plusieurs expressions, souvent comme conséquent, tantôt avec le sens correspondant au français « provenir », tantôt avec la même idée que dans « le temps à venir » : 來頭 *lâî-thęû* « l'origine » (d'une affaire); 來歷 *lâi-li* « les circonstances (origine — états successifs) »; 來年 *lâi-nyên* « l'an prochain (à venir) »; 將來 *cyāṅ-lâi* « à l'avenir » (deux composants marquant futur); 原來 *ywên-lâi*, 本來 *pẹn-lâi* « primitivement » (*ywên*, *pẹn*, synonymes, « origine »; *lâi* « provenance »); 從來 *chôṅ-lâi* « de tout temps jusqu'ici » (*chôṅ* « provenance », *lâi* « provenance et arrivée jusqu'ici »); 這些個年來 *cẹ-syē-kó-nyên-lâi* « durant ces dernières années » (« ces années-ci et en venant jusqu'ici »; remarquer *kó* avec *nyên*).

En un emploi analogue, *lâi* indique approximation et est parfois presque dépourvu de sens : 把這個來分給 *pà-cẹ-kó-lâi fẹn-kèi* « partagez ceci à .... (ceci ou environ) »; 十來天 *ṣị-lâi-thyēn* « environ dix jours » (cf. § 429).

658. — Sont employées aussi comme auxiliaires des expressions complexes : 頭髮長的和個囚犯也似的 *thẹû-fà càṅ-ti hwô-kó-chyẹû-fán yè-sọ́-ti* « des cheveux longs comme ceux d'un prisonnier » (« des cheveux — la croissance — avec un prisonnier — semblable »; l'expression *yè-sọ́-ti*, souvent *yè-ṣị-ti* « même, semblable », complète un comparatif, § 642; *ti* fait partie essentielle de la formule comme au § 488).

Être. — **659.** — L'identité d'un sujet et d'un prédicat est exprimée par *ṣị* (§ 567), *wêi* (§ 572). Le passage du sujet au prédicat est souvent marqué par des mots qui sont d'abord prédicats auxiliaires : 改就是更改 *kài*, *cyẹû-ṣị kēṅ-kài* « *kài*, c'est changer, *kēṅ-kài* » (*kài* « le mot *kài* » — *cyẹû-ṣị* « alors » = « c'est », *kēṅ-kài* « changer »); 此乃正道 *chọ̀ nài cẹ́ṅ-tào* « ceci est la doctrine droite » (*chọ̀* « ceci » — *nài* « alors », « c'est »; littéraire); 漁樵耕讀卽是四景 *yụ̂ chyâo kēṅ tû*, *cị-ṣị só-kìṅ* « pêcheurs, bûcherons, laboureurs, lettrés, ce sont les quatre sujets de tableaux » (*cị-ṣị*

« alors » = « c'est »; littéraire). Dans la phrase suivante, le verbe français est absent : 一顆人頭就是一功 *yi-khwò-žên-thęû, cyęû-śį yi-kōñ* « par tête humaine, un témoignage de satisfaction ».

CHAPITRE VII

LES PARTICULES

660. — La proposition faite par simple juxtaposition des éléments, sujet, compléments, prédicat, régimes (§§ 431-450, 453-460), alors qu'aucun mot ne porte le signe de son rôle, ne peut se développer, reste lourde, inexpressive, ambiguë. La phrase formée de propositions mises bout à bout, sans moyens termes, a facilement les mêmes défauts. Les particules (§ 288), mots vidés de leur sens premier et réduits à la valeur de signes grammaticaux, précisent les rapports douteux. Parmi les particules, on peut faire rentrer avec quelques pronoms (§§ 366-391), les auxiliaires incidents conjonctifs (§ 585), les auxiliaires antécédents (§§ 586-653) et conséquents (§§ 654-658), enfin les particules modales qui seules seront traitées ici.

Modales initiales. — **661.** — Ces particules simples ou complexes, placées avant le prédicat soit directement, soit en tête de la proposition, indiquent si celle-ci est interrogative, dubitative, hypothétique, si le sens en est étendu ou limité; plusieurs peuvent être traitées comme compléments du prédicat (§ 449).

662. — Les suivantes, avec un rôle grammatical semblable, sont interrogatives et se rattachent à la famille de l'interrogatif *hô* (§ 402) :

這豈不是天命呢 *cę̀ khì-pù śį thyēn mìñ nī* « n'est ce pas la destinée ? » (« ceci » — *khì* « comment, en quoi » — « ne pas être »);

這豈不是和睦鄉里的好處麽 *cę̀ khì-pù-śį hwô-mù-hyāñ-lì tì hào-chú mō* « n'est-ce pas l'avantage de vivre en bonne intelligence avec le village? » (initiale et finale interrogatives, § 671).

焉知道 *yēn cį-táo* « sait-on? » (*yēn* « est-ce que »); 安能

如此 **ñān nêñ** *žû*-**chọ̀** « en peut-il être ainsi ? » (*ñān* « est-ce que », littéraire); 曷勝欣慰 *hô*-**śêñ-hīn**-*wêi* « combien je suis satisfait ! » (« comment — maîtriser — satisfaction »; *hô* est un véritable interrogatif dégradé au rôle de particule; littéraire).

663. — Dans les initiales modales complexes, la valeur analytique des composants est oubliée. Parmi ces particules, les unes sont de simples compléments, les autres des propositions complètes : 何苦的 **hô**-*khù-ti*, 何苦來 **hô**-*khù-lâi* « quelle amertume, quel ennui » exprime étonnement, désappointement, s'emploie surtout comme déterminatif du prédicat : 我何苦的拉他們呢 *wò* **hô**-*khù ti* **lā-thā**-*mện* **nī** « pourquoi irais-je bien les séparer ? ».

664. — 莫非 **mó**-*fēi*, 莫非是 **mó**-*fēi-śị*, 莫不是 **mó**-*pû-śị*; mot à mot : « en rien, nullement » (§ 408) — « ce n'est pas » ou « n'est-ce pas » ; d'où « d'une manière quelconque est-ce, est-ce peut-être que ». Ce dernier sens étant seul perçu, on a oublié la valeur des termes composants et l'on dit souvent 莫的 *mó-ti*, 莫子 *mó-cọ*. Cette initiale de proposition détermine le prédicat. Remarquer la finale interrogative *mō* et cf. § 671. 莫不是病了麼 **mó**-*pû-śị* **pîñ**-*lyào* **mō** « par hasard auriez-vous été malade ? »; 莫的你見了他麼 *mó-ti nì*-**kyén**-*lyào*-**thā mō** « par hasard l'aurais-tu vu ? »; 莫子死了 *mó-cọ* **sọ̀**-*lyào* « peut-être serait-il mort ? ».

665. — 無非是 **wû**-*fēi-śị*, mot à mot « il n'y a pas que ce ne soit pas », d'où « c'est certainement que », joue le rôle de prédicat : 無非是要盡孝道的意思 **wû**-*fēi-śị yáo* **cìn-hyáo**-*táo-ti* **yí**-*sọ̄* « c'est certainement dans l'idée que l'on doit remplir complètement les devoirs de piété filiale ».

666. — 難道 **nân**-*táo*, 難道說 **nân**-*táo*-**śwẹ̄**, mot à mot « il est difficile de dire », signifie simplement « est-ce que par hasard ? prétendrait-on que ? », mais la réponse attendue est négative (finale *mō*, § 671) : 難道說他爹就不管他麼 **nân**·*tào*-*śwę̄ thā*·**tyē** *cyęú pú*-**kwàn-thā mō** « ne serait-ce pas que son père ne s'occupe pas de lui? »

Avec **mó-***fēi*, **mó-***cọ*, etc., **nân-***tào*, etc., on emploie souvent la finale *pú*·**ċhēn** (§ 678).

667. — Plusieurs formules, interrogatives à l'analyse, expriment simplement la surprise, le désappointement et équivalent à des particules initiales : 誰知道 **śwêi ċị**-*tào* « qui saurait », 那知道 **nà-ċị**-*tào* « d'où saurait-on que » ; 豈不知 **khì**-*pú*-**ċị** « ne sait-on pas que » (littéraire), 殊不知 **śū** (**ċhū**)·*pú*-**ċị** « on ne sait absolument pas que » (littéraire) ; 誰成望 **śwêi-ċhên** *wán* « qui s'attendrait à », 那成望 **nà-ċhên**·*wán* « d'où s'attendrait-on à ».

Le même rôle est joué par des formules négatives : 不想 *pú*-**syàn** « on ne pensait pas que » ; 不料 *pú*-**lyáo** « on n'estimait pas que » ; 想不到 **syàn**·*pú*-**táo** « on ne pouvait arriver à penser » ; 不成望 **pū-ċhên**-*wán* « on ne s'attendrait pas à ».

Toutes ces formules ont à peu près le même sens : « voilà que, inopinément » : 都說他能辦事豈不知他不行 **tū** *śwę̄ thā*·**nên-pán-śị**, *khì*·*pú*-**ċị** *thā*·*pú*-**hîn** « tous disent qu'il est fort capable en affaires, et voilà qu'il ne vaut rien » ; 那成望東洋鬧的這麼利害 **nà**·*ċhên*-*wán* **tōn** *yân*·**nâo**·*tì* **ċé** *mō* **lí-hâi** « on n'aurait jamais cru que le Japon se démènerait ainsi ».

Modales finales. — **668.** — Encore plus que les initiales, les finales simples ou complexes ont un rôle modal. A l'analyse, ces particules aussi se ramènent à des expressions de nature différente, de valeur altérée.

也 *yè* (langue écrite) affirme une définition ; très rare en langue parlée, il complète l'affirmation : 沒齒不忘也 *mèi*-**ċhị** *pú*·**wān yè** « on ne l'oubliera pas jusqu'à la mort » (*mèi*-**ċhị** « n'avoir plus de dents, jusqu'à la vieillesse »).

669. — 云 *yṳn* « dire », souvent répété **yṳn**-*yṳn*, marque la fin d'une citation, c'est en réalité une proposition complète qui suit la citation : 說故事都是這麼個說法。從前有個張三某人。云云 *šwẹ*-**kū**-*šị* **tū**-*šị* **cẹ**-*mō*-*kó*-**šwẹ-fă** : **chôn**-*chyên* **yẹù**-*kó* **căn-sān mẹù**-*žên*, **yṳn**-*yṳn* « quand on conte une histoire, voici toujours comme on dit : autrefois il y avait un certain Tchang San, etc. » (**yṳn**-*yṳn* « on dit, on dit », « etc. », fin de la citation).

670. — 罷 *pá* « cesser » est très fréquent ; il forme une proposition où celui qui parle exprime son sentiment sur ce qu'il vient de dire : « et c'est tout, rien de plus ». De là sa valeur d'assertion tranchante : 水開了沒有。開了罷 **šwèi khāi**-*lyào mẹ́*-**yẹù** — **khāi**-*lyào* **pá** « L'eau bout-elle ? Elle bout (certainement elle bout) » ; 改日再見罷 **kàì**-*žị cái*-**kyén pá** « nous nous reverrons un autre jour (eh bien ! nous nous reverrons....) ».

De là aussi son emploi avec l'impératif affirmatif ; jamais *pá* ne se trouve avec l'impératif négatif : 你走罷 **nì cẹù pá** « marche donc », « va-t-en ! ».

De là enfin son usage pour indiquer une conjecture, c'est-à-dire l'intervention dans le jugement du sentiment de celui qui parle : 這兩天沒見他他光怕走了罷 *cẹ́*-**lyàn**-*thyēn* *mêi*-**kyén-thā**, *thā* **kwān**-*phá* **cẹù**-*lyào* **pá** « ces deux jours on ne l'a pas vu, il doit être parti » (« lui — probablement — est parti — je n'en dis pas davantage) ».

Enfin *pá* conserve son sens dans 罷 **pá**-*lyào*, « allons ! allons puisqu'il le faut » ; littéralement « que cela cesse, n'en parlons plus ».

671. — 麼, abrégé 么, *mō* est une finale interrogative pure et simple qui ne peut être employée quand la proposition renferme déjà un interrogatif (§§ 403, 662, 664, 666) : 他來了麼 *thā*-**lâi**-*lyào*-**mō** « est-il venu ? est-il ici ? » (*thā*-**lâi**-*lyao* « il est venu » — *mō* « ? »).

Rarement *mō* exprime le doute : 莫的我這病好不了麼

mó-*ti* **wò**-*cẹ̀*-**pîṅ hào**-*pú*-**lyào** *mō* « peut-être ma maladie est-elle incurable » (*mō* renforce *mó-ti*, § 664).

Dans la tournure suivante, l'interrogation, suivie de l'affirmation, insiste sur cette dernière : 親戚麼親戚。就是不來往 **chīn**-*chí* **mō**, **chīn**-*chí*; **cyẹù**-*ṡị* *pú*-**lâi**-**wàṅ** « pour être parents, nous le sommes, mais nous n'avons pas de relations » (« parents —? — parents — mais » etc.).

Il est difficile de saisir le lien entre *mō* interrogatif et *mō* « manière », des expressions **cẹ́**-*mō*, **ná**-*mō* (§ 358) ; peut-être l'intermédiaire est-il 什麼 **ṡị**-*mō* (§ 397).

672. — *Mā* est souvent tenu pour une variante de *mō*; toutefois dans la bouche de quelques personnes, il indique nettement une interrogation exclamative. Le caractère factice 嗎 est donc justifié : 在下的還敢貪贓嗎 *cái*-**hyá**-*ti* **hwân**-*kàn* **thān**-**cāṅ** **mā** « les inférieurs oseront-ils encore exiger des présents ! »

673. — Des exclamations très variables sont fort employées dans la langue populaire pour marquer les pauses du discours; elles s'écrivent avec des caractères factices; parfois on combine plusieurs finales : 你好啊。好啊 *nì* **hào ā** — **hào ā** « Vas-tu bien ? — Bien » (la première phrase est interrogative, la seconde affirmative); 他走着來的哎 *thā* **cẹù**-*cǒ* **lâi**-*ti* **ē** « est-il venu à pied ? » (phrase interrogative); 你認得他呢噥 *nì*-**žén**-*tẹ̀*-**thā** **nī**-*āṅ* « est-ce que tu le connais ? » (phrase interrogative).

赶明天哎再來啊 *kàn* **mîṅ**-*thyēn* **ē**, *cái*-**lâi ā** « demain nous reviendrons » (*ē* simple pause, *ā* finale); 先生啊賞我錢啊 **syēn**-*sēṅ* *ā*, **ṡàṅ**-**wò**-**chyên** *ā* « Monsieur, donnez-moi de l'argent, faites-moi l'aumône » (le premier *ā* indique une pause); 那老虎不蹧行鷄哎狗的 *ná*-**lào**-*hù* *pú*-**cāo**-*hîṅ*-**kī ē kẹù**-*ti* « le tigre ne fit de mal ni aux poules ni au chien » (*pú*-**cāo**-*hîṅ* « ne pas gâter » — *kī* « les poules » — *ē* pause, remplaçant une particule conjonctive — *kẹù* « le chien » — *ti*, intensif, § 382).

674. — Plusieurs de ces interjections sont aussi employées au début de la phrase : 啊久仰久仰 ā *kyęù-yàn kyęù-yàn* « ah ! il y a longtemps que nous désirons vous voir » (semi-littéraire) ; 唉呀沒法子 *'āi-yā mêi-fà-cọ* « hélas ! rien à faire ».

Elles peuvent devenir prédicat avec régime : 你唉的什麼 *nì-'āi-ti śį-mō* « à propos de quoi fais-tu hélas ! » (*'āi-ti* « faire hélas », prédicat).

675. — L'exclamation 哪 *nā* paraît surtout avec les assertions positives : 是有緣哪 *śį yęù-ywên nā* « il y a là un fait marqué par le destin » ; 臉上氣色沒復元哪 *lyèn-śán khí-sẹ́ mèi-fû-ywên nā* « votre mine n'est pas revenue ».

676. — 呢 *nī* est aussi exclamatif, mais il est si usité qu'il appartient à la langue générale : 別哭呢 *pyê-khū nī* « ne pleure pas » (avec le prohibitif) ; 你算的這眼差遠的呢 *nì swán-ti cẹ́-cán chā-ywèn-ti nī* « ton compte est loin d'être exact » (*nī*, fortement affirmatif) ; 他不會寫字呢 *thā pû-hwéi syè-cọ́ nī* « il ne sait pas écrire ? » (phrase interrogative).

那會頭呢 *ná-hwéi-thęû nī* « hé, syndic ! » (interpellation, vocatif) ; 四書呢你那部在臥房 *sọ́-śū nī, nì ná-pū cái-wó-fán* « les Quatre Livres, ton exemplaire est dans la chambre à coucher » (*nī* pause après l'objet absolu) ; 中人和兩造呢都跪下 *cōn-žên hwô-lyàn-cáo nī, tū kwéi-hyá* « les assistants et les deux parties, tous s'agenouillèrent » (*nī* pause après le sujet) ; 餓了呢自己不會吃飯 *ńó-lyào nī, cọ́-kì pû-hwéi chį-fán* « si tu avais faim, tu ne savais manger toi-même » (*nī* pause entre deux propositions).

677. — Une finale très fréquente est *lá, lẹ́, ló*, écrit 咯, 咧, 囉 etc., ou 了 ; il est parfois difficile de la ramener au *lyào*, *lá* du parfait et du potentiel (§§ 526, 532) : 是了 *ṣị-lá* « c'est entendu » (*ṣị* « être correct »); 好了 **hào**-*lá* « c'est bon » (*hào* « être bon »); 巧了 **khyào**-*lá* « cela tombe bien » (*khyào* « être adroit »). Comparer : 買鞋大了也不行小了也不行 *mài*-**hyâi**, **tá**-*lyào* **yè** *pú*-**hîn**, **syào**-*lyào* **yè** *pú*-**hîn** « pour acheter des souliers, s'ils sont grands, cela ne va pas, s'ils sont petits, cela ne va pas non plus » (**tá**-*lyào*, **syào**-*lyào* : *lyào* n'indique ni un parfait ni un potentiel, marque le prédicat).

Souvent *lá*, *lyào* ne sert guère qu'à limiter la proposition : 長口瘡了 **càn** *khẹù*-**chwān** *lá* « il a du mal à la bouche ».

Dans la phrase suivante, *lá* n'indique pas seulement une pause provisoire, mais comporte aussi une idée d'achèvement : 這麼幾天了淨說胡話 **cẹ́**-*mō*-*kī*-**thyēn** *lá*, **cín** *ṣwẹ̄*-**hû**-**hwá** « ces quelques jours il ne fait que délirer ».

678. — 不成 *pú*-**chên** « ne pas achever » sert de finale interrogative à des propositions renfermant **nân**-*táo* (§ 666), **mó**-*fēi* (§ 664); parfois on fait suivre encore de *mō* (§ 671) : 難道還把腳去踢手不成 **nân**-*táo* *hwân* *pà*-**kyào** *khyụ́* **thī**-**ṣẹù** *pú*-**chên** « est-ce que par hasard quelqu'un irait encore avec son pied frapper sa main? »; 莫非他還吃了你不成麼 **mó**-*fēi* *thā* *hwân* **chī**-*lyào*-**nì** *pú*-**chên**-**mō** « est-ce que par hasard il te mangerait? » L'analyse montre un prédicat affirmatif suivi de *pú*-**chên** négatif, de là l'idée d'interrogation (§ 692).

679. — 而已 *ộl*-**yì** « et ainsi c'est tout » (langue écrite) sert de finale limitative : 酒囊飯袋渾喫悶睡而已 **cyẹù**-*nân* **fán**-*tái*, *hwện*-**chī** **mẹ́n**-*ṣwéi* *ộl*-**yì** « il ne fait que boire, manger et dormir (sac à vin — sac à riz — totalement — manger — hébété — dormir — et c'est tout) ».

CHAPITRE VIII

LA PHRASE

Éléments de la proposition. — 680. — La proposition normale formée du sujet et du prédicat est souvent complétée par des compléments et des régimes (§§ 431-450,453-460) : 天冷 *thyēn* **lèn** « le temps est froid » (*thyēn* sujet, *lèn* prédicat); 他明兒來 *thā* **mín**-*ọḷ* **lâi** « il viendra demain » (*thā* sujet, *mín-ọḷ* complément, *lâi* prédicat); 我不念書 **wò** *pú*-**nyén**-**šū** « je n'étudie pas » (*wò* sujet, *pú*-**nyén** prédicat négatif, *šū* régime).

Emploi du nom verbal. — 681. — Dans les exemples cités, les éléments, sujet, compléments, régimes, sont des noms simples, ou des pronoms qui les remplacent; souvent le même rôle est tenu par des noms verbaux ou des propositions entières. Voir §§ 384 à 387, 467 à 472.

682. — Un nom verbal ou une proposition sert de régime à un prédicat de mouvement (§§ 387, 470), d'état (§ 470), à un prédicat exprimant passivité (§ 471), perception, déclaration, etc.; voir §§ 721, 722. 知道他好不了 **čị**-*táo thā* **hào**-*pú*-**lyào** « on sait qu'il ne peut guérir » (*thā* **hào**-*pú*-**lyào**, régime de **čị**-*táo*); 恐怕他謀害你 **khòn**-*phá thā*-**mẹū**-*hái*-**nì** « on craint qu'il n'attente à ta vie » (« craindre — lui avoir dessein nuire — toi »; *thā*, etc., régime de **khòn**-*phá*); 說你是個小孩子 **šwẹ̄** **nì**-*šị kó*-**syào**-**hâi**-*cọ* « il dit que tu es un enfant » (**nì**-*šị*-*kó*, etc., régime de *šwẹ̄*); 着他回家 *čáo*-**thā** **hwêi**-**kyā** « il le fit retourner à la maison » (*thā*-**hwêi**-**kyā** régime de *čáo*, § 594).

Éléments implicites. — 683. — Les sujets, compléments et régimes, quand ils sont faciles à entendre, sont laissés de côté, sans qu'on leur substitue aucun pronom. Les auxiliaires adverbes sont de même sous-entendus. De nombreux exemples de ces faits sont dispersés dans les pages qui précèdent : 還要餑餑不要。不要了 *hwán* **yáo-pō**-*pō*, *pú*-**yáo** — *pú*-**yáo**-*lá* « Veux-tu encore des pâtés? Je n'en veux plus » (*nì* « toi », *wò* « moi », sujets implicites; **pō**-*pō*, régime sous-entendu dans la seconde phrase); 老兩口子起初還望着他好。.... 宋金那個模樣兒三分像人七分像鬼 **lào**-*lyàn*-**khęù**-*cọ* *khì*-**chū** *hwán* **wán**-*cò* *thā*-**hào**...., **són**-*kīn* *ná-kó*-**mú**-*yán* *ọl*, **sān**-*fęn* **syán-žên**, **chī**-*fęn* **syán-kwèi** « les deux vieux époux avaient d'abord espéré qu'il guérirait.... Song Kin avait plus l'air d'un revenant que d'un homme » (un seul complément de temps, *khì*-**chū**, un seul auxiliaire adverbe, *cò*; l'aspect des prédicats « guérir, ressembler » n'est pas exprimé).

684. — Dans une réponse on n'exprime pas d'habitude le sujet qui est dans la question : 車乾淨不乾淨。騾子好不好 **chę kān**-*cín* *pú*-**kān**-*cín* — **lwô**-*cọ* **hào** *pú*-**hào** « la voiture est-elle propre? la mule est-elle bonne? »; réponse : 都好 *tū* **hào** « le tout est très bien » (*tū*, auxiliaire adverbe — *hào*, prédicat).

685. — Si plusieurs propositions se suivent, le sujet commun est exprimé une seule fois en tête; un nouveau sujet est explicite : 敝國繙譯官無法.... 到.... 去.... 到了.... 把.... 投進去了等候.... 門丁出來說.... **pí**-*kwę* **fān-yí**-*kwān* *wû*-**fà**,.... *táo*.... **khyų**..... **táo**-*lyào*...., *pà* .... **thęû-cín**-*khyų*-*lá*, **tèn**-*hęú*...., **mên**-*tīn* **chū**-*lái* *śwę*.... « l'interprète mon compatriote n'avait pas d'autre moyen...., il se rendit au...., il arriva...., il prit.... et présenta, il attendit...., un secrétaire sortit et dit .... ».

686. — Si l'on va plus loin dans l'analyse de la proposition, on trouve souvent le sujet grammatical absent, le sujet logique n'étant pas sujet grammatical ou étant également absent : 坐席以右為上 *cwó*-**sí**, *yì*-**yęū** *wêi*-**šán** « en se mettant à table, la droite[1] est réputée supérieure (asseoir natte — prenant droite —

1. Pour celui qui fait face à la table.

tenir pour — supérieure) ». Aucun sujet ni exprimé ni sous-entendu; les divers actes sont énoncés sans qu'on pense à qui les fait. 把牲口餵飽了呀。餵的飽飽的 *pà-šēn-khọ̆u* **wéi-pào-***lyào* **ā** — **wéi**-*ti* **pào-pào**-*ti* « A-t-on donné à manger aux bêtes? On les a nourries à satiété ». Dans la question pas de sujet; la réponse est plus remarquable : « le fait de nourrir — étant à satiété »; le nom d'agent est négligé, l'action abstraite devient sujet grammatical. La tendance à énoncer l'action même, en lui subordonnant les diverses conditions, parmi lesquelles le nom d'agent, apparaît encore dans les exemples suivants : 由本道札飭該縣 *yọ̆u*-**pẹ̆n**-*tào* **čā**-*čị*-*kāi*-**hyén** « moi, intendant, je prescris au dit sous-préfet » (*yọ̆u*, etc. « provenant de moi intendant » — **čā**-*čị* « il y a ordre »; sujet remplacé par un ablatif, § 596, semi-littéraire); 着車碰倒了人 *čào*-**čhẹ̄ phén-tào**-*lyào*-**žén** « une voiture a renversé un homme » (*čào*-**čhẹ̄** « par une voiture » — **phén**-*tào*, etc. « avoir renversé », etc.; prédicat transitif sans sujet, le nom d'agent introduit comme instrumental, § 593); 在本大臣不能 *cái*-**pẹ̆n-tá**-*čhên* *pú*-**nén**.... « moi, ministre, je ne puis.... » (*cái*-**pẹ̆n-tá**-*čhên* « en ce qui concerne moi ministre » — *pú*-**nén** « il y a impossibilité »; sujet remplacé par un locatif, § 613).

687. — Le prédicat peut être représenté par un nom sans liaison exprimée avec le sujet; la traduction française ajoute alors souvent les verbes « être », ou « avoir », plus rarement d'autres verbes : 我今年八十六歲了 *wò* **kīn**-*nyên* **pā**-*šị*-**lyẹ̆u-swéi** *lá* « j'ai cette année quatre-vingt-six ans » (sujet, *wò*, peut être supprimé; prédicat, **pā**-*šị*-**lyẹ̆u**-*swéi*); 趕十六府考呢 **kàn**-*šị* **lyẹ̆u**, **fù**-*khào* **nī** « le 16 a lieu l'examen de la préfecture » (**kàn**-*šị*-**lyẹ̆u**, complément locatif, sujet logique — **fù**-*khào*, prédicat); 授職編修 *šọ̆u*-**čị pyēn**-*syọ̆u* « j'ai reçu les fonctions de réviseur » (*šọ̆u*-**čị** « la charge donnée », sujet — **pyēn**-*syọ̆u* « réviseur », prédicat); 那裏那個人了 **nà**-*li* **ná**-*kó*-**žén** *lá* « où est cet homme? » (**nà**-*li* « où? », prédicat mis en objet absolu — **ná**-*kó*-**žén** « cet homme », sujet); 他們這裏

也是寬布面 *thā-mẹn cẹ-lì yè-ṣị khwān-pú-myén* « ici aussi l'on fait de la toile large » (*thā-mẹn* sujet — *cẹ lì*, *yè-ṣị*, compléments — *khwān-pú-myén* « de la toile large », prédicat).

Transpositions modales. — 688. — La marque de l'interrogation (§§ 475, 662-667, 671, 692) est parfois implicite, une proposition affirmative ou négative est alors prise au sens interrogatif ou exclamatif : 敢不朝乾夕惕 *kàn pú čāo-khyēn sī-thī* « oserais-je ne pas redoubler d'activité matin et soir ? » (*kàn pú* « oser ne pas », sans interrogatif exprimé; littéraire); 無知的野人你和他講天文地理他就懂得了 *wú-čị-ti-yè-žên, nì-hwó-thā kyàṅ-thyēn-wên tí-lì, thā cyẹú tòṅ-tẹ-lyào* « un rustre ignorant, si vous lui expliquez l'astronomie et la géographie, peut-il comprendre ? » (pas d'interrogatif exprimé, l'accentuation plus forte de la fin de phrase marque souvent l'interrogation, § 120).

689. — Le tour interrogatif et négatif équivaut parfois à une forte affirmation : 什麼事兒不明白什麼事兒看不出來 *ṣị-mō-ṣị-ọl pú-mīṅ-pâi, ṣị-mō-ṣị-ọl khán-pú-čhū-lâi* « il comprenait tout et s'apercevait de tout (quelle chose — ne comprenait-il pas ? etc.) ».

690. — Les négations prohibitives (§ 434) ne laissent place à aucune ambiguïté; mais la finale *pá* (§ 670) n'est pas réservée à l'impératif qui n'a pas de formule spéciale. Seule l'accentuation plus forte et plus scandée (§ 120), ainsi que la présence du sujet moins souvent implicite pour cette modalité, marquent une distinction : 借給我使使 *cyé-kèi-wò ṣị-ṣị* « prête-le moi que je m'en serve » (affirmatif ou impératif); 不嫌不好 *pú-hyén pú-hào* « ne dédaignez pas cela » (affirmatif au lieu du prohibitif); 你們小心着點兒 *nì-mẹn syào sīn-čô tyèn-ọl* « soyez un peu sur vos gardes » (affirmatif ou impératif).

Propositions coordonnées conjointes. — 691. — Une phrase, ou comprend une seule proposition, ou est formée de plusieurs propositions : celles-ci peuvent être soit coordonnées (§§ 691-697), soit principale et secondaires (§§ 698-718), soit principale et complétives (§§ 721, 722).

A) Deux propositions coordonnées, c'est-à-dire douées d'une importance égale, sont énoncées successivement ; la coordination peut être conjonctive ou disjonctive : 他能寫會算 *thā nêṅ-***syè** *hwéi-***swán** « il sait écrire et calculer » (« lui — peut écrire — sait calculer » ; un seul sujet, deux prédicats conjoints) ; 你說我聽 *nì-***ṡwẹ̄**, *wò-***thīṅ** « parle, j'écoute » (deux propositions complètes, sujet et prédicat ; coordonnées conjointes ; peuvent être comprises comme secondaire et principale, § 698).

Coordonnées disjointes ; interrogation. — 692. — 紙還有沒有 **ċị** *hwân-***yẹù** *mẹ́-***yẹù** « y a-t-il encore du papier ? » (« papier — encore — y avoir — pas y avoir » ; l'alternative des prédicats affirmatif et négatif équivaut à l'interrogation) ; 有 *yẹù* « il y en a ; oui » ; 沒有 *mẹ́-***yẹù** « il n'y en a pas ; non » ; 你疼不疼 *nì* **thêṅ** *pú-***thêṅ** « souffres-tu ? » 不疼 *pú-***thêṅ** « non (pas souffrir) » ; 先生在中國服水土不服 **syēn**-*sēṅ cái-***ċōṅ**-*kwẹ̀* **fû-ṡwèi**-*thù pú-***fû** « le climat de la Chine vous convient-il ? (maître — en Chine — s'accorder — au climat — pas s'accorder) ».

Cette tournure interrogative est très usitée (§§ 309, 310) ; on la varie en mettant la négation seule au lieu du prédicat négatif : 銀盤長了沒有 **yîṅ**-*phân* **ċàṅ**-*lyào mẹ́-***yẹù** « le cours de l'argent a-t-il monté ? » 沒有長 *mẹ́* **yẹù-ċàṅ** « il n'a pas monté » ; 你會講這個字不 *nì* **hwéi-kyàṅ** **ċẹ́**-*kó* **cọ́ pù** « sais-tu expliquer ce caractère ? »

693. — Une alternative de sens entre deux propositions suffit à produire l'interrogation : 你是要現錢吥是要幾張票

子呢 *nì sį* **yáo-hyén-chyên ē,** *sį* **yáo kī**-*cān*-**phyáo**-*cọ* **nī** « veux-tu de l'argent ou des billets? »

694. — L'alternative sans interrogation s'exprime de même : 買不買在我 **màì** *pú*-**màì** *cáì*-**wò** « acheter ou non dépend de moi ».

Propositions coordonnées. — **695.** — B) La coordination est soulignée par la similitude de construction : 滿地裏割的割拉的拉 **màn**-*tí*-**lì kō**-*ti* **kō, lā**-*ti* **lā** « partout les uns moissonnent, les autres charrient » (*ko-ti* **kō** « les moissonneurs moissonnent », *lā-ti* **lā**, même construction); 他不知道天多麼高地多麼厚 *thā pú*-**cį**-*táo* **thyēn tō**-*mō*-**kāo, tí tō**-*mō*-**hẹū** « il ne sait ni combien le ciel est haut ni combien la terre est épaisse » (**thyēn tō**-*mō*-**kāo, tí** etc., deux propositions de même forme).

696. — C) La coordination est encore marquée par l'emploi des deux parts soit du même mot, soit de mots opposés : 一面朝上一面朝下 *yī*-**myén** *cháo*-**śáṅ**, *yī*-**myén** *cháo*-**hyá** « une face regarde en haut, une face regarde en bas » ; 一不做二不休 **yī** *pú*-**có,** **ọ̀l** *pú*-**hyẹū** « ou ne pas commencer ou ne pas s'arrêter » ; 這一個哭那一個笑 **cẹ́**-*yī*-*kó* **khū** ... -*yī*-*kó* **syáo** « l'un rit, l'autre pleure » (*cẹ́*, *ná*, § 360).

697. — D) Enfin divers compléments ou particules précisent la nature de la coordination : 或去或不去等明天再說 *hwẹ́* **khyų̀** *hwẹ́* **pû-khyų̀**, *tèṅ*-**míṅ**-*thyēn* *cái*-**śwẹ̄** « irai-je ou n'irai-je pas ; on en reparlera demain » (*hwẹ́*.... *hwẹ́*... « ou.... ou... »); 總得留下個憑據或是找出個保人來 **còṅ**-*tèi* **lyẹū**-*hyá*-*kó*-**phíṅ**-*kyų̀*, **hwẹ́**-*śį* **cào-chū**-*kó*-**pào**-*žēn*-**lâî** « il faut absolument fournir une preuve ou trouver un répondant » (**hwẹ́**-*śį*, simple ou répété, « ou »).

房子也好地也多 ***fâṅ-cọ*** *yè-**hào**, **tí*** *yè-**tō*** « les maisons sont bonnes et les terres nombreuses » (*yè,. yè,..*, « et,.. et,.. »); 看他又精神又伶俐能說會道的 *khán-**thā*** *yẹú* ***cīṅ-*** *šên yẹú* ***líṅ***-*lí*, *nêṅ*-***šwẹ̄***-*hwéi*-***tâo***-*tí* « il le voyait vif, éveillé et jaseur » (*yẹú* répété, « et... et,.., »).

我已經告訴你三回了你又忘了 *wò* ***yì***-*kīṅ* ***káo***-*sú*-***nì*** *sān*-***hwêi*** *lȧ*, *nì yẹú* ***wâṅ***-*lyào* « je te l'ai déjà dit trois fois, tu l'as encore oublié » (*yẹú* « de plus », coordination); 一年五十吊另外還有賞錢 *yí*-***nyên wù***-*šị*-***tyáo***, ***líṅ***-*wái* ***hwân***-*yẹù*-***šàṅ***-***chyên*** « cinquante ligatures par an, et de plus les gratifications » (*yí*-***nyên wù***-*šị*-***tyáo***, proposition elliptique; *hwân* « de plus », coordination); 我們這個領事官人甚年輕況且又是初次當差尙欠歷練 ***wò***-*mẹn* ***cé***-*kó*-***lìṅ***-*šị*-***kwān***, ***žên*** *šén*-***nyên***-***khīṅ***, ***khwáṅ***-*chyè* ***yẹú***-*šị* ***chū***-*chọ́* ***tāṅ***-***chāi***, *šáṅ* ***khyén***-***lí***-*lyén* « notre consul est très jeune et remplit une charge pour la première fois, il manque encore d'expérience » (coordination marquée par ***khwáṅ***-*chyè*, *yẹú* et *šáṅ*).

Propositions principales et secondaires. — 698. — E) De plusieurs propositions, quand l'une est conditionnée, expliquée par les autres, elle est dite principale et les autres sont dites secondaires. Souvent la proposition principale est énoncée en dernier; il en est toujours ainsi quand il n'y a aucun mot spécifiant le rapport : 主家斟酒淨斟半杯 ***cù*** *kyā* ***cēn-cyẹù***, *cīṅ* ***cēn pán-pēi*** « le maître de maison, en versant le vin, versait seulement une demi-tasse » (*cēn*-***cyẹù*** « verser le vin », condition nécessaire de « verser seulement une demi-tasse », proposition secondaire antéposée); 他指着那酒杯說 *thā* ***cì***-*cô* *ná*-***cyẹù-pēi***, *šwẹ̄*, « lui, montrant la tasse à vin, dit » (***cị̄***-*cô* « montrer », *šwẹ̄* « dire » actions concomitantes, la première, illustrant la seconde, est donc antéposée); 看見了一個

騎馬的他心裏說 ***khán-kyén-lyào yī-kó-khī-mà-ti***, *thā* ***sīn-li śwẹ̄*** « ayant vu un cavalier, il dit dans son cœur » (***khán-kyén*** « voir » précède et conditionne la réflexion, est donc proposition secondaire antéposée).

Pour l'ordre des prédicats, comparer §§ 437, 464, etc.

Propositions auxiliaires. — 699. — Les auxiliaires antécédents (§ 586, etc.) sont prédicats de propositions secondaires souvent antéposées à la principale; une proposition française unique correspond ainsi en chinois à une série de propositions plus simples : 他在炕上躺着把腦袋着梁砸壞了 *thā*, *cái*-***khán***-*śán* ***thàn***-*ċó*, *pà*-***nào***-*tái*, *ċáo*-***lyân ca-hwái***-*lyào* « tandis qu'il était étendu sur le khang, il a eu la tête écrasée par une poutre » (« lui »; — « étant sur le khang — étant étendu », deux propositions; — « prenant tête — employant poutre — a écrasé », trois propositions); 我們道台同大人在會訊公所把原被兩造傳來 ***wò-***
mẹn-***táo***-*thâi thôn*-*tá*-***żên***, *cái*-***hwéi***-*syún*-***kōn***-*sò*, *pà*-***ywên-péi-***
lyàn ***cáo ċhwân***-*lái* « notre tao-thai se rendra à la Cour mixte avec V. E. et y citera les deux parties » (« notre tao-thai; — conjoint avec V. E.; — étant à la Cour mixte; — prenant le plaignant — l'accusé — deux parties »; trois propositions auxiliaires — « citer »).

700. — Les propositions formées avec les antécédents *táo*, *ċị* (§ 603), *cái* (§§ 603, 612, 613), *yụ̄* (§§ 615, 616), *yụ̀* (§ 630) sont tantôt antéposées à la principale, tantôt postposées; elles occupent cette dernière place soit pour des raisons de rhythme, soit quand leur régime dépend logiquement de la proposition principale (§§ 603, 615, 616, 630).

701. — *Yì* (§ 590) est postposé à la proposition principale quand il exprime le causal ou la mesure; dans le premier cas il forme une proposition incomplète intermédiaire (§ 590), dans le second cas il prend la place qu'occuperait le régime de mesure (§ 590). *Kèi* « à » est soit antéposé soit postposé à la proposition principale; dans le sens de « pour » *kì*, ce mot est toujours antéposé (§ 618).

702. — ***Wéi***-*tẹ́-śị́* et les autres auxiliaires du causal (§§ 621-624), *hû* (§ 617), *só*, *żû* (§ 642), auxiliaires du comparatif, forment des propositions toujours postposées puisqu'elles expriment un but ou une mesure.

703. — Les propositions ayant pour prédicat l'un des autres auxiliaires antécédents, ou l'un des mêmes auxiliaires dans un autre emploi, sont antéposées à la proposition principale.

704. — L'ordre des propositions auxiliaires entre elles est déterminé par leur liaison plus ou moins étroite avec la principale. Les auxiliaires de lieu sont habituellement rapprochés d'un prédicat locatif, plus indépendants à l'égard d'un autre prédicat. Parmi les auxiliaires qui accompagnent de près un prédicat transitif, *pà* (§ 595) est souvent exprimé le premier ; il est toutefois encore primé par *yẹû* (§ 596).

Dans l'exemple du § 699 *thā cái-***khān**-*sán*, etc., l'ordre est : 1° le locatif presque indépendant; 2° *pà*; 3° *cáo*. 你把信口袋給我拿來 *nì pà-***sín**-*khẹù*-**tái** *kèi*-**wò ná**-*lái* « apporte-moi le sac aux lettres » (*pà*, en tête); 由知縣把那五千兩扣下 *yẹû-cī-hyén* **pà**-*ná*-**wù**-*chyēn*-**lyàn khẹú**-*hyá* « le sous-préfet retiendra les cinq mille taëls » (*yẹû* avant *pà*); 快給我把他下了油鍋 **khwái** *kì*-**wò** *pà*-**thā hyá**-*lyào*-**yẹû**-**kwō** « qu'on me le jette vite dans la chaudière d'huile » (*kì* avant *pà*); 我同他到地裏看一看去 *wò thôn*-**thā** *táo*-**tí**-*lì* **khán**-*yī*-**khán**-*khyú* « j'irai sur place voir avec lui » (*táo* locatif, rapproché du prédicat locatif **khán**-*yī*-**khán**-*khyú*); 隔着槅扇和人說話 **kyē**-*cô*-**kô**-*sán hwô*-**zên** *swẹ*-**hwá** « parler avec quelqu'un à travers la cloison » (**kyē**-*cô*, locatif, éloigné du prédicat principal qui n'est pas locatif).

705. — L'auxiliaire marquant le but est habituellement le dernier des auxiliaires postposés : 都裝在一個簍子裏為得是.... **tū cwān** *cái-yī-kó*-**lẹù**-*cọ*-**lì**, **wéi**-*tẹ-sí*... « mettre le tout dans un panier afin de » (... *cái*, locatif, avant **wéi**-*tẹ-sí*).

706. — Les auxiliaires *kí* (§ 605), *hwô* (§ 627), **tái**-*lín* (§ 628) réunissent souvent deux termes : un nom ou une proposition à un premier nom ou une première proposition ; ces auxiliaires prennent place entre les deux termes.

Propositions principales avec auxiliaire incident. — 707. — F) Souvent la proposition principale est marquée par un auxiliaire incident et la subordination des autres propositions est plus nette. Des auxiliaires de la catégorie A), § 585, les uns établissent une opposition, les autres une liaison, plusieurs paraissent tantôt avec l'un tantôt avec l'autre sens ; ils sont directement devant le prédicat : 他爹不着他玩錢他偏要玩 *thā-tyē* *pú-čáo*-**thā wân-chyên**, *thā* **phyēn** *yáo*-**wân** « son père lui a défendu de jouer de l'argent, lui au contraire veut jouer » (*phyēn* « partial, désordonné, au contraire, avec intention ») ; 他打算着害人倒害了自己 *thā*-**tà-swán**-*čó* **hái-žên, tào hái**-*lyào*-**cọ**-*kì* « il voulait nuire à autrui, au contraire il s'est fait tort à lui-même » (*tào* « renverser, au contraire ») ; 他說的話很雅緻倒不俗氣 **thā**-*swẹ-ti*-**hwá** *hèn*-**yà**-*čị*, **tào** *pú*-**sû-khí** « son langage est très élégant et non vulgaire » (« très élégant — au contraire — pas vulgaire » ; *tào* établit opposition avec une idée non exprimée) ; 當說的他不說反說了一套子廢話 *tān-***śwẹ**-*ti thā pú*-**śwẹ, fàn śwẹ**-*lyào yí*-**tháo**-*cọ*-**fēi**-*hwá* « ce qu'il fallait dire, il ne l'a pas dit, mais il a dit une masse de mauvaises paroles » (*fàn* « retourner, au contraire ») ; 我不能不准。可有一件。我要再沒了東西我可得和你們說 *wò pú*-**nên**-*pú*-**čwẹn, khó** *yẹù-yī*-**kyén** ; *wò yáo* **cái mèi**-*lyào*-**tōn-sī**, *wò khó* **tèi** *hwó*-**nì**-*mẹn*-**śwẹ** « je ne puis refuser ; mais il y a ceci : s'il me manque encore quelque objet, c'est à vous que je m'adresserai » (*khó*, vulgaire pour 卻，却 *khyáo, khywẹ́* « repousser, mais » ; toujours directement devant le prédicat, place normale des auxiliaires de cette série) ; 像這樣的好人世界上可是不多 **syán-čẹ́**-*yán-ti*-**hào**-*žên*, **śį**-*kyái-sán* **khó**-*śį pú*-**tō** « d'aussi braves gens il y en a peu dans le monde » (**khó**-*śį* = *khó*, en opposition avec une idée sous-entendue) ; 這天道有風麼有風卻是不太冷 *čẹ́*-**thyēn**-*táo yẹù*-**fōn** *mō* *yęù-fōn*, **khyáo**-*śį* *pú*-**thái-lèn** « il vente assez fort, il est vrai, mais il ne fait pas trop froid » (**khyáo**-*śį* « mais »); 這個道近是近就是隔着道河 *cę-kó*-**táo kín** *śį*-**kín**, **cyęù**-*śį* **kyē**-*cö*-**táo-hó** « pour être court, ce chemin est court, mais il est coupé par une rivière » (**cyęù**-*śį* « alors » exprime aussi opposition); 好是好少點兒就是 **hào**-*śį*-**hào**, **śào**-*tyèn-ǫl* **cyęù**-*śí* « pour être bon cela est bon, mais vraiment il y en a peu » (noter l'inversion de **śào**-*tyèn-ǫl* qui insiste sur l'idée).

708. — 他家去了五天就回來了 *thā* **kyā-khyų̄**-*lá*, **wù**-*thyēn cyęú* **hwêi-lâi**-*lá* « il est allé chez lui et il sera de retour dans cinq jours » (*cyęú* « approcher », marque consécution); 他着你去你便去 *thā cáo*-**nì khyų̄**, *nì* **pyén khyų̄**, « s'il t'ordonne d'y aller, vas-y » (*pyén* « dans l'occasion, alors »); 各清各賬方爲正辦 *kó* **chīn** *kó*-**cán**, **fān** *węi*-**cén-pán** « que chacun apure son compte, alors l'affaire sera bien réglée » (*fān* « correspondant, alors »); 你在這裏都是認得誰哎 **nì** *cái-cę-lì*, **tū**-*śį* **żén**-*tę*-**śwêi ē** « qui connais-tu ici? » (**tū**-*śį* « au total », marque liaison); 李先生考了兩回也沒進了 **lì**-*syēn*-**śēn khào**-*lyào* **lyàn-hwêi**, **yè** *méi*-**cín**-*lá* « maître Li s'est présenté deux fois aux examens et il n'a pas été reçu » (*yè* « aussi, même », marque liaison); 非此卽彼 *fęi*-**chò**, **cí-pì** « si ce n'est ceci, c'est cela » (*cí* « approcher, alors », littéraire) ; 是道則進 **śį**-*táo*, *cę*-**cín** « sur la voie du bien il faut avancer » (*cę* « imiter, alors », littéraire); 他不是無故的跟你動拉攏呀乃是想着誆騙你 **thā** *pú-śį wú*-**kú**-*ti kēn*-**nì** *tón*-**lā-lón** *ā*, **nài**-*śį* **syàn**-*cö* **khwān-phyén-nì** « ce n'est pas sans motif qu'il s'est mis en relations avec toi, c'est qu'il compte te tromper » (**nài**-*śį* « alors, à la vérité »).

709. — 而 *ǫl* (§ 585), littéraire, reprend le mot précédent ou la proposition précédente et les met en rôle adverbial à l'égard de la pro-

position qui suit : 上而天下而地 *sáṅ-ộl thyēn, hyá ộl tí* « en haut il y a le ciel, en bas il y a la terre » (*ộl* reprend le mot *sáṅ* qui devient adverbe complément de la proposition réduite au prédicat *thyēn*) ; 總要詳細了又詳細愼而又愼 *còṅ-yáo syâṅ-sí-lyào yeú syâṅ-sí, śén-ộl yeú-śén* « il faut être minutieux, et encore minutieux, attentif, et encore attentif » (le premier *śén* est adverbe pour le second; emploi semblable de *lyào* et de *ộl*) ; 他就不辭而去了 *thā cyeú pú chộ ộl khyụ-lá* « il est parti sans prendre congé » (*ộl* donne à *pú-chộ* une force adverbiale) ; 落個凍餓而死 *láo-kó-tóṅ-ṅó ộl-sộ* « finir par mourir de misère » (*tóṅ-sộ* « mourir de froid », *ṅó sộ* « mourir de faim », prédicats composés : *ộl* accentue le rôle adverbial des prédicats secondaires) ; 然而據船主說 *żận-ộl kyụ-chwân-cù-śwẹ* « cependant d'après les déclarations du patron » (*żận* « étant ainsi, comme il vient d'être dit » ; *ộl* accentue le rôle adverbial de *żận* : d'où l'idée d'opposition). Dans cette catégorie B, § 585, on peut ranger 以 *yì* (§ 590).

710. — Auxiliaires de la troisième catégorie C), § 585 : 這個性是天給的所以又叫做秉性 *cẹ-kó-síṅ sị thyēn-kèi-ti, sò-yì yeú kyáo-có pìṅ-síṅ* « le caractère naturel est donné par le ciel, aussi on l'appelle *pìṅ-síṅ*, nature constante » (*sò* « quoi », régime ; *yì* « en raison de », prédicat) ; 你已經哄了我好幾回因此我再也不聽你了 *nì yì-kīṅ hòṅ-lyào-wò hào-kì-hwêi, yīn-chộ wò cái yè-pú-thīṅ-nì-lyào* « tu m'as déjà trompé bien des fois, aussi je ne t'écouterai plus » (*yīn* « à cause de », prédicat ; *chộ* « ceci », régime) ; 小的知道他是個好人故此敢來給他做個証見 *syào-ti cī-táo thā sị-kó-hào-żên, kú-chộ kàn-lâi kì-thā có-kó-cēṅ-kyén* « je sais qu'il est homme de bien, aussi je me permets de venir témoigner pour lui » (*kú* « cause, avoir pour cause », prédicat ; *chộ* « ceci », régime).

711. — Des auxiliaires tels que ceux des §§ 707 à 710 accompagnent le prédicat principal même si les autres propositions sont seulement auxiliaires : 連皮襖也拿出來曬曬 *lyên-phí-ñào yè* **nâ-chū-***lái* **śái-śái** « sors aussi les fourrures pour les mettre au soleil » (*lyên*, auxiliaire antécédent; *yè*, complément de mode, marque la proposition principale); 他把那倆橘子就甩下來了 **thā** *pà-nâ-***lyà-kyụ̂***-cọ, cyẹú* **tyáo-hyá***-lái-lyào* « il laissa tomber les deux oranges » (*pà*, auxiliaire antécédent; *cyẹú* marque la proposition principale).

712. — On entend souvent de suite plusieurs propositions principales notées par les auxiliaires de la présente section : 他走的時候誰也沒見就不辭而去 *thā* **cẹù-***ti-***śị** *hẹú,* **śwêi** *yè* **mêi-kyén, cyẹú** *pú-***chộ***-ộl-***khyụ̂** « quand il est parti, personne ne l'a vu, il est parti sans prendre congé » (**cyẹú** *pú-***chộ** « alors il n'a pas pris congé », proposition principale à l'égard de ce qui précède; *ộl-***khyụ̂** « alors il est parti », proposition principale pour *cyẹú*, etc.); 他告了我我就和他打官司就完了 *thā* **káo***-lyào-***wò,** *wò* **cyẹú** *hwô-***thā tà-kwān***-sọ̄ cyẹú* **wán***-lá* « puisqu'il m'a accusé, j'aurai un procès avec lui, et c'est tout » (*cyẹú* note un premier prédicat principal, **tà-kwān***-sọ̄*, qui est prédicat secondaire en face de **wân***-lá* marqué par le second *cyẹú*).

Propositions subordonnées avec auxiliaire antécédent. — 713. — G) Plus rarement un auxiliaire marque la proposition subordonnée, la principale n'ayant pas de signe distinctif : 如若別人輕慢你的父母你心裏必定不歡喜 **źû-***źó* **pyé-***źên* **khīṅ***-mán* **nì***-ti-***fú-mù,** *nì-***sīn***-lì* **pí***-tín pú-***hwān-hì** « si quelqu'un manquait à tes parents, tu serais certainement mécontent » (**źû***-źó* « si », § 647); 你就是後悔煞沒法 *nì* **cyẹú***-śị* **hẹú-***hwèi-***śá, mêi-fà** « quand tu en mourrais de regret, il n'y aura pas de remède » (**cyẹú***-śị* « quand même », § 651); voir **yīn***-wéi* § 619, **kí***-śị* § 625, **tán***-cị* § 649, etc.

714. — Quand la proposition subordonnée est postposée, la principale ne prend jamais une marque spéciale ; 喫藥為得是好了病 *chį-yáo,* **wéi**-*tę̀-śį* **hào**-*lyào*-**pìn** « on prend des médecines afin de se guérir » (**wéi**-*tę̀-śį* « afin de », § 621 ; voir §§ 623, 624).

Propositions corrélatives. — **715.** — II) Le plus souvent la proposition subordonnée et la principale, marquées l'une et l'autre par un auxiliaire ou une particule, sont étroitement corrélatives : 這一句可是說的了文話可是 *cę̀-yi*-**kyų̀ khó**-*śį* **śwę̄**-*tì-lá*, **wên-hwá khó**-*śį* « cette expression peut se dire, il est vrai, mais elle est bien littéraire » (**khọ́**-*śį* marquant opposition, répété comme corrélatif) ; 看你這飯量也不大離可怎麼生喫不上膘呢 **khán nì**-*cę̀*-**fán-lyàn** *yè pû*-**tá-lì**, *khó* **cèn**-*mō* **śēn chį̄**-*pû*-**śàn-pyāo nī** « tu as pourtant bon appétit, comment se fait-il que tu n'engraisses pas ? » (*yè*, *khó* corrélatifs).

716. — 所以 **sò**-*yì* sert de corrélatif seulement à *yīn* (§ 619), qui admet aussi d'autres corrélatifs, par exemple 就 *cyęú* : 只因你有病所以饒了你 *cį*-**yīn** *nì-yęù*-**pìn**, **sò**-*yì* **żâo**-*lyào*-**nì** « c'est seulement parce que tu es malade que je te pardonne ».

717. — 雖 *swēi* (§ 652), 放着 **fàn**-*cǒ* (§ 635) et quelques autres auxiliaires exigent toujours un corrélatif, sauf quand la proposition principale est interrogative : 他放着茶不喝但喝凉水 *thā* **fàn**-*cǒ*-**chá** *pú*-**hō**, *tán* **hō-lyân-śwèi** « au lieu de boire du thé il ne boit que de l'eau froide » (*tán*, corrélatif) ; 讓費了力還掙錢不多 *żàn* **féi**-*lyào*-**lí**, *hwán* **cén-chyên** *pú*-**tō** « même en peinant beaucoup, on ne gagne guère » (*żàn*, § 653 ; *hwán*, corrélatif).

718. — Les corrélatifs les plus usités sont 也 *yè* pour le concessif, 就 *cyęú* comme conclusif, 可 *khó*, 就 *cyęú* marquant opposition, qui peuvent être suppléés par des mots de sens analogue, 還 *hwân* « encore », 偏 *phyēn* « au contraire », 到底 *táo*-**tì** « en fin de compte », etc. La proposition principale interrogative prend rarement un véritable corrélatif : 他脾氣雖然不濟心底卻是不錯 *thā-phī-khí* **swēī-zân** *pú-cí*, **sīn-tì khyáo**-*śị pú-chó* « bien que son caractère soit mauvais, le fond de son cœur est excellent » (**swēī**-*zân*, **khyáo**-*śị*, corrélatifs) ; 有其借錢就不如當當了 **yẹù**-*khí* **cyé-chyên**, *cyẹú pú-***zû tán-tán**-*lá* « s'il s'agit d'emprunter, alors mieux vaut mettre au mont-de-piété » (**yẹù**-*khí*, *cyẹú*, corrélatifs) ; 但凡有一點兒喫喝我也不和你張嘴 **tán**-*fân yẹù yí*-**tyèn**-*ọl*-**chị**-**hō**, *wò* **yè** *pú-hwô*-**nì cān-cwèī** « si j'avais seulement de quoi manger, je ne te demanderais rien » (**tán**-*fân*, *yè*, corrélatifs).

Mots communs à plusieurs propositions. — 719. — Un nom exprimé une seule fois peut-être sujet de plusieurs prédicats (§ 685) ; un seul prédicat peut avoir plusieurs sujets conjoints, plusieurs régimes : 他玩錢淨輸多咱也不贏 *thā* **wân-chyên**, *cín*-**śū**, *tō-cān* **yè** *pú*-**yîn** « il joue, il ne fait que perdre et il ne gagne jamais » (*thā*, sujet exprimé une seule fois) ; 後婚老婆後婚漢有就喫沒有就散 **hẹú**-*hwện*-**lào**-*phó*, **hẹú**-*hwện*-**hán**, **yẹù**, *cyẹú* **chī**, *mẹ́-yẹù*, *cyẹú* **sàn** « veuves remariées, veufs remariés, quand il y a de quoi, ils mangent, quand il n'y a pas de quoi, ils se séparent » (**laò**-*phô*, *hán* deux sujets pour chacun des prédicats *chị* et *sàn*) ; 種什麼爬珊瑚翠蝴蝶薔薇 **cón** **śị**-*mō* **phâ-śān**-*hû*, **chwéī-hû**-*tyê*, **chyân**-*wêi* « il plantait quelques vignes vierges, iris bleus, roses jaunes » (un prédicat pour plusieurs régimes).

720. — Un seul mot peut appartenir à plusieurs expressions coordonnées : 六七百兵 **lyẹú-chī**-*pài*-**pīn** « six ou sept cents soldats » (comme **lyẹú**-*pài* **chī**-*pài*, *pài* exprimé une seule fois) ; 這一

村一堡 *cẹ́-yi-***chwẹ̄n** *yi-***pào** « ce village ou ce bourg » (*cẹ́* détermine les deux noms *chwẹ̄n*, *pào*).

就生起邪心做起歹事來 *cyẹ̀u* **ṡēn**-*khī*-**syê-sīn** *có-khī*-**tài-ṡị-lâi** « alors cela produit des sentiments pervers et cela donne naissance à des actes mauvais » (deux prédicats **ṡēn**-*khī*-**lâi**, *có-khī*-**lâi**, chacun avec un régime; *lâi* exprimé une seule fois); 或者弄出人命或者激出別樣的事來 **hwẹ́**-*cẹ̀* **nón**-*chū*-**żên-mín**, **hwẹ́**-*cẹ̀* **kī**-*chū*-**pyê**-*yán-ti*-**ṡị-lâi** « ou ils attentent à la vie d'autrui, ou ils s'excitent à d'autres crimes » (même construction).

Cette tournure paraît plus propre au discours suivi qu'à la conversation.

Propositions complétives. — 721. — I) Très souvent un nom est placé entre deux prédicats, comme régime du premier et sujet du second : 人笑話你軟弱 *żên* **syáo**-*hwá*-**nì** **żwàn**-*żó* « les gens se moquent de ta faiblesse » (« se moquent — toi — être faible », *nì* régime de **syáo**-*hwá*, sujet de **żwàn**-*żó*); 教給他念書認字 **kyáo** *kèi*-**thā** **nyén-ṡū** **żén-cọ́** « il lui apprenait à étudier et à lire » (*thā*, régime de l'auxiliaire *kèi*, sujet des deux prédicats suivants); 聽見說一個丫鬟一個小姐官壓着要賣現在賣婆家裏 **thīn**-*kyén-ṡwẹ̄* **yī**-*kó*-**yā**-*hwán* **yī**-*kó*-**syào**-*cyè*, **kwān yā**-*cǒ* *yáo*-**mái**, **hyén cái-mái**-*phó*-**kyā**-*li* « il apprit qu'une servante et une demoiselle avaient été saisies par le mandarin pour les vendre et qu'elles étaient présentement chez la courtière en esclaves » (« une servante — une demoiselle — le mandarin — tenir en saisie — vouloir vendre — actuellement — être chez » — etc.; **yā**-*hwán* et **syào**-*cyè* sont régimes de **thīn**-*kyén-ṡwẹ̄*, régimes de **yā**-*cǒ* *yáo*-**mái**, sujets de *cái*). Cf. pour des formules semblables §§ 471, 682.

722. — Avec 有 *yẹ̀u*, cette construction est fréquente; le sujet-régime (§ 463) est dans un rapport quelconque avec le second prédicat : 有一個丫鬟和他就伴 *yẹ̀u*-**yī**-*kó*-**yā**-*hwán* *hwó*-**thā**

cyẹû-pán « il y avait une servante qui lui tenait compagnie » (**yā-***hwân*, sujet de *cyẹû*); 還有一座塔高的很 **hwân** *yẹù-yî-***cwó-thà kāo**-*ti-hèn* « il y a encore une pagode qui est très haute » (*thà*, sujet de **kāo**-*ti-hèn*).

我這心腸沒處顯露 **wò**-*ċẹ́*-**sīn**-*ċhâṅ méi*-**ċhû hyèn-lẹû** « mes sentiments n'ont pas eu l'occasion de se manifester » (« mes sentiments — il n'y a pas — de lieu — manifester »; *ċhú* « lieu, occasion », sujet-régime de *mèi*, complément locatif de **hyèn**-*lẹû*); 那窟窿有二尺多深 *ná*-**khū**-*lôṅ yẹù* **ọ̀ḷ-ċhḭ-tō śēn** « ce trou avait plus de deux pieds de profondeur » (« ce trou — il existe — plus de deux pieds — être profond » ; **ọ̀ḷ**-*ċhḭ-tō*, sujet-régime de *yẹù*, complément de mesure, § 440, de *śẹn*. On peut aussi expliquer **ọ̀ḷ**-*ċhḭ-tō*, déterminatif de *śēn*, qui serait régime de *yẹù*). Cf. aussi § 383.

Propositions implicites. — 723. — Dans une phrase, une ou plusieurs propositions peuvent rester implicites : 別說他知道了就是這一村子沒有不知道的了 *pyé*-**śwẹ̄ thā ċḭ-táo**-*lá*, **cyẹû**-*śí* **ċẹ́**-*yi*-**chwẹ̄n**-*cọ* **mẹ́**-*yẹù* *pú*-**ċḭ-táo**-*ti lá* « il n'est pas seul à le savoir, mais de tout le village personne ne l'ignore » (« ne dites pas — lui savoir — mais — ce village — il n'y a pas — celui qui ignore »; substituez une affirmation : « non seulement il le sait », à laquelle « mais ce village, etc. » fait opposition; ou rétablissez : « ne dites pas il le sait, [dites] tout le village, etc. »); 給了班裏錢了要不家他們就不收拾 **kèi**-*lyào*-**pān**-*lì* **chyēn** *lá*, **yáo**-*pú-kyā* **thā**-*mện cyẹ́u pú*-**śẹ̄u-śḭ** « on a donné de l'argent aux valets du yamen; comme cela ils ne le tourmenteront pas » (« on a donné aux valets de l'argent — sinon — eux alors ne tourmentent pas »; après « sinon », substituez « [ils le tourmenteraient, mais de la sorte] ils ne le tourmenteront pas »). 他這一走不要緊着我好不放心 **thā** *ċẹ́-yi*-**cẹû** *pû*-**yáo-kìn**, *ċào*-**wò hào** *pû*-**fáṅ-sīn** « son départ malgré tout me cause beaucoup d'inquiétude »

(« de lui ce départ — pas être important — faire que moi — être très inquiet »; il y a contradiction entre le premier prédicat « n'être pas important » et la conclusion; il faut admettre un membre implicite : « son départ au fond cela n'est pas important, [ce qui est important, c'est] l'inquiétude, etc. »); 叫他來他不來。趕不叫他他又該着自己來 *kyào-***thā-lâi**, *thā-pù-***lâi**; *kàn pù-***kyáo-thā**, *thā* **yeú kāi**-*cô* **cọ**-*kì* **lâi** « quand on l'appelle, il ne vient pas; quand on ne l'appelle pas, alors il vient de lui-même » (« faire lui venir — il ne vient pas — ne pas le faire venir, lui encore doit lui-même venir » ; il faut supposer une construction troublée ou simplement une expression par antiphrase).

Constructions mêlées. — 724. — 依我說不如你別花這錢好 *yī-***wò-śwẹ̄**, *pú-***żû nì** *pyê-***hwā**-*cẹ̀*-**chyên hào** « à mon avis, mieux te vaudrait ne pas dépenser cet argent » (prohibitif : « ne dépense pas cet argent » *pyê-***hwā**-*cẹ̀*-**chyên**; déclaratif : « mieux vaut ne pas dépenser, etc. » *pú-***żû** *pú-***hwā.... hào**); 你去請過他來 *nì-***khyụ̂ chìǹ-kwó-thā**-*lâi* « va le prier de venir » (la formule directe est *chìǹ* — **thā-kwó**-*lâi* « prier — lui — venir », *thā* étant régime de *chìǹ*, sujet de **kwó**-*lâi*; l'emploi fréquent des prédicats composés a attiré **chìǹ-kwó**-*lâi* dans cette catégorie d'où la place de *thā*, § 517); 您請上坐 *nîn chìǹ-***śáǹ**-*cwó* « veuillez vous asseoir à la première place » (la formule directe est *chìǹ-***nîn**-*cwó*, *nîn* régime de *chìǹ*, sujet de *cwó*; avec *nîn* en tête, on peut regarder *chìǹ*-**cwó** comme prédicat composé, « vouloir bien s'asseoir »).

CHAPITRE IX

LE RHYTHME

Groupes et antithèse. — 725. — Les termes simples, analogues ou opposés, se groupent en énumérations où l'ordre et les termes mêmes sont impérativement imposés; ces groupes forment souvent des mots complexes (§§ 295, 307, 479, 491, etc.); mais le procédé est plus général (accent §§ 94, 95, 119) : 天地人 **thyēn** *tí* **żên**, « le ciel, la terre et l'homme »; 東西南北 **tōn** *sī* **nân** *pei* « les points cardinaux (est ouest sud nord) »; 飛禽走獸 **fēi**-*khîn* **ceù**-*șeú* « les oiseaux et les quadrupèdes »; 禮樂射御書數 **Lì** *yó* **șé** *yú* **ŠŪ** **șù** « les six arts (rites, musique, tir à l'arc, conduire les chars, écriture, calcul) ».

726. — Les couples de deux termes présentent souvent une opposition dans un ordre fixe; les termes sont soit des noms soit des prédicats (§ 309) : 內外 *néi-wái* « intérieur et extérieur »; 表裏 *pyào lì* « extérieur et intérieur »; 子弟 *cọ-tí* « les jeunes gens (fils—frères cadets) »; mais 弟子 *tí-cọ* « des élèves »; 名實 *mîṅ șị* « le nom et la réalité »; 實虛 *șị hyū* « être solide ou creux »; 好歹 *hào tài* « être bon ou mauvais »; 善惡 *șán ṅó* « être bon ou méchant »; 來往 *lâi wàṅ* « venir ou aller ».

De ces oppositions quelques-unes ne sont pas conservées par la langue parlée sauf en des expressions toutes faites; comparer aux couples ci-dessus : 裏頭 *lì-thẹu* « dedans », 外頭 *wái-thẹu* « dehors »; 好 *hào* « être bon », 不好 *pú*-**hào** « être mauvais »; 來 *lâi* « venir », 去 *khyú* « aller ».

727. — L'emploi d'un terme dans un membre de phrase appelle le terme corrélatif dans le membre correspondant : 轉禍為福 *ċwàn*-**hwó** *wêi*-**fû** « changer le malheur en bonheur » (*hwó*, *fû* forment un couple); 身子又挑不得輕担不得重 **șēn**-*cọ yẹú* **thyāo**-*pú-tẹ́*-**khīṅ** **tān**-*pú-tẹ́*-**ċóṅ** « ils ne peuvent porter aucun fardeau » (« le corps — de plus — ne peut porter — un objet léger — ne peut porter — un objet lourd »; *khīṅ ċóṅ*, couple).

728. — Des formules expressives sont formées de la répétition d'un même mot soit avec les deux termes d'un couple soit avec les deux parties d'un complexe : 再三再四 *cdi-sān cdi-sǫ́* « à trois et quatre fois » ; 拿東拿西 *nâ-tōň nâ-sī* « saisir les objets » (*tōň-sī* « des objets ») ; 閑言閑語 *hyên-yên hyên-yụ̀* « des paroles oiseuses » (*yên-yụ̀* « des paroles »). Voir § 727.

729. — Les formules formées de deux noms de nombre et de deux termes corrélatifs entre eux, sont encore plus nombreuses : 千思萬想 *chyēn-sǭ wdn-syàň* « penser et repenser (mille fois penser — dix mille fois penser) » ; 顛三倒四 *tyēn-sān tào-sǫ́* « mettre sens dessus dessous (retourner trois, renverser quatre) » ; 一嘴兩舌 *yi-cwèi lyàň-ṣệ* « une bouche et deux langues, se contredire ».

730. — Avec un premier couple scindé on trouve soit des mots indépendants, soit les éléments d'un autre couple : 大材小用 *tá-chái syào-yóň* « mettre un grand talent à un petit emploi » (*tá*, *syào* opposés) ; 有始無終 *yẹù-ṣị̀ wû-cōň* « commencer et ne pas finir » (« il y a — début — il n'y a pas — fin » ; *yẹù wû*, opposés ; *ṣị̀ cōň*, opposés) ; 你親我愛的 *nì-chīn-wò-ňái-ti* « avec affection et amitié » (« toi — traitant comme proche — moi — aimant », *ti* forme du tout un complexe nominal ; *nì*, *wò*, opposés ; *chīn ňái*, couple).

Rhythme binaire. — **731.** — Le rhythme le plus fréquent est binaire, simple (2) ou double (2 + 2 = 4) ; il repose sur la forme de la proposition simple et sur le grand nombre des complexes disyllabiques : 你說我聽 *nì-ṣwẹ̄ wò-thīň* « parle, j'écoute » (deux propositions, sujet + prédicat, rhythme 2) ; 少見多怪 *ṣào-kyén tō-kwái* « peu d'expérience, grands étonnements » (deux propositions, complément + prédicat, rhythme 2) ; 指狗罵鷄 *cị̀-kẹù mà-kī* « injurier le coq en montrant le chien, injurier par allusions » deux propositions, prédicat + régime, rhythme 2).

脾氣浮躁 ***phî-khí fęû-cdo*** « son caractère est violent » (une proposition, sujet + prédicat, rhythme 2 + 2); 父母都在 ***fû-mù TŪ cái*** « ses parents sont vivants l'un et l'autre » (une proposition sujet + prédicat, rhythme 2 + 1 + 1); 孝順父母 ***hyáo-swẹ́n fû-mù*** « il respecte ses parents » (une proposition, prédicat + régime, rhythme 2 + 2); 三天打魚 ***sān-thyēn tà-yṳ̂*** « il pêche trois jours » (une proposition, complément + prédicat + régime, rhythme 2 + 1 + 1); 知縣坐堂 ***cį-hyén cwó-thâṅ*** « le sous-préfet tient l'audience » (une proposition, sujet + prédicat + régime, rhythme 2 + 1 + 1).

Rhythme ternaire. — 732. — Le rhythme ternaire provient des prédicats trisyllabiques (p. e. §§ 512-515), du rapprochement d'un monosyllabe et d'un disyllabe, nom et qualificatif, sujet et prédicat, prédicat et régime, etc. : 陳糧食 ***ċhén lyâṅ-šį*** « de vieux grains » (rhythme 1 + 2 = 3); 良善人 ***lyâṅ-šạn žên*** « de braves gens » (rhythme 2 + 1); 風涼快 ***fōṅ lyâṅ-khwái*** « le vent est frais » (rhythme 1 + 2); 夏天熱 ***hyá-thyēn žẹ́*** « l'été est chaud » (rhythme 2 + 1); 盡人事 ***cìn-žên-šį*** « remplir les devoirs d'un homme » (rhythme 1 + 2); 分辨理 ***fẹn-pyén-lì*** « demander compte, discuter » (rhythme 2 + 1).

Rhythme et parallélisme. — 733. — Les membres de quatre ou de trois syllabes sont très fréquents, mais jamais très nombreux de suite : 必定要相罵相打聽人挑唆告狀打官司跪官跪府的 *pi-tîṅ-ydo* ‖ *syāṅ-***má** *syāṅ-***tà** ‖ ***thîṅ-***žên ***thyāo-sō*** ‖ *kdo-***ċwáṅ** *tà-***kwān-***sọ* ‖ *kwéi-***kwān** *kwéi-***fù***-ti* « ils veulent absolument s'injurier et se battre, écouter les excitations des gens, intenter des accusations, aller s'agenouiller devant les mandarins et dans les yamens » (trois membres tétrasyllabes *syāṅ-***má** *syāṅ-***tà**, ***thîṅ-***žên ***thyāo-sō***, *kwéi-***kwān** *kwéi-***fù**; mais le troisième *kdo-***ċwáṅ** *tà-***kwān-***sọ* a une syllabe de plus; le début *pi-***tîṅ***-ydo* et la finale *ti* qui dominent toute la phrase sont hors du rhythme, § 738);

那三樣。看善書說善話行善事 *nà-sān-yán* → *khán-ṡạ́n-ṡū*, *ṡwẹ̄-ṡạ́n-hwá*, *hín-ṡạ́n-ṡị* « quelles trois choses? lire de bons livres, bien parler, bien agir » (trois membres trisyllabiques).

734. — Dans le premier exemple du § précédent, noter en trois des membres la construction semblable des deux moitiés : cette similitude, le prédicat correspondant au prédicat, le régime au régime, le sens même des mots opposés se correspondant, est ce qu'on nomme parallélisme :

syān-mâ auxiliaire + prédicat *syān-tà* auxiliaire + prédicat		opposition de *má*, *tà*.
kwéi-kwān prédicat + régime *kwéi-fù* prédicat + régime		opposition de *kwān*, *fù*.
kào-ċwán prédicat + régime *tà-kwān-sọ̄* prédicat + régime		parallélisme imparfait, un régime monosyllabique répondant à un régime disyllabique.

735. — Souvent le rhythme est plus complexe résultant de la combinaison des rhythmes simples : 到得你成人長大替你娶妻生子望你讀書成名替你挣家立業 *táo-tẹ̄ NÌ ċhén-ŻÊN ĊÀN-tá* || *thí-nì chyụ̄-CHĪ ṡēn-CỌ̀* || *wán-nì tû-ṠŪ ċhén-MÍN* || *thí-nì ċén-KYĀ lī-YÉ* « quand tu es devenu homme, ils t'ont choisi une épouse pour te donner des fils, ils t'ont envoyé étudier pour te faire un nom, ils t'ont monté une maison et préparé un patrimoine » (la première proposition n'est soumise au rhythme que pour *ċhén-żên ċàn-tá*, rh. 4; les trois autres sont toutes de même forme, un prédicat auxiliaire, deux prédicats principaux, rh. 2 + 2 + 2 = 6 ; elles sont donc parallèles) ; 總之肯退後一步讓他一兩句.... *còn-cị* || *khèn thwéi-hẹ́u-yi-PŪ* || *żán-THĀ yi-lyàn-KYỤ́*.... « en somme, si tu consens à reculer d'un pas, si tu lui concèdes une ou deux phrases.... » (l'initiale *còn-cị* qui domine la phrase est hors du rhythme; une proposition, prédicat + régime de mesure, rh. 3 + 2, une proposition, prédicat et régime + régime de mesure, rh. renversé 2 + 3); 做兵的出死力去護衛百姓百姓們納錢糧去養活兵 *có-pīn-ti* || *chū-SỌ̄-lì* || *khyụ́*

hú**-wéi-**PÓ**-**síñ** || **PÓ**-**síñ**-mẹn || **ná**-**CHYÊN**-lyáñ || khyụ́. **yàñ**-hwó-**PĪÑ « les soldats déploient tout leur courage pour protéger le peuple, le peuple paie les impôts pour nourrir les soldats » (rh. 3 + 3 + 1 + 4; 3 + 3 + 1 + 3; seuls les deux derniers membres diffèrent, encore sont-ils tous deux formés d'un prédicat, rh. 2, et d'un régime, rh. 2 v. 1; pour les autres, parallélisme).

Mots hors rhythme. — 736. — Les particules de liaison sont tantôt comprises dans le rhythme tantôt exclues : 也有親近的 也有疎遠的 ***yè** yẹ̀u **CHĪN-kín**-ti, **yè** yẹ̀u **SŪ-ywèn**-ti* « il y en a de proches, il y en a d'éloignés » (rh. 2 + 3; 2 + 3 : parallélisme exact portant aussi sur les particules); 糧食貴酒就貴 ***lyâñ**-ṣị **KWÉI**, **cyẹù** cyẹ́u **KWÉI*** « si les grains sont chers, le vin de grains est cher » (rh. 3 + 3, parallélisme imparfait, puisque le mot de liaison *cyẹ́u* n'a pas de terme corrélatif de même rôle); 輸了呢.... 就便贏了呢.... ***ṢŪ**-lyào **nī**.... **cyẹ́u**-pyén **YÎÑ**-lyào **nī**....* « si vous avez perdu... même si vous avez gagné... » (***cyẹ́u**-pyén*, hors rhythme; pour le reste, parallélisme exact); 方知父母恩 *fāñ-**cị̄** **fù**-mù-**ñēn*** « alors l'homme connaît les bienfaits de ses parents » (rh. 2 + 3); 知道父母的恩了 ***cị̄**-tào **fù**-mù-ti-**ñēn** lá* « il sait les bienfaits de ses parents » (même rhythme, les syllabes faibles *ti* et *lá* étant hors nombre; l'abondance des mots faibles est caractéristique du langage usuel).

737. — Un prédicat négatif répondant à un prédicat affirmatif, la négation ne fait pas nombre : 也多也不好 ***yè TŌ, yè** pú-**HÀO*** « il y en a beaucoup, et cela est mauvais » (*tō* correspond à *pú-**hào***; équivalent à rh. 2 v. 2); 他來我不去 ***thā LÂI, wò** pú-**KHYṲ́*** « s'il vient je n'y vais pas » (*lâi* v. *pú-**khyṳ***; rh. 2 v. 2); 在不在 ***cái** pú-**cái*** « y est-il ou non ? » (rh. 1 v. 1)

738. — Les expressions placées en tête ou à la fin et qui influent sur toute la phrase, sont exclues du parallélisme et de rhythme indépendant; elles relèvent la monotonie qui résulterait d'un balancement prolongé. Voir § 733, premier exemple *pī-**tíñ**-yào*; § 735, premier exemple

***táo**-tẹ nì **ċhên-žên ċàn-tá**, deuxième exemple **còn**-ċị. Autres exemples : 胡思亂想的 **hû**-sọ-lwán-**syàn**-ti « en songeant à tort et à travers » (*ti*, hors du rhythme 2 + 2); 怎麼叫做祖宗呢 **CÈṄ**-mō **kyáo**-có-**CŪ-cōn** *nī* « qu'appelle-t-on ancêtres? » (rh. 2 + 2; **cèn**-mō et *nī*, hors nombre).

Exemple tiré du Cheng yu kwang hiun, ch. III, paraphrase (édition in-8, Chang-hai, Mei-hwa chou-kwan, 1870) :

或者因為茶前酒後言差語錯
或者因為借貸不遂銜怨成仇
或者因為要債不還合氣打架

hwẹ-tchè **yīn**-wéi **ċhâ**-chyên **cyẹù**-hẹú **yên-ĊHĀ yụ-CHÓ**
hwẹ-cẹ **yīn**-wéi **CYÉ-tái** pú-**SWÉI hyên-YWÉN ċhên-**[**ĊHẸÚ**
hwẹ-cẹ **yīn**-wéi **yáo-ĊÁI** pú-**HWÂN hó-KHÍ tà-KYÁ**

« Ou avant le thé, après le vin, on a parlé à la légère; ou l'on s'en veut à cause d'un emprunt non consenti; ou l'on s'est querellé à propos du paiement réclamé d'une dette »; ces trois membres sont du rhythme (2 + 2 + 4) + 4 et sensiblement parallèles; suit : 或者因為蓋房買田不曾儘讓通知以致結成嫌疑 **hwẹ**-cẹ **yīn**-wéi **kái-FÂṄ mài-THYÊN** | pú-chên cìn-žán **THŌN**-ċị || **yì**-ċị **kyē**-ċhên-**HYÊN-yí** « ou pour la construction d'une maison, pour l'achat d'un champ, on n'a pas averti à la ronde : si bien qu'il est né de la malveillance et des soupçons » (le membre **hwẹ**-cẹ répond aux membres précédents, le dernier membre, **yì**-ċí, conclut); rhythme : (2 + 2 + 4) + 6; 2 + 4.

739. — Les phrases rhythmiques et parallèles tiennent beaucoup plus de place dans le discours lié, tel que la paraphrase du Cheng yu kwang hiun, que dans la narration ou la conversation; même dans le premier, les phrases de type plus libre sont nombreuses; même dans le langage courant, le rhythme est toujours sensible. Ex. du Cheng yu kwang hiun : 無非是要普天下人都盡孝道的意思

wû-fēi-ṣį | *yáo* | **PHÙ-thyēn-hyá-żên TŪ cìn-hyáo**-*táo-ti* | *'***yī**-*sọ̄* « c'est sans doute dans l'idée que les hommes de tout l'univers doivent remplir leurs devoirs de piété filiale » (« c'est sans doute — vouloir — que les hommes de », etc. — « de cela l'idée »; *wû-fēi-ṣį* a pour régime **yī**-*sọ̄* qualifié par *yáo ... ti*; seul le membre central est régulier (4 + 4); rhythme : 3 + 1 + (4 + 4) + 2, *ti* étant hors nombre).

Ex. de récits (le P. L. Wieger, Rudiments de parler chinois, Ho-kien-fou, vol. 6, p. 350, p. 394) : 來到跟前一朶一朶一瓣一瓣的都着手拾起來 **lâi**-*táo*-**KĒN-chyên** | *yi*-**TWÒ**-*yi*-**twò** | *yi*-**pán**-*yi*-**PÁN**-*ti* || **TŪ** | *ćáo*-**śeụ̀ ŚĮ**-**khī**-*lâi* « il vint devant les fleurs et, fleur par fleur, pétale par pétale, avec ses mains il les ramassa » (*ti* est hors nombre; *tū* forme un membre indépendant; rh. 4 + 4 + 4 + (1) + (2 + 3); 那知縣第二天又要坐堂問這個案把秋公在獄裏提出來 *ná*-**ĊĮ-hyén** | *tí*-**Ọ̀Ḷ-thyēn** | *yẹú* | *yáo*-**cwó-THÂṄ** | **wén**-*ćẹ̀-kó*-**ṄÁN** || *pà*-**chyẹū-kōṅ** | *cái*-**YỤ́**-*lì* | **THÎ-ćhū**-*lâi* « le sous-préfet, le lendemain, voulant siéger encore pour instruire l'affaire, tira Tshicou-kong de prison » (*kó* dans **ćẹ̀**-*kó* est hors nombre; rh. 3 + 3 + 1 + 3 + 3 + 3 + 3 + 3).

Proverbes. — 740. — Les proverbes et allusions, très fréquents dans le discours et dans la conversation, sont souvent d'une texture rhythmique serrée, rédigés en langue écrite, chaque monosyllabe ayant toute sa valeur : 旁觀者淸當局者迷 **PHÂṄ-kwān**-*ćẹ̀* | **chīṅ** || **tāṅ-KYỤ́**-*ćẹ̀* | **mî** « les témoins voient clair, les intéressés sont aveugles » (parallélisme presque complet, rh. 3 + 1 répété); 君子一言快馬一鞭 **kyūn**-*cọ̀* **YĪ yên** | *khwái*-**mà YĪ pyēn** « un honnête homme n'a qu'une parole, à bon cheval un seul coup de fouet » (parallélisme presque exact, rh. 2 + 2 doublé); 妻賢夫禍少 *chī*-**hyên** | **fū**-*hwó* **śào** « quand l'épouse est vertueuse, le mari rencontre peu de malheurs » (rhythme 2 + (2 + 1), non répété, à rapprocher du vers pentasyllabique, § 121).

Quand de telles citations sont en langue orale, on y sent encore souvent le rhythme pentasyllabique, mais on y perçoit aussi d'autres rhythmes : 竈王爺打跟頭離了板了 *cáo-wâṅ-yê tà-KĒN-thęû, lî-lyào-PÀN-lyào* « le génie de l'âtre a fait la culbute et quitté sa planchette », allusion à un parleur qui devient indiscret (rhythme pentasyllabique mêlé de mots faibles); 賣香油的敲礙底 *mái-HYĀṄ-yęû-ti, khyāo-nyèn-TÌ* « le marchand d'huile frappe une meule », au lieu d'une cymbale, prétention déplacée (rhythme tétrasyllabique); 家有賢妻男兒不做橫事 *KYĀ yęù-hyên-CHĪ, NÂN ǪĻ pû-có-HÉṄ-şį* « quand à la maison la femme est sage, le mari et les enfants se conduisent bien » (rhythme heptasyllabique).

Proclamations versifiées. — 741. — Les proclamations auxquelles on souhaite une grande diffusion, sont parfois rédigées en une forme simple de la langue écrite qui rappelle le style des proverbes; elles sont versifiées. Début d'une proclamation du gouverneur du Chan-si, de l'été de 1906 :

三晉風純俗美　　民教各自安常
迭經官長誥誡　　亦爾百姓善良
或有外來匪類　　造謠飛知流長

sān-cín | fōṅ-ĊHWỆN sû-MÈI || mîn-kyáo | kó-cọ̀ ṄĀN-ċhâṅ
tyê-kīṅ-kwān-càṅ | KÁO-kyái || yi ǫ̀ļ-PÔ-síṅ | ṠẠ́N-lyâṅ
hwẹ́ yęù | WÁI-lâi-fèi-lèi || cáo-yâo | fēi-cį̄ lyęû-ċhâṅ.....

« Au Chan-si, les mœurs sont pures, les coutumes sont bonnes, les chrétiens et le peuple y [vivent] naturellement en paix, suivant les règles. Souvent déjà les mandarins et les anciens ont lancé des avertissements, vous aussi, peuple, vous êtes de braves gens. Si des vauriens venus de l'extérieur forgent des calomnies qui volent et qui coulent... » (hexasyllabes, deux à deux de coupe semblable; rimant de deux en deux, rime *âṅ*).

INDEX ALPHABÉTIQUE

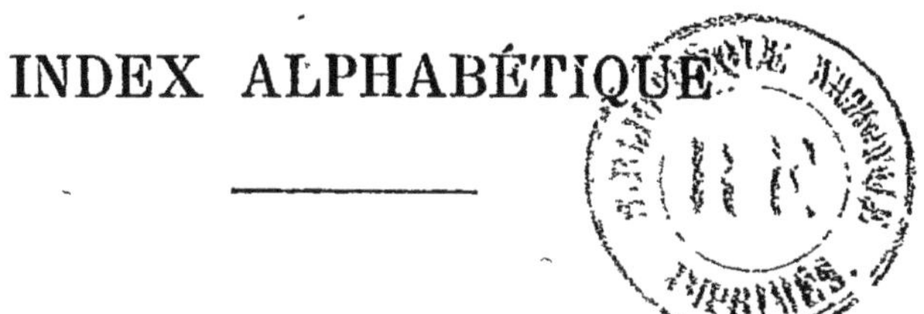

Nota. — Les chiffres romains renvoient aux pages de la préface, les chiffres arabes renvoient aux §§.

ANGERS. — IMPRIMERIE ORIENTALE A. BURDIN ET Cie, 4, RUE GARNIER.

www.ingramcontent.com/pod-product-compliance
Ingram Content Group UK Ltd.
Pitfield, Milton Keynes, MK11 3LW, UK
UKHW012148240726
13966UKWH00001B/198

9 782012 871687